权威·前沿·原创

皮书系列为
"十二五""十三五"国家重点图书出版规划项目

文化科技蓝皮书
BLUE BOOK OF CULTURE AND TECHNOLOGY

文化科技创新发展报告（2017）

ANNUAL REPORT OF CULTURE AND TECHNOLOGY INNOVATIVE DEVELOPMENT (2017)

主　编/李凤亮
副主编/周建新　周志民　黄玉蓉

社会科学文献出版社
SOCIAL SCIENCES ACADEMIC PRESS (CHINA)

图书在版编目(CIP)数据

文化科技创新发展报告.2017/李凤亮主编.--北京：社会科学文献出版社，2017.11
（文化科技蓝皮书）
ISBN 978-7-5201-1482-0

Ⅰ.①文… Ⅱ.①李… Ⅲ.①文化事业-技术革新-研究报告-中国-2017　Ⅳ.①G12

中国版本图书馆CIP数据核字（2017）第240130号

文化科技蓝皮书
文化科技创新发展报告（2017）

主　　编／李凤亮
副 主 编／周建新　周志民　黄玉蓉

出 版 人／谢寿光
项目统筹／蔡继辉　任文武
责任编辑／丁　凡

出　　版／社会科学文献出版社·区域与发展出版中心（010）59367143
　　　　　地址：北京市北三环中路甲29号院华龙大厦　邮编：100029
　　　　　网址：www.ssap.com.cn
发　　行／市场营销中心（010）59367081　59367018
印　　装／北京季蜂印刷有限公司

规　　格／开　本：787mm×1092mm　1/16
　　　　　印　张：24.5　字　数：368千字
版　　次／2017年11月第1版　2017年11月第1次印刷
书　　号／ISBN 978-7-5201-1482-0
定　　价／89.00元

皮书序列号／PSN B-2013-342-1/1

本书如有印装质量问题，请与读者服务中心（010-59367028）联系

▲ 版权所有 翻印必究

文化科技蓝皮书编委会

主　　编　李凤亮
副 主 编　周建新　周志民　黄玉蓉
学术助理　钟洁敏

主要编撰者简介

李凤亮 教授，博士生导师，现任南方科技大学党委副书记，兼任深圳大学文化产业研究院院长、国家文化创新研究中心主任、中国世界华文文学学会副会长、海峡两岸文化创意产业高校研究联盟副理事长、文化产业（中国）协作体专家委员会委员等。美国南加州大学访问学者，享受国务院"政府特殊津贴"，国家社会科学基金重大项目首席专家，"百千万人才工程"国家级人选和"有突出贡献的中青年专家"，教育部高等学校艺术学理论类专业教学指导委员会委员，教育部"新世纪优秀人才支持计划"入选者，教育部霍英东教育基金会"高校青年教师基金"和"高校青年教师奖"获得者，"鹏城杰出人才奖"获得者，深圳市国家级高层次专业领军人才。专业领域为文艺理论、文化创意产业和城市文化研究，独立主持国家级项目4项、省部级课题9项，出版著作（含合著）18部，发表论文百余篇。

周建新 教授，中山大学博士，博士生导师，深圳大学文化产业研究院执行院长、国家文化创新研究中心副主任、客家研究所所长，国家社科基金项目通讯评审和结题鉴定专家，兼任中国中外文艺理论学会文化创意产业研究会秘书长、中国人类学民族学会客家专业委员会副主任、中国博物馆学会服装专业委员会副主任、中国社会学会理事。主要从事区域文化产业、客家文化研究。现主持国家社科基金重大招标项目1项，完成国家社科基金项目2项、教育部人文社科研究项目1项、省社科规划项目等十余项，出版专著7部，发表论文130余篇。研究成果获得省社会科学优秀成果奖一等奖2项、二等奖和三等奖各1项。获得国家社科基金重大项目首席专家、国务院特殊津贴专家、新世纪百千万人才工程省级人选、深圳市国家级高层次领军人才、深圳大学荔园领军学者、江西省青联委员等荣誉称号。

周志民 教授，中山大学博士、香港城市大学博士后，博士生导师，现任深圳大学文化产业研究院副院长，深圳大学管理学院副院长，美国南加州大学、英国中央兰开夏大学访问学者。入选教育部"新世纪优秀人才支持计划"和广东省高校"千百十工程"省级培养对象，被评为广东省"十大杰出青年岗位能手"、深圳市高层次人才地方级领军人才、深圳市优秀教师、深圳大学优秀学者。担任中国管理现代化研究会营销专业委员会常务理事、中国高等院校市场学研究会常务理事、广东营销学会副会长、《营销科学学报》编委、《品牌管理》编委。主持国家自然科学基金项目等十多项课题研究，出版5部专著和教材，发表七十余篇中英文论文，荣获广东省哲学社科优秀成果一等奖等十余项科研奖，获深圳大学MBA优秀教师等十余项教学奖。

黄玉蓉 副教授，硕士生导师，中山大学文艺美学与文化传播专业方向博士，中国艺术研究院公共文化政策研究中心艺术学出站博士后，美国纽约大学艺术与公共政策系访问学者，深圳市高层次专业人才。现任深圳大学文化产业研究院学术研究部主任，文化政策研究中心主任。目前主要从事文化政策和创客运动研究，担任1项国家社会科学基金艺术学项目负责人及2项国家社科基金重大项目子课题负责人，参与国家文化部、地方文化部门多项咨询规划项目。发表《中国文化产业公共平台建设现状分析及政策建议》《美国文化资助体系研究》《文化政策视野中的实体书店保护研究》《深港共建文化创意中心的战略意义与合作条件》《文化财政在基层》《促进文化与科技融合亟须设立国家文化科技基金会》《法国文化资助制度运作特点及其对中国的启示》《中国电影资助制度设计研究》《中国创客生态培育研究》《中国公共文化众筹的制度设计思考》《公共数字图书馆知识分享社区刍议》等论文及研究报告。

摘　要

《文化科技创新发展报告（2017）》是深圳大学文化产业研究院、国家文化创新研究中心发布的关于文化与科技融合背景下的产业发展现状、融合路径分析与战略研究报告，其主要内容集合了深圳大学文化产业研究院、国家文化创新研究中心在文化科技融合创新领域的最新成果，同时也吸收了国内外相关领域专家的前瞻性研究成果。

当前，文化与科技深度融合已成为世界经济发展的重要引擎，而创新范式也从工程化、机械式的创新体系转型为生态化、有机式的创新生态系统。创新生态在推动全球经济复苏、优化资源配置、调整产业结构与市场深度合作中发挥了巨大作用，必将对未来世界格局产生深刻而长远的影响。《文化科技创新发展报告（2017）》正是在此背景下开展的文化与科技融合理论、文化产业观察、发展政策和创新生态等方面的研究。

本报告基于文化与科技融合创新的现状分析与路径选择，集中探讨了文化科技融合的理论基础、文化培育、金融支持、法律保障、商业模式、产业范式和生态群落。通过对国内外代表性城市、作品、园区、政策工具、方法创新等文化科技融合案例的经验分析，跨领域、多角度地提出了文化科技融合的发展政策和创新路径。本报告分为七个部分。

第一部分是总报告。该报告将文化产业创新生态模式分为共享平台主导型、资本运作导向型、文化内容原创型、移动支付消费型等四种，研究了平台、内容、体验、资本和支付等五大因子对文化产业发展的决定性作用。

第二部分是创新生态篇。主要研究了创新生态，《要素文化均衡与深圳创新生态体系构建》一文以深圳文化科技创新为例，对要素文化均衡与文化创新之间的关系进行了深入分析，提出要素文化均衡理论阐发的相互尊重与包容的心态以及由此构建的创新生态系统,是深圳之所以在创新创业领域独占鳌头的文化保障,也是创新氛围形成的文化基础与推动力量;《文化科技化、科技产业化——文化与创新科技的生态群聚融合》一文以点线面的模式对文化与创新科技生态群聚融合做了全面探究;《深圳与硅谷创客生态比较研究》从三个方面比较深圳和硅谷的创客生态,认为深圳在创客创新发展过程中应关注创客文化的源头和生长土壤,让创造成为人们的生活方式,才能在"创客运动"的持续发展中孕育出更多创新;《法国"大都会-城市"文化管理经验研究》一文总结了以法国为代表的欧盟大多数成员国建构创新文化平台的大都会城市发展经验。

第三部分是理论前沿篇。《创意产业之后——兼论为什么我们需要一种文化经济》一文描述了1960年代以来西方国家所发生的将文化与艺术分离、将创意与利润连在一起的社会变化。文化经济的蓬勃发展已经在某些西方国家的文化政策中引发一种忽略艺术本质的危机。在这种"以数据说话"的潮流中,艺术真正的价值不再被人们理解。为保护与传承文化艺术的价值,文化界必须与市场作真正勇敢的斗争与开诚布公的讨论,而不应从市场退出。该部分还探讨了文化与科技融合的宏观理论、时代意义、认知框架、产业趋势与跨界合作模式。

第四部分是产业观察篇。《中美电影市场话语权比较》一文探讨了中美电影产业之间的文化和核心技术差异等如何导致两国电影市场话语权的强弱;《香港创新科技的现状与挑战初探》梳理了香港特区政府自1997年以来对创新科技的资助历程,介绍了其从制造业到服务业再向智慧型产业转型的尝试,最后分析了香港在创新科技发展道路上面临的挑战和机遇;《文化企业上市融资绩效实证分析——以20家公司数据为分析对象》,通过研究上市融资对文化企业的绩效影响,具体分析文化企业上市融资前后的财务绩效。

第五部分是案例研究篇。《猪八戒网:为创业者插上腾飞的翅膀》分析了在数字经济成为推动传统产业转型升级新风口的背景下成长起来的创意平台猪八戒网的运作模式、发展、挑战及解决策略。该板块还研究了"基于计量经济学理论的艺术产品价格评估方法创新"、"文化科技融合语境下的青年日常生活"、游戏IP改编电影成功之道。

第六部分是发展政策篇。《正在撤资的联邦文化政策——从特朗普政府取消国家艺术基金会说起》一文是中文出版界最迅速、最权威地对美国特朗普政府取消国家艺术基金会的政策行为进行学理分析的论文;《博物馆、美术馆及创新生态系统:博物馆政策与社区》探讨了国家和博物馆政策在维持文化创新事业中所扮演的角色。该部分还研究了民族文化认同视阈下法国文化政策嬗变、美国社区文化治理资助体系及对中国的启示。

第七部分为大事记。

关键词: 文化科技融合 文化创意产业 创新生态

目 录

Ⅰ 总报告

B.1 有偿共享：文化产业创新生态模式研究……… 李凤亮　胡鹏林 / 001

Ⅱ 创新生态篇

B.2 创意本体的"拼贴"及其问题 …………………………… 王列生 / 012
B.3 要素文化均衡与深圳创新生态体系构建 ………………… 周建新 / 020
B.4 文化科技化、科技产业化
　　　——文化与创新科技的生态群聚融合 ………………… 晁瑞明 / 033
B.5 深圳与硅谷创客生态比较研究 …………………………… 黄玉蓉 / 057
B.6 法国"大都会－城市"文化管理经验研究
　　　…………………………………………………………… 车　达 / 079

Ⅲ 理论前沿篇

B.7 创意产业之后
　　　——兼论为什么我们需要一种文化经济
　　　………………………………… 贾斯汀·奥康纳著　任　明译 / 090

B.8　文化科技融合创新的跨界合作模式 …………………… 李　季 / 133

B.9　文化和科技融合发展宏观研究 ………………… 祁　艳　闫贤良 / 144

B.10　文化科技深度融合的时代意义、认知框架与产业趋势
　　　………………………………………………………… 肖怀德 / 157

Ⅳ　产业观察篇

B.11　中美电影市场话语权比较 ……………………………… 肖永亮 / 170

B.12　香港创新科技的现状与挑战初探 ……………………… 罗　丹 / 182

B.13　文化企业上市融资绩效实证分析
　　　——以20家公司数据为分析对象 ……………………… 陈能军 / 190

Ⅴ　案例研究篇

B.14　猪八戒网：为创业者插上腾飞的翅膀 ……… 高宏存　刘玉拴 / 207

B.15　文化科技融合语境下的青年日常生活
　　　——以北京七所高校大学生手机社交软件使用为例
　　　………………………………………………………… 张　萱 / 221

B.16　基于计量经济学理论的艺术产品价格评估方法创新
　　　…………………………………………………… 江哲丰　彭祝斌 / 238

B.17　深圳市南山区荔秀服饰文化街区创新生态系统构建研究
　　　………………………………………………………… 王泰然 / 249

B.18　《魔兽》：情怀背后的游戏IP改编电影成功之道
　　　——游戏产业新时代的来临 …………………………… 钟洁敏 / 263

VI 发展政策篇

B.19 正在撤资的联邦文化政策
　　——从特朗普政府取消国家艺术基金会说起
　　……………… 凯文·V. 马尔卡希 著　李竞爽 译 / 273

B.20 博物馆、美术馆及创新生态系统：博物馆政策与社区
　　……… 乔纳森·帕奎特　克里斯多夫·甘特 著　李竞爽 译 / 287

B.21 民族文化认同视阈下法国文化政策嬗变及启示 ……… 邓文君 / 297

B.22 美国社区文化治理的资助体系 ………………………… 杨　楠 / 307

VII 大事记

B.23 2016~2017年文化科技融合创新大事记 ……………… 钟洁敏 / 323

Abstract …………………………………………………………………… / 355
Contents …………………………………………………………………… / 359

皮书数据库阅读使用指南

总报告

General Report

B.1 有偿共享:文化产业创新生态模式研究

李凤亮 胡鹏林*

摘 要: 有偿共享创新生态模式颠覆了传统的文化内容生产和传播方式,改变了文化产品的营销方式,丰富了文化产业的投资方式。有偿共享可分为共享平台主导型、资本运作导向型、文化内容原创型、移动支付消费型等四种创新生态模式,其中平台、内容、体验、资本、支付等五大因子起着决定性作用,有偿共享创新生态模式为文化产业提供了新的发展环境和机遇。

关键词: 文化产业 有偿共享 生态模式

---

* 李凤亮,南方科技大学党委副书记、深圳大学文化产业研究院院长,文学博士、教授,研究领域为文艺理论、文化产业与城市文化;胡鹏林,深圳大学文化产业研究院项目发展部副主任,博士、讲师,研究领域为艺术学理论与文化产业。

共享行为是人们相互协助的一种方式，分享通常是无偿的，有时也会免费赠予，在商业领域共享行为主要是以租赁的形式出现。有偿共享，是传统共享行为在后工业时代发展的新阶段，通过互联网平台，个体或组织通过支付小额费用获得一个物品或信息短暂的使用权或知情权，物品或信息短暂的使用权和知情权的分享不具有排他性，用户在使用完分享物品（信息）后，其他用户可以通过互联网平台，继续使用该产品（信息）。值得指出的是，有偿共享与传统的租赁相比通常只需要支付小额费用，原因有二：一是有偿共享的用户使用产品和信息的时间是短暂的，二是互联网平台连接了大量的用户，庞大的用户数量分担了物品和信息的使用成本。目前我国新兴有偿共享正在进入文化产业及相关领域，建构了一种新型创新生态系统，其模式和因子亟待深入研究。

一 有偿共享创新生态模式

文化产品的特殊性决定了文化产业非常适合在有偿共享的生态模式下发展。文化产业的特殊性在于文化产品的文化意义，文化产品实质上是文化意义的承载物，购买文化产品的目的是获取文化意义。从这一角度讲，文化产品的消费行为是付费体验而不是付费占有。笔者认为，有偿共享模式有两个特点，一是小额付费，二是不占用所有权。小额付费为文化产品的广泛传播创造了条件，文化产品的消费行为不需要占用所有权的特点为文化产业在有偿共享生态模式下的发展创造了条件。

有偿共享打破了原有文化产业生态模式的限制，为文化产业的发展提供了一种新思路。传统文化产业生态模式下，消费者需要为文化产品支付高额的版权费用。文化产品属于高弹性商品，高额的费用会导致部分消费者打消购买的念头，或通过其他方式获取盗版文化产品，无论是前者还是后者均不利于文化产业发展。一方面，有偿共享打破了大型公司对于文化产品生产和传播的垄断，任何组织和个人都可以通过有偿共享的方式分享自己的创作；另一方面，有偿共享也为大型公司或组织机构提供了新的营销方式，例如电影可以先在院线上映，下映后在影视门户网站以有偿共享的方式上线，拓宽了新的营销渠道，同时影片也产生了更多的利润。

笔者认为有偿共享创新生态模式主要有四种类型，共享平台主导型、资本运作导向型、文化内容原创型、移动支付消费型。在实际操作中，这四种类型往往是相互交叉和融合的。

（一）共享平台主导型

共享平台主导型有偿共享生态模式，即利用互联网和数字技术建立多边互动媒介平台。共享平台突破了传统媒介的时空局限，通过降低准入门槛或消除准入标准，集聚了大量的市场和用户资源；通过开放标准接口，吸引组织、个人或其他平台加入并提供各类应用软件，构建用户与平台、用户与用户之间的深度联系[1]。共享平台企业往往是轻资产公司，无须自我研发和囤积产品，仅需将多边不同群体的供给和需求连接起来并对其进行投资[2]，利用交叉网络效应在更隐蔽的层面和领域[3]，依靠网络外部性实现盈利。

平台通过对资源的有效调配，满足不同用户群体的个性化需要，充当不同用户群体之间信息、资源等要素传递的媒介。通过这种方式，平台可以整合不同的产业形态，形成跨越产业形态、占有庞大市场规模、拥有大量用户群体的生态模式。这种全新的生态模式，一方面突破了传统产业模式中信息、资源等要素的传递方式，实现了供需双方精准的需求匹配，满足了不同用户的个性化需求；另一方面突破了不同产业模式之间的界限，实现了用户、市场、资本等诸多要素的跨行业整合，适应了现代产业融合发展的趋势。

---

[1] 史健勇：《优化产业结构的新经济形态——平台经济的微观运营机制研究》，《上海经济研究》2013年第8期，第85~89页。
[2] 陈威如、余卓轩：《平台战略：正在席卷全球的商业模式革命》，中信出版社，2013，第18页。
[3] 克里斯·安德森：《免费：商业的未来》，转引自林翔《互联网时代媒体经济发展研究》，中信出版社，2009。

（二）资本运作导向型

资本运作导向型有偿共享生态模式，即将用户分享的优质内容，通过资本投资打造优质IP，实现资本收益。与传统文化产业的资本运作相比，有偿共享生态模式下的资本运作有两个优势，即投资成本低、投资风险低。

与具有一定名气和市场号召力的创作者相比，共享平台中内容的创作者，通常是没有名气的草根用户，原创内容的买断费用较低，降低了原创内容IP开发的费用，为小型企业提供了机遇。用户的评论、点击量、浏览量、付费数额等数据，体现了原创内容的目标受众和潜在消费者，为原创内容的投资前景提供了较为准确的评判，同时也指明了IP的开发路径。基于互联网技术的有偿共享平台，突破了地域性和时效性的限制，用户群体的覆盖面更广，所以用户的反馈更具有代表性。通过用户的即时反馈，平台随时对IP开发方向进行调整，可以有效降低投资风险。

如何判断文化产业项目的市场前景，一直以来都是文化产业投资中的难题，虽然具有市场号召力的创作者的作品具有高额的市场回报，但是高昂的版权费用使众多中小企业望而却步，不出名的优秀创作者的作品版权费用低廉，但是不明朗的市场前景使得资本不敢冒进。资本运作导向型有偿共享生态模式，利用有偿共享生态模式的特点，降低了文化产业投资成本和投资风险，规避了文化产业投融资的部分问题，更利于文化产业投融资的发展。

（三）文化内容原创型

文化内容原创型有偿共享生态模式，即用户通过社交媒体、平台网站等方式，分享原创内容，通过小额付费或观看广告等变相付费的方式浏览内容。社交媒体或平台网站的运营方，通过对原创内容的奖励鼓励用户分享原创内容，或者出资支持专业的团队进行内容原创。分享用户有动力分享高质量的原创内容，浏览用户也愿意以付费或观看页面广告、缴纳平台网站会员费等变相付费的方式获取原创内容。

文化内容原创型有三个主要特点，文化内容的原创性、文化内容的个性化、文化内容的即时性。原创性，用户通过平台分享自己原创的内容，原创内容的创作动力往往是用户的兴趣爱好，具有相同兴趣爱好的用户往往会被吸引到网络平台，形成以原创内容为纽带的用户关系。个性化，用户原创的内容具有鲜明的个人色彩，往往最能够满足用户的体验需求，甚至激发出用户的潜在需求。即时性，通过移动互联网终端，用户可以随时随地在共享平台将自己的见闻制作成数字内容上传至分享平台，不同的用户可以即时浏览这些内容，并将这些内容分享给他人，进一步扩大平台的影响力。基于文化内容的原创性、个性化、即时性等特点，以分享平台为载体、以不同原创内容为中心的新型用户关系形成了，平台因此具有了传统媒介和社交网络所不具有的辐射性和扩散性。

（四）移动支付消费型

移动支付消费型有偿共享生态模式，即作为第三方机构为双边用户提供信用担保和移动支付技术支持。移动支付平台通过整合各类文化内容资源，或开放端口接入文化内容服务商或其他平台，为内容的生产者、经营者搭建营销平台，对不同门类的文化内容进行细分和整合，吸引和聚合不同种类的消费者，为消费者提供便捷的移动支付解决方案。与传统金融机构相比，移动支付平台更加关注支付市场的长尾领域，主要为小商户和个人用户提供专业化和集中化的服务；移动支付平台更加注重服务的个性化、多元化，[1] 较好地适应了有偿共享创新生态模式下消费者对于支付服务的新要求。

移动支付平台是O2O支付服务体系形成的关键性通路，通过将先进的信息技术与支付服务充分结合，弥补了传统商业银行在线上资金处理效率、信息流整合以及个性化服务等方面的不足，[2] 是有偿共享创新生态模式中的重要组成部分。

---

[1] 王鹏飞：《网络经济对我国居民消费的促进作用研究》，中共中央党校，2014。
[2] 王鹏飞：《网络经济对我国居民消费的促进作用研究》，中共中央党校，2014。

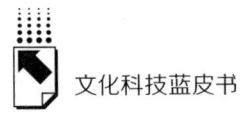
文化科技蓝皮书

二 有偿共享创新生态模式五大因子

文化产业有偿共享创新生态模式五大因子分别为平台因子、内容因子、体验因子、资本因子、支付因子。五大因子共同支撑了文化产业有偿共享创新生态模式的运行。

(一)平台因子:经营者

平台实质上是一个多边互动的交易空间或场所,引导或促成双方或多方客户之间的交易,并通过一定的方式努力吸引各方使用该空间或场所,最终追求收益最大化。①

在文化产业创新生态模式中,平台改变了文化内容的创作主体和文化内容的传播方式,即创作主体多元化、传播方式多极化。

创作主体多元化:传统文化产业模式中,文化内容的创作者是相对固定的,不具备一定条件的人无法向文化市场出售文化产品。以电影的制作与发行为例,普通个人没有能力去负担高额的制作费用和应对烦琐的发行环节。基于互联网和数字技术的平台,每一个用户都是一个独立的信息节点,既是节点的实体,以自己的自主性和创造性激活节点,同时又是节点信息的重要组成部分,通过与其他节点的互动生产新的信息。② 每一个用户都拥有发布信息和获取信息的能力,每一个用户既是文化内容的生产者又是文化内容的消费者。用户生产内容(User Generated Contents,UGC)成为基于平台的文化内容生产方式,即用户自发生产、创造内容,或者是基于网络媒体既有内容生产、创造新的内容。③

---

① 徐晋:《平台经济学:平台竞争的理论与实践》,上海交通大学出版社,2007,第1页。
② 张佰明:《人的整体性延伸的传播形态——节点传播》,《现代传播》(中国传媒大学学报)2014年第5期,第22~26页。
③ 张佰明:《人的整体性延伸的传播形态——节点传播》,《现代传播》(中国传媒大学学报)2014年第5期,第22~26页。

传播方式多极化：文化内容的传播方式发生了变化，从特定的组织和个人向大众的传播转变为每个人都是一个向外传输和接受信息的节点，即从点对面的传播变为点对点的传播。在传统的文化产业生态模式中，文化内容的传播由报纸、电视台等传统媒体所垄断，传播的内容和方式由传统媒体所决定，大众只是信息的被动接受者。传统的传播模式中，信息的传播方式是单极传播，即极少数的媒体向公众传播信息，任何信息都要以传统媒体作为媒介进行传播，传统媒体对信息进行筛选并以特定的方式进行传播；有偿共享创新生态模式中，基于互联网和数字技术的平台，用户可以随时随地发布信息，其他用户可以即刻浏览他人发布的信息，并可以通过诸多方式对信息进行二次传播，信息在多边用户的深度联系之中，传递速度和范围都超过传统的传播模式。从传统媒体的信息传播到平台的信息传播，信息传播的主导权发生了变化，由大众媒体主导转向由受众主导。

（二）内容因子：生产者

文化产业有偿共享创新生态模式中，内容的生产主体主要分为两类：个体的内容生产和组织的内容生产。个体生产的文化内容呈现出个性化、碎片化的特征，组织生产的文化内容呈现出定制化和 IP 化的特征。

个人用户在进行文化内容的生产和分享时，不同于文化企业，用户分享内容的目的不是营利，而是满足更高层次的精神追求。马斯洛理论把需求分成生理需求（physiological needs）、安全需求（safety needs）、爱和归属感（love and belonging）、尊重（esteem）和自我实现（self-actualization）五类。个体内容生产的动机往往是表达情感、表现自我，通过生产文化内容，满足了爱和归属感、尊重和自我实现三种层次的需求。个体生产的文化内容，具有个性化和碎片化的特征。个人情感和体验的表达，具有鲜明的个人色彩，致使生产的文化内容具有鲜明的个性化特征。每一个用户都可以随时表达、宣泄自己的个人情感，基于情绪动机的个人创作，不具有组织创作的整体性、科学性，呈现出的文化内容零散、琐碎，致使生产的文化内容具有明显的碎片化特征。

组织的内容生产，往往是以营利为目的，生产的文化内容具有定制化和

IP化的特征。在互联网和数字技术的支持下,用户获取信息的方式由接收式变为检索式,用户会根据个人喜好和需要,检索特定的文化内容。组织或文化企业生产文化内容时,需要切合用户的个性化需求。基于大数据分析,文化企业可以准确了解不同用户群体的个性化需求,并通过定制化的生产,实现文化内容的精准投放。通过将用户反响强烈的文化内容IP化,进行基于版权的全产业链深度开发,文化企业能够最大化地放大文化内容的经济效应。

(三)体验因子:消费者

消费者在文化产业有偿共享创新生态模式中,是文化产品和服务的受众型消费者,是基于个人体验因素进行主动选择、主动传播、主动创作的受众型消费者。消费者不仅接收符合集体无意识的文化内容,更通过个性化定制获取特定的文化产品和服务。

大众传播研究视角下的受众,是完全被动的信息接受者。他们不仅人数众多、分布广泛、层次参差、互不知晓,而且缺乏自我认同意识,也没有任何组织性,不为自己行动,却受外部力量的驱使。[①] 虽然这种过度消解受众主体性的观点有些片面,但是也从侧面反映了大众媒介环境下受众的被动性。大众媒体与受众之间的联系,是单向互动的。受众面对大众媒体的信息垄断地位,选择权只局限于选择自己喜欢的大众媒体。大众媒体与受众之间的不平等地位,是因为大众媒体传播的时空局限性,造成大众媒体与受众之间没有形成及时的、畅通的沟通渠道。一方面,大众媒体与受众之间的信息传递具有延时性,受众接触的不是最新的、即时的信息,而是经过大众媒体筛选和处理的信息;另一方面,大众媒体与受众之间的空间距离遥远,无法建立便捷的、畅通的沟通机制。

基于互联网和数字技术的平台,突破了时间和空间的限制,丰富了受众获取信息的方式,为受众提供了发布信息的渠道,为人数众多、分布广泛的

---

① 丹尼斯·麦奎尔:《受众分析》,刘燕南、李颖、杨振荣译,中国人民大学出版社,2006,第9页。

受众群体建立了便捷的、即时的、多边的沟通渠道。受众能够依据自身的需要检索和获取信息，由被动的接收者变为主动的获取者，拥有了更大的自主选择权，由选择媒介变为选择内容。受众能够对文化内容进行传递和二次创作，也能随时发布自己制作的文化内容，从信息的接收者变为信息的生产者，打破了大众传播"中心－边缘"式的传播流，模糊了信息的"发送者"和"接收者"之间的界限，原本相对独立的信息的生产、发布、消费，变成了相互融合的整体。

在受众身份的变化过程中，受众在不断地细化和分化，受众在信息的生产、传递、消费的过程中，主观能动性的作用不断强化，个性化要求逐渐提高。在受众细化和分化之前，信息传递给作为整体的受众，信息的生产和选择遵循着社会的主流价值观，符合受众群体的集体无意识。在受众细化和分化之后，信息也在不断地细化和分化，特定的信息精准投放给特定的受众，信息的生产和选择更加切合受众的个性化需求。

（四）资本因子：投资者

有偿共享文化产业创新生态模式中，资本为平台的建设与运营提供了支持，为IP的打造提供动力。由投资内容到投资平台，改变了传统的文化产业投融资模式。传统的文化产业投融资模式，主要就具体的文化产业项目进行投资。文化产业投资具有轻资产、周期长、高风险的特点，如何判断文化产业项目的优劣一直是困扰文化产业投融资的难题。由文化产业具体项目的投资，转向投资建设互联网平台，通过集聚庞大的用户群体和大量的原创内容，获取大量优质的文化内容。投资建设内容分享平台，改变了文化产业投融资模式，由针对具体几个文化产业项目的投资，变为同时对多个文化产业项目的投资，降低了文化产业投融资的风险。

内容分享平台发布主体的开放性、发布内容的创新性和无限性、发布形式的互动性、发布效果的即时性及发布功能的融合性，[①] 为用户提供了便捷的文化

---

① 王爽：《互联网与文化生产、推广和消费研究》，山东大学，2016。

内容发布形式，也为网站积聚了大量的文化内容。同时，内容分享平台中多边用户的深度联系，为原创内容快速和大范围的传播提供了便利的条件。基于平台的大数据分析，内容分享平台能够更准确地选取具有市场前景的文化内容。针对优质的文化内容进行投资，开发优质 IP，打造全产业链，实现资本收益。

由投资具体的项目变为投资平台的建设和运营的过程中，投资者需要为用户提供优质服务，整合优质内容，为用户提供更好的服务体验，从而增加用户与平台的黏合度，最终使投资行为演变为通过服务用户获取大量优质的原创内容。

（五）支付因子：交易者

支付因子，是任何商业行为和交易行为中最为关键的环节，是有偿共享实现良性发展的必要因素。支付因子的变化影响着交易者的交易习惯、交易方式和交易行为，传统的现金交易变为电子交易，突破了现金交易的时空限制，交易行为可以随时、随地进行。

互联网移动支付的大范围应用和推广，改变了交易者的现金交易习惯。越来越多的人选择"无钱包"的出门方式，通过电子终端和互联网完成线上和线下的交易行为。2014 年中国网络支付和手机支付的用户规模分别为30431 万和 21739 万，① 2016 年中国网络支付和手机支付的用户规模分别为47450 万和 46920 万，② 从网络支付用户规模的快速增长我们发现，移动支付方式已经成为我国消费者主要的交易方式。巨大的用户和市场规模产生了巨大的外部性效益，移动支付的覆盖范围将会继续扩大，从一线、二线城市普及到三线、四线城市，从电子商务平台普及到街边小巷的小摊小贩。便捷的移动支付条件，降低了交易者的支付成本。交易者通过移动支付平台进行交易，降低了政府、企业及事业单位直接连接银行的成本，同时也满足了企

---

① 中国互联网络信息中心：《第 37 次中国互联网络发展状况统计报告》，http：//www.cnnic.cn/gywm/xwzx/rdxw/2016/201601/t20160122_ 53283. htm，2016。
② 中国互联网络信息中心：《第 39 次中国互联网络发展状况统计报告》，http：//www.cnnic.net.cn/hlwfzyj/hlwxzbg/hlwtjbg/201701/t20170122_ 66437. htm，2017。

业专注在线业务的首付需求，节省了大量的时间及人工成本，也提高了工作效率。①

基于有偿共享模式的移动支付平台，促进了互联网金融的迅速发展。互联网金融是指依托支付、社交网络及搜索引擎等互联网工具，实现资金融通、支付和信息中介等业务的一种新兴金融模式。② 文化产业的初创成本高昂，创作公司可以通过有偿共享模式的移动支付平台，向用户展示创意项目，从而获得所需要的资金支持。

移动支付技术通过数字化的结算方式使人们摆脱了现金支付的诸多不便，但移动支付的本质依然是现金交易。随着信用体系的进一步完善，将来有偿共享中的交易行为，将实现信用交易代替现金交易，使交易行为更加便利化。

三　结论

文化产业有偿共享创新生态模式的创新之处在于，它颠覆了传统的文化内容生产和传播的方式，改变了文化产品的营销方式，丰富了文化产业的投资方式。文化内容生产的主体发生了变化，从特定的组织和个人变成任何人。文化内容的传播方式也发生了变化，从特定的组织和个人向大众的传播变为每个人都是一个向外传输和接收信息的节点，即从点对面的传播变为点对点的传播。随着文化内容和生产主体的变化，文化内容呈现出个性化的特点，文化意义的生产和营销由切合目标群体的集体无意识变为针对目标群体的精准投放。文化产业投融资方式更加多元，风险把控和项目选择更加丰富。基于互联网和数字技术的文化产业创新生态模式，使得文化产业的生产、消费、推广、投资之间相互融合发展，更适合文化产业的需要，更利于文化产业的发展。

---

① 丛砚敏：《移动金融：支付革命》，清华大学出版社，2016，第131页。
② 丛砚敏：《移动金融：支付革命》，清华大学出版社，2016，第132页。

创新生态篇
Innovation Ecosystem

B.2
创意本体的"拼贴"及其问题

王列生*

摘　要："建构性后现代"命题出现以后，人们对既有后现代诸多负面义项界定与行为合法性产生怀疑，都产生了程度不同的正向度价值判断转换。因为不管我们愿不愿意承认，一个不可回避的事实是，在科技与文化深度融合的界面延展过程中，即使如"拼贴"这样一种从前所理解的单一技术操作工具或操作方式，如今实际上都已经具有社会构成的黏合本体杠杆意义，尤其呈现为日常生活符号价值追求赖以实现的创意本体工具或方式之一。更深层的问题还在于，它在意义生成的社会本体建构中，带来了一系列迫使我们深度思考的社会后果与价值问题。

关键词：　拼贴　创意本体　建构　后现代

---

* 王列生，中国艺术研究院学术委员会副主任、公共文化政策研究中心主任，研究员、博士生导师，研究领域为文艺学，公共文化政策和文艺人类学研究。

建构后现代对解构后现代的社会形态置换以后,一系列因"解构"负面价值评估而遭遇存在合法性危机的行为,以及指涉这些行为的范畴、概念、符码乃至命题,皆因"建构"正面价值肯定而被重新审视、重新定位乃至重新授信。"拼贴"行为或者"拼贴"概念,就是整个问题域带有价值轴心抑或自身解放的典型个案之一。

因为当初人们在对"后现代"社会征兆表达诸多不满情绪之际,"拼贴"是与"碎片化"紧密联系在一起的,而且与诸如秩序杂乱无章,行为随机任性,意义深度通道坍塌,以及符号非价值功能现场游戏等存在特征,须臾不可分离。尽管"拼贴艺术"(collage)作为一种艺术形态,曾经先行获得范畴意义上的合法性,但当人们从符号社会学的现代立场评估这一事态时,弱小或者说非主流范式的拼贴艺术,只能在非充分学理讨论的语境下,暂时屈逆于悬置状态。于是,广义的"拼贴"被作为后现代社会解构非法性的一系列证据性特征之一,在悬置狭义"拼贴艺术"的集合态全球知识行动中,被无条件互约为具有负价值自明性的符号构成方式。对这些持论者而言,其实也并非完全否定"拼贴"存在的所有社会行为价值,而是不能容忍这一行为具有意义创建的本体价值地位,而只能承认其工具价值属性,或社会现场的某种细节性技术介入意义。为了确保对后现代真实性的进攻更具集中打击力量,以免产生不必要的关注点纠缠,这些持论者甚至不惜在"拼贴艺术"悬置的知识运作过程中,连电影剪辑在视觉形象完整性生成过程中的内在支配地位,以及"蒙太奇手法"的审美凝视杠杆支撑条件,也在语焉不详的叙事弱化中,将其与符号拼贴的所指意义边界之间,清晰地划出本体分异的非叠合性存在鸿沟。

但是随着创意时代的非预期延展,尤其是随着符号社会建构的意义生成方式异彩纷呈,人们越来越清晰地面对无法规避的泛日常生活现场,那就是符号价值诉求,具有与功能价值诉求同样重要的社会存在意义。而对特定人群或者一切社会成员处于特定生存情境而言,符号价值诉求常常处于价值优先性地位,就仿佛在很多情况下的服装时尚符号与服装保暖功能。于是我们也就可以在建构后现代命题合法性讨论悬置中,以及社会生活功能价值诉求现实必然性追问悬置的语境中，优先讨论符号价值诉求于社会生活现场的"丰盛"。既包括消费主义价值观的物化符号丰盛，也包括网络神话主义价值观的虚拟符号丰盛。之所以有这种优先性，是因为无论"物化符号"还是"虚拟符号"，在笔者看来都与人类在后现代性充分展现的"拼贴"能动性，具有特定结构状态下的逻辑因果关系。

按照这一思路，"拼贴"作为符号创建和意义生成的前置条件，其意义在于，对于特定符号创建与意义生成的任何独立主体而言，并非碎片化符号资源抑或随机堆砌的非理性行为，同样也并非仅仅将拼贴行为过程，理解和处置为简单的工具抑或肤浅的手段。恰恰相反，拼贴主体在拼贴行为过程中，除了从一开始就具有康德美学所确认的内在目的性与外在非目的性悖论存在特质外，它在这一点上，甚至与人在功能价值诉求中"组装"的社会行为目的性，呈现出高度的存在性叠合。问题的深刻性还在于，在这种目的性的存在叠合之外，我们必须更加深层次地把握一个往往被人们随意忽视的事实，那就是在这样一种特殊的社会意义创建或生成过程中，拼贴主体任何看似杂乱无章的行为本身，都是意识抑或潜意识地注入这样或那样的符号生成的黏合剂，并且这些黏合具有反常规逻辑的活性拼贴逻辑，尽管后者未必应该使用"逻辑"这一自明性既定概念，但可以在类比使用过程中，将其视为符号创建和意义生成的动态博弈规则，一种非逻辑化的"另类逻辑"，一种受想象力支配而非理性推理能力支配的人类能指能力与社会能指普遍可传达性。

虽然这样一种特殊能力，及其所携带的人类社会符号创建与意义生成实践，也许在周口店时代，或者阿尔塔米拉洞穴时代就已经存在，但这种存在，就整个社会存在结构而言，其存量份额愈是"沿波讨源"地回眸历史，就愈显得微弱，乃至不足以凸显让人类社会像今天这样，如此强烈地诉求、依附日常生活支配占有以及对社会的本体性支撑价值。所以，就时间的线性矢量而言，它是一个渐进渐展的增量，直至所谓"建构性后现代"，或者所谓"创意时代"，终于演绎成为具有社会存在创意本体意义的人类行为方式。这意味着，对当代社会生活而言，"拼贴"已经世界性地互约为生存所必需的核心范畴之一，成为支撑社会构成并且激活我们日常生活的极重要的意义生成方式之一，甚至它就是社会存在和日常生活方式本身。更令我们震惊的是，这个增量过程正在未来时间向度，尤其是在可预见的未来时间域（不可预见的未来时间域以及终极未来时间域，至少我们现在还不能从学理上，以增量预期的清晰阐释方案给予事态以澄明），甚至迫使我们无意识地改变自己的社会生存方式与日常生活参与模式。对以利益为目标的市场而言，我们的拼贴生活方式，甚至往往转换为资本驾驭事态的一个前所未有的发展机遇，所以这种转换，实质就是文化创意产业由小及大、由弱及强、由简单到复杂、由地缘市场走向世界市场必须具备的社会条件。

所以从我们研究这一递进社会事态的学理性角度出发，就有必要进一步同时也更加全方位地深度理解这一社会事态究竟意味着什么，以及拼贴究竟在何种意义上具有社会存在的创意本体地位。回答这一问题的知识谱系障碍，在于既有的知识史，通常都把意义生成和价值实现的聚焦目光，放在元意义创建或元价值凸显的知识谱系主线位置，而淡化了在这一谱系主线的更广阔知识地图空间之外所遍布的意义点和知识点，都是日常社会生活领域里原创意义和原创价值，在与较大比例的生活领域发生日常意义关系和日常价值过程，并且在发生这些关系的过程中，让社会生活能够在精神家园有效呵护之外，获得生存丰富性、生活充实性和生命此在性。正因为如此，对于包括拼贴在内的一系列建构性后现代行为方式与所指范畴，我们都应该在社会本体论高度对其重新予以价值澄清。其澄清的最直接后果，就是以拼贴为举证案例的所有这一切，都将对其符号创建与意义生成，作社会本体的价值归位。这种归位实际上也就意味着，"原创"作为原意义和原价值的创意过程，通过诸如拼贴的符号创建与意义生成而得以实现，因而拼贴也就是驱动性的本体力量，是社会存在和日常生活延展的本体方式，是社会存在形态转型、递进、延展和拓值的内在杠杆，而非肤浅意识到的操作性单一外在工具。

当然，在我们作这样一种立论之际，并不意味着创意所获得的原意义生成或原价值凸显，就可以通过所谓日常生活审美化或普遍性，来置换甚至颠覆元意义与元价值支撑的人类精神家园，这是艾伦特之辈或默克罗比之流所激进地误入歧途之所在。人类不能没有不断创造的元意义和元价值，人不能没有精神家园，否则谁都会在活力四射且激情洋溢的生活之后，漂泊中看不见丛林中的路标、黑暗中的灯塔乃至岁月得以绵亘的温暖阳光。元意义和元价值，是较之原意义和原价值，更具大地和家园创建意义的终极社会本体，就仿佛佛陀西天极乐世界的安慰，或耶稣诺亚方舟的希望寄托。在资本的魔力驱使之下，尤其在文化创意产业非条件限制的神话诱惑下，就像从前人们忽略日常生活乃至拼贴生活方式，就是社会本体的重要组成部分和重要支撑杠杆，现在更有人们公然挑战这一切。但问题是，精神家园所赖以维系的元意义和元价值，是资本、产业和日常生活现场所无法代替的更高价值层次的社会之根与人类之本。

然而在进行这样的误解规避之后，笔者还必须将所议话题，重新拉回到所议问题域，并且延伸性地追问，何以我们能在特定的边际条件下，将我们所处时代命名为所谓"创意时代"？单从语义学角度而言，"创意"或者"创新"，都不过是抒情性的无限能指符号，就仿佛海子诗里那句让你永远领悟不尽的"在远方"，甚或海德格尔寓意深远的"在路上"。但在佛罗里达后期或伯明翰学派学者的文本中，他们是极尽努力地让创意时代这个无限能指转化为有限命题所指的。尽管他们的命题建构，时至今日笔者还没读到过逻辑严密的推论文字，但之所以能在全球范围内很大程度上获得各国政府、知识分子和各实业界人士的认同，其强有力的依据就在于，日常生活方式、产业结构形态和社会存在现实，已经先于理论有效阐释、确证了这一事态激变的非预期性、非逻辑性和非逃离性。造成所有这些后果的前置条件之一，就是科学技术的高速发展及科学与文化的深度融合，正在不以人们意志为转移地改变着社会的构成与人们的日常生活方式，并且促使诸如"拼贴"这样的细节技术行为，甚至曾经受攻击的负价值指涉概念，如今焕然一新地演绎为具有创意本体属性的生活之维。

正是因为科学技术在建构性后现代高速发展，以及科技与文化深度融合所带来的深刻社会后果，使得拼贴能够在碎片化随机游戏行为之后，具有时间拼贴、空间拼贴、意义拼贴、价值拼贴乃至日常生活激活拼贴等社会本体构成方式，这至少对传统的拼贴行为或拼贴概念而言，无疑是革命性的转变，而且这种转变会带来一系列创意机会、创意形态、创意方式以及创意平台等。譬如网络技术界面取得全球支配地位以后，虚拟现实与真实世界合谋产生线上线下混搭效应的非稳社会形态与主体迷茫生活现场，对诸如此类存在性定位的表象显现，及其这些表象显现的千变万化，那些热衷于现象描述或事态归纳的人们，已经写出我们几乎阅读不完的陈述文字。而且这些文字，由于与个体感知经验的随机互为确证，所以吸引着大量的阅读者眼球，使其阅读之后产生经验感悟快感，也就是在新的社会情境中，克罗齐直觉经验快感方式的升级版呈现。当我们不是"看到"而是"看透"这些现象时，就不难发现，其中深层制约事态表象千变万化的，是一系列我们曾经不以为然甚至不以为真的那些新社会形态和新生活方式，得以支撑的本体性杠杆，其中就包括本文所初步加以讨论的"拼贴"。至少就拼贴作为具体议论对象而言，其所具有的创意本体属性，已经使得它能够在混搭效应的非稳社会形态与主体迷茫生活现场，以意义生成和符号创建的巨大张力，为社会存在与生活方式，提供主体符号价值诉求所热切期待的物化符号与虚拟符号，不仅能维持由此所带来的社会生活领域不同层面的供需均衡与延展激活，而且还能够使得符号创意平台成为新的经济增长极与生活方式转折点。

倘若还要进行纵深化追问，则拼贴作为创意本体所带来的深层次社会问题，较之如上浅尝辄止的浅层揭蔽，无疑所遮掩的问题还要复杂得多，而且相互纠缠。一个信手拈来的纠缠遮掩着的事实就是，拼贴使得时间和空间，会改变其原有的矢量向度或存在维度，其改变后果之一，则是所谓时空随机移位过程中我们入场方式的"直接在场"与"间接在场"。尽管学界对如何严格界定"直接在场"与"间接在场"还存在立场分异的诸多知识纷争，但有一点可以确定，入场是生活主体尽情参与生活的基本社会状况，创意空间或符号生活分享现场提供给个体与社会的，说到底就是入场效果与入场频谱的最大化，这在很大程度上直接就是后现代社会形态及其日常生活方式的价值规定性之一。而跟进性的衍生问题恰恰就在于，主体在混搭效应的社会

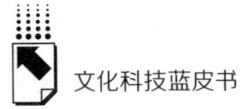
文化科技蓝皮书

境况下，不仅主体的自身价值方向迥异，而且现场生活参与后果的意义生成拓值，也完全丧失边际效益可控性，从而导致拼贴创意失灵、失效、失信，而这显然是所有创意主体必须尽可能规避的歧途，因为这一歧途与创意时代的社会价值目标相抵牾。

实际上，直到符号社会学与场域价值分析逐渐深化的最近几年，人们才意识到创意符号分享的社会参与方式中，直接在场的入场姿态与间接在场的入场姿态，会出现价值分异问题；才意识到这类价值分异，会反过来深刻地影响社会存在方式与人们的日常生活结构；才意识到原来以为鸡毛蒜皮的生活细节，会导致社会对创意未来走向的惶恐、质疑和指向困境。就此前知识视野而言，"直接在场"优先"间接在场"，乃是不言而喻的生活常识，就如同远隔万里观看春晚直播，与身处春晚演出现场其在场效果不能同日而语一样。但是，恰恰就是这一几乎不容质疑的常识，在拼贴生活方式条件下，会衍生出非常识性的本体纠缠与价值评估困难。因为在拼贴生活境域中，"直接在场"入场姿态的现实后果是"沉浸"，沉浸体验中的主体，只能在"被抛"过程中沦落为海德格尔陈述方式的所谓"沉沦"，当然也就极大程度上因选择能力暂时丢失，而处于"忘我"境界，而忘我境界的价值，则既包括尽情分享也包括麻木卷入，于是也就有主体价值危机的可能。与此相对应，"间接在场"入场姿态的现实后果是"凝视"，凝视体验中的主体，能在主动选择过程中，充分实现柏林陈述方式的所谓"自由自在"，当然也就意味着创意分享主体，始终居于可以"二次拼贴"的有利位置，但问题是，任何"间接在场"都不可能达到充分的入场效果，所以其分享局限性，一方面是积极意义上的在场充分性缺失，另一方面则是生命体验真实性缺失，因为只能靠拼贴带来的符号意指关系，来获得他者性入场，因而"凝视"总是与"窥望"价值勾连也就毫不奇怪。

毫无疑问，拼贴生活方式会给我们带来诸多或浅或深的社会问题，亦如其他平行位置生活方式，也会使我们有同样的当下性社会遭遇。但这并不可怕，这既是社会发展的理想后果，同时也是生活延展的现实后果。我们因直接在场而分享"沉浸"的创意生活体验，同样也因间接在场而分享"凝视"

创意生活体验，所有这一切，都与一系列全新社会支撑的本体之维密不可分，其中就包括此处讨论的拼贴。

既然拼贴在建构后现代性，具有创意本体的社会存在价值属性，那么我们就有理由呼唤关注这一议题的学者，系统而深入地进行问题揭蔽与价值追问，而不仅仅吃惊于事态琳琅满目后的表象描述。

B.3
要素文化均衡与深圳创新生态体系构建

周建新*

摘　要： 经济发展得益于生产要素的有效融合，要素背后的人都秉承各自的文化。要素文化均衡与否关系文化创新能否实现。文化创新立足于要素文化均衡体系，推动创新生态体系的构建。反之，要素文化失衡则无法构建创新生态体系。本文从"文化创客"案例着手，归纳了创新生态体系的相关理论，分析了要素文化均衡体系，构建了创新生态模型；并通过分析深圳与其他经济特区要素文化均衡之间的差异，论证了深圳创新生态体系存在的问题及其对深圳经济发展的作用。

关键词： 要素文化均衡　文化创新　创新生态体系　深圳

一　问题的提出和相关文献综述

谈起创新生态体系，人们一般会想起硅谷。然而，据《深圳商报》报道，有一位深圳的纽约人 Zach 在美国媒体上说："对创客们来说，深圳就是天堂……包括硅谷都无法想象。"[1]创新战略实施的坚实基础是成千上万的大大小小的"创客"们，他们是创新的实践者，也是创新成果的转化者。

---

* 周建新，深圳大学文化产业研究院执行院长、国家文化创新研究中心副主任、客家研究所所长，文化人类学博士、教授，研究领域为区域文化产业、客家文化。

深圳大学李凤亮教授认为"'创客'不是科技领域专属,文化产业也呼唤'创客'的出现"[2]。

"2013文化创客园"就是应运而生的文化产业创客园区。2014年,深圳新城2013投资公司打造了"2013文化创客园",成为全国首家文化创客园。该园区围绕"文化创客",从环境、餐饮、住宿、出行、购物、娱乐、会客、创业和融资等方面,全方位为创客们提供优质服务。这些做法有利于解决他们的基本问题,使他们能安心创业。来自五湖四海、不同文化背景的文化创客和文化企业纷纷入驻,大量的创客们在这里进行激烈的思想碰撞,产生了创新。这些创新能受到投资公司的青睐,有机会转化成市场的需求,创造利润。这对其他创客产生强大的吸引力,形成磁石效应。

深圳之所以能吸引众多创客并致力于打造"创客之都",究其原因,主要在于其良好的创新生态体系。创新生态体系又建立在高度的文化创新基础之上,文化创新反过来又推动创新生态的发展,两者相得益彰。本文试从要素文化均衡入手,探讨其与深圳创新生态体系的关系及作用。

美籍奥地利经济学家熊彼特(Schumpeter. J. A.)提出创新理论,阐述了六种创新模式,资源要素重新组合就是其中一种组织创新[3]。此后,经济学家对创新进行深入研究,发现创新才是国家经济长期发展的推动力。据美国商务部估计,第二次世界大战后美国经济增长75%来源于创新。2005年12月30日,国务院发布了《国家中长期科学和技术发展规划纲要(2006~2020)》,提出中国科学技术发展的目标是建设创新型国家。创新是推动经济发展的根本动力,包括资源要素的重新组合,它的实质是创新生态体系的构建。

当前,创新理论的发展已演化成线性和非线性两种模式。线性模式包括技术推动和市场拉动两种模式。线性模式有趋于完美的数学特质,但它们在解释现实当中知识与技术的转移作用时却没有那么趋于完美。吸收相关和回归等概念后,线性模式演变成非线性模式,先后出现:链联系模式、集成模式和系统整合与网络模式。非线性意味着因果关系变成相关关系,结果的出现并非一个原因而是多个原因导致。本文探讨的创新生态系统理论是非线性创新模式的一个分支。

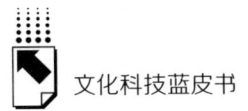

"创新生态系统"体现了创新研究的一次范式转变,由关注系统中要素的构成向关注要素之间、系统与环境之间的动态过程转变,这是创新研究今后面临的重要理论问题和实践问题。[4]吴希金认为,创新生态体系是指多个创新主体之间,基于某些技术、人才、规则、文化、运作模式、市场等共同的创新要素而形成的,相互依赖、共生共赢,并且具有一定的稳定性、独立性的一种组织体系。[5]科技成果转化过程中,"带土移植"模式在本质上是在科技成果转化过程中打造了一个连接大学和产业界的"小环境",也可称为一个"创新绿色通道",这个通道促进人才、技术、知识在大学和企业之间流动。缺少这个创新通道,创新的列车会随时跌落"死亡之谷"。[6]朱学彦、吴颖颖认为,创新生态系统是指一个区间内各种创新群落之间及与创新环境之间,通过物质流、能量流、信息流的联结传导,形成共生竞合、动态演化的开放、复杂系统。该系统的根本目标是:促进创新持续涌现,通过将创新投入、创新需求、创新基础设施与创新管理在创新过程中的有机结合,实现高质量的经济发展。[7]龙海波等认为,一个良好的创新生态体系要为创新创业提供富集并充满活力的核心要素,还应有适于科技资源配置和流动的体制机制,以及鼓励创新的包容性文化等。[8]

1997年,埃茨科威兹(Etzkowitz)首次在创新领域提出了三螺旋理论模型,用以解释大学、产业和政府三者之间在知识经济时代的新关系。[9]该理论认为,在新的技术经济范式下,要推动知识的生产、转化、应用、产业化以及升级,必须促进三方适当互动。它将关注点放在政府、高校、企业三者的交互点上,认为三者中谁是创新主体不是固定的,三者"交叠"才是创新系统的核心单元,各参与者互相作用,从而推动创新螺旋式上升。

卡拉雅尼斯(Elias. G. Carayannis)和坎贝尔(David. F. J. Cambell)以"三重螺旋"为逻辑基础,提出了"四重螺旋"和"五重螺旋"创新生态系统,为模式3知识生产提供了适应性情境。模式3知识是"分形创新生态系统"的内核。[10]"五重螺旋"遵循高等教育系统、经济系统、自然环境、公众社会、政治系统的逻辑顺序。[11]美国总统科技顾问委员会(PCAST)正式将创新生态系统作为总括性核心概念,他们认为美国的经济繁荣和在全球经济中的地位归功于一套完整的创新生态系统。其组成部分主要包括：发明家、技术人才、创业者、有进取心的劳动者、大学、研发中心、风险资本和政府资助的基础研究。[12][13]

从创新系统到创新生态系统的这些理论，为我们梳理出创新的实质与内涵，有助于我们更好把握创新产生的根源。虽说创新有其偶然成分，但创新的成规模涌现就不得不说是有其必然；尤其文化创新领域，很大程度上依靠人的主观性或者灵感，这种创新如果说没有一种很好的氛围，创客们的智慧碰撞是无法产生的。因而，文化创新有利于创新生态体系建立，而这种生态体系反过来对文化创新又有很大的积极作用。

二 文化创新生态系统模型的构建

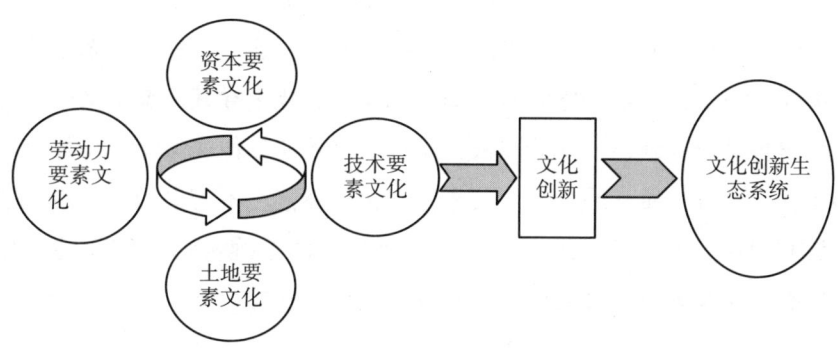

图1 文化创新生态系统模型

（一）模型的解释

经济活动离不开各种生产要素的参与，它们不仅仅是物质，同时也是由不同的人所拥有。人会受到文化影响，拥有生产要素的所有者秉持的文化称之为要素文化。要素文化可归纳为：资本要素文化，即资本要素所有者所秉持的文化；劳动力要素文化，即劳动者所秉持的文化；土地要素文化，即土

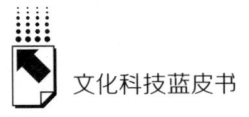

地供应者秉持的文化；技术要素文化，即拥有技术要素的科技人员秉持的文化。

各种要素文化按照某种方式组合，有可能实现要素文化均衡，也有可能导致要素文化失衡。要素文化均衡，即各种要素文化能够并存且相互影响，却又各自保持自身特色，不被其他文化同化或侵蚀。反之，则是要素文化失衡，即各种要素文化中，一种要素文化十分强势，其他要素文化只能被它主导。

要素文化均衡的状态使它们的所有者能够在社会之中找到各自的位置，每个要素文化的个体都被尊重或不被歧视，从而对社会产生强烈的归属感。文化创新能否顺利实现，关键在于要素文化之间是否能够实现动态均衡，均衡状态有利于个体形成归属感。拥有归属感的要素文化个体能迸发强大的创造能力，容易创造出新的文化形态。新的文化应涵盖了所有要素参与者的文化，每种文化在新的文化体系中都贡献各自的价值。在新的文化氛围之中，每个个体因被尊重或不被歧视将激发出高效的创新能力，创新生态系统因此得以构建。相反，要素文化失衡，即一种要素文化主导其他要素文化，其他要素文化势必受压制，个体受歧视在所难免，致使其他弱势文化个体难以产生归属感。没有归属感的个体，其整体文化创新能力不容易激活，也无法形成有效的创新生态体系。结论就是：文化均衡体系容易形成创新的文化氛围，从而构建其创新生态系统，反之则不然。

（二）模型的核心

要素群体文化彼此均衡，群体之间互相尊重或无歧视。社会形态多种多样，文化是其根基。社会文化的发展从充满活力到逐步衰落，有其生命周期。社会形成初期，鲜活的文化氛围使其个体充满生机与活力，个体之间几乎平等，因而产生高效的生产能力，社会随之快速发展。成熟的文化使社会趋于稳定，社会生产能力达到最高值，已经出现不同的社会阶层。尽管社会分层有利于经济的发展，但衰落的文化则使社会阶层逐步固化，生产能力减弱，特权阶层可以不劳而获，成为寄生阶层。如果要测度一个社会文化的鲜活程度，有一个重要的指标就是，人与人、阶层与阶层之间相互尊重的程度，个体在社会之中是否被歧视。尊重的层次由弱到强分别是：被歧视－不受尊重－不受歧视－尊重。尊重层次越高，个体的创新能力越容易激发，社会整体的创新能力越强，创新生态体系越容易构建。相反，尊重层次越低，创新生态体系的构建更困难。因此，社会创新生态体系的构建是与尊重层次成正相关的。如果一个社会的尊重层次能达到完全地相互尊重，那么这个社会所呈现出来的创新能力将会十分惊人，是文化对经济生产所体现的最高级别。

要素文化均衡有利于形成高度的尊重层次，有利于每个个体的创新能力的自觉形成，创新的结果也会有利于社会各个阶层，能够达到"一石激起千层浪"的效果。这种自下而上的创新会极大地节约社会资源，推动社会整体创新生态的构建。要素文化失衡则会导致低级别的尊重层次，创新的结果更有利于高社会阶层，创新要自上而下地推动，效果将是事倍功半。创新生态体系的构建始终是由部分阶层主导，资源的使用效率会处于低水平。

三 深圳经济特区的要素文化均衡与文化创新系统分析

深圳经济特区文化创新动力的产生及其强大生命力有力地推动了创新生态体系的构建，而创新生态体系对文化创新的作用功不可没。创新生态体系构建在基于城市生产要素文化均衡现状阐发的文化创新之上。那么，要素文化均衡是如何形成的呢？要素文化均衡又是如何推动文化创新的呢？笔者从最基本的人口构成着手，在揭示各个要素对深圳经济建设的贡献中，分析其享有的文化优势和社会地位，最后阐述要素文化均衡对文化创新的推动作用，以及对创新生态体系构建的作用。

城市人口组成结构是要素文化均衡的前提条件。人口是生产要素组成的基本条件，人才是文化的载体，要素文化的均衡首先从人开始分析。

众所周知,深圳是一座移民城市,一言以蔽之,"深圳没有外来人"。1979年,宝安县(后更名深圳市)常住人口31.41万,其中户籍人口31.26万,农业人口占91.72%,原来的深圳镇仅有3万人口。[14]深圳建市之初曾经提出,到20世纪末建成人口达到80万的中等边防城市。实际上到2015年,据《中商情报网》公布数据:深圳市拥有户籍人口354.99万,常住人口1137.89万。另据有关数据,2014年深圳手机用户量3376.6万部,进而可以估算在深圳活动的人口应该在2000万以上。由此可见,本地人在深圳人口组成中仅占很小的一部分,没有办法形成内地普遍的强势宗族力量和地方势力,这样就为经济发展的要素文化均衡提供了可能。

五湖四海的人从四面八方汇聚深圳,深圳是除北京以外齐聚全国56个民族的唯一城市。有关数据显示,深圳人口来源组成如下:陕西15万;江苏16万;安徽17万;山东18万;浙江30万;贵州30万;重庆50万;福建50万;江西50万;河南50万;湖北50万;广西70万;四川80万;湖南120万;广东400万。不同地方的人带来了不同的文化,没有哪一种地方文化可以在这里占据绝对优势,就算广东近水楼台,其各地区的文化也是差异分明,如粤西、粤北和粤东就存在很大差异。普通话、粤语、客家话、其他各地方言甚至英语在这里都有生存基础,为深圳的要素均衡文化提供了基本条件。各种要素贡献为其文化获得相应的社会地位和文化优势,有利于实现要素文化均衡。

(一)资本要素文化分析

众所周知,深圳特区建立之初主要是为了承接香港资本和华侨资本来投资(当然,除了隶属交通部香港公司的蛇口工业区,深圳市开发的启动资金主要来源于国家的7000万贷款,随后的开发才更多倚重境外资本)。1982年12月3日中共中央、国务院批转《当前试办经济特区工作中若干问题的纪要》,指出:"特区的建设发展资金来源,主要依靠吸纳利用港澳资金、侨资外资,根据发展需要,可有步骤有选择地批准外资银行到特区开业。"[15]可见,深圳的资金主要是来自香港和外资。因此,作为资本要素的香港资本家和部分国外资本家拥有较高的社会地位和文化优势,其表现是粤语甚至英语文化的流行。

后来,深圳的发展不仅吸收了港资、外资,还吸引了大部分侨资。最早汕头经济特区设立的主要目的是吸引华侨资本的投资,为何后来汕头的发展在这方面不如深圳?成立之初的汕头经济特区很小,只有龙湖村西北角1.6平方公里的沙丘地带作为特区。如此小的面积很难吸引大量投资,资本要素很难形成文化优势,资本家不敢投资也是可以想象的。在本土政治势力和地方势力的环伺下,投资是否能收回对于资本要素来说是没有保证的。当年李嘉诚放弃汕头港口投资转而对盐田港投资,就是一个很好的例证。李嘉诚早年在汕头投资不小,然而由于地方权力寻租使得其投资亏损而放弃,于是改投资为捐赠。对外来资本失去了持久的吸引力,文化创新能力无法形成,创新生态体系也就属于空中楼阁。这就是华侨不太愿意投资汕头,而选择深圳的原因。

(二)土地要素文化分析

中国土地的所有权属于国家和集体,承包权属于家庭。土地的供给主要受制于国家、集体和家庭。因此,代表土地要素的国家、集体和本地人也有较强的社会地位和文化优势,体现在深圳市高层官员基本来源于中央政府的任命,中低层官员主要是来自广东省和深圳市本地人员的选拔。

土地的要素文化无疑会比较强势,政府机构层面的文化优势与其他的经济特区并无二致。但是深圳由于本地人口太少,难以形成强大的地方势力。况且随着移民的涌入,本已很少的本地人淹没在城市当中,早期的移民也多被融合成为新的深圳人,外来文化稀释了本来淡薄的本土文化。而汕头、厦门和海南在这方面表现出很强的本土文化。以海南经济特区为例,成立之初本地人口比较多,本地人足以满足特区建设的用工需求。海南经济特区因而无法让移民找到归属感,也就失去了持久的吸引力。在海南,本土强势的文化主导下发生"倒卖汽车事件""炒卖外汇事件",波及面很广。深圳发展早期也发生过走私贩私、偷税漏税、倒卖进口高档消费品问题,但很快就被遏制,因为移民无法形成强大的关系网。由此可见,大量本地人口极易产生强势文化,形成文化保守氛围,很难吸纳不同文化并进行交流和融合。文化创新也就无从谈起,创新生态体系也就只能是"空中楼阁"。

(三)技术要素文化分析

深圳经济特区的设立吸纳了全国各地的人才,构成了经济特区建设的主力军,主要可分为两大类:一支主力军是知识分子,包括大学生、老师以及有文化懂技术的中下层官员、企业技术工人等等。他们拥有知识与技术生产要素,为特区建设做出了突出的贡献,大部分知识分子在深圳获得了巨大的成功,因而享有较高的社会地位与文化优势。同时,他们也是文化创新和技术创新的主力军。深圳的技术人才的吸收与引进主要以市场需求为导向,因此经济的发展需求人才引进的数量与层次不断提高。深圳先后建立了本土的深圳大学、南方科技大学等高等院校,并吸引了清华大学、北京大学、中山大学、莫斯科大学等国内外著名高校建立分校。深圳采取自力更生与对外吸收相结合的方式逐步满足对高层次人才的需求。2016年10月25日,深圳市委市政府正式发布《关于加快高等教育发展的若干意见》,明确提出到2025年,建成高校20所左右,全日制在校生约20万,建立国际化开放式创新型的高等教育体系,成为南方重要的高等教育中心,为深圳未来发展提供强有力的人才保障和科技支撑,为全国高等教育改革提供新经验。反观珠海的人才培养制度,难以为当地的文化创新提供帮助。珠海高校的发展较缓慢,同时人才外流十分严重,不能为珠海的发展提供切实的技术文化创新帮助。

技术要素所有者的文化背景更为复杂,他们不仅会带来不同的文化,而且他们汇聚到深圳后会相互碰撞产生新的文化,从而为文化的创新提供更可靠的条件。他们同时也是创新生态体系的重要构成者与成果总结者,为创新生态体系的构建提供了方向。

深圳经济特区建设的另一支主力军就是普通劳动者。他们拥有经济活动中不可或缺的劳动力要素，大多来自中西部各省份的农村，教育程度普遍很低，从事建筑、环卫和服务业等粗、重、累、苦的工作。各个地区的普通劳动者一般是由先到深圳工作的家人、亲戚或者老乡带出来，在这里不会被排斥。随着深圳的发展，许许多多普通劳动者凭借智慧、汗水和机会在这里获得了巨大的成功，从而跻身更高的社会阶层。类似传奇故事不断上演，使人们有理由相信深圳是能够创造奇迹的地方。一方面激发了其他普通劳动者的进取心和自豪感，另一方面也让深圳越来越有吸引力。对于一个能从屌丝逆袭成为高富帅的地方，谁不喜欢呢？如果哪一天深圳不能再创造从下层社会到上层社会的社会流动，那么劳动力要素的文化优势将不复存在，也就意味着要素文化将失衡，深圳可能将失去长期以来自下而上的文化创新原动力。深圳的创新和活力，主要来自知识分子和普通劳动者对获取成功尤其是经济成功的无限追求和不竭动力，而且这种成功是实实在在看得见的、可预期的。一个榜样人物能影响许多其认识的或不认识的人，何况在深圳这样的榜样又是千千万万，对于城市创新发展的推动作用可想而知。

因此，各种生产要素力量在深圳这块全新的土地上，携带着不同的文化、操着不同的口音，虽有先后之分但无高低之别，在深圳的发展过程中他们贡献了各自的力量，也获取了相应的社会地位。而且，各种生产要素并非一成不变，而是随着经济发展不断变化的。比如普通劳动者通过不断学习可以成为拥有技术要素的人，通过不断努力积累资本可以成为资本要素的拥有者。相反，投资者有可能经营不善破产而成为普通劳动者或者技术拥有者。在这个动态的过程中，每种要素占据深圳的一定地位，各种力量不相伯仲。要素文化在这里实现了动态均衡，从而推动了文化创新的实现，构建了创新生态体系。

四　深圳创新生态体系模型的启示

要素文化均衡使生产要素有条件实现文化创新，从而有力地推动创新生

态体系的构建。反过来，创新生态体系活跃了文化创新活动，使两者形成了相得益彰的良性循环。深圳经济特区的要素文化均衡，得益于移民城市的性质，其发展也深受活跃的创新文化影响。说到底，深圳本身就是创新的成果。那么，我们应该从基于要素文化均衡的创新生态体系中得出怎样的启示呢？

首先，移民及移民文化是城市发展的活力源泉。要想在北京发展，一口京片儿口音会很有帮助；在上海，如果你不会讲上海话，你会被视为乡下人；在广州，如果你开口说普通话那么必定会被认为是"北佬"。深圳是一个典型的移民城市，"不排外"，没有明显的外地人的观念。"来了就是深圳人"。在深圳，无论你持什么语言和口音，都不会被认为是外地人。由此所形成的以鼓励创新、注重平等、相互尊重等为主要内涵的移民文化是深圳文化的核心竞争力，社会尊重更是深圳发展的活力源泉。社会对个体的尊重水平提高会引发生产力水平的提高，比实际的投资更有效。在相同投资条件下，社会尊重层次高的城市会有更高效的产出。如果在城市的生活中能找到归属感，工作或投资时能被他人尊重，个体往往会焕发出惊人的生产效率。这就是推动城市发展的活力源泉。

其次，要素文化均衡催生文化创新，营造良好的创新生态体系，使深圳成为最有吸引力的地方。从普通打工仔到企业老板，从平民到富豪，深圳的文化均衡体现在语言、饮食、服饰等各方面的包容与接纳。个体在这里感受到的是亲切，能找到存在感，从而可以长期地留在深圳工作。文化创新在这些个体之间相互碰撞、相互启发，哪怕是再离奇的想法与做法，都不会被他人耻笑。个人可以大胆尝试，这种敢于尝试的氛围得益于没有权威的说教，无须关注他人的质疑，往往能产生惊人的创新能力。试想：一个人在自己的家乡创业，其阻力多半来源于自己熟悉的人。害怕失败，害怕自己的"荒谬的想法和做法"会被熟悉的人笑话，从而畏首畏尾，失去了创新的动力。"宽容失败""开放包容"，在深圳，个体没有束缚，即使失败也会被尊重，要知道创新成功的概率素来很低。不害怕失败，宽容失败是创新能实现的前提。深圳开放包容的文化氛围本身就是文化的创新，也是创新生态体系的重要部分。

最后，社会的固化从文化的失衡开始。文化失衡意味着某种文化成为强势文化，就像垄断对社会发展的副作用一样。随着城市的发展，城市从年轻进入成熟，成熟的标志是社会阶层的分化，或者说社会的科层化，并逐渐固化。随着社会分层的出现主导文化必然产生，以前的草根文化失去活力沦为配角，于是社会开始固化。创新不再是自下而上的驱动，而是自上而下地推动。深圳因文化均衡而蓬勃发展，是其他城市所无法比拟的。在移民的第一代可以做到文化均衡，人们之间可以做到相互尊重或不歧视，但是下一代会怎样呢？如果任其发展，社会的特权阶级不断涌现，贫富差距越来越大，那么深圳的明天将会失去活力。因此，保持要素文化的均衡是关键。当社会中的要素文化已不再均衡时，就要削弱强势要素文化或者提升弱势要素文化的社会地位和经济实力，以此维持要素文化的动态平衡。

综上所述，要素文化均衡阐发的相互尊重与包容的心态以及由此构建起来的创新生态体系，是深圳之所以在创新创业领域独占鳌头的文化保障，也是形成深圳创新氛围的文化基础与推动力量。这也在很大程度上解释了：为什么创客能在深圳落地生根并茁壮成长，深圳能够迅速实现从"山寨之城"到"创客之都"华丽转身的根本原因。从这个意义上来说，我们完全有理由相信深圳成为"设计之都""创客之都"绝非偶然，将深圳建成"现代化国际化创新型城市"也不是一句空洞的口号。

参考文献

[1] 钱飞鸣、谢静：《创客：深圳的新城市名片》，《深圳商报》2015年4月27日。

[2] 杜艳：《深圳龙岗"文化创客"成文化产业发展新引擎》，《南方日报》2015年5月14日。

[3] Schumpeter J. A. *The Theory of Economic Development*. Boston：Harvard University Press, 1934：57.

[4] 曾国屏、苟尤钊、刘磊：《从"创新系统"到"创新生态系统"》，《科学学研究》2013年第1期。

[5] 吴希金:《创新生态体系的内涵、特征及其政策含义》,《科学学研究》2014年第1期。

[6] 吴希金:《从"带土移植"到创建创新生态体系——基于同方威视的探索式案例研究》,《中国软科学》2015年第4期。

[7] 朱学彦、吴颖颖:《创新生态系统:动因、内涵与演化机制》,《第十一届中国科技政策与管理学术年会论文集——分4:创新与创业(Ⅰ)》,2014。

[8] 龙海波、杨超:《区域创新生态体系建设的探索与思考》,《发展研究》2014年第11期。

[9] 亨利·埃茨科威兹:《国家创新模式:大学、产业、政府"三螺旋"创新战略》,周春彦译,东方出版社,2013。

[10] 武学超:《五重螺旋创新生态系统要素构成及运行机理》,《自然辩证法研究》2015年第6期。

[11] E. G. Carayannis and D. F. J. Cambell. eds.. *knowledge Creation*, *Diffusion*, *and Use in Innovation Networks and Knowledge Cluster*:*A Comparative Systems Approach across the United States*, *Europe and Aisa*. Westport, Connecticut:Preager, 2006:1-25.

[12] PCAST. *Sustaining the Nation's Innovation Ecosystems*, *Information Technology Manufacturing and Competitiveness*. 2004.

[13] PCAST. *Sustaining the Nation's Innovation Ecosystem:Maintaining the Strength of Our Science & Engineering Capabilities*. 2004.

[14] 钟坚:《大试验:中国经济特区创办始末》,商务印书馆,2010。

[15]《中央明确特区更多自主权》,《深圳特区报》1982年12月3日。

B.4
文化科技化、科技产业化
——文化与创新科技的生态群聚融合

晁瑞明*

摘　要： 本文以文化与创新科技产业的生态群聚融合作为研究成果的撰写背景，进行一项"文化"、"生态群聚"、"融合"与"创新科技产业"整体的探究。本研究对文化产业生态体系进行剖析，并利用利基理论探讨文化与创新科技产业生态的融合、调适与取代的关系。针对产业群落和文化创新产业群落的发展阶段，在不同的物种之间存有共生、寄生、竞争等各种复杂的关系，相互形成了文化产业生态体系。最后本研究探索文化创新产业群落的策略意涵，在新的文化创新产业疆界与竞赛场域和价值主义中，进行最后的研究贡献。

关键词： 文化生态群聚　创新科技产业　产业群聚发展

一　文化与创新科技产业的点线面

布鲁克斯·彼得森认为文化是国家或地区内的人们所普遍认可的一系列相对稳定且发自内在的价值观和信条表现。这些价值观和信条对该国（地

---

* 晁瑞明，美国佛罗里达州诺瓦东南大学管理讯息系统博士、教授、联合大学客家研究学院院长，文化观光产业学系教授、文化创意数字营销学系兼任教授，研究领域为数字学习系统、文化创意数字营销与文化城市观光旅游产业。

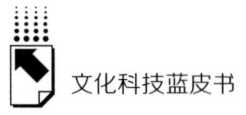

区）的人们由环境所产生的外在行为具有显著影响力。由此可知，文化是人类记录生活的过程，更是先人所遗留下来的智慧财产，在后代的脑海深处更是有着不可抹去的传承图腾，在不同的族群中，有着各个族群的独特性格及生活经验，使得文化政策的实现显得更重要。为迎合人类对于文化信息的记载和复制与传递的需求，人们生活水平随着实际需求与经济成长而提高，令文化本身的演变会自行归纳出可被窥探的脉络、现象与征兆。经由文化的事前与事后的规律看出些端倪（period），并以社会本体论作为出发点，可将其中的"文化"、"生态群聚"、"融合"与"创新科技产业"作一完整的探究。

文化与行为是人们的思想、感情、欲望在时间上的综合表现。相对的，文化与创新科技产业中不但存在着正式生态群聚，而且存在着非正式的聚集，并将对全球化、知识化、信息化进行管理，使其凝结了无数管理实践者与思想者的汗水与心血，将原本以"事"为中心的管理，改变为以"人"为中心的管理，由原来对"规章制度"的研究发展到对人的文化行为的探索。目前文化的产生、发展和相互转化的规律，在文化行为科学的管理上得到广泛应用，也获得明显成效。直至20世纪90年代初期以来，随着知识经济的到来，信息与知识成为重要的战略资源，而信息科技的发展又是为了获取这些资源，也改变了管理者的思想观念和文化行为方式，并广泛延伸于一般组织、商业、社群，乃至产业生态群聚之结合。根据Bandura的观点，行为、个人因素和文化环境因素是相互联系不断交互作用的。① 因此，文化与创新科技产业的互动与融合激励两者之间的演变与提升。

现今创新科技产业的经营模式随着文化与讯息科技的融入与时俱进，若能够在经营环境下操控事先掌握的瞬息万变的因素，且随着人力素质不断提升、数字科技及物联网服务的形态不断扩张与转变，企业组织必须纷纷投入

---

① Bandura, A.（1977a）. Self-efficacy: To ward a Unifying Theory of Behavioral Change. *Psychological Review*, 4, 191 – 215.

大量资金于知识密集的相关创新科技产业与物联网服务。当知识爆炸性地涌入时，企业更应该对文化、创新科技产业以及服务，通过有效的管理以维持竞争优势。知识管理、知识分享及其行为意图等相关议题如今早已被探讨得沸沸扬扬，借由现今蓬勃发展的数字科技协助挖掘文化的隐性知识（Implicit Knowledge），具体呈现出创新科技产业中的显性知识（Explicit Knowledge），进而形成文化与创新科技知识资产与知识分享的生命循环。文化与创新知识资产主要是源自生态群聚中的每一个成员，再由群聚中的个体知识转为内化的涵养，并通过有效的融合、触发、信任与相对的回馈，将其运用于各创新科技产业策略层面，促成知识分享意愿甚至知识分享的环境，使得在文化与科技融合下的知识分享（Knowledge Sharing）是由创新性、公平性与关系性所形成的一股生态群聚的组织气候。

一般普罗大众对于文化过往"传统"或"特色"产业（品）的知晓或偏好，以及当时产业对于投入原物料与生产技术而言，很少出现大幅度文化行为认知上的改变与接受度的提升。但近年来随着全球皆倾力注入力量，无论是产业的面貌与产业组织生态（Industry organizational ecology）、产业聚落生态（Industry community ecology）和生产/经营技术的演化，已产生了相当重大的突破，甚至是以"点"——文化与科技创新产业的元素与内容、"线"——文化与科技创新产业的经营价值渠道布局，以及"面"——文化与科技创新产业的整体核心价值面开展，开始进行跨越、链接与融合文化与科技创新产业融合分类架构业别的崛起。

创新型的科技产业总是希望借由种种的体验让人们的印象深刻。当文化具有"差异性"，或者是别有创新的概念产生时，参与其中的人们的感官和情感将会受到冲击。提升地区的经济产业规模产值，以及促进区域的创新科技产业发展，除了使年轻一辈的人深耕家园，更希望文化产业能成为文化中的翘楚文化，是该研议再次引爆文化融合创新科技产业与世界行销的新泉源的时候了。预计在未来，文化与创新科技产业将以多元经营模式为主进行融合，同时存在特定的翘楚文化产业内的现象。除了文化产业的相互供给与需求渗透，在面对文化产业的需求性日益提高与复杂化之际，文化融合创新科

技特色产业内部分工体系的重组机制必然会在不同产业之间的"能耐"、"技术"和"经营模式"上融合成为一项重大考验。

二 文化与创新科技产业生态体系剖析

从生态学角度来剖析文化产业与创新科技产业,类似基于族群与物种的层级建构出产业分类架构,每个因文化融合所产生的创新科技产业也可以在产业分类架构中找到相对应的分类。生物分类系统中最底层的"种",也是生态演化分析的基本单位——物种(species),说明文化与产业类似于生态体系,也存在着各式各样的物种。无论是文化抑或产业,凡属于同一物种的个体(individual),皆有相似外形或构造基因组合,所繁衍出的后代,或制造出的新一代,也都具有延续物种的生存条件。① 所谓族群(population)是指"在特定时间,占据特定空间,且属于相同物种的一群有机个体"。文化与科技融合的生态群聚现象也类似"物种"与"族群"的演变观念。试图谋取生存及制造新一代的物种是创新科技产业族群的本能。生态体系的自我再制(self-reproduction)则是族群求生存的必要工作,端赖基因的传递,以及能自我再制的物种,方能延续整个族群生存。

文化生态体系与产业生态体系之间存在许多相似性。单就产业界来观察,产业内的厂商有共同特点却又彼此互异的这种现象,也可以从族群生态学(population ecology)的角度来理解。根据族群生态学的观点,产业生态体系有各式各样的物种,每个物种是由一群个体所组成的,这些个体源自所拥有的文化,并且有极相似的基因组合,延续此产业物种的生存。从大环境汲取资源是产业物种求取发展的必要手段。产业物种是演进的基本单位,在产业演进过程中,因经营策略或是其他因素而导致个体的基因发生突变,就会让物种产生变种(variation),或者,当产业随着文化创意的引发,与其他物种结合,使得物种产生混种(hybrid)。无论是自体基因变

---

① 钟宪瑞:《产业分析精论:多元观点与策略思维》,前程文化,2013,第 256~270 页。

种，抑或结合基因混种，当产业物种受到环境天择作用（selection）的影响时，如果无法对产业环境条件做出调适，就会被淘汰掉，留存下来的产业物种会为了自身的生存，不断从环境中吸收资源，扩大自身物种的生存空间与条件。①

如果将客家文化产业比喻成一个物种，在产业中的厂商是个别的生物个体，厂商如同生物个体一样，也会求取自身的生存，即使目前所提供的产品终会有淘汰的时候，厂商也会试图不断推出新产品以求"永续经营"。厂商面对竞争或是外在环境的改变时，可能必须做出一些调整，否则将被市场淘汰掉。他们也必须不断扩大自己的生存空间，在许多方面，产业与族群生态都高度相似。因此借用生态学的理论架构以及物种求生存的策略，对客家文化产业进行分析，想必会衍生许多有意义的课题。将客家文化生态学应用到创新科技产业分析时，有三项特别有用的理论，分别是利基理论（niche theory）、结构惰性（structural inertia）与资源切割理论（resource partitioning theory）。

（一）文化与创新产业的利基

具体来说，利基是可以让客家文化与融合后的科技创新产业进行自我再造的各项环境条件。利基也蕴含着可以让产业生态的群聚（族群）相互支持生存及演变下一代的资源与条件，使得群聚内的产业类别与个体数目不至于会减少，甚至会有扩增现象。在客家文化与创新科技产业生态群聚环境中，每个产业群聚组织也可以被比喻成一个个体，利基为群聚组织提供所需的资源，会有以下三项含义呈现。

第一项含义是因为创新科技产业群聚的利基所蕴含的资源是有限的，所以利基可支持的生态群聚数目（或范畴）也是有限的。一般以利基的附载能量（carrying capacity）而言，代表着利基队组对于所能赋予创新科技产业

---

① 晁瑞明：《天择认知、基因调整与演变操控——新海上丝路视域下的客家文化产业发展研究》，《赣南师范学院学报》2016年第1期，第1~7页。

的支持程度。如果一个利基所蕴含的资源越多，就越能支持更多群聚产业组织的生存。

第二项含义也是当利基中的资源越是有限时，为了争夺资源而产生的竞争现象也就越常发生。竞争会发生在创新科技群聚产业之间，当然也会发生在非群聚中的单一产业类别之中。就群聚产业之间的竞争而言，同一个利基中可能存在利用相同资源的多个族群（例如在品茗此一利基中，存在着对诸多茶品不同喜好的采购族群），因此在这些不同喜好的族群间可能发生对有限资源的选取或竞争，而展开不尽相同的消费。就创新科技产业群聚内竞争而言，当不同个体必须为了市场而争夺资源时，或许会导致单一个体的存活率自然降低，但是就整体产业来说，适度的竞争反倒会有助于整体产业群聚存活率提高。

第三项含义则是物竞天择，适者生存的基本概念。纵使一个产业群聚只要有一定数目与项目的资源个体能够使之存活下来，产业群聚的存活率也就会相对提高。当适度的竞争可以创造出较具竞争力的产业个体时，整体产业群聚的存活也会受到促进。每个利基都隐含着一组天择标准，哪个产业个体能够符合这一组天择标准，它就是具有竞争力的产业个体，也比较有可能在适当的时机，取得适当的利基资源，进行适当的产业发展活动。

（二）文化与创新产业的结构惰性

一位管理者站在时间轴上凝视着文化的演变过程，若以缩短间距来看文化的转化历程，人们通常会有一种幻觉：似乎文化并没有偌大的改变。通常对一般产业而言，其个体也会有一种倾向于"维持现状"的惰性，对于天长日久所产生的习性更不会轻易改变。这种所谓产业结构惰性较容易发生在传统产业，但是当文化必须融合创新，且跟上科技产业的发展速度时，对于工商发展迅速的区域，产业结构惰性几乎是不被允许的。例如就台湾苗栗的茶与陶产业界来说，产业演化是在非常漫长的过程中，历经许多世代才能完成，并且单一世代往往很难对其已适应的环境做出重大的改变。一般来说，产业结构惰性的存在不利于组织进行改变，但是它也有一些正面的影响，结构惰性让产业群聚组织以一种有规律的方式运作，让组织的活动形成一定的组织惯例（organizational routine），以惰性类的惯例运作的组织比较容易在环境的选择基础上生存。反之，若所处的经济环境因素是多变或不可预期的，惰性般的产业组织惯例容易造成无法弥补的伤害。造成组织惰性的外部因素大略分为三项，以台湾苗栗的茶与陶产业界为例，谨供题外参酌与激发探讨。

- 进入新领域所需面对的财务及法律方面的障碍，例如与上下游的契约可能限制苗栗客家庄的茶与陶产业进入新产业的行动。
- 苗栗客家庄的茶与陶产业组织进入新的事业领域，需要了解新环境的相关信息，但这些信息通常不易取得，降低组织进入新事业领域的意愿。
- 苗栗客家庄的茶与陶产业组织进入新领域是否被大众认为具有正当性，也会影响茶与陶产业组织进入新领域的意愿。

例如粤闽赣台的客家文化产业中，质量较为稳定的产品，必须依靠组织内一系列生产与品管的标准作业程序才能达成。这也就是借由生态学中的论点而言，粤闽赣台的客家文化产业组织的可靠性（reliability）会产生正当性（legitimacy），进而可以为组织带来资源。

（三）文化与创新产业的资源切割

资源切割的现象会发生在多个文化与创新产业群聚物种中，虽然共同利用到了相同利基资源，却是不同的利基部分，对于文化与创新科技产业来说，彼此之间不会互相竞争，甚至会产生相辅相成的产业互补功效。例如资源切割现象对茶与陶产业可以尝试将一个看作一体的利基，以某些方式进行切割，而得以汲取各自所需部分的利基资源。

产业利基中的组织数量是分析产业前景的一项关键项目。当一项创新茶品与陶瓷产品刚推出时，市场可能对这项产品的接受度还未达到预期，因此投入生产的厂商数自然较少。随着营销的策略与手法不断加强，这项创新产品逐渐为市场所接纳，自然会有许多厂商投入，但是随着市场饱和，市场中的厂商数目就可能无法再增加，甚至会有厂商退出市场的情形，一般提到的

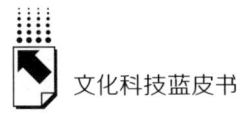

供过于求,就好比产业组织数量产出超过利基承载的情形,利基可以提供组织生存及繁衍所需的资源,但利基资源是有限的,因此能支持的群聚组织数量也是有限的。

总的来说,在一个创意茶饮或美学陶瓷产业刚生成或是全新产品刚上市时,厂商数目较少。虽然竞争程度低,可能使得早期进入的厂商有不错的利润,但是整个产业族群因为尚未被社会广泛关注,因此正当性也较低,较不容易吸引关注。当逐渐受到消费者青睐时,投入的制造商数目也会相对增加,正当性提高到某个程度后,群聚间提升彼此吸收利基资源的能力要求也跟随之提高。①

三 文化与创新科技产业生态融合、调适与取代

若将客家文化产业视为包含一组客家文化基因,以及运作惯例的产业文化的集合体,当产业内出现新的文化基因或运作的惯例,并且与原有的基因或运作惯例进行相互融合,此时,客家文化产业内就可能出现新的运营模式。换言之,这些长期存活的客家文化产业历经转型,改变了整体市场的客家文化原有的价值或风貌,在转型的过程中,客家文化产业必须转换基因,从整体市场面来看,在相同的经济活动下,与其让"原先基因并不合适,经过转换之后才适合"的文化产业来执行,还不如交给新成立又没有任何包袱的产业组合来执行,会让客家文化的整体市场创造更高的报酬。究其原因,基因的转换是一项耗费资源的活动,如果利基的变动已经让深植于客家文化的基因不再适配于新的利基,那么企业组合强迫自身转型,虽然有助于本身的"永续经营"理念,但若是由基因适配度本来就比较高的企业组合来经营新的利基,其实对客家文化整体产业来说,利基资源的运用可能会更有效率。

---

① 晁瑞明:《天择认知、基因调整与演变操控——新海上丝路视域下的客家文化产业发展研究》,《赣南师范学院学报》2016年第1期,第1~7页。

文化与创新科技产业界如同生物的生态界一般，也在不同的物种之间存有共生（commensalism）、寄生（parasitic）、竞争（competition）等各种复杂的关系，不同文化物种间因此形成文化产业群落（community），群落再与环境条件（如市场运作、消费行为、人均所得等）互动形成了文化产业生态系统（ecosystem），构成生态群落的基础。①

（一）文化产业的共生关系

文化创新产业的共生关系是指随着两个文化创新物种之间的互动应用，可以为其中至少一方或彼此双方物种带来互惠，却不会为互动的物种带来伤害情形，共生关系可以分为互利共生以及片利共生两种情形。

茶业与陶瓷或玻璃产业间的互利共生是指两个以上的物种之间，经品茗的行为直接与各相关的产业物种互动而获得好处。互利共生关系又可以分为"暂时性互利共生"以及"连续性互利共生"两种关系，暂时性互利共生关系是指两物种都因为其共生关系而获得好处，但是必要时也可彼此分离而继续生存。在客庄茶产业界中，茶厂业者可以推出年度得奖的高级茗品，并和时尚业的陶瓷茶具业者结合，彼此推出高价位的产品，进而与时尚的设计业者为金字塔消费顶端的消费群提供高档次茶席类的服务。连续性互利共生关系是彼此间长期互利共生关系的产品，不能离开彼此长期生活。若真如此，就必须依靠各自的产业物种调整和在应用层面的创新，才能在长期生存下来。

片利共生与互利共生最大的区别是片利共生中的两个（或多个）物种只有其中一方会获得较多好处，例如在茶业博览会展开时，除了展场可以获得租金以外，负责各自委托方的公关公司也会在有限资金的劳务型委托案中因负责装潢配置工程而获利，当然人潮汇集时，展场周边的商家，也会从中获利。总的来说，茶品博览会的参展厂商在连续的竞争交易活动下，还是比上述片利共生的厂商获利较多。

---

① 钟宪瑞：《产业分析经论：多元观点与策略思维》，前程文化，2013，第256~270页。

(二)文化产业的寄生关系

客家文化产业的寄生关系是：寄生物种和寄主物种之间的关系。在寄生物种和寄主物种都属于客家文化的情形下，寄生物种的生存必须仰赖寄主物种所提供的生存条件。寄生物种若是要长久生存，就必须和寄主物种产生稳定的关系。一旦生态平衡失控，不论是造成寄主物种的存在性的伤害，或是寄主物种的自然抵御或停止提供寄生物种的生存环境，都会使得寄生物种无法生存下去。所以，寄生物种常会和寄主一同演化，毕竟存活越久的寄主对寄生物种的传播越有利，因此寄主演化到对寄生物种有一定的免疫力后，寄生物种也会演化成对寄主只是造成中等程度的伤害。①

举例来说，台湾新竹与苗栗甚为有名的茶品"东方美人茶"（本名为：碰风茶），就是因为被一种特殊的小绿蝉（昆虫）叮咬过，这种小绿蝉所分泌的物质将会使该部分叶片呈枯黄色，虽卖相不佳，却能形成具有果香的特殊气息，使得该茶种既有红茶浓郁的香味，又具有淡淡花果的清香，此种茶品因此成为该客庄特有的自然品牌，在这种情况下，是使用安全的农药剂量杀死小绿蝉，还是任由小绿蝉恣意地在寄主物种上繁衍，甚至造成整株茶树的枯萎……这也就是非常特别的寄生关系。

(三)文化产业的竞争关系

客家文化创意产业的竞争关系可以发生在同一个文化创新物种之内或两个物种之间。同一个物种之内的竞争和不同物种间的竞争最大的差异则是：同一文化物种内的竞争在利基环境（例如消费者族群）上是完全重叠的，通常既不会因个体间的竞争造成对方物种的灭绝，又会导致对方物种因竞争而产生质量的提升。若要使物种内的个体数量维持在一个稳定或提升的状态，则必须依赖丰富资源（例如产品营销、消费者行为调整、人力资源等）注入，进而使得利基数量增长。倘若利基环境的成长是伴随着对于文化创新

---

① 钟宪瑞：《产业分析经论：多元观点与策略思维》，前程文化，2013，第256~270页。

物种质量上的要求，甚至于挑剔，那么就会形成竞争上的差距。①

不同的客家文化创新物种间的竞争可分成两种情形："资源利用性竞争"以及"干扰性竞争"。资源利用性竞争是指两个物种获得资源的途径与资源的项目相同，但若是在资源供给的速度及效率上有所不同的话，当客家文化创新人力资源供给发生严重短缺时，就会出现资源利用性竞争。总之任何需要使用到劳动力，甚至是劳动力需求密集的产业，都会出现资源利用性竞争，甚至须考虑到整体文化物种产业战略的调整。至于在文化创新物种上会发生干扰性竞争的问题，通常是一个文化创新物种资源获得，遇到关键性障碍，甚至是文化创新物种的独立代理权或商标注册权，都会造成严重干扰性竞争的问题。②

笔者对于整体文化生态产业的学理与实务提出建议，希望对文化生态产业生态系统进行分析，根据情境分析制定决策，明确地界定决策焦点是为后续情境分析种下成功的种子，将文化生态产业与文化创新产业生态系统结合起来，将文化创新中的产业生态系统分析结合情境规划法，能够协助以系统性方式观察文化产业生态系统未来演化的趋势，进而协助利基者制定正确与踏实的产业策略。例如文化生态与创新产业生态在面对天择标准时，不仅可以设法去探知，更可以进一步影响文化创新产业标准的具体内涵，甚至文化生态创新产业可以主动塑造消费者需求，或是创造产业标准，而被形塑出的消费者需求，或是被创造的产业标准，会反过来成为天择标准，影响整个客家生态产业的走向。

四　文化融入创新科技产业

要了解文化何以要融入创新科技产业，就必须先弄清什么是文化与创新科技产业，探索文化与创新科技产业的核心价值。这看似大哉问，笔者且将

---

① 晁瑞明：《天择认知、基因调整与演变操控——新海上丝路视域下的客家文化产业发展研究》，《赣南师范学院学报》2016年第1期，第1~7页。
② 钟宪瑞：《产业分析经论：多元观点与策略思维》，前程文化，2013，第256~270页。

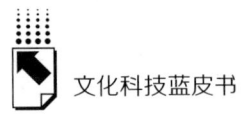

其拆解成"文化""创新""科技产业"三个名词,解构后再将其组合,让人们用更简单、更清楚、更明确的方式来理解"文化创新科技产业"的内涵。

"文化"是将族群所拥有的活动行为模式,都依照一定符号化的结构,例如语言、居住区域、饮食、文学、工艺、音乐等,汇集一般人对于文化给予不同的批注或定义,而累积形成人们生活中的一种群体认知。

"文化+创新"是基于文化底蕴与既有的文化知识的元素与现象,以一种直觉或突发性概念技巧呈现,最终发展成为启发→创意→创新的"可直觉"化,以及"可制造"的过程,当然这完全是属于人们的独特表现,更是一种人的智慧与经验的具体呈现。

"文化创新+科技产业"则是泛指以科技予以辅助或科技文化创新制造与经营活动的产业的总称。所以,"文化与创新科技产业"的基础就是在文化的氛围中受影响的群体,经由分化成认知的个体知识后,再度凝聚成共识群体结构,最后所组建完成的具体概念与实质体验,以文化在系列演变后的创意、创新与创造的运用技巧,以及既有的原文化知识体系结合科技化的思维与技术,加以改良、重塑或制造,最后通过集体的手段加以生产并为其创造高经济价值,来实现"文化与创新科技产业"的组织目标。

五 产业群聚组织运行模式

21世纪为知识管理的经济时代,任何生产过程都避免不了使用人力创造的数字资源作为基础工具,并通过数字信息的应用创造产业生态群聚下的知识经济累积与经济价值,即形成产业创新的源泉。依据Nonaka的知识创造理论提出三个构面与一个准构面,分别为:认识论、本体论、时间与活动,以及有利的组织情境。[①] 在本论文中,本体论可进一步区分为个体、团队、组织甚至跨组织的产业群聚,可将该四构面共同整合为所谓的"产业

---

① Nonaka, I., & Takeuchi, H. (1995). The Knowledge Creating Company: How Japanese Companies Create the Dynamics of Innovation, New York: Oxford University Press.

知识群聚创新移转模式",因此需将产业知识进行移转工程（Industry Knowledge Transfer），其中有取得（Acquisition）、沟通（Communication）、应用（Application）、接受（Acceptance）、同化（Assimilation）五阶段。①

在产业群聚知识的积累运作过程中，产业与产业间相互的交流与互动即占绝大部分比例，其确定了三个重要概念：讯息处理的需要、讯息处理的能力、两者间适合取得的最佳性能。产业知识群聚需高质量讯息以应付外在环境中的不确定性和引导创新产业决策的方向，而不确定性来源则在于外在不同的产业环境变量之复杂性和变化的频率②。

运用 Daft & Weick 对产业发展的论点，产业生态群聚中的知识群聚有四项设定因素：处理产业生态群聚环境讯息的开放性社会系统；以有认知系统和记忆组织保留既有的产业生态知识、行为、文化象征、规范和超越时间的价值；策略型管理者组成产业知识群聚的诠释；产业生态群聚的差异，影响创新发展的策略、结构和决策③。

既然环境具有某种不确定性，产业群聚组织必须搜集讯息，并依据所搜集的讯息来决定往后的组织行动。组织从过去群聚生态取得经验，于不断搜寻过程中取得创新的产业群聚融合的知识，组织吸收能力越高，组织接收其他群聚组织知识的可能性也越高。产业群聚组织诠释的过程如图 1 所示。④ 其中扫描（Scanning）——收集数据，监控环境的过程和提供相关数据给产业群聚管理者；诠释（Interpretation）——赋予数据意义，管理者赋予创新意义及转译创新意义，发展分享理解和观念性产业计划；学习（Learning）——采取产业群聚相关行动。

---

① Gilbert, M., & Gordey–Hayes, M.（1996）. Understanding The Process of Knowledge Transfer to Achieve Successful Technological Innovation. Technovation Jun., 16（6），301–312.
② Galbraith, J. R.（1973）. *Design Complex Organizations*. Reading, Massachusetts：Addison–Wesley Publishing Company.
③ Daft, R. L., & Weick, K. E.（1984）. Toward a Model of Organizations as Interpretive Systems. *Academy of Management Review*, 9（2），284–295.
④ Daft, R. L., & Weick, K. E.（1984）. Toward a Model of Organizations as Interpretive Systems. *Academy of Management Review*, 9（2），284–295.

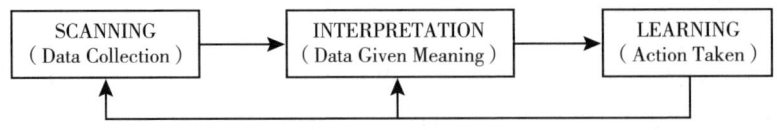

图1 对产业群聚组织的诠释模型

资料来源：Daft & Weick（1984）。

以深圳的区位作为产业发展及产业分析中的一项重要因素，就是在产业发展的过程中，至少可以看到两个与区位有关的现象。第一个现象是相关客家文化产业的厂商聚集在邻近的粤、闽、赣、台的水文与地理区域中的现象，这种现象可视为地道的客家文化创新产业聚落（cluster）。在以深圳为扩散核心的产业聚落中，许多相关的客家文化产业厂商会聚集起来，这些厂商可能是同业的竞争者，或是上下游供货商，或是相关服务业，或是学术与研究的支持机构（例如深圳大学、研究机构等），彼此之间有复杂的关系。

第二个现象就以产业群落（community）来说，构成产业群落各个产业的厂商，不必都在特定的地理区位内，在产业群落中的观察重点是不同产业的厂商之间的功能互补、相互取代以及生产制造过程及服务流程的相互关系。就产业聚落来说，在21世纪海上丝路的产业交易规模中，包含台湾和大陆沿海的青岛、烟台、大连、天津、上海、宁波—舟山、广州、深圳、湛江、汕头、福州、厦门、泉州、海口、三亚等港城建设，在强化科技创新的开放经济的机制下，由深圳作为发展的辐射源，一体化形成了国际扩散的竞争新优势，产业群落的分析重点是分散在广阔的大陆沿海区域内的厂商，以及群落于地理上的深圳的客家文化产业为什么会形成聚落形态，这么聚集在一起又会产生哪些影响呢？

深圳的区位产业发展，以及与产业分析有关的现象是产业的全球化（globalization）。深圳产业聚落企业与"一带一路"沿线国家开展投资与合作涉及领域广泛，双方已在信息、农业、能源和资源开发等领域开展全球化的投资与合作。产业的全球化则是指特定产业的发展业已超越国家地理疆界。例如半导体产业、汽车产业的布局都很难只局限在单一国家内，然而深圳要以客家文化与创新科技产业为思考战略，需要有超越国家的观察与行动。当文化与创新科技产业的发展范畴超越国家地理疆界时，深圳就必须面对来自全球的竞争者，或是必须具有主动跨出国家疆界的思考。

六　产业群聚知识吸收运行模式

一个产业与其他产业的发展经常是息息相关的。以台湾客家聚落文化的茶产业来说，"茶园"涉及茶的种植技术、茶叶的品种挑选、制茶的各方工艺、客庄茶乡的文化小区总体营造，以及茶景的陈设。有关"茶艺"部分的延展，茶艺的热罐、烧杯、圈冲、刮沫、淋盖、低洒、澄清和滤歹等，甚至茶亭、茶席、茶票、茶友、茶书与茶诗，显示出客庄茶文化和创意的产业相关联，若再关切客庄的"茶食"与"茶器"文化的发展，更是需要庞大的相关产业供应链方可支持与满足健全的产业发展，是否能健全发展也就与这些产业的支持有关。

McCombs & Shaw et al. 认为所谓的影响性在于：告诉"产业群聚可以想些什么"（what to think about）而不在于要求产业群聚去"想些什么"（what to think）。[①] 创新事物的流通非单一管道能够实现，而是依赖"融合"互动将其采纳、排拒、修改和创建，以凝聚更多的产业创新共识与引发响应，并且在文化的互动过程中，即产生一些新的结构，包含新的规则或资源。参考 Leavitt 提出的论点：产业群聚变革的架构中，群聚被描述为一个复杂的系统，任何的改变绝少是单独发生的，而是依循科技、任务、人员及组织结构之间相互依赖。[②] Davis & Olson 随后加入类似组织群聚的"文化因素"，探讨先进数字科技、社会文化结构，以及群聚互动之间的交互影响关

[①] McCombs, M., & Shaw, D. (1977). The Emergence of American Political Issues. MN: West.
[②] Leavitt, H. J. (1964). Applied Organization Change in Industry: Structural. Technological and Human Approaches, in New Perspectives in Organization Research, New York: John Wiley and Sons.

系。并提供产业群聚变革的激励因子,改变群聚中组织成员的行为与态度,其中"任务""组织结构""组织文化"形成一个组织构面(见图2)。①

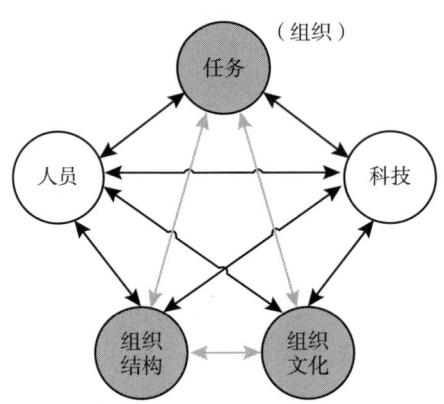

图2　修正后之钻石模式

资料来源:Davis & Olson (1985)。

依据 Orlikowski 的"技术的结构行动理论"② 所归纳出的三个元素:①人类行动者(如数字科技的设计者、用户、应用决策者);②技术;③群聚的组织特性(如组织文化、任务分工),图2说明了三元素间之关联。Dessler 曾借由员工对结构、领导形态、规则等改进类似群聚组织气氛的参考,并将组织目标或有形目标与员工行为作为桥梁。③

此外,Zahra & George 曾提及转换群聚能力较偏向内部创新知识的整合。④ 但吸收能力对产业群聚组织而言,必须是组织对于外部知识的拥有,进而取得知识并能辨认知识。其知识的取得可能产生在群聚组织的直接经验

---

① Davis, G. B., & Olson, M. H. (1985). *Management Information Systems*, MacGraw Hill.
② Orlikowski, W. J. (1992). The Duality of Technology: Rethinking the Concept of Technology in Organizations. *Organization Science*, 3 (3), pp. 398 – 425.
③ Dessler, G. (1976). *Organization and Management: A Contingency Approach*, Englewood Geiffs. N. J. Prentice – Hall, 158 – 187.
④ Zahra, A. S., & George, G. (2002). Absorptive capacity: A review, reconceptualization, and extension. Academy of Management Review, 27 (2), 185 – 203.

中，而产业群聚组织经验学习更是重要管道①②，或群聚组织的分享经验，以及先前的学习③。

Knudsen & Roman 实证研究指出，组织吸收能力是预测产业群聚创新能力的重要因子。④ 研究者发现将已组成的先前知识与不同的类别创新知识进行个体间有效地沟通、取得新知识的能力，善用知识，以及产业群聚组织整合、建立、重组内外部竞争力，以对付环境快速变化的能力，是使得组织具有创新能力的重要因素。

群聚组织必须有创新能力，以保持竞争力从而跟得上环境改变。Zahra & George 进一步提出应由群聚组织的潜在能力及执行能力共同形成同化知识，而且必须能够将知识转换并使用才能具体表现创新产业群聚组织的知识吸收能力，如图3表示。⑤

一个文化与创新科技产业和支持这整个产业的其他产业，即构成了整个文化与创意产业的群落，其包含着文化与创意产业群落的意义、产业群落如何形成，以及生产供应者如何利用产业群落来制订出有利于自己的策略等议题。⑥ 在前文中笔者曾经提到每个文创产业都可被视为一个物种，在文化与科技创新产业生态体系中，与产业生态链分开的个别文创物种通常很难单独存在，例如台湾苗栗的茶种与制茶的工艺手法需要靠苗栗特有的陶瓷或玻璃类的器皿冲泡，这也道出文化产业个别物种的生存经常会和其他物种息息相关，这些彼此之间会相互影响的文化产业物种就构成了产业群落（industry

---

① Huber, G. P. (1991). Organizational Learning: The Contributing Processes and the Literatures. Organization Science, 2 (1), 88 – 115.
② Lyles, M. A. (1994). The impact of organizational learning on joint venture formations. International Business Review, 3 (4), 459 – 467.
③ Lyles, M. A., & Schwenk, C. R. (1992). Top management, strategy and organizational knowledge structure. The Journal of Management Studies, 29, 155 – 174. In 1997.
④ Knudsen, H. K., & Roman, P. M. (2004). Modeling the use of innovations in private treatment organizations: The role of absorptive capacity. Journal of Substance Abuse Treatment, 26, 353 – 361.
⑤ Zahra, A. S., & George, G. (2002). Absorptive capacity: A review, reconceptualization, and extension. Academy of Management Review, 27 (2), 185 – 203.
⑥ 钟宪瑞：《产业分析经论：多元观点与策略思维》，前程文化，2013，第256~270页。

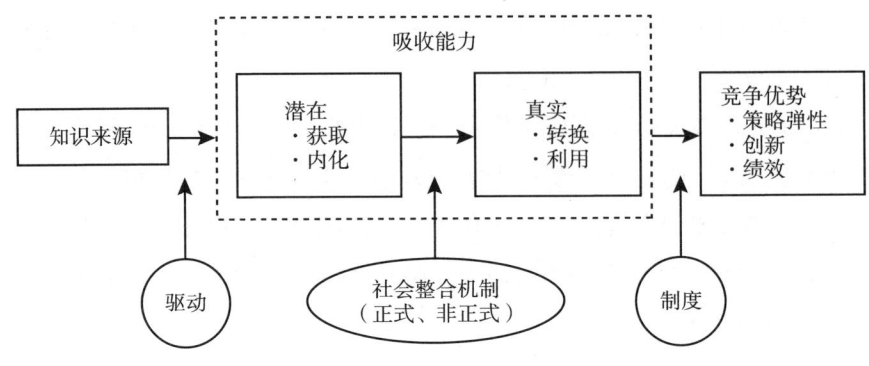

图3 知识吸收能力模式

资料来源：Zahra & George (2002)。

community），这样的现象也存在于各类的文化和创意产业链接中，许多不同产业也会彼此相互影响。

七 产业群聚发展运行阶段

本段落以深圳湾区经济发展策略，探究客家文化融入创新科技产业群落的发展过程，大致可以分为四个阶段[①]。

（一）拓荒阶段（Pioneering）

深圳客家文化融入创新科技产业群落的发展基本架构会在这个阶段形成。通常是由少数几家客家文化产业与创新科技产业先行观察到某些尚未被满足的复杂需求，这些需求并不是单一厂商的产品支持就得以完备，需要结合不同产业的其他厂商才能满足需求。在拓荒阶段，深圳的客家文化创新产业群落中的厂商必须概略地界定出要满足这种复杂的需求，需要哪几类的厂商共同投入。

若要在深圳的客家文化融入创新科技产业群落的发展拓荒阶段，创造出

---

① 钟宪瑞：《产业分析经论：多元观点与策略思维》，前程文化，2013，第256~270页。

比实际更令人满意的价值以及整合异业的资源，通常来自不同产业的厂商必须在各自都有获利空间的前提下进行合作。合作形态的设计是主要发起厂商的重要工作，主要发起厂商必须能够设计出一个安全交易及协商平台来整合相关业者的资源架构。例如是以客家文化艺术为主？民生为主？还是以旅游观光为主？界面要如何设计？甚至是人员的训练问题，都需要不同产业的从业者进行相互协调。

因此在深圳客家文化创新产业群落的发展拓荒阶段，主要发起厂商须思考满足顾客价值所需的价值活动有哪些？这些价值活动跨越哪几个相关产业？跨越文化与创新科技产业的群聚活动界面要如何连接？让各种议题都能重新组织，而新的技术、顾客、市场以及规章制度也都定位之后，才能创造出有客家文化价值的创新科技产物。

（二）扩张阶段（Expansion）

深圳客家文化融入创新科技产业群落的发展在扩张阶段会扩及所涵盖的功能，以及客家文化本身产业的范畴。在此阶段中，主要发起厂商的两项任务是扩充群落的服务功能和成员种类，以及积极建立深圳的客家文化中的创新科技产业群落的优势地位，发挥群落力量。此外，建立在一组核心营运程序及核心事业的基础上，以这两项核心营运程序不断强化在扩张阶段的文化创新科技产业群落，争取潜在客户、合作伙伴与供货商，甚至面对与争取其他产业群落的竞争对手。有时许多产业群落会同时以相似的理念及组织方式参与竞争，如果有某一个产业群落要求主要合作伙伴或供货商进入自己的群落，或是退出到其他群落的时候，竞争就会变得非常激烈。

所以，在扩张阶段，深圳的客家文化将扮演重要的角色，并须取得优势地位。此刻其他保守或潜在性的盟友将会投入自己的群落，产生庞大的业务量，取得规模经济的先导权，进而为深圳的客家文化创新产业群落中的合作厂商创造利润，更进一步地为市场提供资金。

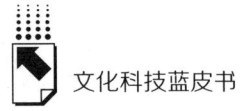

(三)领导阶段(Authority)

当深圳客家文化融入创新科技产业群落发展到此完整架构阶段,可算是阶段任务大致完成了。不过,此刻群落内部不同厂商在产业群落中的领导权与利润的争夺将会变得相当激烈。因此对群落内的主要厂商来说,必须设法在产业群落中持续提升贡献,以及维持自身在产业群落中的领导地位。

此外,在客家文化创新产业的领导阶段中,领导地位的争夺战有时也会发生在群落内部。产业群落内部的厂商要能保有对群落内其他成员的议价优势。倘若缺乏议价力群落成员就会牺牲一部分的利润;此刻,合作伙伴与盟友可能会为了从整个产业群落中取得的利润比例而起冲突,也可能会为了客家文化创新产业群落往后的发展方向,或是提升整个产业群落绩效的主导权而起冲突。尤其是当领导期的产业群落的架构与规模呈现相当的稳定状态时,往往领导者趋于保守,使领导期的产业群落无法以全新思维发动攻势,并及时反制竞争对手。因此在成熟的产业群落中,面对的主要挑战是,不但要巩固在群落中的领导地位、维持本身在整个群落中的独特贡献,还要推动整个群落的创新。

(四)更新阶段(Renewal)

深圳客家文化融入创新科技产业群落必须增加创意与持续创新,来保障其发展,否则将会面对新兴起的产业群落的挑战;若是应对不当,可能导致群落的灭亡。所以,在经历过多次的外来挑战及创意和创新思维撞击后,深圳客家文化创新产业群落在进行更新时,关键的工作是如何将新的观念,以及新的功能加入既有的稳定群落架构之中。

在以上四个阶段中,深圳客家文化创新产业群落都会面对不同时期的挑战,对于已经在产业群落,或是想进入这个群落的厂商来说,如果能正确辨认出产业群落处于哪一个阶段,就能够预测到其所面对的挑战,并且更正确地采取因应措施。

八 产业群聚创新科技运行模式

在全球竞争中数字的讯息技术是科技发展的基础,运用数字科技,产业创新科技的创新价值是无法衡量的,也是提升国家竞争力的关键。增强数字科技实力,是各国政府提升国家竞争力的主要工作[①]。创作与创新是人类进步的动力,文化是人类智慧累积的成果。人类经过不断地创作与创新产生进步的动力,将创新的知识、经验通过科技的整理与形成分享管道,使创新的行为由个人拓展为与有能力创作的人一同分享。

由于产业技术不断创新,数字科技的应用由组织内部延展至跨组织产业群聚讯息系统(Inter-Organizational Industry Cluster Information System)层级。跨组织产业群聚任务的伙伴关系受两个因素影响,其一为"效率",以交易成本理论为出发点,追求经济效率,并认为伙伴关系应以成本最低、效率最高为原则,以及发展出成本最低的统理关系机制,是拟订伙伴关系策略的主要目标[②]。其二则为以资源基础理论与动态能力观点为着力点的"能力"。产业群聚任务伙伴关系的管理策略应以价值创造为主要目标[③]。但由 Cohen & Levinthal 在 1990 年所提出的吸收能力理论,曾论述说明一个企业可以吸收有限度的,或者是在科学上已具体量化的讯息科技。[④] 其概念对于讯息处理理论而言有异曲同工之处,但主要是应用在企业层面,而不是在个人层面上。创新产业科技吸收能力是影响技术移转绩效的重要原因,所以 Zahra & George

---

[①] Porter, M. E. (1980). Competitive Stragy – Techniques for Analysis Industries and Competitors, New York: Free Press., 186–200.

[②] Williamson, O. E. (1985). The Economic Institutions of Capitalism, New York: The Free Press.

[③] Dyer, J. H., & Singh, H. (1998). *The Relational View: Cooperative Strategy and Sources of Inter – organizational Competitive Advantage*. Academy of Management.

[④] Cohen, W., & Levinthal, D. (1990). Absorptive Capacity: A New Perspective on Learning and Innovation. *Administrative Science Quarterly*, 35, 128–152. Concept in Organizational Design, *Academy of Management Review*, 613–624.

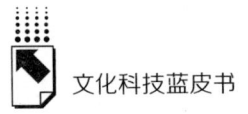
文化科技蓝皮书

即提出从吸收理论延伸出四个不同的能力：取得、同化、转型和开发。①

此外，产业群聚变革由组织的行为演变扩展网络关系，进而形成物联网般的网络关联。源自不同原理的网络社会学与组织理论发展异质网络的概念，其组成包含了文化和技术部分且视为不可分割的路径相依过程。讯息科技所扮演的角色，Walsham 认为文化（人）与技术（讯息科技）的同时交织（人-机的社会文化子系统），由人类与系统组件所延伸网络创造与维护。② 另外，依据 Cherns 与 Herndon 观点，讯息科技应用于组织中必须具有三项关键要素：人对讯息科技的"认知"、个体本身讯息科技之"技术"与"组织数字环境"三者之关联性，并借由网络其他成员的分工合作与资源能力互补，以建立持久性的竞争优势。Hakansson 更认为可以将讯息网络视为一种概念，也可以视为一种分析工具，发展出各种不同活动的行动者（actor）、活动（activities）、资源（resources），因而彼此互相影响，有时是正向效果，有时却是反向效果。③

最后再针对深圳未来新的文化创新产业群落，在产业分析及策略制定上提出以下两项建议。

（一）创造新的文化创新产业疆界与竞赛场域

随着文化传统产业疆界逐渐模糊，我们必须思考如何去创造新的文化创新产业形态与新的经营模式，而不是仅仅在既定的产业疆界中开发所谓的新产品。我们如果能掌握创造文化创意新产业群落的方法，就不会被局限在任何一个制式的"文化产业"之中。

---

① Zahra, A. S., & George, G. (2002). Absorptive Capacity: A Review, Reconceptualization, and Extension. *Academy of Management Review*, 27 (2), 185 – 203.

② Walsham, G. (1997). Actor-network Theory and IS Research: Current Status and Future Prospects. In A. S. Lee, J. Liebenau & J. I. DeGross (Eds.), Proceedings of IFIP TC8 WG 8. 2 International Conference on Information Systems and Qualitative Research (pp. 466 – 480). London: Chapman and Hall.

③ Hakansson, H. (1987). Industrial Technological Development: A Network Approach. Kent. UK: Croom Helm.

（二）创造新的文化创新产业的价值意义

新的文化创新产业群落的存在意义是将崭新的文化价值主义带给顾客。所谓崭新的文化价值并不仅是产品或流程的改善而已，而是一系列新的文化利益，而且明显地较传统文化价值主张来得更完善、更贴近新创的客户族群。

Jeremy, et al. 提出技术能力与创造新的核心能力模型（见图4），了解科技创新产业知识和技术的投入在合作伙伴之间是一个重要关系，尤其是对于塑造未来创新能力的公司而言，整合跨公司的技术是一个关键的挑战，因为需寻求技术的机会和威胁、技术转移和伙伴间建立的弱信号，其定义如下①。

- 制定文化创新科技产业的跨领域决策是非常重要的。
- 必须了解文化创新科技产业的跨领域是一个具有高度动态特性和知识移转的过程。
- 无论是暂时还是在有时效性的其他部分的群聚组织，不应该独立考虑连接性的问题。
- 必须重视未来文化创新科技知识疆界的界定对于技术知识重要的影响。
- 决策不仅是针对技术或所涉及的知识，需要加强对伙伴关系和网络的竞争力。

此外，在产业群聚中的跨疆界中介者可以促成不同地理分布、组织层级或专业职能之间的知识交流②，如大数据知识管理团队、人力资源规划师、数字技术专业人员均扮演跨知识疆界中介者的角色，产业群聚中的跨疆界组织借由这些角色的投入以促进内部与外部之间的知识商务③。而 Friedman & Podolny 也建议应将不同的产业群聚中的跨疆界角色分派给别的不同的成员

---

① Jeremy, H., Andrew, J., & Khaleel, M. (2003). The Sourcing of Technological Knowledge: Distributed Innovation Processes and Dynamic Change. R&D Management 33, 4.
② Cross, R. L., & Parker, A. (2004). *The Hidden Power of Social Networks: Understanding How Work Really Gets Done in Organizations*. Harvard Business School Press, Boston.
③ Pawlowski, S. D., & Robey, D. (2004). Bridging User Organizations: Knowledge Brokering and the Work of Information Technology Professional. MIS Quarterly, 28 (4), pp. 645–672.

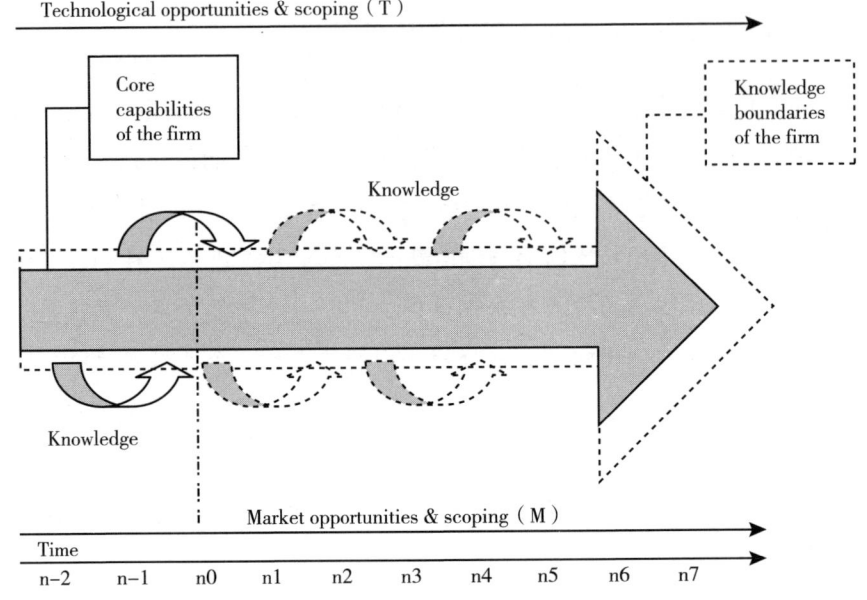

图4 技术能力与创造新的核心能力模型

资料来源：Jeremy et al. (2003)。

以避免造成冲突，但实际上却很难明确界定这些角色。[1] 因此，为了能进一步了解产业群聚中的跨领域专业人员的跨疆界工作实践过程，以数字管理系统作为疆界对象与项目团队成员的实际运行的工具，再证实知识和知识疆界之间存在跨领域的行为或技术能力，并探讨如何在产业群聚中跨领域的职能中有效地整合知识疆界。

---

[1] Friedman, R. A., & Podolny, J. (1992). Differentiation of Boundary Spanning Roles: Labor Negotiations and Implications for Role Conflict. *Administrative Science Quarterly*, 37 (1), 28–47.

B.5
深圳与硅谷创客生态比较研究

黄玉蓉*

摘　要： 创客运动的开放式创新模式和专业化、集成化、网络化、协同型合作模式要求创客创新创造的背后必须有一套生态系统支撑。本文以美国硅谷、中国深圳两大典型的创客集聚区为例,从创客群体和社区、空间载体、产业基础和服务体系等角度对创客生态进行比较研究,借鉴硅谷创客生态系统的优良之处,助力深圳创客生态系统的稳健发展。

关键词： 创客运动　创客生态　硅谷　深圳　创客文化

"生态系统"是英国植物学家 A. G. Tansley 于 1935 年首次提出的概念,是指在一定时间和空间范围内由生物群落与其环境组成的具有资源调节功能的相互依存的网络系统,其结构要素包括生物环境、生产者、消费者和分解者。[①] 创客运动的开放式创新模式和专业化、集成化、网络化、协同型合作模式要求创客创新创造的背后必然有一套生态系统,为其提供系统性要素和环境支撑,这种支撑系统与前述自然生态系统具有相近的结构要素、功能模式和进化规律,本研究称之为创客生态。

思科前 CTO 朱迪·埃斯特琳（Judy Estrin）认为："创新生态系统里的

---

* 黄玉蓉,文学博士、艺术学博士后,深圳大学文化产业研究院副教授、美国纽约大学艺术与公共政策系访问学者,研究领域为文化政策与创客运动。
① 上海市科学学研究所编著《促进上海创新生态系统发展的研究》,上海科学技术出版社,2015,第 42~137 页。

不同栖息者，主要可以分为三大群落：研究、开发和应用。研究群落探求新知，造福整个生态系统；开发群落把概念推入市场；应用群落根据个人和组织需求调整科学和技术，推动整个生态系统的运作。"① 从美国等创客运动活跃的国家和中国的北京、上海、深圳、广州、杭州、成都等创客集聚区的创客运动发展实践来看，创客运动需要创客群体、创客社区、空间载体、产业基础、资金保障等服务体系和创新文化等结构要素，这些要素的有机动态平衡可以称为创客生态系统。

一 硅谷的创客生态

位于美国湾区的硅谷曾是 IT 行业的代名词，众多举世闻名的老一代高科技公司如谷歌、苹果、英特尔、惠普、甲骨文等都汇聚于此。而新一代"独角兽"初创公司的代表 Facebook、Uber、Airbnb 同样诞生于这一地区。这些明星企业创始人的创举可以看作现代意义上的创客行为，而硅谷也可以看作美国乃至全球创客运动的重镇。

笔者曾于 2016 年 3 月在深圳市国际交流基金会资助下与 10 名深圳资深创客一起对美国旧金山湾区的创客生态开展了为期 3 周的交流考察，并于 2016 年 7～8 月重点考察了硅谷的创客生态。考察组发现：硅谷在其发展过程中逐步形成了一种基于既有共享资源的创客生态，即一个技术型公司和其他专业公司以食物链方式聚集在一起的系统。硅谷有谷歌、苹果等高科技公司，也有普华永道、德勤等会计师事务所、律师事务所、风险投资公司、猎头公司、咨询公司及研究机构。这一创新生态社区围绕人才、资金、信息等资源要素形成类似自然界的生态系统，在硅谷及周边辐射区域良性循环，形成自我增值的乘法效应。硅谷的创客运动之所以发展迅速，源于它适合创新创业的自然条件、人才资源和在车库文化、黑客文化、非主流文化运动中成

---

① 朱迪·埃斯特琳（Judy Estrin）：《美国创新在衰退》，闾佳、翁翼飞译，机械工业出版社，2010，第 32～34 页。

长起来的硅谷创新文化。这种独特的文化传统最大限度地激发着人们的创新意识、创造潜能，形成了创客运动的文化基因，持续影响着不同领域的创客。在硅谷，创客在创意灵感产生、获取制造工具和工作场所、产品实现、融资、市场推广等方面都能便捷地寻求到支持和辅导。一流的创造新产品的硬件设施，包括工具、工坊、联合办公场所和园区、富有创造力的人才、易于合作互相激励的团队、成熟稳健的风险投资和具有强大影响力的创客导师和精神领袖以及全社会对创客文化的倡导和推动是硅谷创客运动蓬勃发展的不竭动力。

（一）创客群体和社区

硅谷从旧金山向南延伸至圣何塞市，把圣克拉拉谷称为"硅谷"是因为硅是半导体的重要原料，而硅谷是半导体工业最有活力的诞生地，是世界创新园地和财富源泉。近40年来的高新科技发展史表明，创客运动是个人电脑产业和互联网发展的延伸，它们有着相同的时代背景和技术基础，它们的根本精神几乎同时诞生，只是在不同的阶段登上历史舞台，发挥着重要的作用。从当下业内对创客的定义来看，硅谷早期计算机行业的"发烧友"便可被视为硅谷最早的创客。

硅谷的文化给予创立公司者最高的敬意，人们的社会地位更多地是由技术成就而不是由经济成功所决定的。硅谷的文化鼓励冒险，也接受失败。[①]在这种文化氛围中浸润的硅谷创客淡泊名利，在兴趣驱动下为实现自我价值而尝试创造，并不在意社会评价。工作对他们而言并非枯燥的机械操作，而是发现自我创造潜能和实现自我、满足自我的过程。"未来昨天就已开始，我们已经晚了"，类似的前瞻性意识促使富有创造激情的创客们更加投入地工作，"使不可能的变为必不可少的"成为硅谷创客的共同信念。

硅谷的创客群体已经形成比较成熟的社区，创客只要有想法，一定能找

---

① 〔美〕安纳利·萨克森宁：《地区优势：硅谷和128公路地区的文化与竞争》，曹蓬、杨宇光等译，上海远东出版社，1999，第43页。

到场所实现它；如果想合作，一定能找到各个领域的合作伙伴。这种合作机制主要通过组织线上线下的交流聚会（meet up）建立。以网络为媒介，以人才荟萃为依托，硅谷每天都有数百个 meet up，内容包括文化艺术、信仰、读书俱乐部、手工、舞蹈、教育、饮食、游戏与科幻、语言、亲子、音乐、户外、宠物、社会运动、摄影摄像、健身、写作、技术等。只要跟创造、创客、创业相关的人士一定可以找到自己的群体并参加活动。比如汇聚了1284名技术思想家（technology thinker）的"湾区可穿戴智能设备 UX 组织"，就包括一个以 Make 杂志创立者为核心的湾区创客群，主要着力于300美元以下的 3D 打印机、简单的太阳能手机充电器、铜刻艺术和技术、建炉铸铝等领域的交流，参加这个组织 meet up 的主要是提供免费演讲的客座嘉宾、工程师、独立创客、手工艺者和艺术家等跨界群体，他们在这个社区平台上互相交流、寻求合作机会。

（二）空间载体

硅谷有类型丰富、数量庞大的创客空间。包括全球商业化最成功的 TechShop。2006 年第一家 TechShop 在位于硅谷中心的城市 Menlo Park 成立，从 2009 年到 2012 年，TechShop 的营收增长高达 798%，入选 Inc. 杂志 2013 年度增速最快的私营企业。如今，其店面在全美已扩展到 10 家；有以非营利组织形式运营的创客空间，如 Noisebridge 和 Bicurious；有介乎社区自治组织和慈善机构之间的创客空间，如 Sudo Room 和 Counter Culture Lab 等；有由高校和研究机构发起的创客空间，如斯坦福大学的产品实现实验室（Product Realization Lab），有图书馆主办的创客空间；硅谷的明星企业也新设了创客部门，如 Intel 和 google 公司。除了形态各异的创客空间，遍布硅谷的联合办公空间以及各种孵化器、加速器也为创客尤其是进入市场的创业创客提供了空间便利。

（三）产业基础

硅谷作为世界瞩目的高新科技重地，每一次产业转型都伴随着改变世界的技术革命，因应着时代发展需求。20 世纪 50~60 年代国防工业提供的技术和资金支持催生了电子工业，诞生了如惠普、瓦里安等著名的公司；20 世纪 60~70 年代，集成电路开始进入日常生活领域，半导体的商业用途愈显重要。因此，以肖克利半导体实验室为基点，衍生出包括仙童、英特尔、AMD 在内的许多半导体公司；20 世纪 70~80 年代，个人计算机产业发展壮大，英特尔、苹果等公司成为这一时期的主导行业；20 世纪 90 年代以来，硅谷变"网谷"，兴起了以网络技术为核心的网络经济，信息服务业和软件业腾飞；21 世纪以来，兴起了以特斯拉为代表的新能源产业。当下硅谷拥有数以万计的科技公司，若想在高手林立的硅谷获取一席之地，高新科技公司的研发必须拥有源源不断的创新思维与技术支持，对于硅谷的公司而言，前瞻性和创造力成为必备要素，这一诉求与创客群体的诉求高度契合。

（四）服务体系

硅谷不是一个密集的工业区，而是技术型公司与其他专业型公司相辅相成的良性生态系统。这些互补共生的专业公司结成伙伴关系：技术型公司提供创新，其他几千家专业化服务机构提供优质高效的创新服务。"硅谷的先驱们建立了一套非正式的社会关系和能够支持实验的合作传统。硅谷的工程师与企业家们建立了一个更为灵活的行业系统。该系统不是围绕单个企业，而主要是围绕这一地区及其专业技术网络建立而成的。"[1]"共享"精神为硅谷创客群体从事创新、制造、加工、样品展销提供了一体化的供应链，这种以人才为中心，将资金、信息、设备、技术等资源要素最大化协调融合的方式形成了硅谷及周边辐射区域的生态系统，促进了该地区创客群体的不断壮大与创客运动的稳健发展。

硅谷有丰富的初创公司支持平台，主要以如下四种形式提供支持。

第一种是联合办公空间（Co-working Space），如斯坦福大学附近的

---

[1] 〔美〕安纳利·萨克森宁：《地区优势：硅谷和 128 公路地区的文化与竞争》，曹蓬、杨宇光等译，上海远东出版社，1999，第 33~34 页。

GSVLabs，全称是 Global Silicon Valley Labs，之所以取这个名字是因为 GSVLabs 的创办人希望这个创客空间不仅服务于硅谷，而且服务于全球。联合办公场所按办公桌收取租赁费用，提供基本办公服务。

第二种是孵化器（Incubator），硅谷著名的孵化器主要有 Galvanize、Plug and Play、Impact Hub、Rocket Space、Founders Space、Parisoma、Sandbox Suites 等。孵化器除了提供联合办公场所以外，还有很多非正式的支持，包括：创业导师辅导、活动、社区、投资人关系等；在硅谷，孵化器和加速器的区别主要在于孵化器没有时间限制，在孵时间通常是6个月到2年，平均是 1~2 年。初创团队可以使用孵化器的导师资源和社交网络，但他们从孵化器得到的支持通常不太正式。孵化器的盈利模式为向团队收取租金，但也有初创团队因为刚开始创业，囿于资金短缺，选择以出让股份的形式来抵免租金，这样的形式适用于部分孵化器。但基于创业团队孵化成功率等问题，收取股份需要承担风险，因此有的孵化器如 Runway 就不接受股权抵免租金的形式。

第三种是加速器（Accelerator）。加速器对加速团队有明确的时间限制，通常是4~6个月，也有明确的基于阶段目标的最终加速目标，每个阶段都需要有里程碑式的突破。加速团队有正式的课表、课程、导师，加速期间初创团队会获得大量正式而密集的支持。孵化器的入驻相对容易，而加速器的筛选更严格，竞争更激烈。加速期结束，初创团队会做一个对投资人展示产品的 showcase（国内叫路演）。这个展示环节能吸引一些额度在 3 万~15 万美元的小型投资，但投资方会要求占3%~7%的股份，这是行规，没有讨价还价余地，用当地的表述是"no negotiation, no exception"。此外，加速器实行"群组制度"（cohort-based），同批次入驻团队的数量一般为5~15个，平均为 10 个。"群组制度"的实施一方面有利于初创团队间的相互支持和反馈，形成一种彼此帮助的"创造"氛围；另一方面则是加速器出于运营成本的考量。对于不同的加速器来说，办公场所等设施的提供也有所不同。对于从加速器"出站""毕业"的初创团队，之后将不再提供导师、办公场地等条件的支持。因此也会出现许多团队在"出站"或"毕业"后发现自身还存在着严重的问题，有些团队又会选择重回孵化器再度打磨。湾区著名的加速器主要有 Y-Combinator、500 Startups、Matter、Angel Pad、Founder Institute、StartX（斯坦福学生专用）、Upwest Labs（以色列人专用）。

第四种是投资人资源（Investor），这种资源包括资金、网络关系和创业辅导。湾区的知名度吸引了大量的风险投资。投资者除了提供资金以外，还能贡献他们所拥有的社会资源、人脉关系以及最重要的商业战略经验。为了凸显竞争优势，有些风险投资公司也会提供各种各样的服务，叫作"platform services"，比如市场营销、公关等。例如，Andreessen Horowitz，该公司由 Marc Andreessen 和 Ben Horowitz 创立，能够为创客团队在创新创意、执行和技术人才、市场情报、政策、监管事务、业务发展、市场营销和品牌建设等方面提供专业的知识和见解。有人把这样的风险投资公司叫作"Operator VC"。

上述四种形式是硅谷主要的创业支持平台，每个平台的功能和着力点都不相同，针对不同特点、不同阶段的创客团队，四种平台都有相应的培养与孵化模式。四种平台共存于硅谷，彼此相互作用构建起一个强大的生态系统，让不同类型的创客群体都能找到合适的支持平台。

除了人才云集、信息荟萃、技术研发水平高之外，硅谷作为全球科技创新和巨额财富创造风向标的地位也让许多风险投资闻讯而来，在很大程度上能够帮助创客解决初创期因资金短缺而无法启动项目的窘境。此外，许多创客运动的精神领袖和资深导师也驻扎在硅谷，适时帮助有需要的初创团队。硅谷是品牌创客媒体的大本营，以 Make 杂志和《美国最伟大的创客》为代表，新老媒体齐发力，为创客运动推波助澜。《美国最伟大的创客》是 Intel 创办的创客真人秀节目，由《美国好声音》导演 Alan Carter 执导，于 2016 年 4 月 5 日在美国主流电视台首播，获得了广泛的社会关注。以 Intel 和《美国好声音》的影响力为依托，该节目的创办及传播大大提升了创客运动在全社会的知名度。

二 深圳的创客生态

全球创客运动精神领袖、Make 杂志的创始人 Dale Dougherty 在其 2016

年9月出版的新著 Free to Make 中将深圳柴火创客空间跟全球最著名的创客空间如美国的 Artisan's Asylum、Fablab、Techshop，法国的 Faclab，巴塞罗那的 Fab Café 相提并论，① 深圳赫然出现在全球创客空间第一方阵，表明深圳在全球创客运动布局中具有举足轻重的战略地位。至于深圳作为"创客之城"的地位在国内则已得到公认。从"改革开放窗口城市""创业之城""设计之都"到今天的"创客之城"标签，清晰地勾勒出深圳这座年轻的城市在创新道路上一路前行的轨迹，因此当"与深圳同创造"的口号在纽约时代广场出现时，世界为之侧目。2015年1月4日，李克强总理访问深圳柴火空间引起了持续的后发效应，在全国范围内催生了大量创客空间，壮大了创客队伍，撬动资本市场各种要素资源投向创客领域。在这股创客热潮中，深圳更是处于风口浪尖。至于柴火空间更是成为游客到深圳必游的"旅游景点"，矽递科技也迎来"无数的来访者"，公司还为此设定了"接待日"。在内地一些创客大赛上，"到深圳旅行"成为赫然在列的奖品。深圳作为"创客之城"其强大的国内外影响力得益于她依托创客群体和社区、空间载体、产业基础等要素培育出的健康的创客生态。

（一）创客群体和社区

Dale Dougherty 将创客分为三种类别：Zero-to-Maker（入门创客）、Maker to Maker（与创客协作的创客）、Maker to Market（进入市场的创客），这种分类符合创客成长和创客运动发展的一般规律，中外适用，已成为业内共识。深圳的创客群体亦可按照这三个类别来划分。按照深圳最早成立的三个创客空间——柴火、SZDIY 和 Tech space 为代表的不同风格和集聚的不同创客类型可以将深圳创客群体大致分为以下三类：入门级创客、资深创客和创业创客。柴火创客空间所服务的大多是入门级创客，近年来更是致力于创客教育普及和创客文化推广，每年的"双创周"、Maker Faire 制汇节上都会

---

① Dale Dougherty with Ariane Conrad, *Free to make: How the maker movement is changing our schools, our jobs, and our minds*, North Atlantic books, Berkeley, California, 2016. pp. 84 – 85.

开设一些针对入门级创客的工作坊，成为青少年创客拥趸的项目，平时也会面向公众开设一些普及性课程。如果说今天的柴火创客空间像一个典型的 maker space 的话，SZDIY 则是一个典型的 hacker space。SZDIY 脱胎于 SZLUG（深圳 Linux 用户组，Linux User Group），它的成立源于创始人对科学技术创新的热爱。SZDIY 的成员有不少是在科技园的大型高新技术公司上班的资深工程师，他们把当创客当成一种工作以外的生活方式，在追求酷炫技术的极致体验中获得满足感。他们崇尚开源精神，通过邮件组和 IRC 形式交流讨论各种跨行业跨领域的技术难题，始终以突破技术和动手实践为乐。为保证成员的优质，SZDIY 社区设立了一定的技术门槛，需要有一定文化和社会资本积累的专业人士才能融入。① 直到今天，还有 SZDIY 成员拒绝使用微信和 QQ 等社交媒体，依然采用邮件与外界联系，以此作为标榜自己品位和追求的"社会区隔"。但 SZDIY 设定的门槛绝不是传统价值评价体系指标，只要有足够的技术和造物的热情，社区成员会主动帮助他/她实现做出成品的心愿；Tech space 则是为创客们提供解决从原型到产品化过程的地方，让创业的创客可以互相借鉴和分享资源。这三个空间彼此联系紧密，有不少创客会同时去这三个地方或者在其间流动，而且这三个空间的管理人员也互相流动，或者出去开设新的创客空间。三个空间的孵化和交流促进了深圳创客生态圈的发展。

随着创客运动的不断普及尤其是 2015 年的强势政策驱动，创客的外延范围越来越大，准入门槛越来越低。而且政府和媒体的宣传造成了社会上对创客定义的泛化，不少语境中创客和创业者之间被画上等号，进入市场的创客成为关注焦点。如果我们把硅谷早期计算机行业的发烧友视为硅谷最早的创客，那么深圳科技园和华强北的电子工程师便可被看作市场化程度最高的深圳创客。这支队伍中既有国内外名校电子工程等相关专业的毕业生，也有文化程度不高、自学成才的技术工人。他们技术娴熟、市场能力强、善于借

---

① 张迪：《对抗与融合：亚文化视角下深圳创客文化的形成与变迁研究》，深圳大学硕士学位论文，2016。

鉴再创造，不少也具有原创能力，并且密切关注着国际电子制造业的最新动态。只待时机一到，这些创客就果断参与到全球最新电子产品的生产经营体系当中去。创客们的敏锐嗅觉和快速反应，从源头上保证了华强北能够走在世界最前沿，在全球创客运动兴起的第一时间与世界保持同步。

不少华强北创客从小就生长在电子环境中，长大后子承父业，所以他们对电子元器件、电子产品有一种天然的熟悉感，就像大海之于渔民、土地之于农民一样的熟悉。不管是手机、电脑维修师还是电子产品经销商，他们几乎人人掌握着 PCB 贴片、打板这些最基本的技能，他们甚至可以在十分钟内，将一堆零部件组装成一台完整的手机或电脑。更重要的是，他们善于借鉴总结再创造，他们会把一些复杂烦琐的技术直接集成为模块化的基础板，这样一来便出现了"公板""公模""套料"等高度集成的东西，而这些高度集成的东西几乎把生产电子产品的技术难度降低为零。通过这些公板、公模和套料，即便是不懂技术的人，也可以像搭积木一样简单地组装出一台全球最新潮的电子产品。以平衡车为例，平衡车套料目前已经大量出现在华强北，消费者甚至可以直接买套料回家，组装完整的平衡车。总之，这批具有集成创新能力的数量庞大的创客为深圳发展创客运动提供了独一无二的资源优势。①

随着"大众创业，万众创新"浪潮的兴起，社会各界以节庆活动、事件为抓手，倡导创客精神，普及创客文化，对创客队伍的壮大起到了推波助澜的作用。除了较早进入大众视野的黑客、极客，更有女性创客、青少年创客、老年创客等群体依托线上线下社交平台日益形成开放共享的创客社区。

国际化色彩浓厚是深圳创客社区的一大特征。如前文所述，由于硅谷等发达地区制造业、工业设备外迁造成创客产品实现困难的现状，不少国际创客了解到深圳的优质创客资源慕名前来，形成活跃的创客社区，单是以 Shenzhen maker association 为名、以国际创客为主体的 500 人微信群都常常人满为患。他们线上讨论，线下聚会，交流信息，切磋技术，共享资源，通

---

① 郝云慧：《华强北的创客生态研究》（未刊稿）。

过绘制创客地图，组织 maker space tour 等活动高频互动，有的还结成技术和贸易伙伴关系。这批创客具有突出的分享精神，以在深圳国际创客中广为流传的《深圳电子元器件指南》(*The Essential Guide to Electronics in Shenzhen*) 为例，这本装帧精美的小册子是新加坡华裔创客 Andrew Bunnie Huang 编撰的，主要目标读者为到深圳做产品的国际创客。介绍部分的内容包括手册使用说明、电子元器件汉语名称、什么买得到什么买不到、如何讨价还价、如何识别假货、营业时间等；主体内容包括常用元器件、工具与机械的名称、类型、参数、材料等相关术语的中英文对照，还有签证、进出海关等温馨提示以及详细的华强北地图。类似的读物还有每年更新的《深圳创客地图》等。

（二）空间载体

伴随着民间资本进入创客领域，深圳的各类创客空间的数量急剧增长，2016 年有超过 150 家的活跃创客空间，预计在 2017 年将超过 200 家。这为深圳创客运动的发展提供了雄厚的资本基础与体量庞大的空间载体。在众多以"创客空间""众创空间""创客世界""创客工坊"等名义或新创或改建的创客空间中，深圳华强北以其独一无二的历史渊源和资源优势成为深圳创客运动的集散中心。

自全球创客运动兴起以来，深圳华强北就备受全世界关注，"国际创客的天堂"成为华强北的全新发展口号，HAX 加速器、华强北国际创客中心、赛格众创空间等创客空间相继落户华强北。国际创客也蜂拥而至，到华强北实现他们的创客梦。境内外主流媒体一时间也聚焦华强北，中国中央电视台、美国《连线》杂志、英国 BBC、美国 NBC 电视台、日本 NHK 电视台、台湾中天卫视等均对华强北优质的创客生态做了深度报道。[①]

深圳公共教育文化领域也为入门级创客搭建了优质的公共空间。面对创客运动给教育改革带来的历史性机遇，深圳教育界做出了迅速应对，并获得

---

① 黄玉蓉、郝云慧：《中国创客生态培育研究》，《福建论坛》2016 年第 10 期。

了政府部门强有力的资金和政策支持。在全市覆盖86.48万人的334所小学以及覆盖38.52万人的335所中学中,基本开设了创客实验室和相关课程。深圳图书馆于2016年4月23日推出全新打造的"创客空间",是为青少年读者定制的创意交流与实践空间。该空间从国际最新的教育理念出发,引进一整套的创客文化服务体系,包括3D打印、手工机床、机器人实训等;并融合最新的STEAM(科学、技术、工程、艺术、数学)课程内容,为青少年读者提供系列免费的创客教育和服务。此外,创客e家是宝安图书馆创建的创意空间,旨在为创意爱好者提供信息共享及创意展示的平台。创客e家共分为四大功能区域:数工坊、造梦馆、音炫室、汇客厅。该空间与创客团体合作,定期举办展览,组织创客交流分享活动。

(三)产业基础

深圳在三十多年电子制造业飞速发展的过程中,自然形成了一套始终以市场为导向,以众多中小工厂、小微企业、小团队、个体创业者为主体,不同小微主体之间专业分工、高效合作的电子产品制造模式,为创客运动发展打下了坚实的产业基础。这一产业基础和模式创新优势让深圳在全球创客运动发展浪潮中处于无可替代的领先地位,并已经让深圳成为国际公认的"硬件硅谷""国际创客之都"。

在生产方面,改革开放初期深圳便成为全球电子产品代加工基地。如今深圳及周边地区已经集聚全球80%以上的模具加工工厂,汇聚了大量的电子制造业相关从业人员,形成了一套完整高效的电子产品制造体系。深圳及周边珠三角地区已经发展成全球最重要的电子产品研发与生产基地之一。即使在深圳城市规划建设发展过程中大量的工厂外迁到珠三角其他地区,但因为深圳华强北作为这个庞大体系的发源地与缔造者,控制了大部分的国际国内销售渠道;而且在工厂外迁过程中,深圳通过大力扶持中小型科技研发公司的方式,将大多数原本在工厂的技术研发人才留在了深圳。因为掌握了"销售渠道"与"研发"优势,即使工厂大量外迁,深圳也能统摄珠三角工厂,作为最新科技产品的集中展销地和资讯集散地,并且依然作为电子产品制造业的龙头而处于整个行业的核心地位。

在这个由大量中小工厂合作形成的生产体系中，自然形成了一些例如门槛较低、成本低廉、专业分工、紧密合作、灵活多变、运营高效的生产特点，而这些特点非常符合创客时代对生产方式的要求，促进了深圳创客生态的形成与发展。"公板"的出现，进一步降低了电子制造业的准入门槛，并通过功能高度集成的方式保障了自身的质量，这无疑更加符合创客时代个人创造的要求。因此它正在逐步得到业内人士和创客群体的认可与青睐。想必在不久的将来，"公板"便会衍生出另外一种成熟的商业模式，发展成深圳电子制造业中又一个不可或缺的重要环节，成为社会各界普遍认可的创客"利剑"。[1]

（四）服务体系

经过三十多年的锻造与洗礼，依托稳健的产业基础，深圳已经形成一套专门针对全球最新时尚电子产品生产、经营的成熟体系，为创客群体尤其是电子创客进入市场创造了便捷的条件。

深圳是中国改革开放的窗口，是市场经济体制发育健全、营商环境优良的现代化城市，近年来加速国际化进程，致力于建设国际化创新型城市，在商业模式创新方面成就斐然。创客时代带来的最大变革之一就是"标准化量产"向"个性化定制"的转变。但"个性化定制"能否成为一种真正的经济引擎，目前业界普遍持怀疑态度。但在深圳，"个性化定制经济"已经成为现实，而且正在成为一种成熟的产业常态和商业体系。克里斯·安德森在《创客：新工业革命》一书中提出"定制与小批量不再是痴心妄想，实际上，他们才是制造业的未来"[2]，这种理念在深圳已成为现实。

深圳已经形成一种进入和撤出都简单而快速的流动性市场。在这一市场中，一个创意的价值能够很快得到转化和确认，这种市场环境对以创业创客

---

[1] 郝云慧：《华强北的创客生态研究》（未刊稿）。
[2] 克里斯·安德森（Chris Anderson）：《创客：新工业革命》，萧潇译，中信出版社，2012，第31页。

为主导的初创公司至关重要。当年初创公司之所以羡慕硅谷，原因之一就在于它拥有一个针对初创公司的效率极高的流动性市场。深圳已经形成快速制胜的研发和营销理念，创客以最快的速度做出新产品以后，让新产品快速出现在各个商铺，并通过其积累的营销体系，让新产品第一时间进入国内外消费者的视线，实现快速制胜。这种经济模式正是创客时代所追求的理想的运营模式。克里斯·安德森在《创客：新工业革命》第七章"开源硬件"中对类似这种开源设计的模式做了系统阐述①。美国密歇根大学教授Lindtner与上海创客空间新车间的创始人李大维将这种"开放分享、快速迭代、共同改进"的创新模式称为新山寨②。

三 深圳与创客生态的比较研究

硅谷、深圳这两个创客集聚地不仅具有相同的产业结构，而且具有共同的精神气质。硅谷是全球高科技的风向标，也是美国高科技人才的集聚地；深圳是中国高科技的窗口城市，云集着众多走向世界的高科技企业和人才，拥有世界上最好的硬件创新环境；正如1980年代初出版的著名畅销书《硅谷热》(*Silicon Valley Fever*) 介绍的：硅谷大约70家半导体公司的半数是仙童公司的直接或间接后裔。硅谷的大公司具有强大的孵化能力，硅谷大量的初创公司就是谷歌、苹果合同的离职员工创办的；而在深圳情况类似，以华为离职创业员工形成的民间组织"华友会"和腾讯离职创业员工形成的民间组织"南极圈"为代表。硅谷是世界上最著名的电子工业集中地，有10000家以上的电子工业公司；深圳有全世界最大的电子产品集散地。硅谷聚集着占全美风险投资46%的资金；深圳是中国资本市场最活跃的地方。硅谷最著名的孵化器Y Combinator的创始人、有"硅谷创业教父"之称的保罗·格雷厄姆认为："创业的最佳地点只有一个：若指国家，那就是美

---

① 克里斯·安德森：《创客：新工业革命》，萧潇译，中信出版社，2012，第27页。
② Lindtner S, Li D. Created in China. The makings of China's hacker space community. In *Interactions*, 2012, (6): 18-20.

国；而在美国，就只有硅谷。"① 而深圳也是著名的"创业之城"，2015年深圳实行商事制度改革以来更是为创业提供了便利。说来令人奇怪的是，原本以江浙为大本营的淘宝网店80%以上的注册地在深圳。硅谷崇尚冒险文化，宽容失败，认为业务或技术失败是经验不是耻辱；深圳逐渐形成了"锐意创新、宽容失败"的城市核心理念。但两地的差距也是显而易见的，主要体现在促进创客运动的研究基础、大众参与、政府资助、使命意识和精神领袖等方面。

（一）研究基础

对未知事物的研究与探索是创客运动发展的最大动力，就研究基础而言，现阶段深圳和硅谷无法相提并论。世界上最大的科技公司都在硅谷建立了总部或研发中心，如苹果、思科、谷歌、惠普、英特尔、甲骨文、推特、脸书、领英、施乐、IBM等，中国的高科技企业如百度、阿里巴巴、腾讯、华为、中兴也在硅谷建立研发中心。深圳的全球功能定位依然是制造中心而不是研发中心。但制造并不是创造的对立面，而是创造的跑马场和加速器。任何创造在推出成品前都要经过测试，在制造的过程中不断改进和完善，很多创新产品必须借助制造业的强大支撑才能脱"胎"而出，否则只能流产。这样的例子在深圳不胜枚举：平衡车、自拍杆、个性化手机等。从这个角度来分析，创客运动将成为从"中国制造"转型为"中国创造"的重要契机。

硅谷、深圳两地研究基础的差异跟高等教育发展水平不无关系。硅谷的创客运动高度依赖基础科研，"没有基础科研就没有iPhone"。硅谷的极客和创客（GEEK & MAKER）号称1/3在大学里（还有1/3在自家车库里，另外1/3在孵化器里）。硅谷地区有两所世界级名校：斯坦福大学和加州大学伯克利分校。这两所高校每年向硅谷输送几千名高级人才，主要从事创新领域的研发工作。斯坦福大学工学院的博士、硕士毕业生，基本在学校50公里内就业。据统计，斯坦福校友创立的公司每年盈利达到2.7万亿美元，

---

① 〔美〕兰德尔·斯特罗斯：《YC创业营：硅谷顶级创业孵化器如何改变世界》，苏健译，浙江人民出版社，2014，第250页。

1930年后共创造540万个工作机会。硅谷还有5所学术大学和6所社区大学、中级学院，比如加州州立大学圣荷塞分校、加州大学圣克拉拉分校等，培养出大量善于把新想法转化为实际产品的优秀工程师。此外，还有加州大学圣克鲁兹分校、丘陵学院（Foothill College）、迪安萨大学（De Anza College）和凤凰大学（University of Phoenix）等一流的专科院校培养了大批善于解决实际问题的人才。硅谷地区的大学与政府的联系较弱，但同当地企业之间建立起了紧密的合作关系。以斯坦福大学为例，其致力于加强大学与企业之间的联系主要表现为：一是成立了斯坦福大学研究所（SRI），其主要功能是从事和国防相关的研究并帮助发展硅谷的公司。二是通过"荣誉合作项目"向当地的公司开放课堂，鼓励电子公司的工程师直接参与研究生课程或者通过特别的电视教育网络在公司的教室里学习斯坦福大学的课程，加强公司和大学之间的联系，使工程师们既能同新技术保持同步，又能建立专业联系。三是斯坦福工业园区成立后，园区内的公司常常请斯坦福大学的教授担任顾问，并聘用斯坦福大学的研究生为雇员，同时这些公司也会参与同公司业务相关的斯坦福大学的科学研究项目。在2016年深圳Maker Faire上美国创客展示的Mini Computer PIPER使用的就是斯坦福大学研发的课程内容。

深圳自1983年以来先后建立了深圳大学、南方科技大学等综合性大学和深圳职业技术学院、深圳信息职业技术学院等高职院校，目前正积极筹建深圳技术大学，并吸引了清华大学、北京大学、哈尔滨理工大学、中山大学、香港大学、加州大学伯克利分校、莫斯科大学等海内外名校前来创办分校。日益成熟的高教体系正在为深圳的创客运动和创新事业提供知识生产和人才供给。尽管以深圳大学以代表的深圳高校系还没有像斯坦福那样的名校，但硅谷起步时斯坦福也还只是一所美国二流院校。假以时日，与深圳同成长，名校、名城指日可待。

（二）大众参与

作为一种亚文化现象，创客运动的原动力在于它的大众参与热情。硅谷的创客群体呈金字塔结构，塔底聚集着大量的业余发烧友、资深玩家，无论男女老少，几乎可以算得上真正的创客。美国开放的社会制度为每一位有创造力的个体提供了宽松的环境，各种以 Lab 命名的机构随时可见，各种貌似古怪的公民科学家随处可见，整个社会就像一个开放创新的大实验室。由于崇尚个性化消费，相信"自造"有买不到的乐趣，整个美国都有自己动手创造的传统，这是创客运动的坚实后盾；由于地广人稀，社交场所较少，造物玩家有大量的业余时间在车库折腾；由于交通不便，维修施工人员劳务费高，且反应慢，不少原本不知创客为何物的家庭男女主人被生活历练成创客。这种制度和现实环境为大众参与创客运动提供了丰厚的土壤。

而深圳的创客运动在政府大力推动之前已开展得风生水起。李克强总理在视察柴火空间时发出的"草根创新"与创客运动的精髓高度契合，目前深圳正逐渐焕发出民间创新热情。2015 年的政策强力驱动使包括深圳在内的全国上下兴起了创客热潮：各种创客大赛、节展、评选风起云涌；创客空间林立，创客媒体兴起，创客社区活跃。至于各种以创客名义开设的联合办公场所、创投机构则更是遍地开花。

在政策、媒体和商业力量的共同作用下，深圳的创客运动迅速发展，大众参与热情迅速升温。近年来深圳 Maker Faire 观众数的激增为我们提供了一个观察这一现象的角度。2012 年，深圳柴火创客空间举办了深圳第一届 Mini Maker Faire，观众只有 800 人；2013 年第二届时发展到 3000 人，2014 年则发展到 2 万人，2015 年的 Maker Faire 是有史以来规模最大，创客、观众人数最多的一届创客嘉年华，观众数超过 196000 人；2016 年的 Maker Faire 因为超强台风来袭，全市停课停工，因此临时改期造成众多活动取消，不少参展商因无法更改行程而放弃，但依然吸引了近 10 万观众。[①] 这一组呈几何级增长的数据从某个特定角度反映出深圳乃至中国创客运动爆炸性发展的轨迹。

爆炸式发展固然存在诸多问题，但它对快速积累创客运动的群众基础大有裨益。目前在深圳，创客群体已经实现从小学生到退休老人的全覆盖。在

---

① 数据来源：深圳制汇节组委会苏海燕女士提供。

2015年的深圳Maker Faire制汇节上，就有一位68岁的何姓老伯展示了他的发明——"算盘时钟"。这个带有古典风格的现代设备能用算盘显示数字的方式显示时间，在电路板和智能硬件设备一统天下的创客产品中独树一帜。这位老伯原本是工程师，业余喜欢动手制作小玩意儿。看到Maker Faire的招展海报，他突发奇想申请展位与公众分享自己的小发明。他为了自己的业余创客事业，还印了个人名片、建了博客、开了淘宝店，完成了年轻时的心愿。何老伯只是深圳众多创客的一个代表，他的故事反映出深圳创客运动正在奠定良好的群众基础。

深圳的创客教育始终走在全国前列。深圳不仅得风气之先，率先资助大中小学开设创客空间，而且于2016年10月率先推出《深圳市中小学创客教育课程建设指南（试行）》和《深圳市中小学创客教育实践室建设指南（试行）》，在创客教育标准研制领域先行一步。以深圳大学为代表的深圳高校创客教育也正在扎实推进。深圳大学创业学院的"星火创客基础班"于2016年10月开设，该课程采用业界导师与高校资源联合开办创客课程的方式，整合了校内外优秀的创客资源，为在校大学生深入接触创客文化提供了机会，并且为怀揣创业梦想的学生提供帮助。学生完成课程可获得公共选修学分，此举从制度上保障了创客教育的落实。此外，面向公众开放的以创客教育为使命的民间创客空间主要有柴火空间、赛格国际创客空间、南荔工坊、华德恩创客教育等。

（三）政府角色

与硅谷相比，深圳的创客运动具有较强的市场化、商业化特色，政府的直接资助和介入较多，这也是中国创客运动的普遍现状。从宏观视野观照这一创客运动的中国特色，我们发现：创客运动在中国的发展进程跟中国三十多年以来的改革开放史和产业演进史一脉相承。改革开放以来，一批先知先觉者学习发达国家和地区的先进经验，有的成为国外大型公司的供应商，如著名的中国制造；有的做出了类似的产品或者平台，如华为、中兴、联想、当当以及互联网界的BAT等。中国政府对这种模式和企业进行扶持和资助，加快其发展，使其迅速进入国际视野。

创客群体在硅谷壮大，群体的自觉是根本原因，但政府的推动也起到了重要作用。政府在美国创客运动发展以及创客生态环境的培育中，看似无为而治，实则有序引导，也有直接资助。《硅谷百年史》主译闫景立先生认为："实际上美国政府才是硅谷最大的风险投资者，也是硅谷最有影响力的战略师。美国政府致力于投资高风险、长周期的项目，而风险投资家倾向于跟进短期项目。"① 时任美国总统奥巴马在任期间不遗余力推动美国创客运动发展，不仅将 6 月 18 日确立为"国家自造日"（National Day of Making），随后将其拓展为"国家自造周"（6 月 12~18 日），而且在自造周期间举办白宫创客嘉年华（Maker Faire），总统在活动上宣布了由白宫主导的推动创客运动的整体布局，他对创客运动寄予厚望，希望借此促进制造业在美国本土的回归，力求打造一个"创客之国"（Nation of Maker）。② 而其对国民的影响，也被誉为"美国制造业的群众文艺复兴"。③ 除了举办一些大型的活动和设定官方节日之外，政府在图书馆等公共机构开设创客空间成为美国推动创客运动的途径之一。创客空间正式进入美国图书馆界是在 2011 年。当年，美国雪城大学的研究生 Lauren Smedley 向其工作单位——费耶特维尔公益图书馆（FFL）主管递交了一份关于在图书馆内部创立制造空间的计划书，开启了图书馆创客空间建设的先河。这种设施被称为"神话般的实验室"（Fabulous Laboratory），向各年龄层的社区成员提供数字媒体设备、工具及相关资源，旨在提高他们适应信息环境变化的能力。④

深圳市政府对创客运动的重视程度不亚于对高新技术、文化创意产业等

---

① 〔美〕阿伦·拉奥、皮埃罗·斯加鲁菲：《硅谷百年史》（第二版），闫景立、侯爱华译，人民邮电出版社，2014，"译者序"第 4 页。
② Peter Hirshberg, Maker City: A Practical Guide For Reinventing Our Cities, 2016, Maker Media, p. 3.
③ Welcome to the Week of Making. The White House Website：https://www.whitehouse.gov/nation-of-makers.（引用日期：2015 年 11 月 19 日）
④ 金淑娟、蒋合领：《创新驱动的图书馆创客空间生态系统研究》，《图书馆工作与研究》2016 年第 4 期，第 93 页。

支柱产业和战略性新兴产业。市政府于2015年制定了《深圳市促进创客发展三年计划（2015~2017年）》，以强有力的资助和政策利好推动创客运动的发展，年资助金额达到2亿元。政府资助能解决遭受资金困扰的创客们的燃眉之急，政府以较小的投入撬动广泛的社会资本支持创客运动，同时也吸引更多的创客和大众投身创客运动，无论是对创客运动的推动还是创新创造氛围的孕育都不无裨益。2016年9月1日，36岁的深圳市大疆创新科技公司创始人汪滔在2015年度深圳市科学技术奖市长奖颁奖典礼上谈道：是2008年政府资金的扶持政策，让我们第一次搬进了宽敞的办公室。政府资助对初创公司至关重要，但也会带来其他负面影响，比如造成创客项目资金来源单一、很多项目因应资助标准而生等有违创客精神的投机现象。如何把政府资助用到真正需要的人和团体上，如何在资助的同时规避资助弊端是另一个有待研究的问题。

（四）使命意识

用知识和科技改变世界、创造财富是硅谷创客的核心理念。知识和科技是经济总量增长和质量提升的主要推动力，一方面它可能使传统产业的各个环节知识化、技术化，有效地满足传统消费品个性化和质量提升的要求；另一方面它可以根据社会需求层次的提升，催生一批全新的产业。依托丰富的科教与创新资源，硅谷及其创业企业以知识经济发展及科技发展为先导，大力发展以高新技术产业为核心的新兴产业，其特点在于通过不断的创新与创业把过去未曾商品化的技术拿到市场上去转化，实现依靠知识和科技创造财富的目标。

"改变世界"已成为硅谷创客的共同使命，他们追求从源头创新技术、产品和商业模式，创造全新的价值，提供全新的产品、服务，开拓全新的资金运作流程和生产组织运行方式，从而改变整个世界。

而很多中国人在年少时曾经梦想改变世界，但在环境的同化下大多数人以"既然你不能改变世界，那就先改变自己"为座右铭了，并认为践行这条信念就是成长蜕变的过程。在这种文化环境中，大多数创客以"快速制胜，改变生活"为理念，以"做得更快更好更便宜"为目标，导致创客产品的低端化现象泛滥。但创客运动的兴起开始冲击这种传统文化现象，大众创业、万众创新时代，人人都是创客，处处皆可创新，用创新改变世界绝非精英或权贵专利。正如易宝支付联合创始人余晨所说：每个人所拥有的改变世界的能力，其实都比我们自己所知道的要强大。创客运动让更多创客找到并且放大了这种改变世界的能力。

（五）精神领袖

精神领袖对创客运动的引领作用不容忽视，尤其是在创客运动遭遇低谷、社会上对创客风潮是否即将过去存在疑虑的时期。精神领袖的言论、行为能在创客群体中形成一种象征性意义，带领创客运动继续向前。

硅谷"创客教父"Mitch Altman 便是当前创客界的精神领袖，他参与了全世界 100 多个创客空间的筹建，每年都会来中国几次，是深圳创客界的资深导师和老朋友。他的代表作 *Soldering is Easy* 在全球创客中广泛流传，这是一本免费的漫画书，可以教任何人如何焊接，已被翻译成 17 种语言。在 2016 年的 Shenzhen Maker Faire 上，他亲自开设焊接工作坊。另一位"创客教父"、前文提到的大学毕业于神学院的 Dale Dougherty，更是以传教士般的热情，以 Maker Faire 品牌和 *Make* 杂志为抓手，近年来致力于著书立说，推动创客运动在全球的普及。他带领团队成员将 MakerFaire 开到了白宫，促进总统倡议、州长承诺推动创客运动的局面形成。

深圳创客界也拥有类似的灵魂人物——有"中国创客教父"之称的李大维先生。李大维先生毕业于加州洛杉矶分校计算机专业，早年曾是硅谷工程师，后回上海开办中国第一家创客空间——上海新车间，后来到深圳投身创客事业。此外还有柴火空间、矽递公司创办人潘昊，最早把 Maker 翻译成中文"创客"的资深玩家、深圳蓝胖子机器人创始人张浩。

形成健康的创客生态需要自下而上、由内而外的运作机制，需要创客群体的造物热情与政府行之有效的引导相结合。创客群体发自内心的创造热情是推动创客运动发展的内因，政府的有序引导和全社会的支持是促进创客运动发展的外因。比较而言，硅谷的创客生态虽然也有政府的基础性作用，但主要是自下而上自然形成的，好处是自然生发、机理健康，不足之处是需要比较长的形成演化过程。硅谷创客运动的蓬勃发展更多依靠的是创客群体自身的造物热情，以创客为中心的诸多要素都自由进入市场竞争场域，物竞天择，经受住市场检验的项目因具备较强的功能属性和商业价值而自然存活并发展壮大，没有解决用户痛点的项目则自然淘汰，无须浪费更多的孵化成本和社会资源。

以这种自然生发的生态为依托，硅谷的创客群体更多元化、更稳定，绝大多数是自发形成的；创客空间的组织形式更多样化，虽然其中也有一些处于被迫搬迁或者运营不易的挣扎状态，但还是勉力维持。总之，硅谷的创客运动发展更全面更稳健，有一种此消彼长的动态平衡，而深圳的创客运动则领域更集中，模式更单一，商业色彩浓厚。造成这种现象有政策引导的作用，同时也是深圳创客个人选择的结果。部分创客表现出了与政府、媒介以及商业的合作态度，也有创客个体和创客空间选择坚持最初的亚文化精神，比如SZDIY。尽管运营不易，但它既不靠政府资助，也不靠其他机构扶持，试图将自己锻造成能够自我延续的有机体。

"大众创业，万众创新"已成为今日中国的时代主旋律，在这一时代背景下，创客运动获得了历史性发展机遇，呈现出跳跃式发展和爆炸性增长的态势。创客运动盘活了社会资源，消化了过剩产能，促进了产业转型，吸引了大量风险投资进入，从经济、社会、文化等层面对中国社会产生了广泛的影响。但目前政策强力驱动的效果在创业领域较为明显，在创新领域则不明显。虽然大多数创业是以创新为基础的，不论是颠覆式创新还是微创新，也不管是技术创新还是商业模式创新，中国的大众创新、草根创新依然存在许多根本性问题需要解决。有限的社会资源既要投向以"创新创业"为导向的机构，更要关注创客文化的源头和土壤，让创造成为人们的生活方式，如此才能在"创客运动"的持续发展中孕育出更多创新成果。

B.6 法国"大都会-城市"文化管理经验研究

车 达*

摘 要： 法国"大都会-城市"文化管理的三种机制分别为：中央与地方通力合作；应对全球化趋势挑战；坚守多元文化价值；而其建设形态主要体现为创意城市、参与型城市和全球化城市。

关键词： 法国 文化管理 大都会-城市

2010年12月16日，法国政府提出了新一轮的《地方行政改革法案》（*La loi de réforme des collectivités territoriales*），并明确提出了"大都会-城市"的概念。[①] 2014年1月27日，为进一步加强"大都会-城市"在国家整体发展中的引领作用，《现代化区域公共行动和大都市认同法案》（*Loi de modernisation de l'action publique territoriale et d'affirmation des métropoles*）孕育而生。法案正式确定法国本土的14个"大都会-城市"[②] 以及所涉及城市的发展定位。[③]

---

* 车达，中国艺术研究院公共文化政策研究中心博士后，深圳大学文化产业研究院兼职研究员，法国斯特拉斯堡大学信息与传播科学博士，研究领域为法国公共文化政策。

[①] Marie-Christine Steckel-Assouère, (dir.), Regards croisés sur les mutations de l'intercommunalité, Éditions L'Harmattan, coll. GRALE, avril 2014, p. 484.

[②] 截至2016年6月，法国本土共拥有15个大都会区，其中包括：埃克斯-马赛和巴黎（独立大都会区）、根据2010年法案确立的以尼斯为中心的城市集群区、根据2014年法案确立的13个城市集群（波尔多、格伦诺贝尔、里尔、斯特拉斯堡等）。

[③] Solenne Daucé, 《Les métropoles hors Île-de-France à l'issue de la loi MAPTAM: compétences et organisation institutionnelle (2014-II-2050)》, *La Semaine juridique*, *édition administrations et collectivités territoriales*, n° 8《Décentralisation, acte III, scène 1 (Loi n°2014-58, 27 janvier 2014 dite MAPTAM)》, 24 février 2014, pp. 44-50.

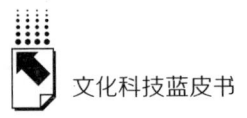

尽管每个"大都会－城市"的发展定位不同，但是法案涉及地方行政法规的 L5217－1 条例明确"大都会－城市"拥有各自独立行使文化管理的权力。

时至今日，法国"大都会－城市"管理依然处于谨慎的探索阶段，并未明确将选择何种政策工具进行文化管理，但对于"城市文化战略"已经成为现代"大都会－城市"发展的核心要素这一价值取向早已达成共识。吊诡的是，不论法国还是欧盟其他老牌发达国家，文化在城市发展中所应该发挥的重要作用并未在现行的法律体系中充分体现，相关法律、法规的制定仍然滞后于社会的现实需求，尤其是面对日益复杂的国内国际环境，文化管理仍不时凸显混乱局面，因此需要以多重视角和维度对城市与文化的内在逻辑进行洞察和深思。

一 "大都会－城市"文化管理的三种机制

关于"大都会－城市"文化管理模式的创新，或者直接将"大都会－城市"在国家文化建设与发展中的角色定位于"文化引领中心"（centres de commandement culturel），至少需要审视三个方面的问题：第一，文化政策的内在动力，即以区域中心城市为载体，逐步实现中央和地方政府文化管理合作机制的演进；第二，全球化趋势诱因，即区域内各城市在参与国际竞争的同时，接受"国家－民族"意识的不断弱化；第三，多元文化背景下的价值坚守，即城市巨大的文化供给与文化需求不能脱离有效的国家调控。①

（一）中央与地方通力合作机制

正如城市生活史和艺术史学家所描绘的，"城市"自建立以来始终都是文化演进的重要参与者。然而地方城市在公共文化政策中所扮演的重要角色

---

① Taliano-des Garets F. (2007), *Les métropoles régionales et la culture 1945－2000*, Paris, La Documentation française.

直到1959年文化事务部（法国文化部的前身）成立才被社会所认知和重视，尤其是利用公共文化预算机制与文化衔接，并使"文化预算制度"成为中央和地方政府合作体系建构的关键要素。

法国文化智库机构（Service des Études et de la Recherche du ministère de la Culture）针对公共文化预算所开展的周期性调查显示：公共文化预算始终占据地方政府公共财政预算的重要位置，尤其是在"大都会－城市"，重要性突出。自有数据记录以来，地方政府对当地文化发展的投入不断增加且从未间断，而中央政府对地方公共文化事业的拨款呈下降趋势（除了1982～1984年暂时性增加外）。调查还发现自1981年以来，法国各大城市在大幅提高公共财政支出用于支持城市现代化进程中所必需的基础设施建设的同时，也加大了对举办各类重要文化活动的支持力度，以此扩大城市影响力，应对欧洲逐渐兴起的城际竞争[①]。

另一份由地区性文化机构开展的调查显示[②]：以普罗旺斯－阿尔卑斯－蓝色海岸大区为例，国家对该地区公共文化财政投入占该地区全年文化总投入的12%，而当地政府（包括市镇及跨市镇合作）文化资金投入占69%。这份调查最为引人关注的部分首次以详细的"人均比较指数"方式呈现国家和地方对于公共文化财政投入情况。具体投入情况如下，国家对普罗旺斯－阿尔卑斯－蓝色海岸大区的居民人均文化投入是21.20欧元，对于罗纳尔－阿尔卑斯大区的居民人均文化投入是21.68欧元，而对于"大都会－城市"马赛和尼斯的居民人均文化投入分别增长到150.50欧元和169.36欧元，对里昂和格伦诺贝尔的居民人均文化投入是175.54欧元和130.19欧元。

以上两项调查表明无论是中央还是地方政府都热衷于向最具活力的"大都会－城市"提供高额的文化资助，使其在不断提高自身影响力的同时，带动地缘城市区块内其他中小城市，以此产生协同创新效应、分工编序

---

① Taliano-des Garets F. (2007), *Les métropoles régionales et la culture 1945–2000*, Paris, La Documentation française.
② 《跨地区公共文化财政配置方案观察报告》，www.arcadepaca.com，2013年9月。

效应、绩效漫溢效应以及融合发展效应，进一步生成地缘城市区块竞争力集群①。同时，中央与地方对文化财政资助的差异性佐证了"大都会－城市"自身文化管理的独立性，地方政府可以根据自身条件选择文化发展方向和目标。然而集中于"大都会－城市"的文化权力并不意味着对国家现行文化制度和标准的舍弃，也不是对国家所倡导的统一审美价值标准的对抗，② 这一点不仅适用于法国，同样适用于中国各地区关于当地文化建设和推广的核心价值取向。

（二）应对全球化趋势挑战

"大都会－城市"文化管理第二个需要关注的焦点在于如何应对全球化趋势的挑战。全球化和城市化其实是一体两面，假设城市区域网络中真实存在一个中心极点，这个极点汇集所有优势条件，如政策工具匹配、产业创新平台整合、贸易自由流通、物质极大丰富、人力资源充沛、创造力丰富等，那么该中心极点就符合"世界性城市"或者"全球化城市"③ 的标准，即便争论的焦点集中于新的中心"城市"形态如何取代以"国家－民族"为基础的边界概念，那么依然可以达成共识的是其逻辑起点和内在机理完全归因于城市化进程。

多元文化的注入，给予城市较强的创新力、吸引力和竞争力，以应对国际竞争。对文化领域的资金投入，也成为维系城市"创意性"的重要参照。大量的调查显示，城市用于提高居民文化生活质量的资金投入是衡量该区域经济活力的重要标志之一④。文化预算的增加，尤其是投资行为，对国民生产总值的增长起到了杠杆调节作用。这种"文化经济"和"城市化市场战

---

① Teillet Ph. (2013), Financement publics de la culture et réforme territoriale, novembre, p. 3 www. la－nacre. org/.
② Poirier Ph. Et Rizzardo R. (dir.) (2009), *Une ambition partagée ? La coopération entre le ministère de la culture et les collectivités locales* (1959－2009), Paris, La Documentation française.
③ Sassen S. (1991), The Global City, New York, London.
④ Tera consulants, L'impact des dépenses culturelles des villes. Une analyse sur un échantillon mondial de 47 villes, Forum d'Avignon, Paris, novembre, pp. 30－31.

略"的构思与实践，伴随着其特殊价值和固有理性，与传统意义上的文化自主领域的运行规律形成悖论。而目前公共政策所寻求的"平行性"（或横向性）和"模块化"（或区分化）治理模式恰巧与这种新的公共治理需求（"文化经济"和"城市化市场战略"构想）高度吻合。

另一个比较明显的趋势在于文化专业性的跨学科项目越来越倾向于"横向模式"的展开。协同机制或多或少开始显现成效，尤其是在日渐无趣的建筑遗产和文化旅游领域。在城市管理层面，横向协同机制实现了文化项目建立在真正意义上的城市化维度，而文化的繁荣反作用于城市，提高了城市的环境质量。"大都会－城市"作为研究、实验和创新的综合场域，思想与实践的交汇，如绿色艺术形式的诞生、科技与文化的融合、文化与金融的衔接，总体改变了传统文化相关领域和机构的目标和使命，同时也深深影响社会的变革与创新，乃至对政治和伦理提出了挑战。文化与其他公共行为领域的融合模式实现了公共认知的持续延展和释放，摆脱传统美学标准的束缚，标志着城市化产品美学标准的确立。因此城市的决策者有必要从"他律"的思维角度来审视城市文化治理的诸多问题。

（三）坚守：多元文化价值

一般情况下，国家始终以促进文化认同和维护民族文化的统一性为己任，又在缺乏文化安全的时期大力推广核心文化价值的同质性，以此宣示其文化权力。显而易见的例子，如国家构建自身标准的"精英文化"并使其合法化。而"城市化"改变了这一轨迹，"大都会－城市"成为多元文化孕育和成长的土壤。"多元"由城市、社会和空间碎片、礼仪准则和其所表现的美感所构成。由于"大都会－城市"被动地置于复杂的相异场域之中，因此对其管理就需要具有丰富的多元文化经验。假如任由多元文化自由延展，如任其处于"分离"或"分化"的状态或趋势，必然会导致文化认同的非连续性以及产生社会环境的突变。如果将这种"多元"文化转化成财富，特别是作为文化资本（Cultural Capital），那么殷实丰裕的物质财富必将转化为恒久的文化魅力，成为高贵性的自我界定。众所周知的案例如分布在美国和欧洲的"中国城","多元"自然成为理想状态下"大都会－城市"的"吸引力"。无疑"大都会－城市"中的文化交汇不能脱离某种意义上的所谓城市化理想主义下的融合与对抗,"多元"毕竟是一把双刃剑,"越是丰富越有可能获致和日常目光决裂的纯粹审美目光",① 此类案例不胜枚举,如南非的种族隔离政策废除后的混乱、伊斯兰与基督教世界的冲突与对抗等。

事实上,在不遵从统一的文化政策规范下,城市所实行的多元文化管理模式对居民的憧憬和建议持有更加开放的态度,为文化的多元论提供了一个自我展现和实验的场域。"大都会－城市"文化政策的制定不仅要具备民族文化、舶来文化和域外文化的衔接功能,或许更需要的是将混乱的文化等级、品位等级或者全球文化有机融合,而这是国家宏观文化政策所不能实现的。精英文化和大众文化、高雅与通俗、传统与超现代、文化的科技理性和先祖信仰之间相异性的矛盾,林林总总都是文化意识扩张的显性表征②。从这个角度审视,现代科技在强化的同时,也模糊了这种异质性,如跨国网络下日常生活中所使用的工具(飞机、电话、视频、网络),维系着彼此的联系。而国家一体化或同化的政策供给很难考虑到这一问题,原因在于流动的机遇和丰富的多样性压缩了国家政策供给的诱惑力。同时科技的运用同样需要设立行为准则及调解机制,这些不仅是功能性的保障,也是创新的潜在动力。

以上所勾勒的"大都会－城市"公共行为的构建始终围绕着"全球－地方－区域化"展开:从"自律"到"他律"、跨文化的兴起到民族文化的衰落再到多元文化。然而这些变量的演进始终没有保持一致的步伐,每个城市的内部自省与失控并存。因此多元文化城市管理模式虽然是一种趋势,但其中的风险也会加剧城市管理的不确定性。那么究竟如何将这种管理模式与当下全球所倡导的现代城市发展理念相互衔接?尽管"大都会－城市"管

---

① 汪民安:《文化研究关键词》,麦田出版社,2015,第79页。
② Ahnstrom L. (1997), *Les métropoles en tant que lieux de rencontre de cultures contrqtées* in Claval P., Sanguin A.-L., *Métropolisation et politique*, Paris, L'Harmattan, pp. 69-80.

理模式在世界主要城市不断演进，但其中的文化战略仍然处于保守的构思之中①。究竟是跨踏于"创意城市""参与型城市"或"全球化城市"的不同发展定位，还是将三种概念更加巧妙地融合使其更具合理性？

二 "大都会－城市"文化管理的建设形态

以多义概念为视角对"大都会－城市"文化政策的发展进行推理研究可以发现目前主要存在三种建设形态："创意城市"，专注于提高城市自身的影响力，善用城市地标和建筑遗产，增加新的就业机会和吸引高端人才；"参与型城市"，将注意力集中于增加社会个体或主体的参与度，以社团、协会、社会网络等共生组合为基础，倡导共享生活理念；"全球化城市"，强调差异性的认同感，追求全球化开放理念以及实行跨文化政策管理。决策者或许可以优先考虑其中一种模式作为城市的发展定位，或遵循其中两种甚至三种战略相互配合。然而研究者通过对三种城市发展战略的逻辑推理之后发现，这些战略似乎并不相互匹配而且相互矛盾，乃至引发很多的负面效应。

（一）"创意城市"

查尔斯·兰德利（Charles Landry）所提出的"创意城市"的概念指出：创意城市的战略选择明确了好奇心、想象力和创造力是区域发展的先决条件②。这一观点与理查德·佛罗里达（Richard Florida）的"创意阶层"（Creative Class）观点③关联密切。对于两位学者以及那些支持或抱持这种城市"新自由市场"观念的拥护者而言，推广创意经济可以帮助城市对抗经济衰退。相关案例比比皆是，如英国的格拉斯哥（Glasgow）和西班牙的毕尔巴鄂（Bilbao），两座城市的成功转型堪称欧洲的典范，并为其他国家带来城市复兴的希望。城市经济发展的重新定义，高科技与文化产业的"集

---

① 《跨地区公共文化财政配置方案观察报告》，www.arcadepaca.com，2013年9月。
② Landry C. (2000), The Creative City. A Toolkit for Urban Innovators, Londres, Earthscan.
③ Florida R. (2002), The Rise of the Creative Class, New York, Basic Books.

束"业态,建筑魅力与观光的吸引力,包容性和"城市舞台"的构建等,造就了如鸡尾酒似的受人追捧的内在机理。重要的是市场化的方式需要塑造商业"品牌",借此赢得声誉。

但是需要审视的是,在这种"集束"式的发展进程中,在公私部门共同支持文化产业发展合作过程中,仍然需要培养城市自身的约束力。同时也应该看到,这种市场化的方式是以吸引新的就业机会和提高收入水平为诱饵的,是以建造地标性文化设施为契机的(此行为极易获得广泛的声誉),也是全球范围内"标准化"的传播模式。"创意城市"促使"大都会－城市"成为全球化的积极参与者,并在其文化(艺术)、经济和传播的巨大网络体系中获益。然而需要"理解"的是,"创意城市"所展现的光芒依托于其内部网络中的不同评价标准、繁杂指数和等级划分等变量的呈现。

一些评论着重指出这种"理解"没有考虑到"创意城市"的浮华与区域企业和劳工等生产要素的现实情况,其精英主义的激励方式始终围绕着某种乌托邦式的群生性意识形态:灵活多变、想象力、与众不同和反教条[①]。然而粉饰的背后是面对现实的残酷以及对创造性语义无限扩张的无奈:城市的每一个角落,所有街区和郊区"被具有创造性",在某种状态下这一切都只是虚幻的延伸。相对于严格意义上的政治观点,城市管理仅局限于它自身的文化政策范畴之中,极易导致一叶障目。

(二)参与型城市

"参与型城市"所探讨的究其根本在于,生活在开放性城市公共生活空间中的个体的公共生活方式。这一类型城市居民的社会和文化生活是由各种类型的行业协会、自然团体(如业余爱好者、半专业人士组成)所构成,其活动的动力来源于对文化艺术活动的热爱,或者是渴望置身于公共空间的社会交往。其中不仅涉及为数众多的"创意阶层",还覆盖大部分居民以及影响着他们中间相当一部分人的多元化居住形式。在文化层面,可以观察到

---

① Vivant E. (2009), Qu'est-ce que la ville creative? Paris, PUF.

这一类型城市的社会文化活动和设施总是具有现代性的特征，艺术团体忙于文化氛围的垦荒，即便是文化生产集团不断显露出业余性。对于一部分参与者而言，参与文化活动的目的并不是区分不同的审美观或提高各自在社会中的文化地位和品位，而是增加居民自身的社会资本。而对于另一部分参与者来说，"参与"反而是为了肯定其自我审美与"街头艺术"或者"城市文化"内在关联的趣味统一。分享就是"参与型城市"发展的战略思路。同时足够数量的志愿者支撑了所有的文化艺术实践活动，使其建立在脱离或反抗那些缺乏开放性或自负于传统美学标准的体制框架桎梏之外。

目前两项工作成为"参与型城市"战略纵深发展的牢固支撑。"开放创新实验室"（Fabrication Laboratory）以及"智能生活实验室"（Living Lab）在城市社区的引入彰显并强调了创造（数字化）并不是单一社会群体的独享财富，而是涉及所有的城市居住者。每一社区理应建立此类实验室，目的在于通过社会网络的形式将城市所有区域镶嵌于全球化的框架之中。另一个参与方向涉及环境问题，工作重心围绕着城市可持续发展的新动力引擎中关于文化领域的战略布局。

然而"参与型城市"的管理模式也存在一定的局限性。"'社群'并不一定就是'好的'，因为它经常会涉及严密的监视与社会控制"[①]。这种模式以集体化或全体化结构为基础，从这个意义上讲，无法避免的矛盾在于个体追求的独特性以及个体认知与脱离群体控制的意愿，例如被推崇为艺术家的社会"认可"；另外这种模式趋向于向所谓正确的社会化和政治化标准靠拢，而艺术行为往往是希望推翻固有标准和秩序；最后，参与的活动设计通常来源于公共给予，并呈现繁多和平庸的特征，当观察者试图解读参与者的文化行为之时，便会产生对"市民"（参与者）行为态度的不解。

（三）全球化城市

"大都会-城市"如果以"全球化城市"为其城市发展定位，那么面对

---

① 德波拉·史蒂文森：《城市与城市文化》，李东航译，北京大学出版社，2015，第173页。

大量的流动人口和工作岗位,如何"接受"并吸引不同种群的迁徙是其应该充分考虑的问题。"接受"意味着承认差异并以此展现国际化的形象。在这个论调基础上,城市很难掩饰其对获取国际标签的渴望,因此诞生了诸如"世界文化遗产城市"(联合国教科文组织发起)、"欧洲文化之都""国际会展城市""设计之都"等,哪怕只是参与到这些被标签化的城市网络评选之中,也会给城市带来前所未有的曝光度。对城市而言,高曝光度是一种极其有效且特别能提高和促进城市传播力和影响力的可靠保障,而且也可以帮助城市从中获取巨大的商业红利。

然而保障和红利背后必然面临多元文化的管理问题,对于大多数国家而言,"多元文化管理"是一个敏感的政治行为,因为现代城市本身"就是一个充满了矛盾的场所——既是进步、创造力、民主和财富的象征,又是贫穷、不平等、剥削和不满的滋生地"①。然而受强大利益驱使,加拿大、荷兰和英国等国家先后明确表示支持其国家内部建立多元文化社会生态,即便可能面临相当多的未知风险。又如欧洲理事会和欧盟委员会此前发起一个意在帮助欧洲城市适应跨文化战略的指导性项目,其中涉及指数标准、参数指南以及市政管理的相关条文②。在法国,跨文化服务和使命以节日的方式在不同城市不断增加,诠释了欧洲城市至少在叙利亚难民危机出现之前,仍沉醉(Pleasure)于多元文化的高涨情绪之中。但是不可否认,相当多的现象凸显了"全球化城市"(跨文化)发展战略依然脆弱:物质性的、充满冲突的"真实性"和由再现与象征组成的"想象",在城市主义的构建过程中纠结交织在一起③,然而不同社会群体的和谐共栖不能仅仅依托于文化行为,当传统的失业问题、种族问题、排外现象、犯罪等行为的持续发生必然导致社会各阶层之间的猜疑与排斥之时,跨文化的种种优势论说就会缺乏可靠性。

---

① 德波拉·史蒂文森:《城市与城市文化》,李东航译,北京大学出版社,2015,第170页。
② Conseil de l'Europe (2013), La cité interculturelle pas à pas. Guide pratique pour l'application du modèle urbain de l'intégration culturelle, Strasbourg.
③ 德波拉·史蒂文森:《城市与城市文化》,李东航译,北京大学出版社,2015,第172页。

结　语

　　随着现代城市的发展，对于"大都会－城市"的管理必将面临诸多未知的问题。比如全球经济复苏缓慢是否导致国家乃至区域城市削减城市文化预算？庆幸的是，区域性政策创新的进程始终没有停滞，仍然有改革的空间。各级行政划分，如省、大区和"大都会－城市"的文化权利或权力依然在寻找出路和寻求平衡。本文所描述的法国现场事态，未必能直接进行中国问题现场与中国利益立场的学理换算，但是对我们提出相关问题的中国方案，至少具有知识参照意义，诸如"宜居城市"（Liveable City）的概念，"既是现代城市的基石，也是推动现代城市发展的要素，更是日益显现的现代性话语与现代性进程的核心"[①]，或将是未来城市再生和发展的趋势。因此，寻找到更多的城市文化管理的有效参照，对中国的城市化发展会有一定的启示。这既是本文的逻辑起点，也是本文的学理结论。

---

① 德波拉·史蒂文森：《城市与城市文化》，李东航译，北京大学出版社，2015，第169页。

理论前沿篇
Theoretical Frontiers Reports

B.7
创意产业之后[*]
——兼论为什么我们需要一种文化经济

贾斯汀·奥康纳 著 任 明 译[**]

摘　要： 本文描述了1960年代以来西方国家所发生的将文化与艺术分离、将创意与物质利益连在一起的社会变化。今天，文化消费在社会上的快速增长及文化服务对更大的经济领域的贡献，已在某些西方国家的文化政策中引发了一种忽略艺术本质的危机。在这种"以数据说话"的潮流中，艺术真正的价值不再为人们所理解。为保护与传承文化艺术，文化界必须

---

[*]　本译文为国家社科基金艺术学项目"文化艺术资助机制及政策研究"（项目编号：15BH111）阶段性研究成果。译文页下注皆为译者所注，尾注为作者所注。

[**]　贾斯汀·奥康纳（Justin O'Connor），全球文化经济领域知名专家，澳大利亚莫纳什大学传媒与文化经济教授，上海交通大学客座教授；任明，上海社会科学院文学研究所副研究员。

与市场作真正勇敢的斗争和开诚布公的讨论,而不是从市场退出。

关键词: 创意 文化政策 文化经济 数字经济

一 文化与创意的离奇死亡

2015年底,澳大利亚新上任的总理马尔科姆·特恩布尔(Malcolm Turnbull)[①]和他所任命的新部长克里斯托弗·佩恩(Christopher Pyne)[②],在位于堪培拉的"英联邦科学与产业研究所"(CSIRO)公布了一项新的"创新与科学"工作日程表。在其前任托尼·阿博特(Tony Abbott)[③]对煤炭与汽车工业大唱赞歌并将整个可更新能源领域扔进垃圾桶之后,这是一线备受关注的光芒。有人指出,对数字创业的赞歌来自曾经负责澳大利亚宽带网络降准工作的克里斯托弗·佩恩。[④]同时,提到"创新"。"创新"将会通过对所谓"STEM"——科学、技术、工程与数学——的投资与商业化而获得驱动。在特恩布尔的愿景中,"创意产业"没有任何地位。确实,业界很快宣称政府着手免除知识产权和离岸消费税(GST)等做法使得整个创意产业情况变得更糟了。离这些稍微远一些的人文、艺术与社会科学领域中的学者也开始明白,他们为澳大利亚打造一个"创造性未来"所能做出的贡献已从政府视野中消失了。事情又一次这样发生了。经过调整,懂得市场规律的高等教育部门为创意产业的发展提供所必需的核心技能,而创意产业将

[①] 马尔科姆·特恩布尔(Malcolm Turnbull),现任澳大利亚总理,2015年当选,自由党领袖。
[②] 克里斯托弗·佩恩(Christopher Pyne),2013~2014年在阿博特政府担任教育(与培训)部部长,从2015年起在特恩布尔政府担任产业、创新与科技部部长,从2016年起担任国防工业部部长。
[③] 托尼·阿博特(Tony Abbott),2013~2015年担任澳大利亚总理。
[④] 克里斯托弗·佩恩,在其任教育部部长期间支持自由党政府认为澳大利亚不需要太快太高级的宽带网络的观点。

会是澳大利亚发展新经济的先锋。这一理念传播了20年之后,"创意"这艘船正在下沉。

两个月之前,在另一个半球,一些专家注意到,联合国就其新版"可持续发展目标"(SDGs)达成了一致。"目标"包括17项野心勃勃的愿景,譬如在世界范围内全面消灭各种贫困。这些愿景基本上取决于在联合国内外所进行的密集游说。"发展",眼下是一项牵涉数万亿美元的目标。大公司和有影响力的国家在其中寻找修建道路、医院、学校、水库和自来水系统的各种有利可图的项目。这17项愿景中,很多都与联合国公约中性别平等、普遍享有教育与医疗服务的权利、环境保护等条款有关,但没有一条提到"文化"。尽管有多家文化机构发出请求,包括联合国教科文组织2005年联合国"保护与弘扬文化表达多样性公约"(唯一一个具有约束力的、涉及文化商品与服务的生产与分配的国际性公约)在内,"文化"在新的可持续发展目标中仍丝毫未得到体现。

从堪培拉的"纸上谈兵",到联合国所发生的"讨价还价",笔者认为这两件事显示了"文化"在当下公共政策制定中不受重视的程度,而创意产业的命运是与此紧密相连的。

就像对大众来说普遍有了提高的医疗与教育一样,文化也是19世纪欧美民族国家公共政策的核心支柱之一,也是1945年"二战"结束后全球新兴国家公共政策的核心支柱之一。这三大领域被认为对培养与打造一个现代、团结、统一的民族国家至关重要,也是公共服务的重要内容,由政府负责提供,以建立集体认同、社会凝聚力和经济繁荣。看一看今天的医疗与教育,我们可以看出自1945年以来都发生了怎样的变化。今天它们被投入经费进行管理与提供服务的方式,与当初大家作为被动"大众"踏入公立学校和医院大门相比,已经发生巨大变化。无论如何,医疗与教育仍然处于国家所需提供的公共服务的中心,也是公众可以通过选票对政府进行"审判"的鲜明地带,然而对文化,我们能说同样的话吗?

过去25年以来,我们对文化的理解及我们期待政府所采取的举措,已经发生了翻天覆地的变化。其中有一些原因与医疗和教育相同:不断增加的开支、对官僚体系的不满、不再像从前那样"被动"的公民、私人部门的激增及其所占据的主导地位。然而毫无疑问的是,文化的根本价值在整个政治谱系中受质疑的程度,远远超过了医疗和教育,已经到了"对社会整体阐述文化的价值变得非常困难"的地步。凯西·亨特(Cathy Hunt)[1] 最近发表的"平台论丛"论文解释了为什么 2015 年澳大利亚文化部部长乔治·布兰迪斯(George Brandis)[2] 任意专制而具有破坏性的行为不是孤案;很多人也都指出"创意澳大利亚"(Creative Australia)——澳大利亚工党政府 2013 年推出的旗帜性文化政策这一文件在陆克文-杰拉德(Rudd-Gillard)政府时期[3]优先度就很低,以及这份文件彻底消失的速度很快。

对任何一位曾积极参与过这些讨论的人来说,文化从政策议程中的不断消失都是非常令人不解的。难道有关文化的报道不是遍布整个新闻媒体吗?难道有关文化的增刊版面不是不断从周末报纸中滑出来的吗?闪亮耀眼的新艺术画廊难道不是在不断从全球各大城市冒出来吗?仅仅 20 年以前,文化还被认为已经自成体系。它不仅成为推动政府投入的新理由,同时这一新理由还明显将文化推到了政策制定的中心:未来,文化及其衍生物——"创意",将像 19 世纪的煤和铁一样,对国家繁荣产生重大影响。

从 1980 年代开始关于艺术拨款所能带来的经济效益的讨论,就在不断发酵,同时也催生了种种假设,如文化产业(这是它们当时的称呼)所制造的岗位可以弥补正在快速"非工业化"的欧洲和北美所消失的工作岗位。过去被用来描述"符号性"商品与服务(譬如电影、电视、广播、出版、音乐制品、电子游戏等)大规模生产与发行的"文化产业"一词,将在对

---

[1] 凯西·亨特(Cathy Hunt),文化战略专家,目前定居于澳大利亚布里斯班。
[2] 乔治·布兰迪斯(George Brandis),澳大利亚现任司法部部长及上一任文化部部长,其在 2015~2016 年联邦政府预算中大幅度削减对艺术领域的拨款、将其用于新项目的做法引起文化界广泛争议。
[3] 陆克文 2007 年 12 月至 2010 年 6 月出任澳大利亚总理,吉拉德为其副总理;吉拉德于 2010 年 6 月至 2013 年 6 月任澳大利亚总理;二人皆为工党领袖。2013 年 6 月 26 日,陆克文再次出任澳大利亚总理,但在同年 9 月 7 日的联邦大选中,败于自由党党首托尼·阿博特。

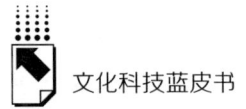

文化与经济转型的描述中与"艺术"相结合,其原先所具有的贬义成分已经大部分消失。在千禧年来临之际,这些讨论又与充满了"创意"与"创新"经济领域的新思潮混杂在了一起,这些新思潮尤其与硅谷和纽约的新兴数字产业有关。文化产业在"数字化"的指示下重新"换牌",同时做好了引领经济变革的准备。这是创意产业的重大时刻。约翰·哈特雷(John Hartley)[①]在2001年对昆士兰艺术学院(Queensland Art College)重新进行定位并将其打造成澳大利亚第一所创意产业学院时,以其特有的简洁话语对此进行了总结:

> "创意产业"这一想法,来源于从政府后门汲取创意,并将其带到前门来。艺术在后门待了几十年,举着锡罐等着政府补助——虽然可悲、自我憎恶并且要忍受各种挑剔(尤其是那些拿钱出来的部门),但并不希望做出改变。在前门,它被介绍给各种能制造财富的投资组合、新出现的产业部门及各种扶持创业的项目。赢,赢,双赢!

现在很少有人还能够分享这段揭示真相的论述中晴朗的乐观主义。在前门待了十年之后,很多文化界人士现在开始关注后门是否还剩下点什么。有一点是很清楚的,"创意"进入政府考虑范围的第一个条件,是它撇开了与文化艺术那种令人尴尬的联系。然而"创意"在被迫以"增长"、"创新"和"经济模式"等语言表达时,它开始变得张口结舌。各大咨询公司发布的大量与社会影响和投资回报数据等相关的研究报告显示,从2008年金融危机开始,文化艺术在很多国家还是被列入日常生活所需之外的"奢侈品"行列。文化艺术被宽敞的前门所拒绝,后门也缩小至只有舷窗那样大小。输,输,双输。

---

① 约翰·哈特雷(John Hartley),2000~2005年担任昆士兰科技大学创意产业学院院长,出版了二十多本传播、新闻、媒体及文化研究领域的专著。

创意产业之后

2006年，斯图尔特·坎宁汉（Stuart Cunningham）[①] 写道，"为打造创意经济所需要付出的代价是，文化艺术将越来越与其独一无二的品质无关，而是要与社会及经济部门对创意的需求合为一体。"十年过去了，这句话的真正含义正变得越来越清楚。对文化艺术的"特殊性"的舍弃，不仅导致了其自身被极度贬损，也令创意经济所能获得的能量输入不断在减少。文化和艺术在整个社会的传播，形同朝沙地里泼水。

*

创意产业的崛起与衰落可以被看作另一场注定要过去的狂热。时髦名词来了又去，而艺术永存。从某种程度上来说，确实是如此。就眼下这个"创意产业时代"来说，一个奇怪的、自相矛盾的现象是，至少直到最近，政府对主要艺术机构的投资实际上都是在增长。在英国，新工党大大增加了对传统艺术领域的拨款。确实，很多创意产业的吹鼓手一直为那些专门推出具有持续性的战略计划的创业公司缺少资源投入而感到惋惜。然而在这里事关重大的不仅仅只是一句广告语的死亡，而是创意产业的兴起反映了某种真实的、不是仅凭愿望就能让其消失的政治、经济与文化发展趋势。它代表了一些真正的灵感与机会，这些灵感与机会如果消失了，对其本身，以及对它们所处的更大领域也是一种巨大的损失。如果创意产业沉没了，会将文化和艺术一起拽下去。因此，创意产业的"死亡场景"，不应该在文化艺术部门中引发重返以往各种"正常服务"的期待。创意产业政策定位的失败，为文化整体"私人化"的倾向留下了可乘之机，其中政府将仅仅充当基础设施的提供者和/或消费者权益保护的监管者。因此笔者在这里不是来"埋葬"创意产业的，而是要修改和重启它的程序。然而首先，我们需要整体地来看一下创意产业的起源。

"创意产业"这一说法诞生于1998年，来源于英国文化媒体与体育部（DCMS）的《英国文化创意产业纲领文件》（Creative Industries Mapping

---

[①] 斯图尔特·坎宁汉（Stuart Cunningham），昆士兰科技大学媒体与传播学教授，澳大利亚学术委员会（ARC）创意产业与创新优化中心（CCI）主席。

Document)。然而"创意产业"作为一个可具体执行的概念是非常令人困惑的,这些年来,它在文化领域内外所引发的各种对话都是非常令人头疼的。它催生了令人难以置信的大量数据,并且因为各种活动的缘故,它们都被扔进了"创意"这口锅里;也制造了数量众多的混合词和令人困扰的同义词:文化创意、创意数码、内容、版权、体验、注意力,以及——"白咖啡"经济("flat-white"economy)。

人们对创意产业在口头上的快速采用,已经导致一种语义学上的混乱。但这一概念所产生的政治影响是巨大的。政府可能没办法说清它到底意味着什么,但"创意"一词好像打开了一扇比"文化"更激动人心、更有启发性、更前景光明的大门。相比之下,"文化"带有一种有价值、被保存甚至精英主义的光晕,而在当下这一舆论的"超链接"世界里,人们对事物的印象就代表着一切。但围绕文化与创意所发生的"修辞改变"其实已经进行了很长一段时间,这种"修辞改变"应该被看作与好战的新保守主义做斗争及苏联解体后重建社会民主的民族国家的努力中的一部分。这中间的跳跃有点大,因此请让笔者先简单叙述一下其背后的复杂故事。

二 艺术与文化的融合

1990 年代早期,英国工党的几位政客为将要连续执政 18 年[①]的保守党的长期统治而哀叹不已,来到澳大利亚考察霍克 - 基廷(Hawke-Keating)政府[②]的成功经验。新工党要在社会民主在英语国家中复兴 10 年之后,才能在选举中取得压倒性的胜利[③]。来访的英国政客深受鼓舞地在这片他们刚刚开始拥抱的土地上、在这一新兴的全球化世界中,发现了和他们国内一样

---

① 英国保守党在 20 世纪 80 年代和 90 年代创下 4 次连续执政(1979 ~ 1997 年)的政绩。
② 鲍勃·霍克(Bob Hawke),1983 ~ 1991 年任澳大利亚总理;保罗·约翰·基廷(Paul John Keating),1991 ~ 1996 年任澳大利亚总理。二人皆为工党领袖。
③ 1997 年托尼·布莱尔领导英国工党在选举中打败保守党,1997 ~ 2010 年工党连续组织了四届内阁,是英国工党连续执政时间最长的一次;2010 年 5 月工党在下议院选举中失败,成为在野党。

繁荣的民主制度。澳大利亚正在以一种比撒切尔那种四面树敌的阶级斗争战场更为乐观的姿态，从事新的贸易与产业活动。同样令他们吃惊的是，澳大利亚那种热情而开放的身份认同，这种认同感是在新兴的多元文化主义和正在崛起的、成长于1970年代和1980年代的新一代的影响下形成的。这些年轻人成长的年代离文化上畏缩不前、有"恐外"现象的旧殖民主义时期已经很遥远了。

*

基廷那篇非常有影响力的政策宣言《创意国度》（*Creative Nation*）出现在1994年，其夺人眼球的题目四年后被克里斯·史密斯拿来用在《创意英国》（*Creative Britain*）上。《创意国度》为澳大利亚的文化政策列出了三大新主题。

第一，拥抱多元文化主义，将民族身份从"我们与他们"的划分中解放出来，采用现在大家熟悉的——虽然一些人可能已经为此感到后悔的——多元文化方式。

第二，欢迎流行文化，认识到这种流行文化自1960年代以来，为澳大利亚的城市与地区发展带来了巨大变化；认识到其中很大一部分是商业活动的结果，但不应该因此而瞧不起这种文化。

第三，最后，认识到"文化"在其广义概念中，通过对艺术、流行文化和充满热情的"生活方式"（包括性别文化与"亚文化"）的全面拥抱，是具有经济价值的。

对"创意"一词的使用现在看来可能平淡无奇，但如果我们看看1990年以前政府的文化与艺术政策，该词几乎没有被提到过；"文化"是这些文件所使用的关键词——正如"文化"一词在学术界一样。学术界在1990年代经历了一场由戴耳钉、穿牛仔裤的从事文化研究的老前辈所推动的"文化转型"。事实上，从"文化"到"创意"的转变不是一种名词术语的突发奇想，而是体现了政治结构内部的一种深层转变。对文化的扩大化理解为创意产业发展提供了驱动力，在这一过程中，《创意国度》是一个关键性转折点。

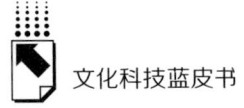

首先到来的是从艺术到文化的转变，这种转变本身，表达了一种对艺术的开放化与民主化。1960年代末期和1970年代的社会发展，将艺术从高高的基座上取了下来，将其置身于每天的社会生活之中。皮埃尔·布迪厄（Pierre Bourdieu）①的《区隔》（*La Distinction*）一书，1979年以法文出版，为这一话题盖上了学术封印。以一种将含糊的行文与庞杂的数据相结合的写作方式，他批判了那种将所谓艺术作为"无功利的自主权力"的观点。艺术过去是强化阶级差异的工具，如果走在希腊罗马的柱廊之间你感到不舒服，那么有这种感觉的不止是你一个人，并且——嗨，有这种感觉毫无问题！随着艺术本身地位的降低，艺术家作为"神圣天才"的形象也降低了。短短十年间，艺术家的形象从高高的基座上落到了脚踩式垃圾桶里，仅仅在摇滚乐舞台上才找到了残余的生命力。历史学家和社会学家开始一致同意文化艺术的生产不是因为个体的天才，而是技巧、组织、内在练习与市场的结合。2004年笔者参加了一个在香港举办的世界上规模最大的文化研究会议，会议发表了600多篇论文。借着空闲时间笔者用眼睛扫了一遍会议论文摘要，发现只有两篇论文提到"艺术"；当笔者在酒吧里提到这一"缺席"状况时，大家只是哄堂大笑。

1980年代，到处都是文化。我们受到了更好的教育，更有钱，也更有闲暇。痛恨朝九晚五的世界，以及更粗糙的、朝八晚四的工厂世界，因为那很乏味。"文化"闪耀着由来已久的熠熠光辉。上升的失业率所造成的不良后果，被政府补助所缓和了，证明了埃尔恩斯特·布洛赫（Ernst Bloch）②那句著名的马克思主义论断：人不应该仅仅靠面包活着，尤其在他还没有获得的时候。对新一代公共政策制定者来说，他们的任务不再是保护高雅艺术免受市场的侵蚀。人们的大部分文化需求及其所表达的新冲动被那些并非接受国家拨款的机构

---

① 皮埃尔·布迪厄（Pierre Bourdieu，1930－2002），当代法国著名社会学家，著述达340余种，涉及人类、社会学、教育、历史、政治、哲学、美学、文学、语言学等领域，其中主要有《阿尔及利亚的社会学》《实践理论概要》《再生产》《背井离乡》《区隔》《学术人》《艺术法则》等。
② 埃尔恩斯特·布洛赫（Ernst Bloch，1885－1977），德国马克思主义哲学家。

所满足了，任何真正的民主政策都必须承认这一点。真正重视文化民主与文化参与的政府，必须找到与自身官僚体制以外的机构进行合作的方式，同时为自身寻找与以前单纯为"客户"提供"拨款"所不同的参与方式。

这种"文化"超出"艺术"及进入大众日常生活的扩张，政府文化机构需要寻找与不同个体和群体打交道的新方式，这些是我之前所指的"重大改变"的重要方面。自18世纪以来，艺术在西方社会已经构成一个独立的神圣世界。在这一世界中，允许自由想象，不受逻辑、道德与工具理性的限制；艺术是"自为"的，因为艺术所承诺的是一种开放性；艺术是新事物得以进入这个世界的"特权之所"。工业、科学与工程技术可能不知疲倦地一直在改变着物质世界，但艺术主导着灵魂的改变——而众人灵魂的联合体构成了我们所说的"社会"。

1960年代到1980年代的社会变化也改变了我们以往一成不变的生活方式与身份认同。"文化"一词以符号形式表达了对人类所处的新现实，及反映这一新现实的社会、经济与政治理念应该采取的一种以人类为中心的、民主及大众参与的处理方式的主张。同时，文化也保持了一种在独立自主意义上进行"自我改变"的承诺，既包括个体的"自我改变"，也包括群体的"自我改变"；这种独立自主的"自我改变"，以往只有在西方的艺术传统中才能找到。

有两个例子可以说明这一变化。第一个是始于1970年代末、将反殖民地运动的人类学家和"发展运动"的积极分子动员起来的"文化与发展"运动。这些人反对从上至下的"现代化"，认为这种现代化是"殖民主义的"，并且具有破坏性；他们相信本地的和大家所谓"传统的"文化是形成公正、可长期发展并且不具环境破坏性的发展形式的一种基本条件。他们还反对资本主义和帝国主义。1980年代晚期，很多国际性文化机构都在围绕这一点开展各种动员活动，尤其是联合国教科文组织。对社会发展来说，文化通过表演、仪式、艺术对象及其他各种形式得到表达，其地位开始变得与经济同样重要。1988年，联合国教科文组织推出一项"文化与发展世界十年计划"，其中文化居于"以当地为土壤的生活方式"的中心。与此相关的另一个重要理念是，经济并非"发展"的全部内容，经济发展甚至可能对

当地社群有害;因此经济指令应该服从于与文化有关的想法的影响和建议,而不至于过激。

这一新发现的、文化的中心地位也可以在欧洲、北美和澳大利亚等大都会的中心区找到。这些地方的目标不是发展,而是城市规划。"新都市社会运动"拒绝从上而下的规划及"城市"是一台将人在工作与家庭间进行挪动的机器这一想法。正像简·雅各布斯(Jane Jacobs)① 在格林威治村和巴黎所大声疾呼的,邻区与街道,是人们生活的地方,而不只是工业生产、金融管理和社会福利的"容器"。与"文化与发展"运动的积极分子相类似的辩论在这里也出现了。城市规划者需要与当地居民展开交流与合作,否则会制造出更多巨大怪异的建筑物,也会有更多社区被抛弃。在这里,"文化"又一次被高高举起,用以衡量什么是我们所珍视的、我们该如何生活在一起,并被作为一种不同于(并且是大于)"经济繁荣"的理念。正是在这中间诞生了新的城市文化研究大咖如查尔斯·兰德瑞(Charles Landry)② 及稍后的理查德·弗罗里达(Richard Florida)等③。

这种对文化的新理解有一种不太显著的政治性,是小写的"p";然而不可避免地,它开始包含了一种轮廓更为硬朗的、大写的"P"的政治思维方式,开始不将"文化"作为一种生活方式,而是作为一种媒体产业。这种新思维关注那些被称作"文化产业"的部门在生产、发行与消费等领域所形成新的产业模式,譬如电视与广播、印刷媒体、电影与音乐等;它关注大型企业集团的文化生产,并借助政治经济学来进行分析;它不仅关注媒体市场与管理技巧,并且关注各种产业活动的社会与政治背景及其"公共领域"——这是一个介于政府与经济之间、社会上的各种利益与兴趣在此应以理性方式展开辩论的空间。然而文化产业的批评者们当然要质问:将公共

---

① 简·雅各布斯(Jane Jacobs, 1916 - 2006),其出版于1961年的著作《美国大城市的死与生》震撼了当时的美国规划界,被视作美国城市规划转向的重要标志。
② 查尔斯·兰德瑞(Charles Landry),英国创意城市专家,著有《创意城市》一书。
③ 理查德·弗罗里达(Richard Florida),美国都市规划理论学者,最广为人知的理论是其对于创意阶层的定义,撰写过数本有关"创意阶层"的论著。

文化的责任拱手让给一个以自我利益为中心、数量在不断减少的跨国资本主义企业集团的小群体，这如何可能？

直到现在，这仍是一个重要的问题；如果说问得没有以前那样频繁了，那是因为它被放到了"太难解决"的篮子里了。然而在 1980 年代，有三大现象似乎减轻了人们对大企业霸权的恐惧，并被拿来为当时所发生的一切进行辩护。首先，一些人声称，大众不是被动的、易受骗的人，对于被供给的文化，他们可以做出自己的判断，并常常把文化变得"为我所用"。其次，虽然这些产业是由受利益驱动的企业所组成的，但"文化"的影响是无所不在并且是难以预测的；文化受变动不居的需求与欲望所驱动，而这些都是企业公司所不能预测或控制的；它们也许也受利益的驱动，但总的来说，这些是与其他产业所不一样的产业。最后，甚至在互联网取得快速发展以前，文化生产正越来越"去中心化"并且得到了更好的分配，大家都想要参与到与文化有关的活动中去，更廉价、更容易使用的科技手段，意味着有越来越多的人可以实现这一想法。与那种"受企业控制"的担忧并行的，是一种认为科技也许可以打造出"前所未有的文化参与度"的想法。

在欧洲，这些想法集中体现在法国文化部部长杰克·朗①（Jack Lang）大受欢迎的文化政策及大伦敦议会（Greater London Council）的"文化产业"项目之中，其中可以清楚看到的有两大目标。首先，以一种加强与小型内容生产商合作、培养多样性的方式来管理商业部门；放弃"政府－客户"的机构补助模式，英法政府现在聚焦于加强合作、增加开放使用表演与排练空间以及使用新科技与技能的机会、开发新市场等。第二项目标在伦敦比在巴黎得到了更多强调：文化产业可以提供新的就业形式，弥补不断减少的旧的产业岗位。大伦敦议会的"文化产业"项目源自其经济发展委员会，该委员会于 1986 年被政府下令撤销后，其他一些主要是赢得地方议会选举的工党政府的地方经济发展部门重拾了这一发展理念。文化供给是为了

---

① 杰克·朗（Jack Lang），在 1981~1986 年及 1988~1992 年担任法国文化部部长，1992~1993 年及 2000~2002 年担任法国教育部部长。

公共利益，它对生产者与消费者都有益，个体可以借此谋生，后工业时代的城市可以借此展望未来。赢，赢，确实是双赢。

*

在对创意产业进行进一步观察之前，还有最后一点需要加以说明，这一点与令人振奋的经济与产业的地理属性有关。与相信"经济人"在掌握足够信息、追求利益最大化的基础上能够做出理性决定的新古典经济学的老前辈不同，地理学家在具体的时间、地点，与真实的人打交道，他们无法忽略文化产业在一些地区繁荣发展而在另一些地区无声无息这一明显事实。经济行为不是仅仅跟人和钱有关的天衣无缝的运动，它是内嵌式的，包裹着它的社会关系、宗教与政治信仰、社会网络、技能配套、市场衔接度等因素，因"文化"而各不相同。可以说，城市与地区发展具有"路径依赖性"，是其复杂历史轨迹的一部分，这种轨迹可以改变，但无法逃避。伍伦贡市（Wollongong）① 不会变成巴黎，悉尼不会变成香港。如果改写一下马克思的名言，那就是城市可以拥抱经济发展，但不是在自身选择的条件下。

经济发展不仅被它所处其中的文化所丰富、推动与限制，在两种意义上，它都好像与文化越来越相关。首先，现代发达经济不再以将原材料加工成可售卖的物品为基础，它们为这些物品被"品牌化"及被消费的方式提供具有经验附加值的升级服务，企业完全可以在不太操心物品的情况下就为人们提供某种经验；小众产品通过在消费者心中唤起某种"感觉"而被购买，通过将消费者作为有着自身欲望与想法的个体与之展开直接对话来展开市场营销；通过拥有小众产品，你可以建立起一种"生活方式"。要在一条从深圳跨越到旧金山的生产链条中将这些因素结合起来，需要那些拥有相应知识与技能的人，彼此之间能够展开对话。只有城市且只有特定的城市才能做到这一点，那些拥有庞大的多技能人口网络的城市，能够在复杂的国际供应链及劳动分工中推动合作并进行管理。所有的经济行为是内在于文化的，但只有某种恰当的文化才符合现代城市经济发展的需要。

---

① 伍伦贡市（Wollongong），澳大利亚东南部城市，也译作"卧龙岗市"。

幸运的是，艺术与文化活动恰好是这种恰当的文化——视觉与表演艺术、电视与广播、电影与音乐、设计师品牌服装与珠宝、书与杂志……这些产业只能在特定城市及这些城市的特定区域中找到，这被称作"产业集群"。1990年代末以前，发现一个"产业集群"对当地经济来说，堪比发现了石油。集群提供"交易的相互依赖性"，这是通过"邻近性原则"降低成本、提供联系主要资源及熟练技工的网络的一个重要决定性因素；同时还提供"非交易的相互依赖性"，包括技术情报的传播及构成了本产业"场域"的规则、标准与实践等。这些集群通过将具有互补性的企业与人才聚在一起，提供交换信息与资源、分享各自理念与实践的机会，推动产品创新，加快新产品的生产过程，使得文化生产成为可能。

过着波西米亚式生活的人、雅皮士、艺术爱好者、乐手、贪婪的出版商、剥削成性的唱片公司、嬉皮士聚集的街边市场、挥霍精力直到精疲力竭的俱乐部会员、澳大利亚广播公司（ABC）那些受过良好教育的公共知识分子们……他们实际组成了一种"集群经济"，不仅如此，这也是一种创意生态系统，这一发现是非常受欢迎的。总算得到承认了！没有"真正的"工作是一种正确选择。所有关于穿正装的乏味职业人和愚蠢的都市规划者的说法是真的。不仅文化生产者作为群体所做的事是有价值的，这也是未来每一个人都会做的。1960年代和1970年代那些激进分子，突然出现在纽约的顶层公寓里，成为像《符号与空间经济学》这样名称响亮、内容密集的书籍的主角。这些"点对点"自组织的、直觉驱动、增长缓慢的小微企业，不再是衣着光鲜的企业顾问们所嘲笑的"经济废物"了——它们是新兴的文化与信息经济中了不起的先锋。

三　从文化到创意

到1990年代中期，"文化"在不同意义上被各种人拿来使用。"文化"就是要更具参与性，同时"艺术"不再是归"专家"所有，而是每个人都可以拥有。它们也是一种经济，它们提供新的工作机会，创造财富，帮助提

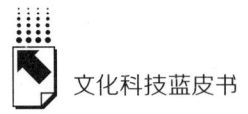

升城市与国家的自信心与能量。艺术家与小企业在与当地文化相结合的过程中，彼此竞争也互相合作。个体的成功带来群体性的回报。结合技术、创意与人际关系技巧，文化成为新的、具有民主性的艺术基础建设的一部分，并且通过打造咖啡馆、商店与流行文化，为城市街道也带来了活力。文化推动创新，树立对未来的远见，有什么能让人不喜欢的呢？

对于澳大利亚基廷政府在托尼·布莱尔领导下重现活力的英国在野党——工党来说，这些想法与做法没有任何缺点。如果艺术是倾向保守党的，文化则是"左倾"的。文化说服了形形色色的都市潮男和认为右翼所拥抱的"新自由主义"口味粗野且令人难以接受的中产阶级富裕阶层作为自己的拥护者，这使得"文化"变成了公民身份的一种延伸。里根和撒切尔将保守主义从一种保守退缩的势力转变成一种前进且具有远见的推动力量，他们因此被誉为"革命者"，因为苏联及其左翼拥趸们的突然"石化"，这两位看起来更像是革命者了。然而就文化的本质来说，里根和撒切尔仍然是后退保守的，他们所关注的是爱国主义、体面的工作和家庭价值。现在，"文化"可以以企业的形象出现，而仍然显得很"酷"。基廷政府拥抱着流行音乐节目"倒计时"①所催生的享乐民粹主义，比尔·克林顿玩萨克斯，而托尼·布莱尔会弹吉他。文化产业令社会民主制度重新恢复了自身的吸引力。

重要的是，在政府不断缩小而公民－消费者不断被赋权的新时代，新的文化产业并不需要政府大量介入，只需要政府能够认识到文化产业的贡献是有战略价值、有活力并且是受欢迎的。文化产业不是要向政府要扶持资金，而更多的是需要政府解决关于投资、培训及监管形式等问题。这是一个由产业自身的驱动程序所发动起来的经济领域。政府当然应该支持它，但文化不是造船也不是炼钢，这一新领域将会是一个"轻政策"的领域。

为了使文化产业"变身"为创意产业，还需要有两种"调料"。首先需要对企业家有一种"修辞"上的提升。在20世纪大部分时间里，企业家并

---

① "倒计时"（Countdown），一档推动澳大利亚进入摇滚音乐时代、深受年轻人欢迎的ABC电视音乐节目，1974年11月推出，1987年7月停播。

没有良好的社会形象，他们通常被认为是"中间人"，或是挨家挨户的推销员。1970年代早期，随着后来被称作"新自由主义"经济的崛起，企业家作为陷入高通胀与低收益循环怪圈的资本主义的救星，重返人们的视野。奥地利经济学家约瑟夫·熊彼特（Joseph Schumpeter）将企业家视作对资本主义进行"创造性解构"的关键。现有的经济模式必须被摧毁，从而为新模式腾出空间，此外，工作在边缘地带、常常要打破既有规则的企业家与创业者们，则是这一过程的推动人并作为特立独行的"偶像破坏者"的形象出现在世人面前，依靠想象力的同时也依靠理性分析的指引，在"混乱"中而不是按部就班地工作……企业家的工作方式与艺术家越来越接近。同时，"创意"作为一种新力量，也跃居企业与集团管理及新的创新经济理论的中心。

接踵而至的是一切事物的"数字化"。数字化席卷了一切。这是踏着原创性的"化身"——硅谷的云霞而来的新方向，而我们常常忽略了政府为硅谷所进行的大量投资。对已经失去大多数重工业产业的英国和澳大利亚来说，为什么要向德国学习（截至2014年，德国是世界上工业制造品的最大出口国）——当你可以拥有加利福尼亚呢？加利福尼亚是白手起家的，也是时尚的。它是有关创意的完美样本，不仅就内容生产而言，也就商业模式和生产与销售的新技术而言。编码员、设计师、商业领袖、内容生产者都是这同一创意伟业的一部分。同时，互联网正在将"文化参与"推进到以往所无法想象的地步。现在，任何人都可以进行生产并将产品直接销售给任何想买的人。不再有挤满了"寻租守门人"的发行瓶颈，科技发展正在成功实现政府公共部门所明显失败了的目标——向任何想要参与的人，打开文化市场的大门。人类社会的公共领域比1920年代以来的任何一个时期，都要更为开放。

忽然间，"创意"一词遍地都是。使用该词不仅将自己与酷酷的、充满艺术感觉的一群人联系在一起，还与"无领"的创业者、嬉皮的企业家、靠可乐与比萨饼支撑18小时定额工作的编程员们，联系在了一起。"创意"，描述的是文化、商业与技术技能合在一起的合力，即艺术+技术+企业。政府监管媒体与文化乃至直接提供内容的日子好像屈指可数了。创意，

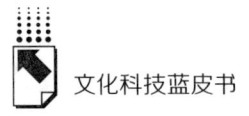

21世纪发展的关键资源,将要在起居的房间及街道角落里,而不是在科技园与大学里被发现。在这样一种"创意经济"中推动创意产业的发展,不仅将使国家的发展符合未来发展方向,在小政府、低排放、消费者被赋权的新世纪中重新打造产业政策,也将保证一批年轻、"左倾"的选民数量的增长。通过最近与其中很多正是服务于文化部门的政府工作人员的交谈,笔者清楚地看到,"创意"正在重拾"文化"过去所拥有的一切,但强调的重点变成年轻人、创业精神与创新,以及不可避免也无处不在的"数字技术"。

澳大利亚负责将这一切中的大多数变成了一种完整的叙事,不仅是通过《创意国度》这份文件,也是因为其一些大学对文化政策所做出的贡献。但在"数字革命"刚刚开始全面启动时,基廷政府结束了,澳大利亚进入"舒适的"霍华德时代①——一个依靠采矿业、被视为中产阶级减税比寻求创新更为容易的时代。然而在当时的英国,新工党在不仅没有产业、连采矿业也变得日益稀少的情况下,正在寻找能够弥补它对金融与商业服务的依赖的新产业,创意产业的到来因此深受欢迎。摆在英国人面前的是一份让文化进入政策层面的邀请。

创意产业对英国来说,是一次非常成功的"品牌打造"行为。"酷不列颠"确实是一句修辞性的空话,但它意识到高水平的商业与专业经验可以结合在一起,将英国作为一个"新经济国度"来进行推广。创意产业也在东亚、前东欧国家和一些西欧国家取得了令人瞩目的成功,在这个创新的时代,这些国家正更多地从经济层面来对文化展开思考。政府对文化重要性的认知仿佛被创意产业吹响了号角,也给一支松散的、数十年以来一直在努力推动"文化"整合进政府的发展规划中的政策推动者队伍带来了自信。

然而一个顽固的问题还是在不断探出头来:到底什么是创意产业?

*

在与财政部的悭官吝吏们的会面中,克里斯·史密斯展示文化部门的发

---

① 约翰·温斯顿·霍华德(John Winston Howard),1996年3月至2007年12月担任澳大利亚总理,长达11年多。

展情况所使用的最有力的武器之一就是数据。英国的文化部门雇用了130万人,经济贡献额是1125亿英镑。1990年代,对文化部门雇用人数及GDP的统计变得更精密了;这种统计随着创意经济的崛起,也进一步加快了。创意产业是文化产业(电影、电视、广播、印刷、音乐、设计、时尚、视觉与表演艺术)+软件业,文化+数码。然而这里面有个问题:"软件业"雇佣数占整个创意产业的40%以上,并且持续保持着这一比例。因此"创意产业"这一名字不仅为该产业增添了"数字光环",实际上也将与数字产业有关的部门"据为己有"。通过添加增长速度最快的"子门类"使得"子民"的规模翻倍,这也是创意吸引力的一部分。当时只有统计政策领域的怪咖注意到我们正在将金融服务领域的数据库开发人员,也划入"文化"领域。

"那些源于个体的创造力、技巧与才能,通过对知识产权的利用与生产,具有创造财富与工作机会的潜能的产业。"基于以对"创意产业"这一概念的疑问,在对"纲领文件"进行进一步审察时,就更明显了。

这里,"创意"被当作一种具有创新与想象力的通常意义上的能力,它是"通过想法赚钱",虽然不是所有的想法——譬如一项有关工业过程的专利或是一种次级贷款的算法——都能被算作"文化"。理查德·弗罗里达,一位在无意中跻身于全世界收费最高的学术顾问之列的经济地理学家,恰恰是这样定义他的"创意阶层"的。他将科学家和其他加起来占工作人口总数40%的专业人员都算了进来。这一定义潜在地包含了除蓝领工人以外的每一个人,而蓝领工人连同他们所居住的城镇,都已被扔进历史的垃圾堆。最近一段时间,我们又有了包括"媒体、营销、信息科技、传播、金融和文化产业"的"白咖啡"经济。到目前为止我们应该看得很清楚了,定义的"准确性"已经是非常过时、"非常20世纪"的了。

然而这个问题从来也没有消失过。笔者为来自世界各地的研究生上课时,他们都问了同一个问题:创意产业指的是什么?他们从来不问政府一直在扶持的艺术是什么(虽然他们有可能问真正的艺术品是什么)或者文化

产业是什么——虽然他们可能为其中任何一个是否属于创意产业而感到困惑。这一点在东亚尤其令人苦恼。在那里,创意产业可以包括商业咨询、生物科技、先进制造业、研发服务及其他任何受创意想法驱动的领域。事实上,一些东亚国家通过"归谬法",特意将"文化"排除在创意产业之外。文化又一次被视作他物!

在英国和澳大利亚并不是这样。在澳大利亚,创意产业的理念得到昆士兰科技大学的大力宣扬,但一些最基本的问题仍然存在:"文化"是"创意"的子门类吗?还是它们是两个领域?"创意产业"仅仅是指"文化"和"艺术"被应用于日常事务,还是指被"数字化"?或者是被"商业化"?所有与设计有关的产业属于创意产业吗?还是只是与外形设计及营销有关的那一部分?软件工程师的所需与艺术从业者的所需应该得到同等对待吗?……2008年,英国文化媒体与体育部决定将软件业从其数据统计门类中去掉。数字科技对文化领域有着巨大的影响,但将金融界的软件开发称作"创意",是一种范畴性错误。数字技能与平台对文化发展来说很关键,同时它们对医疗与教育也很关键,这并不能使得数字开发人员成为文化的一部分。

对这些问题的讨论,并不是数据极客之间的闲聊,而是对创意产业发展战略的形成有着至关重要的影响。当政府推出一项创意产业战略时,以谁为目标?以什么为基础?通过什么方式?如果我们对"创意"包括哪些内容并不清楚,那么所谓"政策"就会变成一种松散的猜测,而对政策的执行则反映着执行者所决定采用的定义的特点。然而,这里面有一个更深层次的问题:在从"文化"到"创意"的转变中,我们所失去的不仅是定义的明晰性,还有我们对文化的根本价值的理解。"文化"指的是一种生活方式,一套知识与符号意义的储备,一系列能够表达并评价自身的人工产品、实践与过程,而"创意"虽然在事实上证明了我们在"使用"文化过程中所展现的一些特殊品质,却太容易被"翻译"成仅仅是一种对生产的"输入"。

这正是当下所发生的。2007年以后,为了说服政府相信"创意产业"

是一种重大的经济力量，澳大利亚的"创意产业与创新优化中心"（CCI）及英国的 NESTA① 这样的机构开始寻找新的定义与衡量"创意输入"的方式。不再是计算"文化 + 数字 + 设计 + 营销"，他们将从事创意工作的每一个人都计算在内：譬如一位在学校或医院里工作的艺术家，一位在游轮上工作的钢琴师。这没什么问题，1990 年代的澳大利亚委员会和英国文化委员会都是这样做的，问题是，CCI 和 NESTA 重新定义了"创意输入"。

最后一跃，"创意"现在变成了——"对创造性才能用于商业目的的使用。""创意岗位"被定义为：

> 创意过程中的一个角色。将认知技巧进行差异化运作以产生或新颖或得到显著提升的产品，该产品的最终形式不能被完全提前确定。

首先要说明的是，外科医生、教师和商业顾问做的也是这个，为什么他们没有被计算在内？虽然官方的统计可能更具空想性，但这个定义简直是什么问题也没解决。第二点要说明的是，文化和艺术产业过去一直是根据"产出"来进行归类的，也是这样被进行评判的——"这个是有文化价值的（即使做不好），这个不是（即使做工是好的）"；随着"创意"被作为一种"输入"，"输出"产品的品质及最终目的变得不重要了。如果它增加了价值，它就是"有创意"的。

这就是泥淖的中心。上帝通过亚当的手指② 传递给人类的神圣火花，被降低为一种对商业产品的非重复性的、价值附加的"输入"。那些在千年之交为文化和创意产业进行辩护的人发出申辩是因为他们相信"文化 + 经济"

---

① NESTA，National Endowment for Science，Technology and the Arts，是由英国彩票基金投资成立的独立慈善机构，致力于提升英国的创新能力。
② 米开朗琪罗为罗马西斯廷教堂创作的巨幅天顶画《创世纪》，其中《创造亚当》是整个天顶画中最动人心弦的一幕，这一幕没有直接画上帝塑造亚当，而是神圣的火花即将触及亚当这一瞬间：从天上飞来的上帝，将手指伸向亚当，正像要接通电源一样将灵魂传递给亚当。

的新组合，能够带来的远远超过利润的最大化；他们以为他们已经证明文化（包括它的网络与机构、热情与野心、社群与生态系统）不能被降低为仅仅是为了"钱"。但他们错了。想要证明"创意"是有经济价值的这一点是成功了，但代价是让"文化"消失了。

四 生活在创意产业之中

在陆克文-吉拉德时代，创意产业重返澳大利亚不是作为一项产业，而是作为一项教育工作。届时沐浴在商品繁荣的阳光之中的澳大利亚，并不需要在联邦层面上费神考虑创意产业的政策问题。昆士兰工党在结束约（Joh）① 对本州的长期领导之后，开始重新打造自身的形象——这是澳大利亚与英国新工党"距离"最近的时候。年轻一代领导人开始在工会与就业保护之外寻找新的发展道路。首先，是一所热切地想要重新定义文化与创意教育的新的可能性的大学。在1980年代道金斯（Dawkins）② 对澳大利亚的高等教育进行引入市场机制的改革之后，人文学科需要为自身的存在寻找新的正当性。看上去不具有经济独立能力的艺术，更是紧紧抓住"创意"作为"在一个反复无常且不断变化的世界里对生命的一种回应"这样一种概念。昆士兰科技大学带头将其艺术学院打造成创意产业学院，其他大学很快闻风而动。

这些变化在英国和整个欧洲大陆也在同样发生着，然而对澳大利亚来说，创意产业诞生于一所由创意产业的宣扬者所主导的大学这样一种事实，给了它别处所没有的优势。将创意艺术置于新经济的中心是一码事，宣称艺术已死、文化紧随其后是另一码事；欢迎商业性文化产品的正当性存在是一码事，声称"只有商业的才是真正民主的"是另一码事。在英国，创意产业作为应急时扯来使用的新旗帜，在那些在它的指挥下踽踽而

---

① 约·比捷克·彼得森（Joh Bjelke-Petersen），1968~1987年担任澳大利亚昆士兰州州长19年。
② 约翰·道金斯（John Dawkins），1987~1992年担任澳大利亚教育部部长。

行的"文化人"中间造成了分裂；而在澳大利亚，没有随行者，只有真正的信徒。

创意产业尤其在创意从业者身上留下了自己的印记。新的创意工作者的将要重新定义艺术与人文领域。这在一定程度上是受了大量创意产业研究所聚焦的重点"就业数据"的影响。"就业数据"是这些研究用来展示创意领域的现象级增长及其与各种辅助性岗位的持续相关性的强有力武器。

然而在其他经济领域，也在发生着一些变化。10年过去了，创意产业作为一种自我表达的过程同时也是一种谋生方式的愿景，开始剥落并逐渐失去了光彩，进入文化领域实际上变得更难了。那些身处其中的人，工作时间很长，没有社交时间，他们常常免费工作，报酬很低。固定工作开始被"临时"经济所取代。在迈向十年尾声时，政策制定者们开始碰到"自我剥削""朝不保夕族"等这样一些名词；创意企业家的形象也开始变得冷酷。从业者们被告知他们必须具有创意与创业精神，否则就混不下去。

创意工作甚至"数字革命"曾经所闪耀的光芒，看起来开始有些暗淡了。新的、以互联网为基础的经济发展原则开始浮现。让百花盛开……但其中最大、最聪明的将会吞噬掉其余的，并且不再是以"当地"而是以"全球"为规模。Facebook，Apple，Google，Amazon在以一种时代华纳和百代等公司只能在梦中想象的方式，骑行着整个世界。任何人都可以向任何人进行售卖——但是别放弃你白天的工作。因为除非你通过"某某"（在这里插入你所使用的平台网站的名称，如"淘宝"等）平台进行售卖，否则你将会是长长的失败者队伍中的一位失败者。

"企业恐龙"们出人意料地回归了。因为"破坏性科技"从内部掏空了其商业模式，它们一度好像已经踏上死亡之旅。但它们以比以往更大、更强壮的姿态回来了。一旦从震惊中清醒过来，电影公司马上和数字发行平台签署了合作协议——就像音乐公司早已在做的那样。出版商并不喜欢亚马逊，但主要玩家可以找到与之周旋的方式。新出现的互联网公司表现出一种"赢者通吃"的特点，但实际上这使得它们从公司的角度来说更好打交道了——它们是你可以与之做生意的人。确实，无论是新公司还是旧

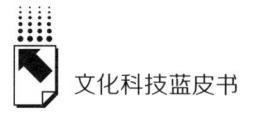

公司,都越来越成为另一种席卷全世界的新变化的一部分——金融化。越来越多的资本进入实际产业只是为了将这些产业中的商业活动变成金融产品。为了应对1990年代晚期互联网崛起所带来的破坏及后来的全球金融危机,大型文化公司纷纷围绕自身资产进行了重组,包括受到日益强化的国际版权法律保护的、可用于交换的非物质资产。多样化、兼并、剥离及收购,这些公司通过种种手段寻找大而快速的回报,以使自身资产价值保持在较高水平。

在发行渠道是安全的并且由经过检验的手段和真正的垄断或"双头垄断"所保障的情况下,金融资产能够得到最佳水平的管理;那些掌控了市场的人因此就处于一种优势地位。数字化的到来,曾经破坏了将"内容"转化为"金钱"的传统方式;虽然花了一点儿时间,但通过与新出现的互联网平台建立起合作关系并采取新手段对家庭影院进行收费,大的内容供应商又一次统治了市场。

回头来看,任何人都可以卖东西给任何人、创意劳动者不仅能自我满足还能得到丰厚回报,这种有关创意经济的新愿景离真实情况十分遥远。垄断控制正以"全球"为规模发生着。它偏爱那些并不生产其聚合的内容,对文化生产没多少兴趣的公司。对政府来说,不仅政府的政策杠杆被腐蚀了,政府进行政治干预的基础也被损害了。当接受公共拨款的艺术部门仍然坚持开放、扩大参与并积极吸收来自观众的经验与反馈时,那些大型文化公司正在变得越发商业化与中心化了,并且除了将自身利益最大化以外,对其他任何事物都缺少投入。政府没有什么意愿也缺少能力对这些现状做出改变。这些都是"创意产业"一词所掩盖了的真相。

五 我们当下的所在:膨胀的修辞与政策困惑

笔者试图以一种非常简略的方式,在这里所描绘创意产业的衰落过程。创意产业的理念,表达了一整套对文化及其所具有的社会与经济影响力的期待。它并非始于将"文化"缩减为一种经济行为,而是想要通过某种方式,将文化与经济结合起来，推动增长及更多参与以建设一个有创意的繁荣社会。它勾勒了一个很有吸引力同时也是可行的政策推进表（不需要数十亿美元的设备！），把文化变成了政府在推出创新政策时所需要考虑的一个主要对象。它抓住了时代精神，在以苹果（Apple）、奈飞（Netflix）和苏富比国际（Sotheby's International）为主导的新时代，认识到传统艺术团体用旧了的、"防守式"的回应方式不再行得通。创意产业将一个在"无体重"的数字经济中通过"想法"赚钱的经济愿景和一个可以追溯到18世纪弗雷德里克·席勒①那里的有关个体与群体创造力的概念结合在了一起。席勒是第一个提出感性与理性在艺术创造中是结合在一起的人，并由此创造了一种区别于伦理与逻辑理性的知识体系。"创意"作为位于西方艺术传统中心位置的重要能量，现在正通过商业创新，开始推动大众对创意的集体参与。

那种个体与群体创造力互相结合的梦，还没有完全消失，它被作为一个乏味的默认系统保存在那里，朝"数字创业"的年轻世界点着头，这些创业公司正不安地坐在之前的文化政策所留下的残羹冷炙前。艺术承担了国家公共拨款领域的所有基本工作，文化产业则负责与资本打交道，其中的竞争野蛮而残忍。艺术肩负着早期文化政策所残留的理想主义，创意产业则肩负着当下所要实现的经济上的艰难转型。不那么准确地引用一下西奥多·阿多诺（Theodor Adorno）②的话：两者都是从一个整体上撕下来的一半，但合在一起并不有助于整体的增加。艺术又一次变成了有钱阶层（不管他们是多么激进地"时髦"）的特权，而文化的余下部分正在变成大资本的猎食对象——这一破坏性的后果几乎没有人注意到。报纸及由其所支撑起的批判性新闻的死亡及对媒体所有权管制的放松，现在被看作仅仅与"旧科技"有关。如果我们要谈论文化政策在澳大利亚明显失败的话，这些

---

① 弗雷德里克·席勒（1759年11月10日至1805年5月9日），德国18世纪著名诗人、哲学家、历史学家和剧作家，德国启蒙文学的代表人物之一。
② 西奥多·阿多诺（Theodor Adorno, 1903－1969），德国哲学家、社会学家、音乐理论家，法兰克福学派第一代主要代表人物。

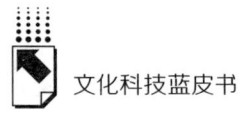

都是例子。但是并不仅仅只有澳大利亚是这样。对科技所能带来的改变的盲目崇拜及对"市场为王"的信仰,对将自己视为"未来的主要指引者"的全球创意产业来说,都是一场大灾难。随着越来越多的计算机化服务的出现,机器人——与金融产品的"算法",以及政府指数,正在赢得这场战争。

笔者想要仔细而扼要地审视一下围绕着创意产业所进行的经济活动,发现有两件事令我感到吃惊。首先,虽然想要通过"定义扩大化"来提升"创意"所能产生的经济影响,创意产业的鼓吹者们却成功地将其局限成一个专门领域;第二,虽然对创意产业那些很容易被人接受的宣传信息采取开放态度,澳大利亚政府却几乎没有采取任何措施去真正地支持它。这从表面上就证实了"怀疑派"所说的:将"文化"表述成具有商业性,只是允许了政府将其作为能够自给自足的事物来对待。然而,实际情况还要更复杂一些。

笔者在前文指出了将"创意"的概念扩大到各种活动中,为该部门"盗取"雇佣数据这一做法已经导致概念混乱及对创意独特性的侵蚀;笔者在别处也已经详细讨论过"创意产业"这一命名在定义上所存在的问题,在这里将只做一个概述。欧盟最近发布的绿皮书,对文化与创意产业做了概念上的区分,前者包括视觉与表演艺术、电视与广播、电影、音乐制品、印刷和出版。像欧盟之前发布的其他文件一样,这份报告强调了符号与审美价值对文化产品的核心意义,创意产业则是"应用型"的文化产业管理时尚、设计、建筑、广告营销等在这些产业中,符号、审美及文化上的价值只是最终结果的一部分。笔者认为这是一个偷偷掺杂了各种旧的、不受欢迎的等级观念的虚假定义,欧盟引入这一概念,只是为了将其对文化的政策标准应用于前者,将商业标准应用于后者;在实践中,它将会导致一道将艺术与文化产业相对立的分水岭。好在还有一个更加具有可操作性的、由联合国教科文组织推出的划分体系。该体系涵盖了艺术、文化产业和更大范围内的设计与创意服务,合在一起,可以看出它们构成了文化生产与消费的整个链条。图1也为文化遗产与传统提供了表现空间。

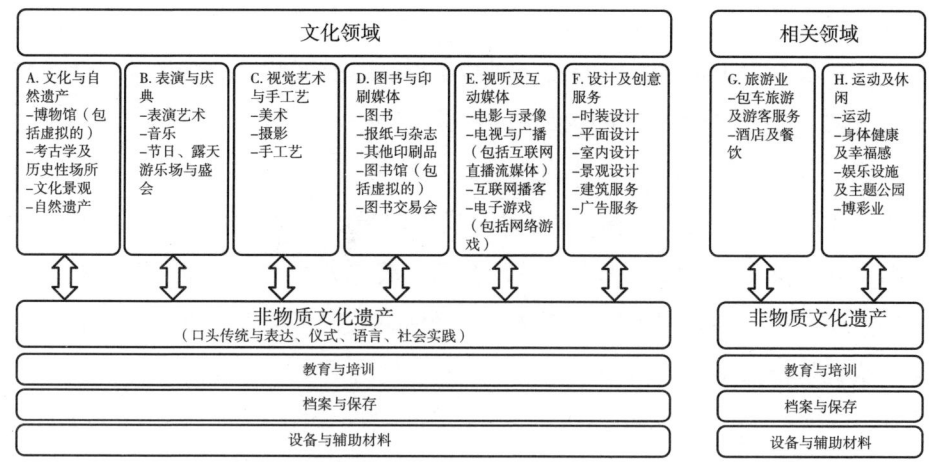

图1　联合国教科文组织对文化及相关领域的分类

如果我们接受这一分类，有一件事就变得很清楚了：这是一个庞大的领域，并且和比它还要庞大的公共教育及各种制造业（计算机）和采矿业（没有铜，就没有数码），有着千丝万缕的联系。

如果我们把所有这些文化事物和它们与旅游及休闲有关的部分加起来，我们就得到了一个约占发达国家GDP 20%的庞大部门，该部门包括那些使得生活值得一过的事物。其中值得注意的不仅仅只有创新，它还拥抱着对塑造一个有意义的未来至关重要的一切：庆祝与交往、学习与思考、休息与净化、想象与游戏、自我发展与公共团结——所有那些我们称之为"文化"的事物。同时，它也是一种经济行为，包括合同与买卖、工资与佣金、知识产权与赞助、管理条款与科技、法律与金融服务、建筑与看门人、政府与企业等；它是一种经济行为，就像医疗与教育也是一种经济行为一样，但经济利益不是它们首要或唯一的目标。

也许是因为它支持小型文化生产者的传统被视为一种"进步之举"、一种自下而上的、对权威的挑战，创意产业一直有一种对"生产"的强调；同时，它假设"市场"是最有效的分配机制。现在，在互联网时代，谁还需要政府供给？因此创意产业聚焦于将政府拨款重新定位成"投资"，但它

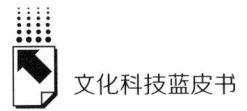

从来也没有说清楚到底需要政府做什么。目前其主要目标是为小企业提供帮助,推动政府为小企业提供办公空间及获得金融投资和商业培训及参加各种交易活动、奖金、竞赛与节庆活动的机会。

这一点被新近出现的、认为制定产业政策是"过时之举"的信念所表明了。政府并不挑选"赢家",那是市场做的事。忽略亚洲不断扩大的经济影响及其自身为采矿业所提供的巨额补助,澳大利亚政府放弃了为创意产业提供产业政策;创意产业变成了仅仅与培训有关,再加上一点点经济刺激政策,这就是全部了。

*

令笔者吃惊的是这样一个事实:虽然艺术部门感到受创意产业威胁,但政府的支持与补助还是流入一个大家公认缺少补助的领域——艺术部门,而不是创意产业部门。这是可以理解的。艺术是真实的,也是可感受到的;而创意产业是不确定的,也是分散的。政府不想把钱投在一个没有真正的"所指"、缺少游说团体和"拥护者"的领域。因此创意产业已经变成那个受创新驱动的未来愿景的"反面"——它们成了政府用来显示他们正在为"创意"做点什么的迷人的绒绒球。电影节与时尚展很能满足这一要求。除此之外的其他事情,比如实际地来拍电影或是解决本国缺少纺织业这一事实,大家发现很难真正着手来解决。

如果我们审视一下澳大利亚有关创意产业的政策举措,会发现几乎没有。昆士兰州与创意产业有着密切联系,但其最主要的成果好像是一座位于凯文格鲁夫(Kelvin Grove)的昆士兰科技大学和一个学术研究中心。电影与时尚产业获得过断断续续的资助,设计与音乐产业也获得过,主要是通过对刚毅谷①的重新定位发展(Fortitude Valley,现在在执行宵禁)而获得的。联邦层面的举措,"企业连接"(Enterprise Connect,被阿博特政府②撤销

---

① 刚毅谷(Fortitude Valley),位于澳大利亚布里斯班市的一个音乐谷,政府将其打造成夜间音乐表演中心,但因周边居民抱怨而对乐队夜间表演时间进行了限制,因此作者说在"执行宵禁"。
② 托尼·阿博特(Tony Abbott),2013~2015年担任澳大利亚总理。

了）是最著名的一个，陆克文政府将这一扶持计划扩展到创意领域。该项目做了很多好事，尤其在维多利亚州，但它的入门门槛对大多数创意公司来说，太高了（营业额要达到100万澳元）。最后该政策变成了主要聚焦于与设计有关的商业活动，并且与全世界绝大多数创意产业战略相同，其目标是要实现经济的高增长。如果你声称自己是一个经济领域，那么你就开始雇人；如果你做不到，那么就拿出点能增加"曝光率"的魅力作为补偿。最近维多利亚州艺术发展署（Arts Victoria）改名为"维多利亚州创意发展署"（Creative Victoria）。并没有新的资金进来，只是将商业（"创意"）活动如电影、游戏、设计等放进了艺术的投资组合，可是随之也将这家新成立的机构淹没在"经济发展"的巨大池子里了；也没有新思想支撑这一改变，有的只是一种很模糊的想法：既然创意是一种经济行为，那么它应该能从加入投资组合中获得好处。那些了解这种做法在世界上其他地方所取得的成果的人，不会对政府的这一举措抱有太高期望。

维多利亚州创意发展署最新推出的战略计划是一份读起来很有趣的文件。它显示了该机构对"创意"这个多元化领域的需求有了更深入的理解，明确指出了文化发展与社会及当下的都市大环境的关联性；它也很清楚大都市及地方性的艺术是自己的主要生意。这份文件避免了任何一种宏大叙事的努力，其所默认的模式是在接受公共拨款的核心部门的外围，环绕着一群由小企业所组成的生态系统；政府对这些小企业可以按照"创意企业"或"社会企业"的形式给予资助；其所假设的是通过一些"连接市场"的举措（譬如说建立本地音乐人数据库），鼓励创新及"可持续发展"的商业模式的出现。这是经典的、英国文化媒体与体育部20年前左右就提出过的"供给侧"模式。然而正如该计划避免回答很难回答的"为什么"的问题，它也避免对"如何做"进行分析。维多利亚州的文化生态系统目前仍在一个大公司主导、私下交易与合作盛行、房地产开发与城市规划共生及电信游说集团影响力巨大的时代运行，那么在实际运作中，这份计划应该如何展开？对此，维多利亚州创意发展署似乎无法给出一个回答。这并不是该机构的错。它拥有的是艺术的领地，额外加出来的文化产业或者说更令人困惑的

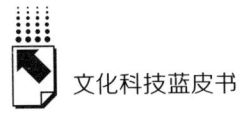

"创意产业"只不过是超出了它的能力范围。

可以将澳大利亚与中国、韩国、新加坡甚至德国做一下比较。这些国家在文化创意产业方面对自己正在做的事有着更清晰的概念。无论使用什么样的名词与定义,其背后都有正儿八经的研究与发展资金做支撑。你想拥有电影产业吗?那就开始打造电影制作与发行能力吧,或者派一家国企到美国去把它们买下来,或者为每个人提供又快又好的宽带,或者为所有上学的孩子提供音乐教育。

要真正理解文化领域的运作情景是一项有难度的工作,因此迄今为止,各种研究都倾向于侧重经济方面,倾向于"勘测"雇佣情况与增加值,作为说服政府增加拨款的理由。要理解文化产业现在所处的环境,需要长期的调查与投入,然而地方议会不再有这样的能力了;那种政府与学术机构之间反复交流、建立关系与互信的做法也很难再有了,当然在别的地方有相反的例子,譬如英国与欧洲大陆。在澳大利亚,政府与学术机构间的合作时有时无,并且双方都是为自己的利益服务的。澳大利亚政府及私人部门的研究投入水平在经合组织排名表上的位置很靠后,同样靠后的是其对高等教育与文化艺术的投入水平。"只有在澳大利亚,才有可能宣布一项名为'全球创新战略'的战略,而每年只分配给它700万澳币",昆士兰大学商学院的马克·道奇森(Mark Dodgson)最近这样表示。

澳大利亚《每月月刊》(The Monthly)的一位作者观察道:

> 如果政府将其对"创新"的定义仅仅局限在一小群没有责任感、鼓吹"自由市场"的营销人员身上,这些人是唯一可能从这种所谓的"创新"中受益的人,那么这对政府管制下的整体社会而言,又有什么希望?

我们可能还可以加上一句,那么这对一项有意义的文化政策来说,又有什么希望?

六　公共价值在公共政策中的坍塌

问题有很多。譬如说，侧重于打造文化公司是一种彻底的"供给侧"，它鼓励企业发展新的"商业模式"，变得更为企业化，然后把它们交给市场。这就好像是把鸡养大然后送进狐狸窝一样。聚焦于"商业模式"这一做法，忽略了几家主要的、能把市政府的创意产业办公室当早餐吃了的玩家们早已主宰该领域这一事实。各种发展战略不断谈论着"市场"，却故意忽略了市场的真实状况。因此笔者建议，当务之急不是从市场上"撤离"，而是对现实存在着的市场及背后支撑着它的各种政治与行政安排，进行严肃的、睁大双眼的交锋。

澳大利亚的文化政策制定的一个主要弱点就是文化政策与媒体及广播政策的分离。托尼·布莱尔在英国所做的正确的事情之一就是成立了文化媒体与体育部。在澳大利亚，这些领域被分散在不同的部门之间，文化艺术常常跟负责管理下水道、养猪及在阁楼上装有机玻璃的部门混在一起①。两个缩写名词概括了这一切：NBN（国家宽带网络工程）② 和 ABC（澳大利亚广播公司）。

只有自私、短视、政治上带有怨气的政府，才会认为在互联网建设水平上赶上东亚和爱沙尼亚是件坏事。然而在澳大利亚这样一个几乎拥有全球最高人均收入水平的国家，在打造一个进入千家万户的光纤网络时，使用的是与蓝丁胶③差不多的工程水平，并且仍然超期和超出预算！NBN 所代表的不仅是一项重要的国家基础网络，而且是一个讨论"媒体是什么"、它在一个不能再依靠生产便宜商品和从地里挖石头来进行发展的现代文明民主社会中

---

① 这里是指澳大利亚联邦及州政府的文化部部长常常同时负责与文化关联不大的领域的工作，譬如维多利亚州文化部部长同时负责精神健康工作。
② 国家宽带网络工程（National Broadband Network），澳大利亚联邦政府旨在提升本国互联网速度的一项计划。
③ 蓝丁胶，澳大利亚生产的一种可用于安装相框及固定工艺品等可重复使用的橡皮胶泥。

"处于什么位置"这样的问题的机会。陆克文的气候改变工程，在采矿业开始游说之前就发生了"内爆"，是一项重大失败；在电信和媒体巨头的压力下，放弃了建设高水平的全国宽带网的机会，是另一项重大失败。仅仅这一项失败就摧毁了政府在创意产业工作表中推出各种纲领性文件及举办各种电影节的努力。

与国家宽带网络工程相同，澳大利亚广播公司（ABC）也应该处于政府任何一份创意产业战略的中心。与英国广播公司（BBC）一样，它令人尴尬地与创意产业的发展日程非常吻合。ABC与BBC都是大公司，都享受着公共拨款；两家广播公司都取得了商业上的成功，并且都受到观众喜爱。然而它们获得政府拨款的原因，并未被理解成它们提供的是"公共品"，而被视作对市场的一种扭曲、对私人部门的一种挤出效应。ABC是一家很大的公司，很显然它必须承担起自身的财务责任，但它同时也承担着公共服务的责任。它是澳大利亚的文化政策在更大范围内所需要面对的挑战的缩影。这些挑战，对地方性的创意生态系统也基本是存在的，但对ABC来说，必须与全球玩家合作，才能解决这些问题。它必须在一个复杂的合作、委托及购买系统中，寻找内容来源并生产自己的内容；它还对本领域的人才培训与人才发展、工作伦理与可持续性发展、对未来的投资及性别、种族和社会平等问题负有责任，包括这些还没有完全覆盖它的责任范围。

不像大多数身处创意产业的企业，ABC对大众消费也负有责任。ABC需要观众，并因此受到很大限制，但它不能只关心观众的数量，它必须既能代表又能为澳大利亚多种族群体的各种观点、品位及经验提供表达空间。它既属于新闻报道的世界也属于有关文化感知与情感、共通性与差异性的世界。它必须每天做出"为了公共利益应该展示什么"的判断。公共利益是什么，是一个复杂的问题。有些人认为在一个消费者拥有无尽选择的时代，没有"公众利益"这码事；然而这是不正确的。这一公共利益是什么以及它如何可以获得保障，恰恰是当下有关文化政策的对话所应该关注的。它不应该被留给媒体产业及电信领域的专家与权威们。

在笔者写作本文的时候，澳大利亚联邦政府的艺术与通信部门之间开始展开互动。2015年被任命的通信与文化部部长费菲尔德①所下发的首批文件之一，是放松保罗·基廷②有关严格控制广播、电视与报纸的独家所有权的媒体所有权法律。虽然这一改变是以"市场正在起变化"为理由提出的，背后驱动它的却是"科技决定主义"与企业利益的结合。只是因为还剩下那么一点对澳大利亚本土性的关注，才使得有关公共利益的讨论在某种程度上仍然被保留在政府文件的框架之中。

*

这就带我们绕了一圈，回到产业政策这里。一项有关文化的产业政策不可能只和销售与利润有关。就像教育与医疗，它们确实包括销售与利润，但如果将这些视作政策的根本，那是不理性的。然而这正是在文化上所发生的。我们的媒体政策（"文化"好像已经完全从它身上被移走了）现在是有关载体与IP保护、订阅量与带宽，"公共利益何在"等相关问题，压根儿就没有被提到过。英国最近推出的一项战略计划，完全没有包括任何公共利益在内，有的只是一通如何在科技推动下提升不断增多的购买方式的使用效率这种老生常谈的废话。

笔者在这里不是说，文化的经济层面是不相关的、考察其影响范围与影响程度是无用的，或者说这些不能构成对文化政策进行全面评估的指标。有一点很重要，即文化部门雇用了和建筑部门一样多、比农业部门还要多的劳动力，根据澳大利亚统计局（ABS）的统计数据，作为一个紧挨着世界上最大的新兴市场英语国家，澳大利亚仍然是一个文化产品与服务的净进口国，其文化贸易水平低于荷兰等一些小国，这一点也很重要。然而迄今为止尚未得到有说服力的展示的是，因为政府的创意产业工作表不感兴趣艺术、文化、休闲、旅游等部门所具有的价值，以及它们作为一种"输入"，对其他领域所具有的价值被忽视。

---

① 米奇·费菲尔德（Mitch Fifield），2013年9月起担任澳大利亚参议院政府事务主管，2015年9月起兼任通信部部长与文化部部长。

② 保罗·基廷（Paul Keating），1991~1996年任澳大利亚总理。

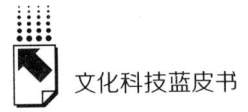

不像道格拉斯·亚当斯对"生活的意义"的答案①，对这一问题的回答不会以"数字"形式出现。到目前为止，绝大多数人应该已经理解了，用孤立的数据来解释这一类或那一类文化活动的价值是行不通的。如果政府站在你这一边，那没问题；如果不是，那么没有任何数据能让他们开始关注你。在颁奖晚宴上坐在凯特·布兰切特②旁边要比任何经过大量计算检验过的"算法"要更有效。我们需要的是数据，他们告诉我们的是事情；然而我们必须明白他们告诉我们的是什么，然后才能做出判断。分析量化结果，需要对该领域作为文化生产、发行与消费的各种相关行为，有一种透彻的理解；在这一基础上所产生的战略，就不仅是有关如何促进该领域的增长，也要展示"增长"可能意味着什么：何种增长？为了什么目的？创意产业仅仅关注将"创意"注入"社会创新体系"之中，这不仅窄化了文化的用途，也模糊了"文化"作为一个复杂的、与其他领域有着紧密联系的服务部门的经济角色。

与医疗和教育相比，文化事务是分散的，也是不明确的。从某些方面来讲，它是国家的主要功能；从另一方面来讲，它只是个人的消费选择。在文化所涵盖的领域中，一些文化事务比另一些增长得要更快些；这对文化事务与服务发展有着直接影响；一些文化事务被直接免税提供给大众，另一些由市场决定；一些文化事务能够出口，另一些文化事务不能；一些文化事务能够通过加大资本投入提高生产力，另一些则相对地不太受资本所影响。

文化消费（随着教育、财富、娱乐时间）的增长及文化服务对其他制造与生产服务领域所具有的重要性，在文化政策领域已经引发一场合法性危机。有关公共部门就是否、如何及在多大程度上应该直接对"文化"进行补贴这些问题，有着真正严肃的讨论。同样重要的是，政府是否、如何及在多大程度上应该重视文化与媒体所提供内容的范围、质量与尺度问题。这些都是在政府政策制定过程中所碰到的难题。为艺术提供拨款的理由已被削减

---

① 道格拉斯·亚当斯（Douglas Adams），英国作家，《银河系漫游指南》的作者，他在作品中对"生活的意义"开玩笑地以数字"42"作为答案。
② 凯特·布兰切特（Cate Blanchett），澳大利亚籍著名影视、戏剧演员。

成一根光秃秃的"追求卓越"的树桩。ABC所肩负的媒体责任，成为政客们为了"保持平衡"才发出的呼吁。然而真正的问题在于，人们在讨论公共价值时所使用的共同语言遭到了侵蚀，而这一问题对文化比对其他领域有着更为直接的影响。

这种变化的根源，在于新自由主义所带来的政治合法性与统治艺术的改变。里根和撒切尔在1980年代所宣称的"自由市场是现代政府的核心原则"这一具有意识形态性质的断言，不仅仅是政府在经济领域的一种"后退"，它也代表着政治价值领域的一种深刻变化："私有比公有好，个体比社会好，有钱比贫穷更有吸引力，这是一种由大资本与小政治所构成的共生关系"，并且随之导致我们对"价值"本身的衡量也发生了变化。弗雷德里克·哈耶克（Friedrich Hayek），新自由主义之父，实际上从未想要把"自由市场原则"运用到社会的其他领域，像米尔顿·弗里德曼（Milton Friedman）[1] 这样一些被称作"芝加哥学派"的经济学家们，提出公共政策的方方面面都应该以"经济效率"为基础来进行判断，并且按照"准市场"的原则进行管理。由此公共行政系统围绕"目标"进行了重构，将竞争机制（以及淘汰机制）引入实际操作。医疗与教育领域开发了内部市场，推出了"榜单"并以仿效"现实世界"里的竞争为目标——并且要确保"最高效的"获胜。

文化又如何能对这一切保持免疫？于是艺术界有了"出席人数"与"参与度"这样的目标，媒体界有了"内部市场"及"公私合作关系"，它们都开始宣扬"物有所值"及"投资回报"。"新自由主义"被人们称作"经济"对干预市场太久的政治领域的报复。就像魔法师学徒的扫帚[2]，以

---

[1] 米尔顿·弗里德曼（Milton Friedman, 1912-2006），美国当代经济学家、芝加哥大学教授、芝加哥经济学派代表人物之一、货币学派的代表人物。1976年获诺贝尔经济学奖。其著作《资本主义与自由》于1962年出版，提倡将政府的角色最小化以让自由市场运作，对美国里根政府及许多其他国家的经济政策都有重大影响。

[2] 德国文豪歌德创作于1797年的一首诗，讲述一个魔法师学徒趁老巫师不在，自作聪明展现自己的魔力，但他只知道魔法开始的咒语却不知该如何结束它，结果导致水漫金山，最后还是老巫师回来收拾了残局。

个体"欲望"得到满足为基础的经济效率准则,已经在不断倍增并且侵蚀了国家的核心功能。"新自由主义"是一种具有自动免疫功能的疾病。现代国家的众多核心公共诉求离开了"经济价值",甚至连国防事务也越来越如此。因为越来越多地以经济数据为尺度来展示一些我们所付出的"真正的代价",使现在很难在谈到"价值"问题时,能有什么方式显得不软弱、不空泛或不絮絮叨叨,譬如过早退学、因抑郁症所损失掉的工作天数、大学学位所能带来的价值及对博物馆进行投资所能带来的回报等。

七 重新发现文化的价值

所有这些对澳大利亚政治领域所造成的影响,现在已经可以看得很清楚了。它使得除了服务于经济以外的其他政治目标,都很难发出声音。正如老派的保守主义在1930年代与法西斯主义作了致命的结盟一样,现代自由派抛开其他因素,以"市场效率"为唯一尺度重新定义了"自由",这使得他们除此以外,不可能去拥护其他更为广泛的公共价值了。民主、自由、法治具有正当性的主要观念,现在都主要用于巩固"自由市场"。这也是两位马尔科姆(Malcolm)——弗雷泽①和特恩布尔②——产生分歧的地方。这些很快导致了一种政治无政府主义,其中国家凝聚力主要靠民众共同的恐怖感加上前所未有的监视、控制与高压而达成,而不是出于对"个体"在更广大的集体事业中的地位的认知。

自19世纪末以来,文化的价值一直高于也区别于经济与行政的工具主义的世界,并且关注着一个最基本的问题:澳大利亚如何成为可能?是什么将我们连在一起,形成了一个国家与社会?这个问题可以有很多种回答方式:保守的、革命的、社会民主式或是自由民主式的。这里的关键是,文化是在一个与经济完全不同的空间里对这一问题进行表达,并且这

---

① 马尔科姆·弗雷泽(Malcolm Fraser,1930-2015),1975~1983年担任澳大利亚总理,被认为是最后一位推行凯恩斯主义经济政策的自由党领袖。
② 马尔科姆·特恩布尔(Malcolm Turnbull),现任澳大利亚总理,2015年当选,自由党领袖。

一表达直接影响着公共政策的制定。我们在公民、爱国者、叛逆者和尽忠职守者这几种角色中轮流进行着转换。文化政策努力想要建立起一种机制，这种机制能够反映、打造并改造上述角色，将其整合成一个可以发挥作用的整体。文化也探讨有关自我发展的问题，它对个体的真实经验及为丰富这一经验所需要的社会建制进行发问。新自由主义转移了对所有这些问题进行探讨的必要。文化作为自我发展的需要，在未被视作一种"精英主义的需要"而不予理会时——现在在经济而高效地实现分配、选择与购买行为的市场机制下得到了最好的"保障"，而我们都被我们自身不断增长的购买行为捆绑在了一起。

新自由主义，作为一项活跃的改革日程，现在可能已经濒临尾声了；但目前还没有什么能够取代它，而空当期会养出"怪兽"。文化界的各类精英分子，现在面临着一个赫拉克勒斯式的任务：他们已经花了10年时间，向政府表明他们是"有用"的了，而现在这个政府越来越往别的地方去寻找文化本来已经做过的事；因为情况紧急，他们现在必须在一个新形成的、对文化冷淡的大环境中重新大声申明文化的公共价值。文化与艺术正处于巨大的威胁之中，这里所指的不仅是那些依靠公共拨款而得以维持的机构，也是"文化"本身的命运。我们集体与个体的意义创造系统已被交付给某种市场机器，以获得"非生产性盈利"；该市场的主导逻辑是"金融化"及与之相伴随的数字化衡量体系所能提供的不间断动能。我们正在投入一场巨大的实验之中，看"金钱交换"的举动是否能不仅打造一个充满活力的经济系统，也能成为社会存在与个体满足的基础。

我们需要对社会凝聚力及个体的自我实现进行新的表述，这些毫无疑问都曾经是由"文化"所代表的。为了做到这一点，我们不能退回到将"艺术"看作"不可言说之物"进行辩护的过去，也不能继续将"为艺术买单"看作他人的事。我们必须认识到文化是一种"经济"，但我们不能让这种"经济"的价值完全由经济学家来决定。我们可以从女性主义经济学家如何发现巨量的家务劳动完全被官方统计所忽略，或是环境经济学家如何展示各种因企业污染而导致的环境灾难被作为"外部因素"而完全没有显示在公

司的资产责任表上,或是发展经济学家如何发现本地文化所蕴藏的、被主流发展所忽略的不可估量的价值中,获得启发。上述每一种情况,都抵抗了计量经济学的抽象逻辑,寻求将我们个体与集体的经济行为置于社会、道德与政治价值的指引之下。各种与文化和艺术有关的活动,赋予我们个体与集体的生活以质感与轮廓,打造我们与周围世界相连接的方式。我们不能任由这些被只关心市场效率与投资回报的抽象的机器所掌控。在一个文化确实拥有巨大的经济价值的时代,找到一种讲述文化价值的"新语言",将是接下来20年的主要挑战。

譬如,当下(2016)围绕澳大利亚广播公司(ABC)与特色广播服务公司(SBS)①之间"潜在的兼并可能性"的讨论,是以二者共同拥有的设施、设备及纳税机制这种近乎黔驴技穷的语言所展开的。很明显,对此现在所需要的是某种大胆的、对公共价值的重申。同时,正像考林·格里菲斯(Colin Griffith)②所提出的,当下这种新的生态,提供了对ABC重新进行思考的机会,从而可以让该机构的公共价值,不仅在与更大文化范围内的生产能力进行互动中得到保障,也在其内容与质量中得到保障:

> 与SBS合并不是媒体多元化及保证ABC的未来所应该走的路。ABC真正的挑战,来自如何重塑自身,以成为在新媒体时代更加具有开放性与合作性的机构;在保持自身独立性的同时,承担起受到澳大利亚各族群信任的媒体角色;ABC不应该只是一个辉煌而一枝独秀的、制作优秀节目的媒体表率,还应该是澳大利亚推动创新与创意发展的大的生态系统的一个重要贡献者。

理解公共媒体所处的复杂生态系统中正在发生的经济形态变化,对其进行重新定位,以推动一些公共政策目标的实现,这一点在当下非常重要。它

---

① 特色广播服务公司(The Special Broadcasting Service),澳大利亚一家多方投资的,包括广播、电视和网络媒体的公共广播公司。
② 考林·格里菲斯(Colin Griffith),澳大利亚宽带网络创新中心主任。

需要我们对公共媒体重新进行思考。公共媒体不应该被看作提供市场不想提供的内容（譬如地区性内容、调查新闻及艺术等）的次要机构，而应该被看作对市场进行重构的一部分，这样才能取得我们想要的成果。

凯西·亨特强烈呼吁我们对艺术的公共支持方式展开新的思考，以改变那种植根于过去的时代与背景的拨款体系的僵化。乔治·布兰迪斯①在任时对澳大利亚委员会的经费削减，现任政府也并未恢复，不仅将数百家艺术机构的集体性商业计划毁于一旦，也将"如何通过政府拨款放大具有公共价值的成果"这一新的对话扼杀在萌芽之中。如果有了对艺术生态的新理解，我们就可以着手打造与发展各种新安排、新工具与新合作——不是在削减开支或将政府补助换成企业赞助的基础上，而是作为健康的文化经济的一部分，在确保创新、多样性及可持续收入的基础上。

这就将我们带到了文化经济中功能最混乱的领域之———房地产。这是一个大家普遍承认的事实：在以文化为引领的复兴计划、创意产业、创意空间打造、创意集群及其他的类似发展计划中，地产开发商是纯粹的赢家。地方议会也是将税收收入和租金增长作为衡量都市建设取得成功的一个绝对指标。这对文化政策所产生的影响是巨大的。就在霍巴特②城外，纯属偶然地，当地一位百万富翁砸钱建了南半球最激动人心的博物馆之一——MONA③，这是一份令人惊喜的礼物，这份礼物是如此巨大和出人意料，以至于紧挨着它的这座城市和塔斯马尼亚州过了一段时间才完全明白过来。该博物馆完全是一个大胆之举，一种激进的"艺术为了艺术的目的"的挑衅。MONA催化了在这个岛屿之州已经酝酿多年的一种潜能。这是天文学家会称之为"事件"的事物，它完全改变了当地文化的结构与构成，打造并激活了一种关于"生活在塔斯马尼亚州意味着什么"的新感觉；但州政府好像

---

① 乔治·布兰迪斯（George Brandis），澳大利亚现任司法部部长及上一任文化部部长，其在2015~2016年联邦政府预算中大幅度削减对艺术领域的拨款、将其用于新项目的做法引起文化界广泛争议。
② 霍巴特（Hobart），澳大利亚最南端的塔斯马尼亚州的首府和港口。
③ Museum of Old and New Art，2011年开业，澳大利亚最大的私人博物馆，收藏百万富翁David walsh的私人藏品，号称"颠覆传统的成人迪士尼乐园"。

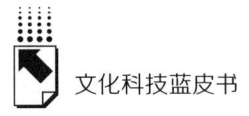

只有将这一切翻译成"过夜天数"和"吸引投资"这样可以计算的语言，才能开始理解正在发生的事意味着什么。在万众期待中花了五年时间来重新展开对一个地区及其居民的想象，现在看来其最可见的影响就是建在MONA一个主要艺术节举办地上的水岸休闲发展项目。

正是因为如此，我们需要珍惜像"复兴钮思卡尔"（Renew Newcastle）[①]这样的项目。该项目想要"绑架"现有的住宅、发展与规划安排，通过"短期授权"的方式，让"创意"进入纽思卡尔商业中心的空闲空间。经过数十年的规划僵局，在这座历史悠久的城市的商业中心，人们在事实上已经开始新的创造与建设。有关ABC或是艺术拨款系统的改革，我们需要了解经济在这些领域中真正运行的方式，以确保公共价值得到实现。这种不仅对"市场"也对在背后支撑该市场的社会、政治与文化因素的理解，我愿意称之为"文化经济"。也只有有了这种理解，处于文化经济中心位置的"文化价值"，才能得到保障。关注自身与这些文化价值的关系，是文化政策的首要任务。在讨论的空间被关闭以前，我们需要就这些话题展开强有力的论辩。

这可能听起来太悲观了，因此请让我重新勾勒其中的各种利益以作为总结。我将引用两段他人的文章，第一篇是有关当代文化景观的学术文章：

> 艺术比历史上任何一个时期离大家都更近。人们创造和编制音乐。他们自己设计室内装潢，改造自己的身体；他们看更多的电视和电影；他们对食物与服装煞费苦心；他们编写软件，在音乐视频网站冲浪，一起玩在线游戏；他们遇到、学习并学会各种语言，并就语言、离散的经验和传统遗产展开评论。还有大量与艺术有关的日常活动，从地下音乐到园艺到创意写作营……每天都有大量与判断、评论、注意力及品位相关的事在发生。

---

① 指澳大利亚新南威尔士州的人口第二大城市纽思卡尔。

从表面来看，这是席勒有关创意社会梦想的实现。但其中是否有阴暗面呢？如果这一切变成了被"效率"与"成本效益"所占据的经济行为，并且很容易在垄断玩家"以适当价格提供文化产品"这种做法面前败下阵来？在这一版本的故事中，文化"解体"的菜单就是为消费者提供"个体选择"，在那些高效提供的娱乐系统中，有一种在过去被称作"面包与马戏"①。

文化也总是与集体有关。在最近一场约翰·皮尔②讲座中，作曲家布兰恩·伊诺③将文化比作"同步化"，好比是一种采取"演习、跳舞与游行"这样的形式的事物。在当下这样一个节奏又快又复杂的世界里，没有人能够知道所有的事，即使在他自己那块小小的领地之中，"我们需要某种保持同步与一致性的方式"。

> 文化是一种集体仪式——或者是一整套我们人人都参与其中的集体仪式……很高兴得知我们已经贡献了280亿英镑……到国民净产值……（然而）最重要的是我们一直在一起——这不仅仅指的是艺术家……它指的是每一个人。它指的是生活在这个社群之中的所有人。每一个人，都在参与创造这一巨大的、奇异的、我们称之为"文化"的对话。那些令我们前后保持一致的，也将我们连在了一起。

伊诺描绘了一幅"后稀缺"的社会场景，在那里，机器人将承担所有的工作，而我们终于有了大把时间，可以用于创造性的自我实现——"我们将会比现在更加是全天候的艺术家。"我会被大声喝止吗？如果我说我们当下的政治方向指向的不是从"工作"那里获得解放，而是失业、紧缩及

---

① panem et circenses，原文是拉丁文，意思是"面包与马戏"，指政府提供食物与娱乐以平息公众不满。
② 约翰·皮尔（John Peel，1939–2004），英国著名广播、电视节目主持人及记者，在音乐界影响重大。"约翰·皮尔讲座系列"是BBC6音乐台自2011年开始举办的音乐界代表人物的讲座系列。
③ 布兰恩·伊诺（Brian Eno），英国音乐人、作曲家。

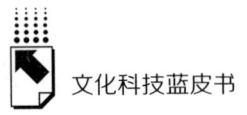

一种对"人类过剩"的普遍感受？环绕在我们周围的新的可能性是巨大的，但是如果我们仍聚焦于墙上那忽明忽暗的经济数据，而不是我们自身是如何在这个世界里真实地活着，我们将仍被捆绑在那些有关增长与繁荣但从来没能真正让我们感到更幸福及更有安全感的幻觉之中。

对文化来说，生死攸关的是那些具有终极价值的重大问题：我们如何共处？我们集体经验的质量应该达到怎样的水平？这些问题在一个文化产品极大丰富的时代并没有消失，它们甚至变得更紧迫了。因为一方面一个真正的、人类拥有创意的社会变得更有可能实现了；另一方面，这个社会也像以前那样遥远。

参考文献

[1] John Hartley "Creative Industries" in Hartley, J. （Ed） The Creative Industries （Oxford：Blackwell, 2005）, p. 19.

[2] Stuart Cunningham, What Price a Creative Economy? Platform Paper 9 （2006）, p. 4.

[3] For An Excellent Account, see Melissa Nisbett et al., Culture, Economy and Politics: the Case of New Labour （London：Palgrave Macmillan, 2015）.

[4] Pierre Bourdieu, Distinction：A Social Critique of the Judgement of Taste （London：Routledge, 1984）.

[5] Ernst Bloch, Heritage of Our Times （Cambridge：Polity, 1991）.

[6] See World Commission on Culture and Development, Our Creative Diversity Paris：UNESCO, 1996.

[7] Scott Lash & John Urry, Economies of Signs and Space. （London：Sage, 1994）.

[8] "The creative industries in the UK generate revenues of around £112.5 billion and employ some 1.3 million people. Exports contribute around £10.3 billion to the balance of trade, and the industries account for over 5% of GDP. In 1997 – 1998, output grew by 16%, compared to under 6% for the economy as a whole". What these figures are actually measuring is a moot question. DCMS, Creative Industries Mapping Document 2001. Department of Culture, Media and Sport. （London：HMSO, 2001）. Executive summary. https://www.gov.uk/government/

uploads/system/uploads/attachment_data/file/183544/2001part1-foreword2001.pdf.

[9] DCMS ibid. "Executive Summary."

[10] John Howkins, The Creative Economy: how people make money from ideas, London: Penguin, 2001.

[11] Richard Florida, The Rise of the Creative Class (New York: Basic Books, 2002).

[12] Douglas McWilliams, The Flat White Economy. How the Digital Economy is Transforming London and Other Cities of the Future (London & New York: Duckworth Overlook, 2015).

[13] Hasan Bakhshi, Alan Freeman & Peter Higgs, A Dynamic Mapping of the UK's Creative Industries. (NESTA, 2012), online at http://www.nesta.org.uk/publications/dynamic-mapping-uks-creative-industries.

[14] "In sociology and economics, the precariat is a social class formed by people suffering from precarity, which is a condition of existence without predict-ability or security, affecting material or psychological welfare" Wikipedia.

[15] See Justin O'Connor and Mark Gibson, Culture, Creativity, Cultural Economy: A Review (ACOLA, 2015) online at http://acola.org.au/PDF/SAF01/6.%20Culture%20creativity%20cultural%20economy.pdf.

[16] EU Commission (2010) Green Paper: Unlocking the Potential of Cultural and Creative Industries, http://cdc-ccd.org/IMG/pdf/CEDC_Contribution_ICC_Green_Paper_28-7-2010_final.pdf.

[17] 172009 UNESCO Framework for Cultural Statistics (Montreal: UNESCO Institute for Statistics, 2009), online at http://www.uis.unesco.org/culture/Pages/framework-cultural-statistics.aspx.

[18] Creative Victoria's Creative Industries Strategy can be found at: http://creative.vic.gov.au/Projects_Initiatives/Creative_Industries_Strategy.

[19] Nick Feik, "The Start-up Whisperer: Just How Innovative is the Turnbull Government's Innovation Package?", *The Monthly*, March 2016.

[20] Department for Culture, Media and Sport, Connectivity, Content and Consumers: Britain's Digital Platform for Growth (London: DCMS, 2013) online at https://www.gov.uk/government/publications/connectivity-content-and-consumers-britains-digital-platform-for-growth.

[21] O'Connor and Gibson, Culture, Creativity, Cultural Economy.

[22] Tariq Ali, "Corbyn's Progress" London Review of Books 38 (5) (March 2016), p. 22.

[23] Costas Lapavitsas, Profiting without Producing: How Finance Exploits as All

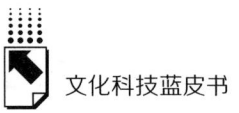

(London: Verso, 2013).

[24] Colin Griffith, "Share or merge? Public not well served by an ABC monopoly", The Mandarin, 8 March 2016, online at http://www.themandarin.com.au/61508-mark-scotts-friendly-merger-abc-sbs-monopoly/?pgnc=1&pgnc=1.

[25] Stefano Harney, "Unfinished Business: Labour, Management, and the Creative Industries", in M. Hayward (ed.), Cultural Studies and Finance Capitalism London: Routledge, 2012, p. 156.

[26] Brian Eno's John Peel Lecture was Given September 2015; online at http://www.bbc.co.uk/programmes/p033smwp.

B.8
文化科技融合创新的跨界合作模式

李 季*

摘 要: 推动文化与科技融合创新是国家发展的重要方向。随着文化与科技的不断发展,融合创新逐渐成为国家发展的重大机遇。我们需要站在更为广阔的视域去讨论文化科技融合的格局现状、理念及捷径,本文从研发、生产、制作、表达、销售等方面深入探究文化科技融合创新的跨界合作模式,为建设社会主义"文化强国"提供了新的路径。

关键词: 文化 科技 融合创新 跨界合作

文化与科技融合是推进文化发展的重要途径,也是提升科学技术品牌影响力的重要方式,科学技术的每一次进步都会给文化的发展样式、传播方式、表现形式带来革命性的变化,文化的深入挖掘也重新改变每一个科学技术的应用方式。党的十八大报告指出,促进文化和科技的融合,发展新兴文化业态,提高文化产业规模化、集约化、专业化水平,推进文化和科技融合发展,已经成为建设社会主义"文化强国"战略的一个重要的组成部分。

一 文化科技融合现状

2012年我国制定了《国家文化科技创新工程纲要》和《文化部"十二

---

* 李季,工商管理博士、博士后、教授,清大文产(北京)规划设计研究院院长,研究领域为高新技术产业、文化创意产业等。

五"文化科技发展规划》，提出"发挥科技创新对文化发展的重要引擎作用，深入实施科技带动战略，加强文化科技创新，增强文化领域自主创新能力和文化产业核心竞争力"。

现如今，随着全球经济发展变革，全球化进程明显加快，科学技术也产生了翻天覆地的变化，世界各国及地区之间的竞争从原来的规模化发展转变成多元化、融合化、精品化、科技化发展，文化产业已成为国家和地区竞争的关键领域。文化产业是新经济产业发展高地，具有高复制性、高附加值和高度产业融合等产业特征，是新经济新产业的重要组成部分，发达国家将文化产业列为国家支柱性产业，文化产业成为带动国家经济发展的新引擎。科技与文化的融合已经成为我国新经济形势下的必然选择，在科技进步的推动下，我国已全面迈进信息技术时代，数字技术和网络信息技术在不断改革创新传统文化产业，更是衍生出新的文化产业业态和发展模式。文化产业无论是生产还是销售，都充满各种各样科技的影子，通过多元的形式进行传播和推广。而且，文化产业国际化特征明显，不同国家的文化都可以通过文化产品的形式被全世界所接受，从而导致国际文化竞争日益激烈，发达国家经济和技术实力远超发展中国家，发展基础的差异导致了国际文化竞争处于不平等的起点，原有的文化产业渠道以及市场规模成为发达国家的产业优势，对发展中国家的本土民族文化和价值理念形成发展阻碍。

我国的经济发展速度快于大部分发达国家，国家的科技基础日渐完善、科技水平跃升，文化多元发展不断推进，为文化与科技融合提供了坚实的发展基础。按照马斯洛需求理论，人们在物质生活全面满足的情况下，更多的精神生活需求被激发出来，形成文化产业发展热潮。"互联网+"行动计划的提出、文化部重点实验室等建设部署、文化领域的标准化制定，包括大数据、VR技术应用于文化领域等，都引导着"十三五"期间文化与科技的进一步融合发展。我国作为四大文明古国中仅存的文化大国，具有优秀而丰富的传统文化，但是随着时代的变迁，越来越多的传统文化不断流失，要应对这种趋势一方面需要抵抗外来文化的侵略，另一方面更需要我国文化本身不断创新发展和融合发展,从而在新时代背景下在国际文化竞争中占领一席之地。

二 文化科技融合趋势

未来我们社会的运营模式、政府管理模式、企业运作模式、个人生活模式等都跟技术变革有很大关系。互联网兴起于20世纪60年代的美国,对全球社会经济的影响非常大。过去文化产业传统渠道,包括电视、广播、报纸、杂志、图书都被互联网的新媒体取代。比如购物,在过去几年时间,受到京东电子商城的影响,中关村电子商贸城、太平洋、硅谷的利润都大幅下滑,有些商户甚至倒闭。全球最大的视频网站YouTube兴起后,人们面临的选择越来越多了,创新和娱乐基本可以在这个视频网站上看到,使得好莱坞传统工业背景下的娱乐模式面临巨大挑战,很多上市娱乐企业增长放缓。中国目前不让YouTube进入,但是却没有类似的商业和渠道平台,这样发展存在巨大的问题,应该以更加开放包容的态度迎接这一轮新技术的挑战。要想强大必须与外界进行能量交换,积极使用全球资源,快速增强经济实力。

(一)文化科技融合成为文化产业发展的必然趋势

文化的发展有其自身的脉络和积累,但从产业实现来说,离不开科技的支撑。科技的不断发展与进步历来是推动时代发展的核心引擎,不仅影响着经济生产方式,同样也改变着我们的社会生活方式。随着时代的发展和进步,文化产业也在另一个角度改变着人们的思维方式和生活方式,影响着经济社会生产方式和方向。只有文化和科技的融合创新才能引领我国经济社会向正确的方向发展。

任何时代都须经历新陈代谢,技术变革兴起后,未来的消费模式和消费理念发生巨大变化,反过来影响了文化产业的生产模式和运营模式。如果传统文化产业不转变思维,不仅会失去内容生产商地位,甚至可能失去整个行业。新的文创产业模式特点体现在：第一，传统的文化产业（包括核心产业和附属产业）变为内容的生产商；第二，新兴的科技公司变成文化产业的渠道和平台商；而平台和渠道建设是以技术背景为前提的。

传统文化创意产业，首先要突破，不能受限于自身行业，因为以后这个行业肯定是朝跨界复合转型的，或者是渠道的构建者，或者是平台的建造者，或者是内容的生产者，肯定要从中选其一。

国内文化产业整体的运行模式，还局限在自己的行业中，以招商、物业运营和服务的运营收入为主。其实文化创意产业园区的盈利主要来自创新平台，比如投资、创新产生的商业模式，而非物业。实体平台是为虚拟平台做辅助服务的，最核心的是在虚拟平台上赚钱。

科技创新改变生产生活方式。一方面极大地节约了文化产业的生产成本，文化产业本身属于绿色产业，基于文化内容的特性，文化产业在科技发展的助推下生产效率跨越式提升；另一方面提升了文化价值的传播时效，文化在传播过程中会存在变化和衰减，在到达受众群体时已不完全是生产者所创造的文化内涵，科技发展助推文化产业跨越时空的传播，使得文化内涵更准确、更具时效、更全面到达受众群体。

（二）文化科技融合是国家发展的重大机遇

中国文化产业发展模式一定要迎合这轮新技术发展的浪潮，用技术来构建文化产业发展平台。一定要突破传统的招商、物业服务等传统运营模式，以新的运营模式来迎接这次挑战。文化产业只有迎头赶上这一波浪潮，才能获得稳定健康发展，国家软实力、话语权才能得到保障，才能形成生态循环的健康系统。

首先，思维要转变。如果互联网思维只是新的名词解释，不能跟开放性思维相互融合，那么国家的软实力、话语权以及文创产业发展模式都无从谈起。

其次，紧跟新技术革命浪潮，用跨界创新的思维，尝试由内容生产商转变为渠道平台商，打造运营平台和渠道平台。

再次,产学研结合是创新模式中很重要的一点。我们国家产学研方面做得不够,院校、社会和企业之间是相互脱节的。美国的高校与企业结合紧密,麻省理工学院校友出来创办的企业,GDP总量加起来,按国家排行,在全球排第11位。在未来产业发展阶段,文化与科技的融合,对我国的科研成果转化与落地提出了新的要求,只有产学研结合在一起,才能有效推动文化与科技融合落到实处。

最后,科技创新是突破行业壁垒的重要手段。文化产业有其发展的独特性,尤其是我国的传统文化,在经历历史的洗礼后,已经形成固有的受众群体,随着时代的发展、社会的进步,有些文化的受众群体越来越少,文化本身也面临着消失的危险。通过科技创新融合发展,传统文化所具有的内涵可以通过新的技术手段表现出来,有效传达到有需求的受众群体,使得我国丰富的传统文化重新焕发光彩。

(三)文化科技融合是文化走出去的重要方向

中华民族具有悠久的传统文化和丰厚的民族文化底蕴,历来有很强的文化竞争力。改革开放特别是党的十六大以来,我国文化科技创新能力不断加强,有力促进了文化事业和文化产业发展。然而,从当代的全球文化竞争格局来看,需要承认我国文化科技发展仍相对滞后。一方面,文化领域的核心技术和高端系统装备国产化不足、进口依赖度高,造成文化产品制作成本高昂、文化服务效率低下,制约了文化产业核心竞争力的提高;另一方面,文化和科技融合不足,相关科研成果与文化领域实际需求结合不够紧密,缺乏既通晓高科技又熟谙文化的复合型人才,难以创作出把民族文化与高科技手段完美融合的文化精品,影响了中华文化自身的感染力、表现力和传播力。

党的十七届六中全会指出:"科技创新是文化发展的重要引擎。要发挥文化和科技相互促进的作用,深入实施科技带动战略,增强自主创新能力。"《国家文化科技创新工程纲要》指出:支持文化科技相关高校、科研院所和企业开展国际交流与合作。加强文化科技的引进吸收再创新,提升我国文化科技整体水平。推动建立内地与港澳台在文化科技领域的合作机制,深化双边、多边和区域文化科技合作,提升我国文化科技影响力;支持我国文化科技企业和科研机构主导或参与制定国际标准,推动文化领域自主标准国际化。

以我国的出版行业为例,文化与科技融合创新在出版领域的一个显著表现就是,数字出版产业的崛起。面对旺盛的数字出版消费需求和处于优势地位的新兴数字出版商,传统出版产业遭遇数字化转型的困难。尤其是在国家将发展数字出版产业纳入国家战略任务、强力推进数字出版基地建设、启动文化科技创新工程的政策环境下,如何处理好文化与科技的关系,探寻文化发展、技术进步与出版产业转型的互动机制,探索文化科技融合创新下数字出版业的工作流程、商业模式以及产业链,这些都构成了中国出版产业亟须解决的问题。

出版行业只是一个例子,所有的文化产业面临着这样的转型与提高。电影产业通过科技创新实现了虚拟现实与互动体验,艺术产业实现了3D打印和互联网版权交易,演艺产业实现了数字传播和全民娱乐等等。科技创新已经渗透文化产品的创作、生产、传播、消费等各个层面和关键环节,成为文化创意产业发展的核心支撑和重要引擎。

三 文化与科技融合创新模式

科技是产业发展第一生产力,文化产业也不例外。探索和推进文化与科技融合创新模式对于明确文化产业未来发展方向,掌控未来发展格局具有深远意义。但文化科技跨界融合所涉及的主体和行业众多,跨界融合产业类型多样而复杂,要研究这种模式需要巨大的工作量和解决不确定性问题,我们必须以更高的视界去探讨和研究其核心系统,发现其内在规律,从而解析出其本质组成。

文化产业发展越来越离不开科技的支撑,并且科技与文化融合转化的速度越来越快,文化产业需要具有极高的科技含量或知识含量,创新文化科技一体化发展模式成为未来产业发展的必然环节,文化、科技与产业协同发展。在文化与科技的融合方面,不是用传统的方式引入互联网,而是以互联网思维去改变传统模式。文化与科技融合创新模式,科技是基础,文化是核心,经济社会是发展方向,在这个整体系统下,我们来看文化与科技融合创新的各种模式。

(一)研发模式——以新媒体为例的信息再加工模式

文化科技的研发是围绕文化展开的,也就是对文化信息进行科技手段的加工优化,这种研发模式,可以称为信息再加工模式。笔者以新媒体为例,说明这种研发模式。

新媒体是建立在数字技术和网络技术基础之上而延伸出来的各种媒体形式。新媒体与传统媒体在形式上存在很大差别。一方面,新媒体基于新一代信息技术和科技产品终端的使用,形成新的信息获取方式和使用方式,信息不再以产品的形式传递给受众,而是根据不同的终端以及受众不同的喜好通过数字化的方式以各种形态到达受众。举个简单例子,一篇文章到达受众时可能是不同颜色、不同字体,也可能是不同的语言、不同的篇章结构,甚至直接变换成盲文或声音,一个内容 ip 经过加工形成信息对不同需求的人可能是小说、漫画、电影、声音、图像、游戏或者虚拟现实。目前的新媒体主要通过数字电视、移动电视、手机媒体、IPTV 等形式存在。

新媒体既有传统媒体所具备的全部功能,又具备了跨越时间和空间的传播特性,从而完美实现信息价值最大化,使得信息传播系统中的所有参与者具有平等而相互的信息使用权。新媒体在实现传统媒体的传播功能外,为更多个性化需求提供了可能,传播者可以针对大众群体来同时交流独特的信息,不同的受众群体可以有选择地接受信息产品。

在科技不断发展的形势下,新媒体传播已从技术创新的层面转向更深层面的内容创新。原本的通过文字、图片、影像等传播的简单信息传播模式经过数据加工、信息分析、内容制作、表现形式复合化等一系列创新,让受众更直观地了解信息所包含的内容。最有效的媒体是不需要复杂间接过程的,最直接、最简捷、最方便的媒体方式就是最有效的传递方式,也是最有价值的媒体。目前通过信息可视化，科技人员将大量烦琐的数据信息转化为图表、声音、文字，让人们更清晰地了解数字内容的含义。未来信息将更直接地传输到每个人的大脑里，这些新的传播方式的出现无疑会对人类的知识结构、认知方式以及行为方式产生重大的影响。

（二）生产模式——以"互联网+"为例的全民参与模式

所谓全民参与模式，是指在媒体工具多元化、生产方式便利化、传播方式直达化的现代通信社会，每个人都是文化内容的生产者和消费者。从网络文学的草根文化，影视直播的大众参与，到艺术设计的网络众筹等方式，每个人都可以是作家、主播、设计师，每个文化内容的生产者都有自己的粉丝。在这种全民参与的生产模式下，文化内容通过传播技术的有效汇聚和互动，突破创新主体与受众客体间的壁垒，形成每个独立文化的特定文化圈，充分释放文化创新、技术创新等要素，从而实现现代意义上的百家争鸣。万众创新概念最早是李克强总理在2014年9月的夏季达沃斯论坛上提出的。目的是扩大就业、增加居民收入，促进社会纵向流动和公平正义，从而掀起"大众创业""草根创业"的新浪潮，形成"万众创新""人人创新"的新态势。"互联网+"这种全新的文化产业生产模式打破了长久以来传统体制机制的壁垒，形成全民生产全民消费的产业环境，实现全民创新创造的文化科技融合新模式。"互联网+"这种文化科技融合模式完全建立在文化产业的无界性和科技产业的跨界互联基础上，打通了人与人之间的文化交流需求与文化互通有无的产业路径，每个人都是一个独立的文化个体，其个性的文化必然成为其他文化个体的需求，通过"互联网+"模式所有独立的文化个人被联系在一起，形成文化产业生产消费网络，极大地激发全体人民的文化自主性和文化创新精神，创造出更多更新的文化产品，共同构筑中国梦。

（三）制作模式——以3D打印为例的快速制作模式

文化产品不仅需要设计，而且需要制作生产，为了适应文化产品的多种变化，快速制作模式就是非常必要的。3D打印技术就是在这样的时代背景下应运而生的，为了满足文化产品的多元性、个性化生产，通过数字技术构建文化产品的虚拟形态，以新一代信息技术和新材料技术，实现文化产品的定制化生产和快速成型，随时随地满足不同群体的文化需求。服装、家具、餐具、饰品、办公用品、交通工具、房子以及航天设备、人体器官等都在研究3D打印技术的市场应用。

3D打印在技术方面具有十大优势：制造复杂物品不增加成本；产品多样化不增加成本；无须组装；零时间交付；设计空间无限；零技能制造；不占空间、便携制造；减少废弃副产品；材料无限组合；精确的实体复制。3D打印技术从根本上改变了设计行业的生产模式。首先，3D打印产品不需要拼装直接成型，解决了设计产品无法生产的窘境，提升了设计师艺术想象的空间；其次，3D打印材料无限组合实现了设计产品功能无限拓展，不拘于材料的限制；再次，精确的实体复制解决了设计产品独一无二的尴尬，使得好的艺术产品可以无限复制，为所有用户提供好的设计产品；最后，3D打印解决了设计师与其他行业的壁垒，每个设计师都可以生产出自己的设计作品，实现文化内容生产的全民参与。

（四）表现模式——以VR为例的虚拟现实模式

从现有技术条件来看，虚拟现实是目前文化内容的最佳表现模式，也是实现未来虚拟世界与现实世界共存的必经途径。虚拟现实技术建立在科学技术发展的基础上，以全息立体的表现形式将文化产业的内容展现在受众面前，极大地提高了文化内容的传达效率，提高了文化的影响力、表现力、传播力，更加科学合理地将文化内涵传播给受众。

虚拟现实以及增强现实，主要是通过科技的运用，改变了文化内容的外在形态，使之生动、活泼和更具真实性。目前虚拟现实主要在人类的感官系统领域进行了突破，加强了视觉效果和听觉效果，加入嗅觉、味觉、触觉等各方面的感受，以数字影像、3D影像、VR、AR、全息影像等为主要表现形式，极大地提升了影视行业、游戏娱乐行业和大型节庆活动的表现形式和

感染力。

虚拟现实表现模式并未改变文化内容的本质，或者说并未形成一种完全原创的文化产品，而是通过表现形式的转变提升了文化内涵的传达效率。以电影为例，经典的黑白胶片电影在3D、IMAX、VR技术下极大地增强了视觉冲击感和艺术表现力，其内容本身依然有很强的生命力。但虚拟现实技术改变着影视、游戏、娱乐、展览展示等行业的生产格局，在同样的艺术作品中表现的内容将更加丰富和多元化。

（五）销售模式——以大数据为例的版权价值评估模式

文化的核心价值在于其内容版权的无限复制，但是版权的无法定量一直制约着文化产业的发展，大数据、云计算、众筹、互联网+等技术的出现，为文化版权的价值量化提供了可能。内容的价值在于其社会需求及劳动成本，目前文化内容的版权价值主要以劳动成本来计算，无法反映文化内容在需求方面的真正价值，通过大数据、云计算、众筹、互联网+等技术，相关人员对文化内容的需求量进行测算，可以明确版权的价值。

互联网技术，在文化内容价值的发现和确认、文化艺术品价格的发现机制、公开市场提高艺术品交易透明度、提高交易效率降低成本、开放性平台、产业链自由高效整合等方面促进了文化版权的市场化，帮助构建文化版权的交易规则，引领和创造了市场需求。

四 文化科技融合路径

要形成促进文化和科技融合的发展环境，把社会发展和经济建设作为文化科技融合的发展方向，建设更多的文化科技融合载体，重点推进文化科技融合产业园区和文化科技融合企业的形成，以文化科技复合型人才作为产业发展的重要引擎，为文化科技融合发展提供更加有力的保障。

参考文献

科技部、中宣部、财政部、文化部、广电总局、新闻出版总署:《国家文化科技创新工程纲要》,2012。

张晗:《文化科技融合创新下的美国数字出版业》,《新闻界》2013年第20期。

B.9 文化和科技融合发展宏观研究

祁 艳 闫贤良*

摘　要： 在过去300多年文化和科技的争论历史中，既有对科技的质疑，也有对科技价值的重新审视。狭义上而言，文化科技融合指艺术科技，是支撑各文化行业的科技。广义上而言，文化科技融合是科技文化纳入道德轨道的融合，指向生态文明、道德文化和新哲学。文化科技融合的直接产物是文化高新技术产业，这一新型产业从产业结构上可以划分为三个层次：文化生产性服务业、消费性文化服务业、生产性文化服务业。

关键词： 文化　科技　文化科技融合　文化高科技产业

2012年，党的十八大报告提出要"促进文化和科技融合，发展新型文化业态，提高文化产业规模化、集约化、专业化水平"。"十三五"文化发展规划对文化科技融合做出了进一步规划："强化文化科技支撑，落实中央财政科技计划管理改革的有关要求，通过优化整合后的科技计划（专项、基金等），支持符合条件的文化科技项目。"近几年，国家在各地也设立了文化和科技融合示范基地，无论是政策规划还是学术研究以及现实基地建设，都有必要厘清"文化和科技融合"的内涵，以确保宏观层面的吻合、核心层面的准确。

---

* 祁艳，艺术学出站博士后，中国艺术科技研究所文化标准中心助理研究员，研究领域为文化政策、文化科技。闫贤良，中国艺术科技研究所文化标准研究中心主任、高级工程师，研究领域为文化科技、文化标准。

一 文化和科技融合的历史溯源

"文化和科技融合"概念的提出,既不在中国,也不在当下。从历史上来看,从工业革命发生起,关于科技与文化的争论就没有停止过。争论分为三个阶段。

第一阶段,对科技发展带来道德水平下降的质疑。1751年工业革命之初,卢梭发表了《论科学与艺术》,提出"随着科学的光芒在地平线升起,德行也就消逝了"①。卢梭认为,科学进步带来的是道德的破坏,带来的是物质繁荣之下欲望的增长,带来的是殖民地的奴役和争夺,人类社会在物质面前丧失了灵魂。卢梭已经认识到科技从文化的阵营中走向了资本主义。19世纪中叶,法国作家福楼拜在小说《包法利夫人》里,指责法国浪漫主义在物质主义兴盛的过程中走向消亡,科学已经从艺术阵营中分离,簇拥着工业经济逐渐淹没崇高的浪漫主义情怀。福楼拜预言"艺术和科学在山脚下分手,最终会在山顶上汇合"。19世纪60年代,英国展开了一场著名的"科学与文化之争"。1880年,托马斯·亨利·赫胥黎发表《科学与文化》的演说,宣称"文学将不可避免地被科学所取代"。1882年,马修·阿诺德在剑桥大学作了《文学与科学》的演讲,回应赫胥黎,认为"只要人类的天性不变,文化就将继续为他们的道德理解提供支点"。后来的教育变革,确实如赫胥黎所言,"科学知识"在金钱的诱惑下取代了文化道德,形成了事实上的西方主流文化,科学技术与文学艺术渐行渐远,并操纵了国家决策。

第二阶段,随着电子工业革命开始,科学和文化逐步分裂,技术革命受到进一步质疑——不仅助长了物质欲望,而且破坏环境。1925年,英国作家艾略特发表了《空心人》,指责科学和资本融合,把人类文明推向了濒临崩溃、希望渺茫的困境。他以"一声抽泣"昭示工业文明必将走向衰落与

---

① 卢梭:《论科学与艺术》,何兆武译,上海人民出版社,2007,第11页。

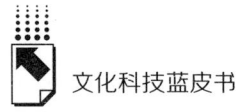

瓦解，表达对现实的悲观和时代的深切忧虑。1932年，阿道司·赫胥黎发表《美丽新世界》，更加严厉地批判科学主义对社会的不负责任。1959年，英国物理学家、小说家查尔斯·斯诺在剑桥大学作了《两种文化与科学革命》的演讲，指出存在"科学文化"和"人文文化"两种文化，由于科学家和人文学家在知识背景、研究方法等方面的诸种不同，造成他们在文化的基本理念和价值判断上经常处于相互对立的局面，这就是著名的"斯诺命题"。他指出，科学已经被资本绑架，在工业经济中形成利益共同体，科学工作者已经丧失公共知识分子应有的正义和理性。至此，科技和文化逐渐分裂。1962年，美国生物学家蕾切尔·卡逊发表了《寂静的春天》，探讨科技发展对环境污染的问题。1972年，罗马俱乐部发表了麻省理工学院提交的《增长的极限》研究报告，报告的结论远比环境问题更加令世界震惊。同年，联合国在斯德哥尔摩召开了"人类环境大会"，签署了《人类环境宣言》。之后，世界环境与发展委员会提交和发布了《我们共同的未来》《巴塞尔公约》《里约环境与发展宣言》《21世纪议程》《气候变化框架公约》《生物多样性公约》等，引发了科学界对"超越极限"的不满。

第三阶段，文化和科技的论战引起人文学者对科学价值的反思。1996年5月18日，著名的"索卡尔事件"引爆了"文化和科技"论战。纽约大学的量子物理学家艾伦·索卡尔故意激怒人文学者，向著名文化研究杂志《社会文本》递交《超越界限：走向量子引力的超形式的解释学》论文，故意制造了一些科学常识性错误，结果杂志编辑未发现并予以发表。索卡尔在《大众语言》上发表《曝光——一个物理学家的文化研究实验》，讥讽人文学者自然科学常识的缺乏。这一事件激起了世界范围内关于"科学与文化"的论战，人文学者开始反思对科学的敌意。

在整个工业文明阶段，科学技术和文化艺术渐行渐远，科技和资本日益紧密地融合在一起，形成庞大的工业科技体系，成为名副其实的第一生产力，对工业文明进步起到了核心推动作用。与此同时，文化和科技的对峙日益升级，面对全球性环境问题、资源问题、伦理问题，人们把关注的焦点越来越集中于对科技的道德拷问。进入21世纪以后，世界各国的自然灾害频发,人口膨胀、资源枯竭、环境恶化、城市面临困境等问题日益凸显。美国学者大卫·格里芬[①]指出:"人们谈论'生态危机'很久了,但人们常常并不真正了解生态危机有多严重。事实上,生态危机是如此严重,以致人类文明可能会在可预见的未来终结。"[②]

随着社会发展,人们不再仅仅站在对立面批判科技带来的人文和环境困窘,而是重新反思,走向"文化和科技融合"。社会呼唤高新技术从唯经济观、唯产业论中走出来,担当拯救世界、拯救文明的道德责任和社会责任,重塑科学技术的文化责任和文化角色。做"有文化的科技"是"文化科技"的第一要义,这是"文化和科技融合"直接旨意,而这一旨意指向生态文明、道德文化和新哲学的思想培养。

从工业革命之初"艺术和科学分手"的哲学思辨,到"文化和科技融合"的提出,科学、科技始终没有离开"工业科技"指称,文化、艺术也始终没有离开"道德伦理"指称。"文化和科技"的争论始终是关乎人类文明的哲学思想辩论。所以,"文化和科技融合"究其本身作为术语表达的意义,是关于工业文明问题的哲学思考,是解决当下人类文明困惑的方法论。在人类文明发展进程中,文化和科技经历过两次"融合－分离"的重大变革。我国春秋战国时期,手工业高度发达,从手工业渐渐分离出工艺品加工业,陶瓷艺术和青铜艺术成为独立的文化艺术形式,同时期出现诸子百家思想学说的争鸣。随着造纸术、印刷术、文化科技进步,文化艺术被广泛传播,文化艺术思想成为驱动社会文明进步的核心动力。16世纪欧洲文艺复兴时期,科技和艺术融为一体,绘画艺术家达·芬奇也是科学家,米开朗基罗集雕塑家、建筑师、画家和诗人于一身。直到18世纪诗人歌德也从事动植物形态学、解剖学、颜色学、光学、矿物学、地质学等科学技术研究。高度繁荣的文化艺术启蒙了科学思想,18世纪中叶分娩出独立的科学技术体系,产生了不断的科学革命

---

① 〔美〕大卫·格里芬,世界著名过程哲学家,建设性后现代主义的领军人物。现任美国中美后现代发展研究院副院长,美国过程研究中心主任。
② 〔美〕大卫·格里芬:《生态文明:拯救人类文明的必由之路》,《深圳大学学报》(人文社会科学版)2013年第11期。

和技术革命，于是，有了科学技术推动下的工业文明进步。

从国家决策的现实意义来看，"文化与科技融合"是与社会主义核心价值观相呼应的具体实践，是国家解决当下现实问题的方法论指导，是实现美丽中国梦的现实战略。作为大政方针的指导，2010年中央政治局第二十二次集体学习时，提出"要推进文化和科技融合"，因为"文化是经济社会发展的重要支撑"。2011年党的十七届六中全会在"推进文化科技创新"中明确提出，"要发挥文化和科技相互促进的作用，深入实施科技带动战略，增强自主创新能力"。2012年，中共十八大报告提出"建设美丽中国、深化生态文明"，要求"把生态文明融入经济建设、政治建设、文化建设、社会建设各方面和全过程"，并在文化建设中进一步强调"促进文化和科技融合，发展新型文化业态"。中央的一系列决策，明确表述了建设美丽中国，科学技术担当的文化责任。从国防科技、工业科技，再到文化科技，清晰刻画了科学技术未来发展的路径转移：从手工业中的艺术分离，到文化艺术的科学分离，再到今天生态文明下科学技术与文化艺术新业态突起，文化和科技融合宏观层面的目的指向十分清晰，即科学技术从"工业科技"转向"文化科技"，从"第一生产力"的重点转向"第一创造力"。

二 文化和科技融合的内涵与外延

狭义地理解，文化科技是支撑各文化行业的科技，包括演出业、艺术品业、新闻出版业、广播电影电视业和新型的网络文化业。从严格意义上讲，这些都是"艺术科技"，是关于人与人之间精神交流的文学艺术表达方式，特指审美思想、审美艺术和科学技术的融合，是狭义的文化概念。文化科技创新主体也仅仅是代表新型文学艺术形态的文化主体。

但是，从关于文化和科技300多年的争议和对人类文明的影响来看，从中央关于生态文明主旨下文化和科技融合目标指向看，"文化与科技融合"并不止于文学艺术的范畴或精神领域的范围，而是涉及"工业文明终结论"的生态文明科技转向，是科学技术的文化建设，是面向人类未来文明的具有道德伦理属性的"科技"。科技始终是驱动着人类文明进步的核心力量,科技携带的思想文化必然决定人类文明的走向。这也是党的十七届六中全会报告特别强调的"科技带动战略"。

广义的文化科技概念,与文化科技融合宏观意旨相吻合,包含精神层面和物质层面,并不仅仅是具象的电影、电视、网络文化与现代高新技术的融合,并不指现代科学技术在文化艺术领域的应用,而是历史发展进程中反复追问的"哲学思想和科学技术融合",是道德层面关于科学技术的文化追问。这与我国传统的"天人合一""和合文化"等哲学思想不谋而合,因此,对现代科学技术的文化回归,是东方生态文明的伦理思想在现代科学技术体系中的应用和贯彻,是"东方文明"与"西方文明"的再一次对话与融合发展。

(一)狭义:艺术科技

文化和科技融合的直接产物就是文化科技,区别于工业科技,也不同于文化产业或民族文化,是新型文化的特殊艺术表达方式,是指支撑新型文化业态的新型艺术科技,是数字文化技术在电影、电视、出版、动画、漫画、表演等传统文化领域的应用,特指为文化行业创作生产、传播、消费提供技术支撑的现代科技体系。这类艺术科技在我国可称之为"数字文化技术",支撑的新型文化业态称之为"网络文化",其发展结果是促进传统文化业态转型升级。

狭义的艺术科技是指现代科学技术体系中衍生出新的艺术形式,并因此形成新的文化业态。如同手工业技术衍生工艺品艺术一样,诞生独特的艺术形态。因此,文化和科技融合的第一产物是新型"艺术科技",艺术科技承载的主流文化价值是使人类在纷杂而混沌的工业污染中,重新回归山美、水美、人更美的理想世界。这正是300年来文化和科技长期争执不休的主题,反映文化和科技融合的核心内涵,也符合"中华民族伟大复兴的中国梦"主旋律思想。促进文化和科技融合,发挥文化和科技之间相互影响和作用,是艺术对科技的纠偏,是以最有效的现代艺术科技转变科学界的价值观问

题,是科学技术工作者,尤其是具有代表性的科学家,在经济利益和道德伦理之间的价值选择问题。

需要特别指出的是,"文化和科技融合"的艺术科技包括数字内容产业的发展,但绝不仅限于此。文化资源数字化开采的文化数字化创作,包括生产的新技术研发、网络艺术表现形式和网络文化消费技术的进步和创新,是区别于传统文化内容和传统文化艺术表现形式的新文化,数字内容的"传播"仅是"融合"的一部分。如果把新型文化业态狭隘地理解为数字出版业,则走入误区。现代新媒体的数字内容传播,不仅是数字出版、数字艺术品、数字电影、数字艺术表演等,也不仅仅是智能手机、平板移动电脑等,这些仅仅是数字内容产业的重要形式。现代艺术科技体系支撑的新型网络文化业态尽管在市场中还没有显露成熟,但已经在诸多国家的实验室诞生。

党的十八大报告提到"促进文化和科技融合,发展新型文化业态",其中的"新型文化业态"也不限于数字出版、动漫游戏、手机文化终端等,而是指"新型文化",诸如文化数字化技术、平台技术、立体视觉技术、远程听觉技术、语义分析技术、互动技术,包括移动终端的各类传播技术、文化大数据技术、分布式艺术创作技术、文化内容服务数据库技术、实景体感技术、空间呈现消费技术等,这些现代文化科技的发展反映了新型文化业态的走向,反映了文化和科技融合向完整的艺术科技体系发展的趋势。这些体系涉及了文化资源的数字化技术、文物和非遗保护技术、文艺创作云服务支撑技术、各类文艺作品合成与生产技术、互联网和移动传播技术、文化消费终端技术等具有内在联系的技术体系。这是一套人类历史上从未有过的新型文化业态的科技体系,将催生新的艺术文化业态。

(二)广义:文化科技

广义的文化科技是围绕生态文明进程的科技总和,使用联合国环境规划署倡导的概念,就是能够促进人类"可持续发展"的现代科学技术体系。

何谓可持续发展的科学技术体系？按照国际标准化组织ISO《可持续发展标准化》（征求意见稿）所述，可持续性特指"环境、经济、社会的可持续发展"。面对人口日益激增、资源日益枯竭、环境日益恶化、经济增长难以为继的现代巨型城市，什么样的科学技术能够使陷入困境的城市走向可持续发展呢？

发展文化消费科技，使文化消费的增长逐步填补物质消费的增长。转变城市消费模式，对于现代人口、资源、环境矛盾突出的巨型城市而言，是降低能源消耗、调整人口结构、减少环境污染的有效途径，也是城市可持续发展的路径。北京市人口急剧增长、水土资源日益匮乏，空气污染、交通拥堵等现象日益严重，以艺术科技为核心，大力发展城市的现代文化消费业，扩大艺术科技创新服务和技术支撑，不仅改变了城市的消费方式，也转变了城市的生产方式，调整了城市产业结构的同时，也调整了生产性人口结构。因为艺术科技从业人员集中，产业能耗低、污染小，在舒缓交通压力的同时，能使城市人流移动有序化。因而，广义上的文化科技是艺术科技在城市生活中的广泛应用，其结果和效果与文化和科技融合的宗旨相一致。发展文化创意产业，使文化经济的增长逐步弥补工业经济的增长。调整城市产业结构的同时，也转变了城市和国家的经济发展方式。

倡导文化和科技融合的根本意义是推动高新技术产业发展，诞生新科技、新文化、新业态，是科学技术的原始创新和工业科技的根本转变。文化和科技是文化科技的母体，而非截然不同的两个概念。一个认识的误区是认为科学技术不是文化的一部分，提倡"文化提升科技、科技提升文化"的模式推广。科学技术本身是文化的一部分，只是工业文明进程中，科学技术与文化艺术渐行渐远直至分裂，才有了文化和科技融合的国家策略。"文化和科技融合"中的"科技"特指工业科技，把经济利益作为科技创新的第一目的，丧失了科学的道德理性。文化和科技融合是科技文化纳入道德轨道的融合，是工业科技具有道德文化属性的融合。道德具有科技创新的驱动意义，科技也具有道德表达的实用意义。文化和科技融合的本意是相互影响促

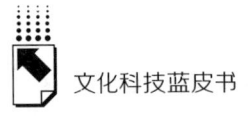

进新兴科技文化的诞生。

因此文化和科技融合不存在"双轮"模式,正是因为文化和科技双轮驱动出现了分裂问题,才体现"文化和科技融合"的重要意义。如果依然把道德思想和科学技术作为两个方面的产业经济驱动,反映出来的经济现象就是道德和科技分裂的产业经济。

(三)形式:文化高新技术产业

文化和科技融合的直接产物是文化科技,承载的是道德思想,但其存在的形式和传播的方式则是文化高新技术产业。这一产业带来的不仅是新的科学技术体系,而且是一场导致人类生产生活方式转变的产业革命。

文化高新技术产业不仅是文化产业的重要类型,而且是文化产业与其他产业跨界融合的先锋产业。苹果公司的智能手机和移动终端初现了这一产业的曙光,但真正意义上的新文化、新艺术产品并未出现。手游、微信、手机拍摄等手机文化和iPad等移动终端的网络文化,都是当前的时尚文化消费,但距离文化高新技术产业革命还很遥远。

文化和科技融合下的新型文化科技与信息技术和信息产业有着不可分离的紧密关系。但是,把文化和科技融合误解为"推动信息产业向文化产业蜕变或转型",却是对信息产业的错误认识。信息产业作为高新技术产业,应用于各类传统业态之中,但并不意味着"文化和科技融合"就是"文化产业和信息产业"之间的产业融合,就是信息产业的文化蜕变。

同时,也不能把"文化和科技融合"片面地理解为"内容产业"驱动信息产业发展的模式,不能把"科技"理解为信息技术,把文化理解为"内容"。新型文化科技的诞生依赖于信息科技之外的涉及人的大脑和器官的生物科技和生命科学,也依赖于基于纳米技术的材料技术和文化生产性服务的文化装备技术。如果把"文化和科技融合"主观地理解为"技术的文化内容化"或"技术设备和终端硬件的文化内容服务化",就会曲解文化和科技融合的新文化含义。文化和科技融合形成的文化高新技术产业是与信息技术有关的但又区别于信息产业的新型文化产业。

三 文化科技产业结构划分

如何贯彻落实"文化和科技融合"示范工程,如何识别统计"文化和科技融合"的成果,判断和分析文化科技融合的结果、进程和变化,在具体实践过程中经常遇到困难。同时,因为文化和科技融合产物的模糊和产业的交叉混淆,统计部门无从下手统计。依据文化表达的三种形态,对照文化表达的产业模式,可将文化科技融合发展进行三层次划分,为观察、统计、分析文化科技融合发展变化提供学理参考,也为进行文化科技融合产业统计提供参考。

(一)文化生产性服务业

文化科技融合的第一要义是"思想"体系,核心内涵是艺术科技产业。文化科技融合示范基地为社会提供思想产品和文化高新技术,甚至未来以艺术科技支撑现代网络文化新业态。思想产品的产量和创新思想要素的繁荣、文化科技融合的复合型人才培养和创业,本质上都是文化的生产性要素。一方面体现为文化资源,另一方面体现为人力资源,都能体现创新思想要素的繁荣程度。

思想文化作为精神文化的典范内容,判断创新思想要素的繁荣程度,往往与活跃的思想家、复合型人才直接对应。因为思想家是思想文化的载体,复合型文化科技人才是艺术和科学融合的文化载体。文化科技融合示范基地建设的首要任务,是培养和培育思想家、文化科技发明家。他们的数量和作品数量,常常是实践中计量思想产品产量和衡量创新思想要素繁荣程度的指标。文化和科技融合示范基地往往是思想家的摇篮。中关村高新技术园区的车库咖啡等创业服务平台呈现、孵化器的建设、创投平台的涌现,都是创新思想要素的表现形式。

我国创新思想要素的繁荣和思想产品对科学技术发展轨迹的影响,是文化科技体系建设的根本动力,也是文化和科技融合发展进程和建设效果的根本测度指标。简单而言，文化力激发了思想力，思想力激发了创新力。思想力的匮乏，正是我国科学技术原创不足的根本原因。

（二）消费性文化服务业

文化产业是低能耗、无污染的现代服务业。所谓将文化产业建设成为国家支柱性产业，重要方面是以文化消费的增长逐步替代物质消费的增长，使城市物质消费和能量消耗保持在相对稳定和缓慢增长的区间，使城市生产制造业逐步转换为文化创作、生产、消费的文化创意产业园。整体能耗、污染降低的同时，城市文化消费的增长快速拉动城市经济增长。调整城市人口结构和产业结构比例，同时，降低城市土地资源的占有量和交通资源的占有量，使城市人口、资源、环境的矛盾得到有效缓解。

但是，现代文化消费既不是传统意义上的电影电视演出，也不是当下意义上的移动互联网消费，更不是体育赛事或大型演唱会的消费。现代文化消费服务业是基于互联网、物联网、数字化、大数据、遥感技术、云服务等现代信息技术，融合生命科学、材料科学发展起来的高新技术，形成的文化高新技术服务业。支撑这类服务业的就是从高新技术产业中逐步转型、回归文化阵营的"新型文化业态"，而支撑新型文化业态的文化科技则是狭义上的艺术科技体系。

现代文化消费服务业不仅减少城市人口流动，而且扩展了城市居民生活工作的边界，消解了城市人口密度和交通流量。所谓"促进文化科技融合，发展新型文化业态"，特指从以往的科学技术体系中，逐步分离出建构现代文化消费服务的文化高新技术体系。但文化高新技术产业包括文化资源开发、文化创作生产、传播消费等众多产业类型。今天的网络媒体已经呈现出文化高新技术产业的雏形，然而，美国和欧盟的"大脑计划"将体现人类从未有过的文化记忆和文化计算模式，"人脑"和"大脑"的协同使得未来网络媒体的文化传播远非今天媒体所能及，更非传统媒体所能及。

从统计方法上而言，文化市场主体，包括现代文化市场主体和传统文化市场主体，都是文化和科技融合制度的统计依据。文化市场主体的数量和规模决定了人与人、人与自然之间的交往关系，无论是现代文化科技的市场主体，还是传统文化消费的市场主体，都共同成为文化和科技融合制度下的文化载体，可纳入统计范围。

（三）生产性文化服务业

生产性文化服务业是文化服务业面向能源、加工业、制造业、建筑业、服装业、餐饮业等众多实体产业提供文化要素服务的文化创意产业。文化要素包括思想、艺术、媒体广告等，涉及的技术包括新能源科技、环保科技、节能减排等关系生态文明建设的所有科学技术体系。这类文化科技是广义的文化科技概念，涉及的产业包括文化旅游、文化餐饮、时尚服饰、建筑设计、工业设计等，涵盖绝大多数实体产业领域。生产性文化服务业是文化产业向其他产业的延伸，是文化与其他行业的跨界融合。如同科学技术支撑众多实体产业发展一样，生产性文化服务业属于文化艺术对实体产业的支撑发展。这一意义体现在文化促进产业转型升级，提供中国创造的文化源泉。

然而，生产性文化服务业不是简单列入文化创意产业统计范围的非文化产业，而是特指因为文化服务而改变已有产品、企业、产业文化品格，使其经济增长和品牌建设获得显著变化的文化服务业。

无论是文化科技服务，还是文化创意服务，无论是民族服饰，还是建筑、新能源技术等等，本质上都有文化表达，都是物化的文化载体。当文化和科技融合的产物通过物化的方式表达时，这些服务技术和服务机构都呈现为"融合"的物质形态。

三层次的文化科技融合产业结构，分别对应着文化和科技融合的三种形态：精神文化、制度文化和物质文化，也分别呈现为文化科技的三个载体：复合型人才、文化市场主体和文化科技产品，因此，文化和科技融合具有了可测量可计量的指标。文化和科技融合的直接产物是科技，科技衍生文化，文化带来文化产业经济，包括文化消费经济和文化创意经济。因此，文化和科技融合的产业经济指标统计不是尚未转型的原有产业经济指

标统计。建筑业、软件业作为文化创意产业的统计范畴,依然是高能耗、高光污染和高耗材的产业,无论其产业经济如何增长,都不应该列为文化创意产业的经济指标。那些破坏传统建筑群甚至以追求经济利益为目的的损坏建筑文物的建筑业经济增长指标,更不能被列为文化创意产业的经济增长指标。

300年来的文化和科技争论,就在于科技始终与资本经济融为一体,"融合"的意义和宗旨在于呼唤"科学技术"从经济体中分离出来,诞生新文化,成为新文化的表达传播载体,回归文化本体。当文化和科技融合诞生新文化以后,再以文化产业的形式进入产业经济之中,消除工业经济带给人类的劫难,使文化和科技融合走向可持续发展的道路。文化和科技融合离不开经济,"文化、科技、经济",是创造性的未来,但文化和科技融合的基地建设和推广模式如果直接将文化和科技纳入经济范畴,其结果可能并不能产生新的文化形态,文化和科技融合便失去了哲学价值层面的意义,也不能产生对人类文明发展的变革,这是厘清文化和科技融合的基本概念,探究其宏观价值的意义所在。

B.10
文化科技深度融合的时代意义、认知框架与产业趋势[*]

肖怀德[**]

摘　要： 文化与科技从来都是人类社会发展的关键词，两者之间也总是相互影响、相互作用，密不可分。文化与科技的分野离不开现代社会分工和教育体系对自然科学与人文科学的划分。现代社会，创新驱动、科技伦理、技术化生活、服务升级、创造力培养和文化价值链因科技带来的裂变等因素综合作用，迫切需要推动文化与科技深度融合。本文提出了文化与科技深度融合的双向认知和四重场景，并从产业生态意义上，提出未来文化科技融合将重点构建互联网文化科技生态、教育与学习文化科技生态、体验经济文化科技生态、工业制造文化科技生态四大产业生态。最后，结合产业一线的调研和数据，本文对具体文化科技融合的产业趋势提出了一些判断和思考。

关键词： 文化科技深度融合　创新驱动　双向认知　四重场景　产业生态　产业趋势

文化与科技深度融合是一个内涵和外延都非常丰富、时代性很强的学术问

---

[*] 本文为笔者主持的"北京市海淀区文化科技深度融合发展研究"课题的部分理论成果。
[**] 肖怀德，中国艺术研究院文化发展战略研究中心副研究员、北京大学艺术学博士，应用经济学博士后研究领域为文化战略、文化政策、科技文化与创意管理等。

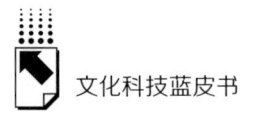

题,也是一个实践问题。从文化学意义上看,科技进步已经成为当代文化发展不可忽视的主流文化现象,并深度影响和重构当代文化的形态、结构和价值取向。从产业创新视野来看,文化与科技深度融合从三个维度来考量,一方面文化是提升科技产业竞争力和价值追求的重要引擎;另一方面科技在深度改变文化产业的价值链和供需关系;从更深层次来看,文化和科技成为当代产业创新的两翼和内在驱动力量。笔者基于对海淀区中关村地区的相关科技文化机构、企业的调研、访谈,试图梳理文化科技融合的时代背景、认知框架和产业趋势,权当抛砖引玉。对于文化科技深度融合的理论构建还有待更多学人共同努力。

一 文化科技深度融合创新的时代意义

(一)文化与科技融合为何会成为一个问题?

文化与科技从来都是人类社会发展的关键词,两者之间也总是相互影响、相互作用,密不可分。人类文化的每一次进步与发展都离不开科技的进步与推动作用,印刷术、广播电视、电影、互联网,每一次技术变革,都带来了人类文化的生产、传播和接受方式的深刻变革。同时,由于文化作为人类的价值观系统、制度文化和生活方式的统一体,因此我们对科技不能仅仅从工具理性的角度认知,科技本身也是文化的组成部分。

从另外一个角度来看,科技与文化之间也有着天然的鸿沟。在古希腊、古罗马时期,科学与艺术之间并没有明显的划分,很多我们今天理解的科学领域在当时属于艺术范畴,很多我们今天理解的艺术领域在当时属于科学范畴。随着社会分工和学科体系的不断分化,人类将学科体系分为自然科学和人文社会科学两大系统;从职业分工来看,科学家、科技工作者和工程师属于大科学范畴,艺术家、设计师、作家等群体属于大人文范畴,前者更追求工具理性和结构化思维,遵循应用逻辑,后者更追求精神感性和发散性思维,遵循审美逻辑,两者之间被一道天然的鸿沟隔开,难道两者之间真的要沿着那条划定的轨道各自奔跑,不相往来吗?

（二）文化科技深度融合在今天的价值何在？

正如福楼拜先生所言："科学与艺术在山脚下分手，在山顶上会合"。科技从来没有像今天一样深度嵌入人类生活的方方面面，创新从来没有像今天一样成为时代的主旋律，人们对科技类消费产品的极致化、个性化、审美化需求，人们对文化类消费产品的体验化、交互性、场景化需求，使得科技与文化的深度融合问题变得日益重要，主要表现在以下方面。

第一，互联网技术正在深刻地变革人与人、人与信息、人与商品、人与服务之间的关系，数字技术深刻地改变着文化内容的生产、传播和接受方式，"信息的 DNA"正在迅速取代原子而成为人类生活中的基本交换物，今天的人类已经完全生活在一种数字化、互联网化的世界中，科技成为一种生活方式。如果说文化是当代人的一种生活方式，科技则成为当代文化生活方式的核心。

第二，如果说农业社会、工业社会、科技的进步更多地在促进人类生活的便利，提升工作的效率，那么今天，互联网技术在便利我们生活的同时，也为我们制造了太多的麻烦，不久的将来人工智能将为人类带来更多的文化问题、伦理问题。正如著名技术哲学家阿诺德·盖伦在《技术时代的人类心灵》中所言，"技术的日新月异告别了那种宁静的常规社会，打破了那种稳定的制度，步入了一个节奏快、变化大的现代社会，而人类的精神、思想、伦理等都将在这种未定型的社会中被迫迎接这一巨大挑战。人类在挑战这一巨变的过程中产生了各种矛盾、冲突，因此也产生了各种心灵危机。现代文明的内在矛盾及其所造成的人类心理失调，并不是人类文明这一方面或哪一方面的危机，而是整个人类文明坐标系的危机。秩序感和稳定性的不足，依然是现代社会的一个问题。"[①] 科学家、创新者对于科技和人文的互动关系的深刻理解，对于人作为科技运用的主体性的认知，直接决定未来科技的走向，科技是造福人类还是毁灭人类？这个问题比历史上任何时期都显得重要，科

[①] 〔德〕盖伦：《技术时代的人类心灵——工业社会的社会心理问题》，上海科技教育出版社，2008，第5页。

技工作者的人文素养和人文关怀，直接决定着未来科技对人类走向的影响。

第三，中国的科技创新经历了模式复制的本土化创新、吸收再创新到今天的自主创新阶段，对于自主创新而言，价值观、制度建设、知识分享等文化因素占的比重越来越大，如何构建一个创新的文化生态，让创意和创造力不断迸发，成为科技创新的核心动力。

第四，伴随着中国新一轮的消费升级，主流消费由屌丝消费向中产消费过渡，消费者不仅对产品的物质功能有需求，更加注重产品的设计美感、情感共鸣和价值认同，如何向创新产品注入文化内涵、动人故事和设计美学，成为当下企业产品创新的关键。

第五，随着BAT等网络巨头鼎立格局的确立，基于互联网、云计算、大数据等基础技术的未来商业基础设施不断完善，未来的创新不再是基础技术、基础应用的变革，而更多的基于对应用场景、生活场景的深刻洞察，更多地考验创新者对于应用场景的人类生活方式和文化属性的痛点击中和痛点共鸣。

第六，人类社会的发展离不开科学思维和艺术思维两种最底层的思维方式，科学追求真理，批判质疑需要结构化思维和强有力的执行，文化包含着艺术创造、人文关怀和终极思考。今天，科技工作者不仅要有理工科思维，更要注重人文素养的熏陶，艺术工作者不仅需要天马行空，更需要对基础性技术语言的掌握和运用，才能基于技术基础设施进行艺术性的创造和应用，跨界思维、想象力成为当下乃至未来人类制胜的核心素养。

第七，随着互联网、云计算、大数据、虚拟现实、人工智能等新兴技术的变革发展，人类的文化生产、传播、接受和消费方式正在发生深刻的变革，作为方兴未艾的文化创意产业，其产业形态、商业模式也在发生着根本性的变革，有专家预言未来基于互联网的文化创意产业占文化创意产业的比重将高达70%，文化的生产、消费和服务正在发生着颠覆性的变化。

二　文化科技深度融合的双向认知与四重场景

文化科技融合涉及面广，体系纷繁复杂，如何进行有效的概念界定和体系构建,是开展文化科技融合研究的前提。结合对文化科技融合概念和应用领域的理解与梳理,笔者提出文化科技融合的双向认知和四重场景理念。

双向认知:文化科技深度融合可以从两个相向维度进行理解和认知。一是文化对科技创新的软支撑作用。从宏观上涉及科技相关产业的价值观文化、制度文化、协同文化、企业文化战略的内容。从微观上,涉及设计、创意、故事、文化对科技类企业产品的美学提升、价值提升和品牌认知。二是科技创新对文化发展的引领作用。按照国家对文化建设的二分法原则,从文化事业上看,涉及科技力量对文化资源的共享、公共文化服务的有效性、精准性的有效提升。从文化产业上看,分为两个层面,其一,科技对传统文化产业的改造升级,涉及文化制造装备、新闻出版、广播影视、演艺、艺术品等传统文化产业的技术革新。其二,科技革命催生的新兴文化产业业态,包括互联网相关的泛娱乐产业、流媒体音乐等相关文化产业、数字内容产业、VR、大数据、云计算、人工智能等新技术在文化产业的应用等。

四重场景:第一重场景是科技变革带来的文化演变。重点研究新科技带来了人类行为文化、认知文化、社交文化和商业文明的深刻变革,如新商业带来新的诚信体系的重构,二次元文化、创客文化、泛娱乐文化的新特点,VR创造的虚拟世界,人工智能创造的新人类,人类在重构关于现实与虚拟、主体与客体、自我与他者的新逻辑和新框架。第二重场景是科技产业的文化生态营造。重点研究科技产业发展的价值观体系、制度文化建设和创新文化因素,包括对人的创造性劳动的尊重,知识分享的充分自由,科学家精神和企业家精神的弘扬,对失败的宽容,科研机构、文化教育资源和创新土壤,政策环境的营造,人文环境的基础等等。第三重场景是科技企业的产品文化叙事。重点研究科技型企业如何在产品中注入故事,让企业将科技研发和文化IP打造实现联动,在产品层面注入文化的力量,引起消费者的情感共鸣,提升企业的品牌价值。第四重场景是文化供需的科技裂变。重点研究科技对文化生产、传播、接受、消费带来的颠覆性变化,从而形成新兴的公共文化服务模式和新兴文化创意产业形态。

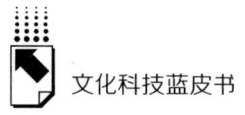
文化科技蓝皮书

三 文化科技深度融合的产业生态机遇

无论科技如何发展，人最终还是人，人性作为人的基本属性。笔者发现，互联网的发展最终起决定性作用的是人们对人性的洞察。人作为社会动物，腾讯解决了人关于社会性、社交的需求。阿里巴巴解决人需要通过交易，获取利益从而生存的问题，它解决的是人关于生存的需求。百度解决的是人关于知识、关于信息，关于提升认知的人性需求。

今天和未来无疑是一个生态经济的时代，所谓生态经济是万物互联，破界化反，行业与行业之间的界限将被打破，学科与学科之间的壁垒将被打破，传统的认知需要重启。

文化和科技都是手段，最终都要落到未来基于人性需求满足的产业业态当中，才能获得赋能和产生价值。结合前期的调研和分析，笔者认为未来的文化科技融合产业可以深耕以下四大产业生态。

（一）基于互联网的文化科技生态

有学者说互联网是千年大事，也有学者说互联网时代是堪比思想家卡尔·雅斯贝尔斯所言的前800年到前200年的"轴心时代"的新轴心时代。互联网不是一次技术革命，而是一次世界观革命，互联网不是一个孤立的技术行业，而是一个可以改变所有行业和领域的新兴力量。全世界的互联网大幕才刚刚开启，万物互联的时代还远远没有到来。互联网第一代叫链接，从连接人与信息，到连接人与人，连接人与商品，互联网的下一代是什么？是重塑？重塑认知、重塑生活、重塑社会？在互联网的下半场，互联网文化科技生态布局将进一步展开，包括构建互联网信息传播、互联网娱乐内容、互联网文化生活、互联网文化服务、互联网文化消费等子生态。

（二）基于体验经济的文化科技生态

为什么人需要体验？因为体验可以让人沉浸其中，沉浸意味着可以从现实无趣的世界抽离，获得活在当下的体验，获得对于生命意义的追问。为什么现代社会更需要体验？因为现代性的工具理性特质，使人越来越远离自然，越来越工具化、机械化。体验是什么，体验是情感的连接，情感的共鸣，体验让人逃离现实的机械化、重复的世界，走进虚拟世界，让情感得以释放，让压力得以释放。为什么游戏、VR、二次元那么受追捧，因为那里有一个虚拟的梦幻世界，那里没有等级、没有权威、没有规矩，那里个体可以实现在现实世界想都不敢想的东西，可以做在现实世界想都不敢想的事。为什么旅游、体育、电影、剧场、演唱会会那么火？因为通过它们人可以进入一个集体性、仪式感的场景，这些场景让人活在当下，或者暂时做一回美梦。未来人类将迎来体验经济时代，企业将在构建体验经济文化科技融合生态上展开竞争，涉及交互体验类文化产品生产，交互体验类硬件设备，交互体验类文化媒介，交互体验类创意服务，交互体验类装备制造等领域。

（三）基于教育和学习的文化科技生态

这是一个信息、知识爆炸的时代，在海量的信息和知识面前，人类变得无所适从，不知如何取舍，好像每天都在浏览信息、获取信息、收获知识，但是却离未来越来越远。人类对于知识、对于智慧的恐慌超越了以往任何的时代，使得教育和学习成为真正的刚需。不仅我们自己害怕被时代抛弃，自主学习和受教育的需求旺盛，对于下一代的教育和学习恐慌同样强烈。未来人类将迎来一个智慧时代。语言教育、应试教育的春天很快就要过去，职业化教育、社会化教育、思维拓展型教育、创新教育、想象力教育、创意教育的春天很快就要到来。未来基于教育和学习的文化科技生态将是一片蓝海，互联网教育、大数据教育应用、人工智能教育应用、VR、AR教育应用等行业，新型跨界类教育、跨学科复合型人才培养、新技能职业化教育、创新型人才教育将飞速发展。

（四）基于工业与制造的文化科技生态

不管互联网如何发展，它只是一种链接的工具，一种提升效率的手段，

一种虚拟经济形态。人类最终还是离不开吃、穿、住、用、行等基本的生理需求，这些基本的生理需求的满足离不开庞大的工业和制造业的支撑。这样我们也能理解中国在高唱互联网改变一切的凯歌的时候，日本、德国在悄悄地布局工业4.0，我们也能理解马斯克并没有做互联网，而是在布局新能源汽车、太空探索和高速铁轨列车，我们也能逐渐理解新上任的美国总统特朗普力主将全球制造业中心迁回美国。当前，我国一方面要聚焦工业和制造业的基础技术研发，夯实中国工业和制造业的底盘。同时，着力迅速补齐创意设计，尤其是工业设计领域的短板，工业设计的未来不再是功能设计，而是审美设计和人性设计，这是未来中国工业和制造业从代工走向中国创造和中国智造的关键所在。

四 文化科技深度融合的产业发展趋势

如果说传统的文化科技融合的认知更多地基于科技手段对传统文化产业的技术提升，新一轮的文化科技深度融合无论在融合的广度、深度上都更胜一筹。从目前的趋势来看，一方面，互联网技术作为一项人类科技革命史上里程碑式的技术革命，对文化领域的颠覆性影响正在向纵深推进，分享经济、粉丝经济、社群经济等正在深刻影响和改造着文化的生产、传播和消费流程，颠覆着传统上对于文化事业和文化产业的边界划分，拓展了文化创意产业的边界，一些新的泛文化创意产业正在蓬勃发展；另一方面，大数据、云计算、人工智能、VR/AR、3D打印，这些新的技术浪潮对文化领域的颠覆性影响初现端倪，未来必将诞生出许多新兴的文化服务和文化消费业态。

结合实地调研和文献研究，本文主要梳理了以下几个主要的发展趋势。

（一）娱乐产业的泛娱乐化和IP化

泛娱乐的概念最早由腾讯提出，泛娱乐的核心是基于IP的多领域衍生的粉丝经济，覆盖直播、网红、网络文学、动漫、游戏、影视等领域。基于数字技术与移动互联网带来的数字内容跨媒体传播，IP内容的粉丝黏性和粉丝导流，文化版权的多产业链共生，娱乐消费者的共同生产，以BAT为代表的互联网巨头的社交、连接入口的生态支撑等，泛娱乐产业打通了娱乐形态之间的边界，释放了每个人的创意和创作才华，实现了共同喜好的粉丝群体的无缝连接和快速聚集。目前，以BAT为代表的互联网公司均在布局泛娱乐生态。而且，泛娱乐精神和产品IP化迅速向其他相关传统产业蔓延。

（二）信息传播的人格化、数据化和智能化

随着信息传播从单向传播向双向互动传播、个性化传播转型，大量具有粉丝附能的个人和团队纷纷建立自媒体平台，推动大量具有人格属性的自媒体平台崛起，而且自媒体平台向更加垂直细分领域发展。同时，随着信息的海量爆炸，为用户过滤信息，针对用户的个性化需求和个性化推送服务的新媒体平台迅速占领信息资讯市场，以今日头条、一点资讯为代表的新媒体平台，基于对信息的数据挖掘和一套算法，向用户进行智能化信息服务。其中智能化是利用数字化交付手段所产生的数据进行分析，持续优化其服务模式，并为用户带来更多价值，数据量并不绝对重要，关键是数据的算法。

（三）VR、AR等新技术催生新一轮文化体验革命

体验是连接消费者与文化产品，形成情感共鸣的关键。一方面移动互联网强势地占领着消费者的虚拟生活空间，同时人类又渴望通过沉浸式的体验获得与内容的深层次交互，获得当下生命的意义；另一方面，新的沉浸式新媒体技术的发展和内容创作不断颠覆着消费者传统的视听体验，带来了全新的视听享受。虚拟现实、增强现实、全息成像、裸眼三维图形显示、交互娱乐引擎开发、互动影视等新的沉浸式技术发展，设备普及和内容创新发展，带来视听感官交互体验全面升级，在游戏、影视娱乐、旅游等产业最先爆发，也在向消费购物、教育等产业延伸，必将带来新一轮的文化体验革命。

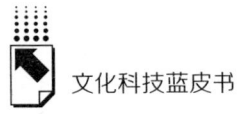

（四）创意设计业兴起新一轮综合系统设计和技术设计浪潮

设计是将技术与艺术、商业与艺术完美融合的核心环节，是产品与消费者见面的"最后一公里"。相较于传统的营销，互联网时代的资讯传播成本、通道成本和营销成本大大降低。一旦设计真正能在技术与艺术之间架起一座桥梁，引起用户的痛点共鸣，就能迅速占有市场，这是真正推动设计美学在互联网时代崛起的原因。当前，创意设计业呈现出几大趋势：一是创意设计由传统意义上的产品设计，从ODM（设计差异化产品）走向OEM（设计定制化产品）、OBM（设计公司品牌）、OSM（设计公司战略），设计的价值体现在重新思考事物的本质，连接事物的能力，抽象思维，创造新价值，创意视觉化，同理性，设计领导力，探索新的可能性等。二是创意设计服务不再是基于单个设计师针对产品的个性化设计，而是不同设计工种的协同作战和整合创意设计服务，新的基于共同目标的协同创意和设计服务标准化全流程。比如建筑设计行业的建筑信息模型（Building Information Modeling）就是对建筑各工种的协同整合和模型构建，大大减少了传统设计服务的互相扯皮和返工现象。三是创意设计不再是一个纯粹的设计美学生产，而是需要不断与新技术融合，新的技术化设计，如信息设计、智能化设计等对设计领域提出了新的职业化素养要求。

（五）移动音视频等内容产业将迎来爆发式发展

移动互联网时代将让人类的时间和注意力逐渐碎片化，移动互联网与互联网的本质区别在于用户使用和消费场景的转换。伴随着80后、90后、00后等互联网一代的主流娱乐消费群体的崛起，其阅读习惯逐渐从文字阅读向声音、视觉阅读转型，基于移动互联的短视频、音频行业迅速崛起，在短视频领域，分别有不同侧重点，"一条"主打生活内容，"秒拍"强化娱乐内容，"小咖秀"更加偏工具化，"一直播"则重在社交。在移动音频领域，有知识服务的逻辑思维，音频分享平台喜马拉雅FM，电台聚合平台蜻蜓FM等。未来，移动音视频将继续爆发式发展，但会走向深度垂直领域，创意能力和制作水准成为生死线。不仅追求流量，而且必须有下沉到行业的盈利能力，除广告外，内容电商将是主要的盈利模式之一。

（六）新技术带来了新一轮的教育和学习革命

在信息社会里，在知识经济时代，知识作为一种财富，其重要性前所未有地凸显出来。新技术颠覆传统认知，改造着社会、商业、社交逻辑，人类从来没有像今天一样怀有对适应这个时代的知识渴望和生存焦虑，传统的教育制度和教育学科体系正在接受挑战，没有围墙的学校正在形成，教育行业正在发生颠覆性的变化。一是在线教育打破了地域限制，实现了教育资源的充分共享，有效解决了教育公平的问题。以可汗学院"翻转课题"的理念，将传统教育以教师、课堂为中心的模式翻转为以学生为中心，从而更加尊重求知者的个性。二是终身学习理念深入人心。知识更新迭代，学习成为人一生的不懈追求，从被动学习到主动学习，学习学习的能力，而不是纯粹的知识成为重要目标。三是创新教育方兴未艾。随着未来人工智能的发展，大量机械化、程序性的工作将被机器人取代，人类的核心价值在于跨界思维、创意能力、创新能力和想象力，对于创新能力的培养、想象力的培养成为未来教育的核心目标。

（七）网络文化内容生产由 UCG（用户生产内容）向 PGC（专业生产内容）和 PUGC（专业和用户共同生产内容）发展

互联网带来了文化内容生产模式的根本性变化，由传统的专业文化生产机构生产内容，受众消费内容，到大众生产内容和共享的转变。前一波的互联网浪潮主要是社交连接，内容生产者主要是普通的互联网用户，即 UCG 模式。下一波的互联网浪潮将向垂直纵深领域延伸，更加注重专业细分领域的内容生产和粉丝连接，将产生更多的 PGC 和 PUGC 的内容生产模式，专业化内容生产不仅满足浅层次的社交需要，还将更多满足自我价值实现和建立权威的需要。

（八）传统的文化事业和公共服务内容进入文化消费领域

随着消费社会的崛起，大众文化接受方式将进一步向文化消费和文化市场延伸。传统的文化事业机构，如图书馆、博物馆、文化遗产地等，储存着丰富的文化内容和素材，但更多地承担着公共文化服务的功能。随着数字经济的发展，这些文化内容借助数字化手段实现了版权化的再生，在跨媒体、跨介质传播中将发挥更大的作用。展览展示、文创产品设计、数字授权、公共教育等新兴模式推动着这些文化资源进入大众文化消费圈层，既实现文化内容的广泛传播，也获得了良好的商业回报。未来，文化事业与文化产业之间的界限将进一步打破，文化事业单位将为文化产业的发展注入丰富的文化内容素材和资源。

（九）产品制造数字化和3D打印技术将带来文化制造的创客革命

互联网和制造业融合引发了一场制造业革命。创业者将使用开源设计和3D打印，将制造业搬上自家桌面。在这个定制制造、"自己动手"设计产品、创新的时代，数以百万计发明家和爱好者的潜力即将集体爆发，全球制造业将由此而掀开新的一页。安德森在《创客：新工业革命》中预言，"在接下来的10年里，人们会将网络智慧用于现实世界之中。未来不仅属于虚拟的网络公司，也属于现实世界的产业。创客运动，这一推动数字世界真正颠覆现实世界的助推器，将在全球实现全民创造，掀起新一轮工业革命，创客一代必将成为下一次全球经济大潮的弄潮儿。"① 在文化制造领域，这场创客革命也同样势不可当，文化创客将利用3D打印和智能制造技术生产自己所需的文化类设备、文化生活服务类产品等。

（十）分享经济催生新兴的泛文化生活服务产业

分享经济是指将社会海量、分散、闲置资源，平台化、协同化地集聚、复用与供需匹配，从而实现经济与社会价值创新的新形态。分享经济强调的

---

① 克里斯·安德森（Chris Anderson）：《创客：新工业革命》，萧潇译，中信出版社，2012。

两个核心理念是"使用而不占有"（Access over Ownership）和"不使用即浪费"（Value Unused is Waste）。在共享经济背景下，固定资产和个人技能先实现分享。目前，国内出现了住宿分享服务，如 Airbnb、途家等；出行分享服务，以滴滴打车、摩拜单车为代表；知识分享服务，以在行、分答为代表；医疗健康分享服务，如春雨医生等，这些分享经济的新商业正在重新定义传统的住宿文化、出行文化、骑行文化、知识价值文化和医疗健康文化。未来，将有更多的内容被分享。

产业观察篇

Industry Observation Reports

B.11
中美电影市场话语权比较*

肖永亮**

摘 要: 中国电影市场规模的迅猛扩展显现即将超越全球第一的美国的态势,中美两国之间的角力进入胶着状态,两国电影市场话语权的较量中,两者间的显著差距仍然有着深层次的原因。中美电影产业之间的差异除了文化差异等方面原因外,择其概要有三方面因素起关键性作用:主流价值观、艺术自由度、核心新技术。

关键词: 电影市场 中美比较 创意经济 影视评论

---

* 本文系北京市哲学社会科学优秀基础理论研究重大项目"社会化媒体公众话语权体系重构"(项目编号:14ZDA04)的研究成果之一。
** 肖永亮,国家动漫创意研发中心总监、沉浸式交互动漫文化部重点实验室学术委员会主任,计算机可视化博士、数学博士后、医学博士后,研究领域为数字创意产业、数字艺术、沉浸式交互界面、动画与影视特效。

一 中美电影市场的基本现状

全球电影市场在中美两国的激烈角逐和引领下，近年来得到稳步发展。根据国际最专业的美国电影协会权威统计报告，2016年全球电影票房总额已经达到386亿美元，其中北美市场占29.5%，为114亿美元，其他有7个国家年度票房超过10亿美元，分别是中国、英国、日本、印度、韩国、法国和德国，其中中国以68亿美元业绩遥遥领先于位居第三的英国（19亿美元）。中美两国的电影市场的发展令世人瞩目，两国之间争夺电影市场话语权的竞争愈演愈烈。电影产业无论是生产、发行和放映都面临创新和挑战，数字、立体、高清、高速拍摄和放映技术革命，虚拟交互VR、AR、MR等技术层出不穷，正在不断刷新和颠覆传统的电影观念和观影形态。李安导演的《比利·林恩漫长的中场战事》电影，以120帧/秒、4K分辨率和3D立体等拍摄放映技术，为电影史写下崭新的篇章。

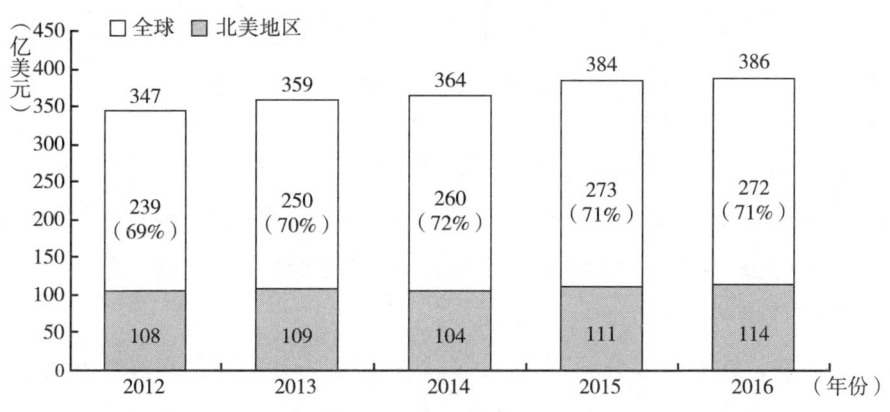

图1 全球票房近5年增长趋势

资料来源：美国电影协会（MPAA）2016年度报告。

中国电影市场随着经济的发展、人们生活水平的提高、娱乐消费能力和文化需求的增长，呈现出票房逐年递增的趋势，市场规模紧追美国，有望在不久的将来成为全球第一。一方面，院线建设以每天22块银幕的增长速度发展，2016年底已经达到总数41179块。影院布点覆盖县级城市甚至部分富裕乡镇，影院设备设施技术先进，全部实现数字化。票房自然节节攀升，2016年农历大年初一上映的国产科幻喜剧片《美人鱼》单片票房累计达33.85亿元人民币（下同），同日上映的另外几部影片市场表现也不凡，《西游记之孙悟空三打白骨精》达11.99亿元，《澳门风云》达11.17亿元；另外，中美合拍的《功夫熊猫3》票房收入达9.96亿元，迪士尼的动画片《疯狂动物城》3月份席卷全球，在一片赞誉声中，中国大陆轻松拿下票房12.62亿元。

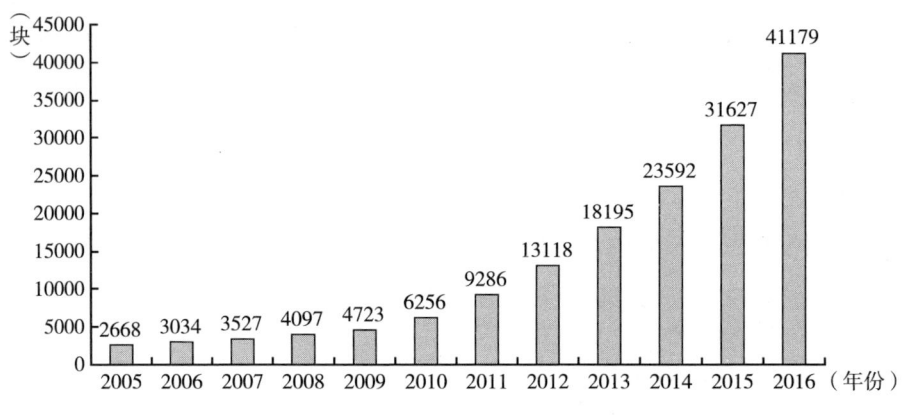

图2　中国大陆影院历年完成的银幕安装块数

盘点2015年中国大陆电影市场状况，共上映新片约380部、电影票房高达440.69亿元。单片票房过亿元的有81部，其中国产片超过半数达48部。《捉妖记》夺票房之冠达24.3893亿元，《港囧》《夏洛特烦恼》《寻龙诀》和《煎饼侠》票房均过10亿元。

近年来，在票房攀升的同时，大陆国产片在影片类型的多样性方面也有显著拓展，形成了喜剧、爱情、青春、体育、魔幻、奇幻、悬疑等众多类型片百花齐放的格局，如《美人鱼》科幻喜剧片利用天时（春节）、地利（大陆）和人和（明星），开创中国电影史上多个第一；《西游记之孙悟空三打白骨精》利用家喻户晓经久不衰的中国传统神话题材，以12亿元票房刷新了国产魔幻片的业绩；动作片《澳门风云》《叶问3》《寻龙诀》也都表现不凡；魔幻片《捉妖记》和剧情片《老炮儿》票房口碑甚佳；《西游记之大圣归来》为中国动画片注射了一剂强心针;《煎饼侠》《港囧》和《夏洛特烦恼》等喜剧片颇受观众喜爱;《战狼》等军事题材影片市场表现远超预期;体育片《破风》也难得地受人关注。中美合拍的《功夫熊猫3》、中法合拍片《狼图腾》在中外合作模式上有新拓展。

有许多电影虽然票房业绩不佳,但并不意味着就一定不赚钱。赚钱的电影未必就是口碑好、票房高的电影,在中国不赚钱的电影未必在国外不赚钱。一部电影拍完后,票房不是唯一的经济指标,还有电视播出、影带出租、网络传播、广告效应、造星效应、海外发行等。

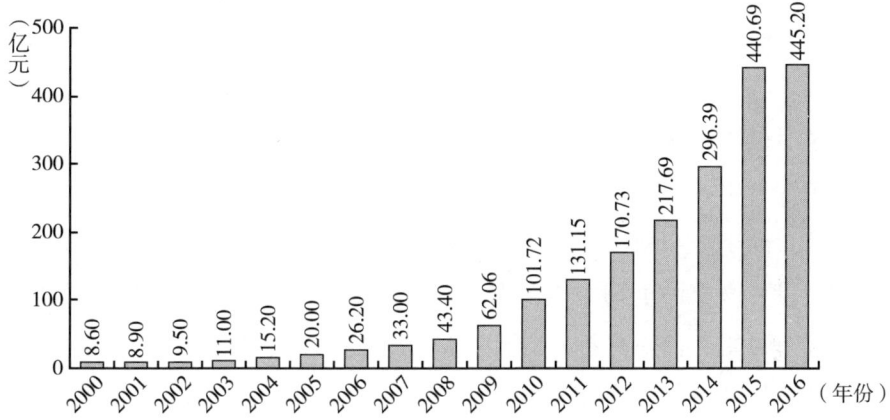

图3 中国大陆电影票房总数逐年增长

2015年大陆兴起了一个热门的IP概念,使得电影与相关联的传播介质电视行业和网络平台发生了更紧密的联系。与电影相关的中国电视剧行业,是一个政策敏感性行业,政府出台的管理规则繁多,相比电影束缚更多。中国大陆每年生产的电视剧基本稳定在相同规模上。2015年大陆生产完成并获准发行的剧目共计395部、1.65万集,其中包含许多所谓IP电视剧。这些IP内容不仅是在电视屏幕上一播了之,而且被用来全方位、立体式开发成电影、网游、手游、网络剧、舞台剧、音乐等,通过影院巨幕、大银幕、电视屏幕、移动屏幕等多渠道传播。

多屏化的播出渠道使得内容的重要性显现出来。电影和电视剧市场已经

出现向综合实力较强的大型影视剧制作龙头公司倾斜的趋势，市场集中度正在缓慢提升。手机终端也成为影视公司争夺的重要市场阵地。据统计，2015年网剧达到805部12000集，仅仅一个暑期档，全网就上线了107部网剧，网剧产业链得到了快速延伸和融合发展，影视专业制作机构和人才频频流向互联网，2016年各大视频网站更是你追我赶，要将自制剧投入规模继续扩大。

美国影片虽然只占全球电影产量的6.7%，却占据全球总放映时间的一半以上。全世界影院上映的电影有3/4出自美国好莱坞和梦工厂。近年来，电影附加产品收入逐渐成为电影业收入的重头，电影延伸产品的收入已经超过电影本身的票房收入。美国无论是电影票房还是电视节目营收，都有超过2/3是来自北美之外的市场。比如，《星球大战》三部曲自20世纪70年代公映以来，除18亿美元的全球票房以外，其主题产品、玩具、游戏、图书和唱片等，销售总额高达45亿美元。

美国拥有全球"文化巨无霸企业"的半数以上，控制了全球3/4以上的电视节目的生产和制作，每年向其他国家转播的电视节目达到30万小时，许多第三世界国家的电视中美国节目占比高达60%~80%。当前，世界大部分新闻节目是由美国垄断。美国的哥伦比亚广播公司、美国有线电视新闻网、美国广播公司等媒体所发布的信息量，是世界其他各国发布的信息总量的100倍，是不结盟国家集团发布信息量的1000倍。

经历了2015年的高速增长，2016年的中国电影市场并未如各界预测的那般保持高速增长，增速明显放缓。艺恩咨询数据显示，2016年上半年全国新上映影片总票房约为230亿元，同比增长20%，增速创五年最低，暑期档甚至出现了同比负增长的情况。全球电影市场也表现平平，北美电影市场上半年的增幅为0.4%，暑期档增幅也仅为0.2%。电影市场增长遇冷，从一个角度也反映出优质内容资源的缺失。

在这样的背景下放眼全球，表现最亮眼的电影公司非迪士尼莫属。已经"90岁"的迪士尼公司在2016年仍焕发着蓬勃的生命力，不仅涌现了一批叫好又叫座的影片，电影板块整体票房的增长同样令人瞩目。

2015年，迪士尼公司凭借《星球大战：原力觉醒》《复仇者联盟2：奥创纪元》《头脑特工队》等影片，在全球狂揽58.4亿美元票房，其中《星球大战：原力觉醒》影史票房排名第三。迪士尼全年票房实现增长33%，营收增长13%，利润增长达到惊人的45%，连续第二年成为盈利率最高的电影公司。

2016年，北美和全球电影市场迎来了又一个"迪士尼年"。不到11月份，迪士尼已打破上年的票房纪录，以58.5亿美元的全球总票房，位列好莱坞六大电影公司首位，也刷新了迪士尼历史上最高年票房的数据。目前，迪士尼旗下的作品占据着2016年度北美票房前十影片中的四个席位。

表1 2016年北美票房前十的迪士尼影片（截至2016年11月）

单位：亿美元

排名	片名	北美票房	全球票房
1	《海底总动员2》	4.9	10.2
2	《美国队长3》	4.1	11.5
4	《奇幻森林》	3.6	9.7
6	《疯狂动物城》	3.4	10.2

资料来源：Box Office Mojo。

二 中美影视产业差异的主要原因

以上的数据只能给读者一个大体的宏观印象。细究起来，中美影视产业之间除了文化差异，其他大大小小的差别体现在方方面面，择其概要，内在的深层次的原因不外乎三个方面：主流价值观、艺术自由度、核心新技术。

首先谈谈主流价值观的问题。本来不同文化之间的价值观必定存在差别，谈不上孰是孰非，谁高谁低，但是我国与美国的差距是彼有我无。按道理，每一部影视作品都在表达一定的思想观念，例如美国电影《泰坦尼克号》，当这艘被称为永不沉没的巨轮满载着高贵和低贱的各类乘客不幸被冰山割破沉入海底之时，由于救生船艇数量有限将生存选择的问题摆到人们面前进行逐一考验，人性、平等、真爱、高贵这样的尺度，在人与人、人与自然的激烈冲突中得到清晰的界定。影片之所以大获成功，不仅仅是因为其打

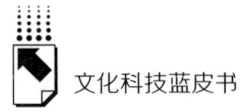

动人心的传奇故事，吸引眼球的视觉特效，更重要的是作品表达的思想境界，是被普天大众接受并感动的世界观、人生观和价值观的自然流露，是一种超越国家、民族的主流意识，这样的审美体验被升华，成为一部承载全人类主流价值观的不朽之作，也始终保持着电影史上票房冠军不可撼动的地位。

又如最新的迪士尼动画《疯狂动物城》，传递的不仅是美国人也是普天下人们接受的价值观：生命之间的平等、生活追求的果敢。生命之间的平等包括人与人之间、人与自然之间，因此必须消除人为种族隔阂、提倡自然生态保护。价值观有无的区别在于有无价值取向，有无底线，一部作品如果丧失主流价值观而无底线地一味娱乐，是难以成为旷世之作的。通过明星效应和作品包装来戏说历史、恶搞战争、颠覆经典、取笑圣贤的作品，即使得一时之追捧，也常使观众过目即忘，甚至可能贻害社会，误导后代。

艺术自由度是指在艺术创造过程中的艺术思维的开放程度，是艺术家自由发挥的空间范围。艺术的生命力体现在创新，创新的前提是思维自由。在思维空间充分发挥自由的想象力，才有可能不断获得充满艺术活力的新作品。当然，绝对的自由是不可能的，创作者毕竟受到社会环境和个人成长条件的种种束缚。在一定的法律环境中，创作者生活空间和自由度越大，发挥想象的空间也越大，出新的可能性就更大。艺术家必须永远保持求真求知的好奇心和探索欲，将生活表面下的本真加以艺术的表达，才能不断涌现出充满新意的作品，使得观众产生强烈共鸣。艺术追求的就是"不一样"，要摆脱思想的束缚、精神的束缚、过往作品的束缚、表达的束缚等等，摒弃一切雷同、抄袭、模仿、山寨，尝别人没尝过的鲜果，给人从未尝过的新酿。

核心新技术关乎艺术表现力和感染力，是实现美和超越竞争对手的法宝。技术往往被认为是辅助工具，但在现代影视生产中似乎不可缺少，正如手机在人们生活中难以离手一样。核心技术还不同于一般的技术概念，学会使用影视后期制作软件的确能完成人们常见的视觉效果，但是对于创新来说，屡见不鲜还能称之为新吗？如果不具备掌握核心新技术的能力，宏大的想象力如果无法展现，其艺术表现力必定受局限。只有真正掌握了自主研发的核心技术，才能保证艺术创作得心应手、运用自如，才能顺着创作的无限遐想，变不可能为可能，变妙不可言为美不胜收。技术往往颠覆人们的视听体验，当我们即将完成这一轮赶超美国 5 万块数字化立体影院银幕的角逐时，掌握了先进核心新技术的国家已经瞄准 VR 观影体验，现有的影院放映方式和排座观赏方式都将被彻底颠覆，甚至推倒重建。谁先掌握了这些核心新技术，谁就掌握了推广应用的先机，掌握了议价权和设备订单。

以上三方面可以说是对真、善、美的综合追求，缺一不可。探索真理、表达真情、揭露真相的自由空间；从善如流的普世接受的价值观和人生观，天人合一的世界观；永无止境的唯美追求和技术实现手段不断更新，让美更自然、更人性、更贴心。这三方面中国还存在差距，这些差距缩短或消失了，自然而然，中国文化"走出去"才能产生更大影响力，因为中国不仅是影视市场大国，而且是文化强国。

三　国际化电影市场的多元发展

中国电视有巨大的收视群体，虽然电视屏幕前越来越冷清，但是在网络和移动终端却越来越热，因此电视有牢固的本土市场和海外华人社群巨大市场。电视节目由于受到诸多的局限，跨文化融合和海外传播还有相当的难度。

而在电影市场，中国本土的市场呈现出强劲的发展趋势，吸引了更多的国外资本投入和合作拍摄；同时，通过新涌现的文化资本巨头大踏步地进军海外市场，涌现出诸如万达和阿里等新的国际影业巨头，通过硬件设施和放映场所的融资兼并，通过大手笔参股合拍大片，新一轮世界电影市场重新布局的序幕拉开了。中国的电影市场以本土的雄厚实力，改变了好莱坞在世界电影市场独占鳌头的现象，使得中美两大电影强国在资金、拍摄和制作上产生了大量合作机会。这就是世界电影合作共赢的新局面，这一局面的出现主要是中国电影观众群体的不断壮大和新一代影迷的成长。目前已经有一批明星演员和导演跨国合作，也有许多电影项目是通过混合投资联合拍摄，发行渠道也进行优化分包，票房分账实现利益最大化。

面对全球电影市场，我们不能停留在走向国际电影节这样狭小的舞台。

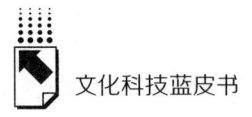

毕竟中国电影产业化进程经历时间较短，在国际合作方面还显得经验不足，国际市场开拓把握不准确，面对中外合作强劲对手往往束手无策，在中外合作中还存在很多需要磨合的接口。好莱坞趁着风口强势进入中国，一定会凭借超强的专业实力和娴熟的商业运作技巧，毫不客气地拿走大把的利润，绝不会轻易将利益拱手相让。大陆的金主在对外合作中能与对方获得双赢吗？还是需要付出天价学费？例如在与美国好莱坞电影企业谈判的时候，中方人员往往面对一摞摞的合同文本和一组组的律师财会人员感到难以适应。而外方和中方合作也总是存有疑虑，特别是国内一些诸如偷票房等有损业界诚信甚至自毁产业的种种行为，使得海外的合作者望而止步，或者是用苛刻的条件和设定许多优先获利权来保证他们的合作利益。因此，中国电影行业要深化改良产业发展机制，避免急功近利，要有长远眼光，才能真正步入良性发展的轨道。

而迪士尼公司作为跨国传媒公司，历经近百年变迁，不仅屹立不倒，更是稳步前行，影视板块发展欣欣向荣。作为规模庞大、运营体系复杂的老牌娱乐公司，其经营模式有何秘诀？对中国市场又能带来怎样的启示呢？

对于迪士尼而言，强大的内容生产和创新能力始终是其最为核心的竞争力。除了将实力强大的电影公司和重要IP都收入囊中，迪士尼原创IP也不断发展，《冰雪奇缘》《疯狂动物城》《奇幻森林》等都成为迪士尼新的代表作。除此之外，迪士尼也积极开拓其他类型电影的发展空间，进行从动画电影的创作到歌舞片、魔幻片等青春题材的转变。《歌舞青春》三部曲的成功便是其新电影类型探索初步成功的最好体现，随后的《加勒比海盗》所带来的巨大成功则更确凿无疑地证明了迪士尼的创新战略和准确定位。

除了丰富IP资源，储备更多好故事，产业链的拓展和深化也是迪士尼泛娱乐大战略中的重要环节。迪士尼以IP为核心，通过整合旗下包括电视频道、主题乐园、游戏及周边商品等在内的庞大产业链，贯穿了从上游内容生产到下游商业化变现的全环节，从而创造出得以发挥综合效应的商业模式：通过电影传播优质内容，进而选择其中具有代表性的电影角色推出玩具、服饰、食品、文具等周边商品，再借由迪士尼乐园为民众提供一个极具声光效果和故事体验的娱乐休闲场合。

在此商业模式下，迪士尼所创造的电影热潮不仅能带来票房收入，还可以带动周边商品大卖、提升主题乐园游客人数，带来综合的收益。由《冰雪奇缘》电影中艾莎和安娜裙子开发的衍生品一年的销售额就达到了4.5亿美元，皮克斯和漫威旗下的IP衍生品收入更是可观。借此，迪士尼也不断打造着品牌知名度和魅力，竞争对手即便拥有类似故事的电影、乐园设施也无法复制其完整性。

随着多元事业线的布置、产业链的拓展和品牌影响力的扩张，迪士尼大大开拓了市场，受众从孩子和女性为主逐渐扩展至成年人和男性，如钢铁侠、美国队长以及星球大战等内容，增强了对拥有较高消费能力的成年人的吸引力。

时至今日，迪士尼公司已是多元化的泛娱乐全媒体跨国企业，道琼斯工业平均指数中的成分股，在《福布斯》评选的世界500强公司娱乐行业榜单上位列第一。目前公司主要业务分为五大类：影视娱乐、媒体网络、主题公园和度假村、消费品部、和迪士尼互动。打破迪士尼现有的事业部框架，将迪士尼旗下和电影有关的主要部门进行简单的分类，大概能够分成开发、输出、维护三大类别。

开发分部以影像故事为工具，为迪士尼贡献出一个个鲜活的形象，动人歌曲以及梦幻的场景。迪士尼强大的渠道能力将这些经典元素通过各种载体输出到世界的各个角落，并且通过乐园和其他一些旅游项目，让迪士尼的梦幻王国完整重现。观众在乐园里拥有过的体验，又会激发起他们对迪士尼新电影的兴趣，形成良性循环。

打通泛娱乐产业链只是基础，海外市场的扩展将是迪士尼未来发展的重点策略。在中国市场，迪士尼一直动作频频。2011年，迪士尼签署动画《喜羊羊与灰太狼》衍生产品的全球授权协议，迪士尼消费品部旗下所有品类可生产"喜羊羊"相关产品。2016年6月，投资55亿美元的上海迪士尼乐园正式开园，开业4个月接待游客超过400万。如今，中国市场依然成为迪士尼最重要的海外市场。中国电影市场、文化产业的飞速发展和不同的语言、文化

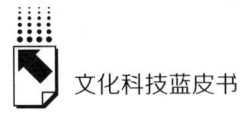

背景带来的挑战,决定了迪士尼必将在中国加速落实其本土化策略。

此外,迪士尼也将在内容和渠道能力上进一步拓展。据悉,迪士尼有意收购美国最大的付费视频网站 Netflix,届时,Netflix 将拥有迪士尼内容的独家播放权,包括迪士尼频道与迪士尼 XD 的全部内容,使其有力抵抗 AT&T 及时代华纳并购后所带来的内容竞争冲击。借助 Netflix,迪士尼也能够搭建直面消费者的内容平台,为有线电视业务提供发展突破口。因此,迪士尼未来构建的娱乐生态必将更为综合、全面、国际化。

迪士尼的泛娱乐平台难以忽视的一个渠道是互联网,特别是充分利用交互式移动和社交媒体。迪士尼不仅有自己的门户网站 disney.com 和网商 go.com 等,还充分利用社交媒体,设立了统一的 Oh My Disney 的脸书社交公众群、视频 YouTube 台、图片 Instagram 库、交谈 Snapchat 群等,社会化媒体无孔不入,成为迪士尼品牌传播渗透推广盈利的重要渠道。

强大的内容生产能力和完整的 IP 产业链是迪士尼在百年的发展历程中始终屹立不倒的两大重要秘诀。这对于中国电影企业而言也是具有重要启示意义的。

如今,我国电影制片公司大部分盈利来自票房、版权、植入式广告三部分,其中票房收入占比 80% 以上,而对于成熟的电影市场而言,这一数据仅为 30% 左右。与迪士尼这样的好莱坞制片公司相比,我国电影产业的盈利来源过于单一,致使电影公司盈利的风险性增强,对于品牌的建设也十分不利。

在影像故事的竞争中崭露头角,同时也代表着会在电影衍生市场和延伸的产业链中掌握主动权,通过泛娱乐全媒体扩展的全产业链生态圈养护,迪士尼获得文化传播话语权,独享文化品牌的定价权,这才是电影工业真正的目的所在。迪士尼授权商品仅一年便在大中华区创造了 110 亿美元零售额。相比之下,目前国产电影的衍生品收入还很低,回报极其有限。因此,影像故事内容的增强、盈利渠道的拓展,都是迪士尼这样的好莱坞大制片厂商给中国电影企业带来的有益启示。未来,随着影游联动、主题公园等 IP 的多元转化,衍生品在中国电影工业产业链条中的收入比例将逐步提高。

此外，对于中国电影市场而言，知识产权保护也是亟待解决的问题。对于影视 IP 衍生品而言，如果知识产权保护不力，可能出现大量的仿制周边产品，使得整体电影产业通过网络和其他手段回收成本的可能性很小，很难突破"吃票房"的发展瓶颈，对上游的内容制作方也十分不公平。

与好莱坞成熟的娱乐工业体系相比，中国电影行业的发展还有漫长的路要走。未来，中国电影市场必将出现如迪士尼公司一样拥有全产业链、优质内容资源和强大创新能力的影视娱乐公司巨头。中国动漫产业也需要通过市场的历练，加之金融市场强大的有效资本注入，培育出像迪士尼这样的实力强大的文化企业。

参考文献

肖永亮：《社会化媒体公共话语体系结构分析》，《北京联合大学学报》（社会科学版）2015 年第 13 期（总第 47 期）。

肖永亮：《电影特效的奇幻世界》，《知识就是力量》2016 年第 11 期。

肖永亮、李天昀：《媒介表达的移动互联网新偏好》，《艺术评论》2015 年第 6 期（总第 139 期）。

肖永亮：《环球影城落户北京通州的意义与对策》，《北京文化创意》2015 年第 6 期。

肖永亮、许飘、张义华：《数字技术语境中电影的真实性美学》，《湖南大学学报》（社会科学版）2013 年第 3 期。

B.12
香港创新科技的现状与挑战初探*

罗 丹**

摘　要： 香港是中国内地与世界重要的连接沟通桥梁，不仅在经济金融领域有着重要地位，它所拥有的高校科研能力也位居世界前列，同时汇聚了不同行业的国际高端人才。香港特区政府在过去20年的时间里，对发展创新科技做出了不同程度的部署，推行了具有长远计划的大型创新科技项目，取得了一定的成绩。本文梳理了香港特区政府自1997年以来对创新科技的资助概况，分析其从制造业到服务型再向智慧型产业转型的尝试，最后分析了香港在创新科技发展道路上面临的挑战和机遇。

关键词： 香港创新科技　现状　挑战

在2016年发布的《中国城市竞争力报告2016》中，深圳2015年的综合经济竞争力排名再次取代香港位列第一。① 这个排名引发了香港各界的深思和讨论。经济模式守旧、创新不足已经成为香港社会一个不争的现实。此外，香港服务业占总体GDP的比重达到了90%，不少分析人士认为这是香港经济陷入僵局的重要的原因之一。而近邻深圳，目前服务业占GDP的比

---

* 本文系深圳大学人文社会科学青年教师扶持项目"艺术与宗教美学研究"（项目编号：85202）的研究成果之一。
** 罗丹，香港中文大学博士，"台湾中研院"民族学研究所博士后研究员，研究领域为中国地方社会与历史、香港城市。
① 中国社会科学院财经战略研究院：《中国城市竞争力报告2016》，中国社会科学出版社，2016。

例亦达到60%，成为香港的强大对手，其在近20年的科技创新方面取得了辉煌的成就。在2014年，深圳研发投入占GDP约为3.2%，远超当年香港的0.75%。面对当下的发展困境，香港特区政府认为创新及科技是经济增长的动力及加强产业竞争力的关键。①

一 香港特区政府自1997年以来对创新科技的资助

事实上，香港特区历届政府都重视创新科技产业。早在1997年，政府倡导成立了创新科技委员会，并推出"数码港"计划；于1997年下半年拨款33亿港元兴建科学院第一期工程；从1998年起对香港高校每年投入科研经费32亿港元；每年向生产力促进局拨款1.8亿港元，改善中小型企业的科技咨询和向中小型企业推广科技应用的条件；为推动工业界的科技发展，用2.5亿港元设立香港工业科技中心，注资2.7亿港元和7.5亿港元设立工业支持基金和应用研究基金。② 2009年，香港特区政府将创新科技列入"六大优势产业"（其他五项分别为：医疗、教育、环保、检测认证和文化及创意）之中，并且扩建了科学园。

香港特区政府更于1999年注资50亿港元设立创新及科技基金，为有助于产业开发创新理念和提升科技水准的项目提供资助。创新科技署在2006年成立五所研发中心，推动及统筹五个重点范畴的应用研发发展，包括汽车零部件、信息及通信技术、物流及供应链管理应用技术、纳米科技及先进材料以及纺织和成衣。研发中心成立后，一直与产业界紧密合作，进行以业界需求为导向的研发工作，并促进科技成果的商品化，借此协助大珠三角区内的产业提升技术水准和竞争力。

然而，香港统计处数据显示，创新科技业占香港GDP比重甚少，2009~2011年仅有0.7%左右，创新科技人员占就业人口比例仅为0.8%。在2011年

---

① 香港创新科技署：《香港便览：创新及科技》。
② 方齐：《香港政府对科技创新的作为》，《商业视角》2010年第22期，第122~123页。

之后,创新科技的研发开支一直得不到较大提升,从2009年至2014年,香港投入研发的资金占本地生产总值的比例一直徘徊在0.72%~0.77%(见表1)。①

表1 按机构类别和研发活动主要范畴划分的研发开支

单位:百万港元,%

机构类别/研发活动主要范畴	2009年	2010年	2011年	2012年	2013年	2014年
自然科学及工程科技机构	10378.8	10950.9	11445.6	12153.2	12844.5	13728.1
社会科学及人文科学机构	2454.2	2362.0	2499.0	2663.0	2768.8	2999.2
总计	12833.0	13312.9	13944.6	14816.2	15613.3	16727.3
研发活动开支占本地生产总值的比例	0.77	0.75	0.72	0.73	0.73	0.74

二 从制造业到服务型再向智慧型产业转型的尝试

过去十多年互联网经济的快速发展,对太依靠服务业的香港特区而言,是一个重大冲击。为了解决香港特区经济模式硬化的前景问题,香港特区政府一直希望通过产业转型来寻求出路。"如何发展科技"已经成为他们首要思考的问题,政府在发展的道路上所充当的角色亦引发了讨论。一些政府官员认为,香港特区政府在创新科技的发展上投入的精力及资金仍然不足,并且缺少一个高层次部门进行统筹,是香港特区难以将科技产业视为重心的重要原因之一。②而相对地,韩国、新加坡等早已设立相关高层次部门以推进创新科技的发展。

有鉴于此,早在2012年春季,刚上任的特首梁振英已经有意愿成立创新与科技局,负责制定全面的创新及科技政策,促进香港特区的创新和科技以及相关产业的发展,希望借此实现香港特区的经济多元化。在创新科技署之后,香港立法会历经三年的审议,于2015年11月20日,批准拨款成立创新与科技局(以下简称创科局)。

---

① 香港特别行政区政府统计处:《香港统计年刊》,2016,第291页。
② 《香港拟设立创新与科技局》,中国新闻网,2014年1月15日。

创科局成立后，他们向立法会提出 180 亿港元的资金申请计划，其中 20 亿港元计划投放于为青年创业提供帮助的"创科创投基金"，这是政府参与投资，与一些初创企业共同分担风险、共同投入的项目。另外，有 20 亿港元是给香港高校配置的"院校中游研发基金"。中游创科基金希望将科研成果落实成真正的产业。此外，80 亿港元用于科学园的扩展计划。5 亿港元投入"创科生活基金"，用于社会发展，改善市民生活。整个基金计划主要投放在两方面：基础建设以及促进企业的成立发展。这批基金全部于 2016 年 7 月在立法会通过审议。

除了通过成立创科局在管理层面上推进外，在延续 1999 年所成立的创新及科技基金基础上，政府于 2015 年 2 月向此基金额外注资 50 亿港元。基金设有四项计划，以满足不同的需要。该四项计划为："创新及科技支援计划""大学与产业合作计划""一般支援计划"及"企业支援计划"（该计划于 2015 年 4 月底推出，以取代"小型企业研究资助计划"）。截至 2016 年 3 月底，已批出 5088 个项目，涉及基金拨款 110 亿港元。相比于 2012 年 9 月的拨款金额，在 2012 年 9 月至 2016 年 3 月这 3 年半的时间里，政府就向此基金拨款 47 亿多港元[①]，拨款数额比此前十多年大幅增加。

表 2　创新及科技基金拨款概览（截至 2016 年 9 月 30 日）

单位：个，百万港元

计划	核准项目	核准资助金额
创新及科技支援计划	2233	9350.0
一般支援计划	4034	987.4
大学与产业合作计划	295	348.3
小型企业研究资助计划	416	508.2
企业支援计划	19	57.6
投资研发现金回赠计划（自 2016 年 4 月起）	145	35.0
总计	7142	11663.8

资料来源：香港特别行政区政府创新科技署网站。

---

① 截至 2012 年 9 月 30 日，创新及科技基金拨款总计 692200 万港元。

截至2016年9月所统计的基金拨款项目里，其中2103个为研发项目。在获拨款的研发项目中，与资讯科技有关的项目最多（占27%），其次为电气及电子（占21%）、制造科技（占18%）以及生物科技（占10%）。[①]

表3 2010～2015年香港地区按科技范围划分的创新及科技基金资助的研究及发展、创新及科技提升项目拨款统计

单位：个，百万港元

科技范围		2010年	2011年	2012年	2013年	2014年	2015年
生物科技	项目数量	23	20	23	30	26	34
	批出金额	66.6	29.9	43.8	58.8	55.8	63.6
中医药	项目数量	4	3	6	8	8	7
	批出金额	5.2	2.4	4.5	11.1	7.9	7.2
电气及电子	项目数量	55	31	25	41	35	31
	批出金额	368.0	137.8	125.0	135.5	121.5	103.3
环境科技	项目数量	7	5	16	12	8	7
	批出金额	17.0	5.9	46.0	17.1	9.6	9.4
信息科技	项目数量	41	49	57	62	65	86
	批出金额	176.7	143.4	232.1	202.3	271.8	466.2
制造科技	项目数量	25	33	40	49	65	58
	批出金额	56.2	43.6	144.9	130.0	204.7	377.5
材料科学	项目数量	24	13	7	8	10	3
	批出金额	60.6	37.3	28.4	15.4	25.0	4.1
纳米科技	项目数量	11	13	18	23	38	79
	批出金额	18.0	21.2	226.8	35.2	65.0	450.8
其他	项目数量	281	199	265	327	344	380
	批出金额	65.7	74.2	106.2	114.7	163.8	193.7
总计	项目数量	471	366	457	560	599	685
	批出金额	834.0	495.7	957.7	720.1	924.9	1675.9

资料来源：香港特别行政区政府统计处，《香港统计年刊》，2016，第294页。

三 香港在创新科技发展道路上面临的挑战和机遇

香港创新与科技局的成立，为香港地区的创新科技提供了强有力的支撑

---

① 香港创新科技署：《香港便览：创新及科技》。

平台，从管理层的高度上，由上而下地对这一新型产业进行推广和支持。但面对日益激烈的竞争，香港的科技产业亦受到诸多的限制与挑战。

其一，高科技产业的发展在于人才的落实和科研能力的拓展。尽管香港高校的科研能力在世界上排名靠前，拥有世界一流大学和科研机构，人才配备充足，但大多数的科研成果只限于数据，而难以落实至实际操作上，也即难以产业化。

其二，公众对创新科技文化的了解不足，社会亦缺少创新文化氛围，这导致社会公众缺乏对创新科技产业的信心。21世纪初，香港社会经历了科技泡沫的恐慌，一批股民在经受科技股投资的失败后，形成了对科技产业的不信任。再者，香港社会从制造业过渡至服务业已经有十多年，公众对于香港经济模式的认知定型于传统行业，对于创新产业接受度有限。

其三，创业环境不如内地一线城市。香港土地租金高、生活成本高，缺乏一个具有刺激性、吸引力的宽松创业环境。一个良好的创业环境，需要合适的政策、高校的资源、人才的配合以及资金的支持，这样才能形成具有良性循环氛围的新型企业生态圈。

四 科技创新的泥潭：路在何处

面临激烈的全球化竞争经济格局，提高科技创新和创意经济的产出迫在眉睫。香港的产业格局由于历史原因，其传统金融业、零售业及服务业在国际舞台上有着一席之地。然而，在"互联网+""大数据"的时代，如何提升核心竞争力乃是香港必然要面对的当务之急。本文从香港特区政府的创新科技政策入手，梳理了相关的创新科技政策，并指出当下的发展趋势：向科技创新转型。在具体的实施中，鉴于已有格局和资源整合力度的差异，香港的科技创新必然面对一系列挑战。机遇和挑战是一柄双刃剑，在迎接经济转型的挑战中，抓住机遇成为当前香港最切实可行的发展方针。

科技创新的核心是人力资源。这就涉及香港优秀人才引进的有关条件和落实办法。换言之，如何正确处理海外优秀人才扎根香港、服务香港社会的问题便不容回避。一直以来，作为国际性大都市，香港的人口维持着较高的流动性。在这些统计数据之中，有多大的比例是由科技创新人才流进而非流出所贡献的？高层次人才的人口净流出与净流入的比例如何？这些仅仅依靠抽样样本数据和大数据是难以精确统计的。更为至关重要的是，香港如何提升高层次人才的流入意向？也即香港的人才政策应该如何改良去吸引全球性科技创新人才？这是一个社会联动性问题，既涉及政府部门的人员引进法规政策，又涉及立法、社会保障、经济保障和住房保障等复杂问题。

公众对于科技创新的意识不足乃是香港科技创新面临的困境。意识的提升不仅要依赖相关媒体的普及型宣传报道，更有赖于在生活文化之中将科技创新的重要性和氛围凸显与营造出来。公众对于科技创新的重要性之认识直接关乎香港经济产业的转型效率。一种产业的转型从经济资源布局上来说是一次资源的重新分配，其核心是整合优势资源淘汰劣质资源，以求在格局配置上做到留强去弱。然而，这种重新配置的能动性的具体表现之一，便是公众对于旧产业格局桎梏和新产业布局的优势的深切认知。认知转化为转型的信心和期待，对于转型的期待才是公众心理层面保障顺利转型的必然准备和基础。

香港传统行业向科技创新的转型，是一个复杂的社会整合性问题，更是一个政策、环境、资源、人力及公众意识的联动结果。因此，从整体而言，创造出有利于创新科技发展的新生态是至关重要的。这个生态环境的布局并非一朝一夕便可形成，它依靠的恰恰是传统行业内部资源重新组合所迸发的力量，也有赖于全社会的积极响应。科技创新新生态是行业转型成功的重要条件之一。既然是一个全新的生态环境，那么其中的动力系统和代谢系统又是重中之重。

就动力系统而言，融资与金融资本的注入是必不可少的。从资本注入的角度出发，融资环境的宽松与适宜的货币紧缩程度有助于中小型企业立足与发展。优惠性的带有强烈创业帮扶指向的基金让创业者有效维持创业初期的资金流动性。但是，从另一方面而言，融资环境和货币政策的宽松从根本上说依然是政府金融工作主导下的联动反射；而在这个新的科技创新经济生态之中，依然无法回避优胜劣汰的基本准则。简言之，科技企业有且只有在优胜劣汰的竞争和淘汰机制中才能保持自身的竞争力，基于整个经济生态的角度才能维持系统的创新活力。强者恒强，弱者恒弱，即便在中小科技创新企业之中依然是如此。

是机遇，更是挑战，香港创新科技面临着不容回避的现状与美好的未来。从更大的格局来说，当下粤港澳大湾区的设立与发展为香港经济转型提供了很好的外部环境和资源。如何利用已有优势和地位在区域性经济场域中获取更多的有效资源？这些都是香港地区科技创新产业必须面临和回答的问题。

参考文献

《香港特别行政区政府行政长官 2016 年施政报告》，http：//www.policyaddress.gov.hk/2016/chi/。

陈新华：《香港创意产业及其对深圳的启示》，《特区实践与理论》2007 年第 4 期。

陈宏志：《香港科技研发体系之研究——以创新及科技基金为例》，《科技法律透析》2014 年第 3 期。

李春景：《香港创新体系知识生产及创新绩效分析》，《中国科技论坛》2008 年 11 月。

Ruth Towse ed., *A Handbook of Cultural Economics*, Northampton, Mass：Edward Elgar. 2011.

B.13 文化企业上市融资绩效实证分析

——以20家公司数据为分析对象*

陈能军**

摘 要: 近年来,我国文化产业得到了快速的发展。2016年我国文化产业增加值达30254亿元,占GDP的比重为4.07%,2005~2016年的文化产业增加值年均增长率达19.50%,文化产业进入跨越式发展的新阶段。但相比当今发达国家文化产业而言,我国文化产业的发展显得尤为迫切。目前,我国文化产业的发展面临"融资"瓶颈,文化企业的持续发展需要金融支持。本文主要通过研究上市融资对文化企业的绩效影响,具体分析文化企业上市融资前后的财务绩效。首先,对截至2017年4月A股共统计出的85个上市文化企业按照《文化及相关企业分类》2012年的分类标准进行分类,并按照上市融资的规模与上市时间选取前20家文化产业上市公司;其次,利用规模总量、盈利能力、偿债能力、每股指标、现金流量等财务指标对上市的融资绩效进行数据分析;最后,就上市融资对文化企业的综合影响进行了总结分析,从而为文化企业上市融资提供借鉴。

关键词: 文化企业上市公司 财务指标 上市融资 财务绩效

---

* 本文系广东省哲学社会科学"十二五"规划2015年度学科共建项目"文化科技融合研究:版权交易与金融支持的双重视角"(项目编号:GD15XYJ30)的研究成果。
** 陈能军,中国人民大学经济学博士,深圳大学理论经济学(出站)博士后、经济师,研究领域为文化创意经济学、国际经济学。

文化产业作为一种特殊的文化形态和经济形态,与传统产业相比,其价值链的核心不是实物资产而是难以评估的无形资产,这也让文化企业进入资本领域面临着"融资"障碍,很多发展中的文化企业面临可持续发展的难题。上市融资作为文化企业实现与资本领域对接的有效途径,能有效量化上市融资对于文化企业发展的影响、有助于发现文化产业的资本价值。本文对文化产业上市公司上市前后的财务进行了深入的数据分析,一方面有利于研究上市融资现象对文化产业的发展影响,为文化企业在融资过程中提供一定的评价指标;另一方面有利于文化产业借助资本杠杆进行规模倍增,利用资本纽带做大增强文化企业,对实现金融资本、社会资本、文化资源的有机结合具有重大意义。

一 文化产业上市公司分布情况

一般而言,文化及相关产业的范围包括:提供文化产品、文化传播服务和与文化休闲娱乐活动有直接关联的用品、设备的生产和销售活动以及相关文化产品的生产和销售活动。2012年7月,国家统计局对文化及相关产业的分类标准进行了界定,将文化及相关产业共分为十大类,分别为:新闻出版发行服务、广播电影电视服务、文化艺术服务、文化信息传输服务、文化创意和设计服务、文化休闲娱乐服务、工艺美术品的生产、文化产品生产的辅助生产、文化用品的生产、文化专用设备的生产。其文化及相关产业体系如图1所示。本文在分析研究中,主要遵循国家统计局《文化及相关产业分类(2012)》的分类标准,把主营产品或服务属于文化产业及相关范畴的上市公司界定为文化产业上市公司。

(一)行业分布

截至2017年4月30日,证监会按照2012年文化及相关产业分类标准对A股3243只股票进行分类的数据统计,我国沪深A股以文化产业为主营业务的文化企业上市公司共计85家。具体分类如图2所示。

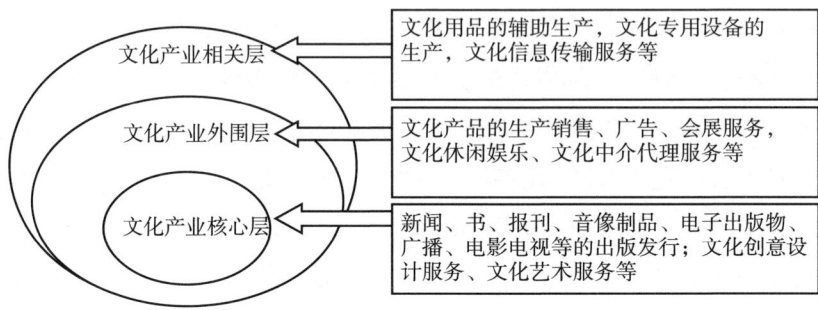

图1 文化及相关产业体系

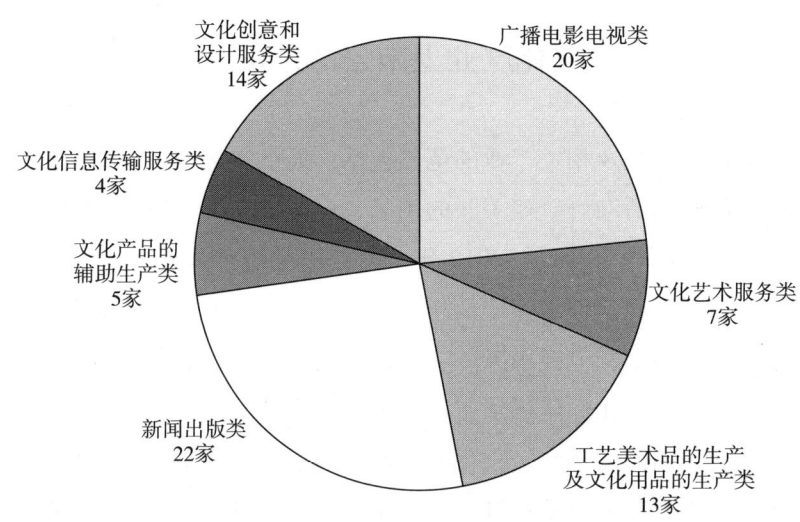

图2 我国沪深A股文化产业上市公司行业分布

资料来源：笔者将文化企业上市公司分类整理。

从分类的数据来看，在文化产业的行业分布中上市公司的数量存在较大的差异，这与文化产业的上市公司所处行业的文化属性、准入门槛等因素有关。广播电影电视类、新闻出版类处于文化及相关产业的核心层，其上市公司的数量具有明显的优势，二者的数量共占文化及相关产业的49%。此外，文化创意和设计服务类与工艺美术品的生产及文化用品生产类上市公司的数量分别为14家、13家，占比为16.5%、15.3%，也占有了相当的市场份额。具体来看，文化创意与设计服务类，包括广告服务、文化软件服务、建筑设计服务、专业设计服务等多种类型的企业。特别是近年来，多媒体、动漫游戏网络开发、数字内容设计与制作等属于新兴的文化产业领域，属于各类资本竞相投资的热点行业，催生了大批此类上市公司。而文化信息传输服务以及文化产品辅助生产类的相关上市公司相对较少，一方面由于统计方面的原因，本文是严格按照主营业务进行的筛选，而这两个行业的上市公司大多主营业务不明显，行业覆盖范围广，文化意识形态属性较低；另一方面，此类文化产业上市公司属于文化产业相关层方面的行业，主要为核心层的行业提供服务和技术支持，市场准入门槛较高，除了已上市的公司具有一定的行业垄断性外，大多是小微型文化企业，规模小、实力弱，上市难度较大。

（二）地域分布

文化产业上市公司在空间地域分布上也呈现不均匀的特征，大多数分布在经济水平相对较高的省份。广东省、北京市、浙江省、上海市四个地区的文化及相关产业上市公司数量最多，依次为18、14、14、8家（见图3）。其中广东省的文化产业上市公司处于领先地位，占全国文化产业上市公司总数的21.18%，这与广东省发达的市场经济、开放的市场环境、大文化管理体制以及政府的政策支持密切相关。此外，北京市、浙江省、上海市文化产业发展较快也与其市场经济条件有关。根据国际统计标准，人均GDP一旦突破5000美元即是文化消费的需求点，文化消费会持续提升，推动文化产业的发展。总体而言，东部地区文化产业较发达，中部地区次之，而西部地区文化产业发展相对缓慢。

（三）资本层级分布

从资本市场层级的统计来看，截至2017年4月30日，我国沪深证券

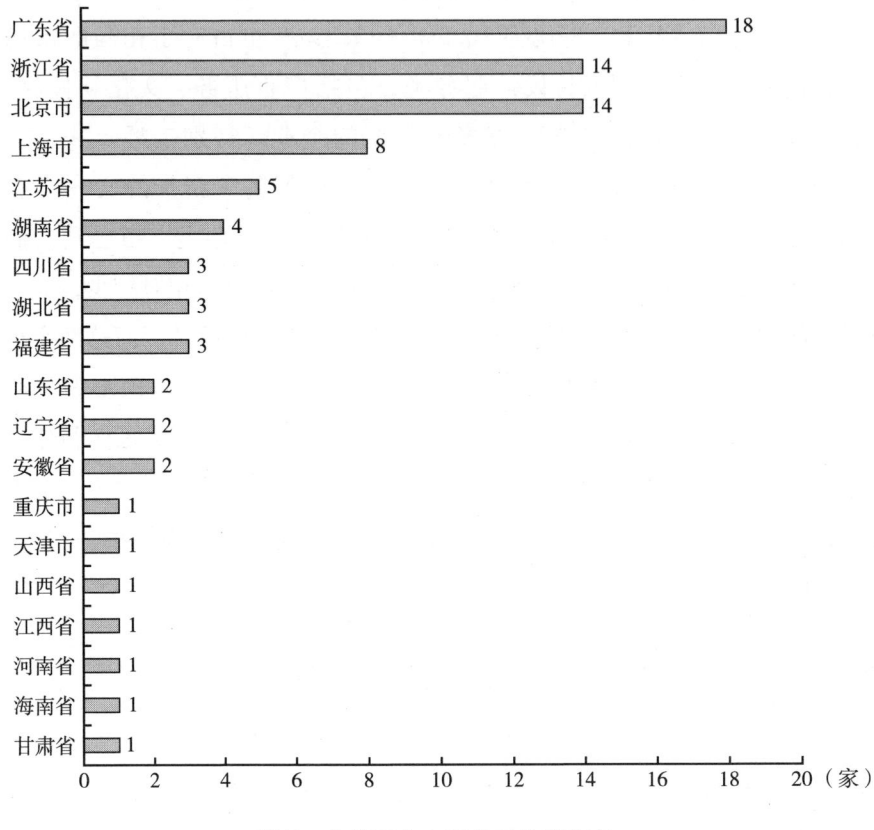

图3 文化产业上市公司地域分布

资料来源：Wind 数据库。

交易所文化产业上市公司 A 股股票共 85 只，而沪深 A 股股票总数为 3243 只，约占总股票数 2.62%；文化产业上市公司股票总市值为 11277.69 亿元，占沪深 A 股总市值 557564.44 亿元的 2.02%。在文化产业上市公司总数中，文化产业上市公司在深证主板（不含中小板）上市的比例为 45.88%，中小板上市的比例为 28.23%，创业板上市的比例为 25.88%。文化企业主板上市的比例最大；此外，近年来，创业板上市的文化产业公司比例逐渐增大，无论是上市公司数量还是总市值方面都占有了相当的比例（见表1）。

表1 文化产业上市公司的市场层级分布

资本市场层级		上市公司总数量（家）	文化产业上市公司数量（家）	文化产业股票数量占比（%）	股票总市值（亿元）	文化产业股票市值（亿元）	文化产业总市值占比（%）	股票流通市值（亿元）	文化产业股票流通市值（亿元）	文化产业流通市值占比（%）
A股上市		3243	85	2.62	557564.44	11277.69	2.02	397408.67	6721.18	1.69
其中：上证主板上市		1277	28	2.19	340332.41	3661.35	1.08	249609.09	2277.83	0.91
其中：深证上市	深证主板上市	466	11	2.36	72500.62	1251.66	1.73	57290.51	744.63	1.30
	深证中小板上市	858	24	2.80	96166.51	3793.04	3.94	61938.08	2045.17	3.30
	深证创业板上市	642	22	3.43	48564.90	2571.65	5.30	28570.99	1653.54	5.79

资料来源：Wind数据库。

二 数据论证部分

（一）样本选取

文化企业的金融支持主要体现在金融帮助文化企业融资方面。融资工具主要分为债券类、股权类与风险管理类的融资。为了便于取得量化具体的指标系数，本文主要研究股权类的融资对文化企业经济绩效的影响，具体分析文化企业上市融资前后的财务绩效。笔者对上文统计出的85家上市文化企业按照上市融资的规模与上市时间选取出前20家文化产业上市公司（见表2），利用会计指标法对上市的融资绩效进行评价，就上市融资对文化企业的综合影响进行总结分析。

（二）指标选取

本文对文化产业上市公司的经济效益评价主要从文化企业上市前后五个维度进行分析：一是企业的规模总量指标（总资产）；二是偿债能力指标

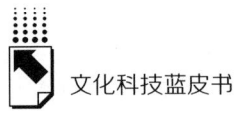

表2　20家样本文化企业上市公司

序号	公司代码	名称	上市日期	省份	文化及相关产业2012年分类标准	上市板
1	601928.SH	凤凰传媒	2011年11月30日	江苏省	第一大类:新闻出版发行服务	主板
2	300251.SZ	光线传媒	2011年8月3日	北京市	第二大类:广播电影电视服务	创业板
3	300182.SZ	捷成股份	2011年2月22日	北京市	第四大类:文化信息传输服务	创业板
4	300144.SZ	宋城演艺	2010年12月9日	浙江省	第三大类:文化艺术服务	创业板
5	002502.SZ	骅威文化	2010年11月17日	广东省	第二大类:广播电影电视服务	中小企业板
6	601098.SH	中南传媒	2010年10月28日	湖南省	第一大类:新闻出版发行服务	主板
7	300133.SZ	华策影视	2010年10月26日	浙江省	第二大类:广播电影电视服务	创业板
8	300058.SZ	蓝色光标	2010年2月26日	北京市	第五大类:文化创意和设计服务	创业板
9	601801.SH	皖新传媒	2010年1月18日	安徽省	第一大类:新闻出版发行服务	主板
10	300027.SZ	华谊兄弟	2009年10月30日	浙江省	第二大类:广播电影电视服务	创业板
11	002292.SZ	奥飞娱乐	2009年9月10日	广东省	第七、九大类:工艺美术品的生产与文化用品的生产	中小企业板
12	002143.SZ	印纪传媒	2007年7月20日	四川省	第五大类:文化创意和设计服务	中小企业板
13	002027.SZ	分众传媒	2004年8月4日	广东省	第五大类:文化创意和设计服务	中小企业板
14	600373.SH	中文传媒	2002年3月4日	江西省	第一大类:新闻出版发行服务	主板
15	000156.SZ	华数传媒	2000年9月6日	浙江省	第二大类:广播电影电视服务	主板
16	300148.SZ	天舟文化	2010年2月15日	湖南省	第一大类:新闻出版发行服务	创业板
17	002343.SZ	慈文传媒	2010年1月26日	浙江省	第二大类:广播电影电视服务	中小企业板
18	002699.SZ	美盛文化	2012年9月11日	浙江省	第三大类:文化艺术服务	中小企业板
19	002071.SZ	长城影视	2006年10月12日	江苏省	第二大类:广播电影电视服务	中小企业板
20	300043.SZ	星辉娱乐	2010年1月20日	广东省	第七、九大类:工艺美术品的生产与文化用品的生产	创业板

资料来源：Wind数据库。

(流动比率);三是盈利能力指标(净资产收益率);四是每股指标(每股净资产);五是现金流量指标(筹资活动产生的现金流)。本文通过指标分析文化企业上市前一年、上市当年以及上市后三年的指标变动情况。

1. 规模总量指标

通过对比文化企业上市公司融资前后总资产的变化可以看出,20家公司上市后其总资产均比上市前的总资产规模大,20家文化产业公司上市前的平均总资产为11.49亿元,上市当年的平均总资产为22.88亿元,平均

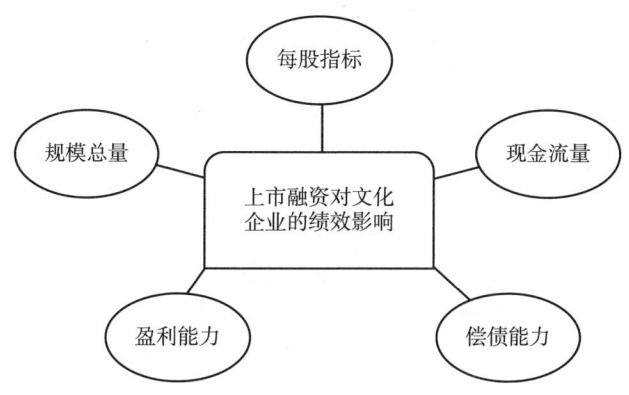

图4 会计指标评价体系

增长了近1倍,其中广播电影电视类的文化企业上市公司资产规模增大最为明显,特别是华策影视增长了4倍多。文化企业公司随着上市其生产经营规模迅速扩大,除慈文传媒、印纪传媒与长城影视在上市后一年增长率略微降低之外,其他公司在近三年内规模均实现不同程度的增大,且这三家公司的资产规模也在后面两年不断增长。因此,从样本数据来看,通过上市融资大部分文化产业公司生产经营规模会迅速扩大,公司抗风险的能力增强。

本文选取的规模总量的指标为:总资产,具体指标分析见表3。

表3 规模总量指标介绍

指标名称	定义	公式	评价标准
总资产	反映企业拥有的或可控制的全部资产	总资产=企业负债+所有者权益	总资产越大,说明公司规模越大

结合指标分析样本公司上市前后的总资产变动情况(见表4)。

2. 偿债能力指标

20家公司中,完成上市融资后,有15家公司的流动比率呈现成倍的增长,另外5家公司也均实现增长。其中骅威文化、华策影视、奥飞娱乐这三

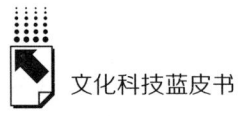

表4　总资产变动情况

单位：亿元，%

公司名称	上市日期	上市前一年	上市年度	上市后第一年	上市后第二年	上市后第三年	上市年度相比上市前一年增长率	上市后一年相比上市年度增长率
美盛文化	2012-09-11	2.16	6.82	8.08	9.66	13.83	215.69	18.41
凤凰传媒	2011-11-30	76.14	123.54	132.81	144.97	168.64	62.24	7.51
光线传媒	2011-08-03	4.08	18.93	21.57	25.91	49.84	364.56	13.93
捷成股份	2011-02-22	3.23	11.27	12.66	19.18	23.40	248.81	12.31
天舟文化	2010-12-15	1.18	5.34	5.78	6.01	6.39	351.86	8.12
宋城演艺	2010-12-09	7.10	29.74	30.42	31.99	34.56	318.84	2.26
骅威文化	2010-11-17	2.95	8.28	8.57	9.35	9.28	180.75	3.45
中南传媒	2010-10-28	56.07	97.30	108.93	118.49	130.13	73.53	11.96
华策影视	2010-10-26	2.40	12.11	14.73	17.67	21.05	403.68	21.63
蓝色光标	2010-02-26	3.04	9.51	15.07	25.65	67.29	212.63	58.58
慈文传媒	2010-01-26	7.98	15.47	15.04	16.94	18.10	93.72	-2.78
星辉娱乐	2010-01-20	1.64	7.49	9.43	15.39	18.25	355.71	26.00
皖新传媒	2010-01-18	30.07	45.89	48.09	53.58	62.49	52.61	4.80
华谊兄弟	2009-10-30	5.55	17.11	20.22	24.64	41.38	208.15	18.20
奥飞娱乐	2009-09-10	4.35	12.80	16.09	16.00	19.25	194.38	25.64
印纪传媒	2007-07-20	6.28	10.10	10.00	13.69	15.00	60.94	-1.05
长城影视	2006-10-12	4.25	5.57	4.89	5.39	5.94	31.09	-12.29
分众传媒	2004-08-04	4.56	8.32	12.73	13.32	14.54	82.41	53.06
中文传媒	2002-03-04	4.13	5.67	7.06	6.70	7.33	37.26	24.55
华数传媒	2000-09-06	2.70	6.41	6.71	7.56	16.67	137.46	4.69
平均值		11.49	22.88	25.44	29.10	37.17	184.32	14.95

资料来源：Wind数据库。

家公司的短期偿债能力得到大幅提升，分别实现了34倍、12倍、10倍的增长。从行业来看，上市融资对广播电影电视类、文化艺术服务类企业的短期偿债能力有较大幅度的提升，而对新闻出版发行服务类企业的影响相对较小。

本文选取的偿债能力的指标为：流动比率，具体指标分析见表5、表6。

文化企业上市融资绩效实证分析

表5　偿债能力指标介绍

指标名称	定义	公式	评价标准
流动比率	流动资产对流动负债的比率	流动比率＝流动资产合计÷流动负债合计	体现企业偿还短期债务的能力。流动资产越多，短期债务越少，则流动比率越大，企业的短期偿债能力越强

表6　流动比率变动情况

单位：％，倍

公司名称	上市时间	上市前一年	上市年度	上市后第一年	上市后第二年	上市后第三年	上市年度比上市前一年增长倍数	行业分类
美盛文化	2012-09-11	2.68	21.48	10.12	4.96	4.14	7.00	文化艺术服务
凤凰传媒	2011-11-30	1.82	3.65	3.31	2.58	1.91	1.00	新闻出版发行服务
光线传媒	2011-08-03	2.02	17.37	11.07	3.62	1.46	7.59	广播电影电视服务
捷成股份	2011-02-22	2.24	7.53	9.31	3.28	2.88	2.37	文化信息传输服务
天舟文化	2010-12-15	4.75	16.27	10.03	7.64	5.39	2.43	新闻出版发行服务
宋城演艺	2010-12-09	1.15	11.30	7.47	6.37	4.62	8.79	文化艺术服务
骅威文化	2010-11-17	1.42	49.54	58.34	13.59	23.31	33.89	广播电影电视服务
中南传媒	2010-10-28	1.20	2.91	3.01	3.10	3.14	1.41	新闻出版发行服务
华策影视	2010-10-26	4.02	51.07	7.84	6.23	6.46	11.70	广播电影电视服务
蓝色光标	2010-02-26	2.40	12.37	2.26	1.88	1.89	4.16	文化创意和设计服务
慈文传媒	2010-01-26	1.69	4.75	5.59	4.00	2.70	1.82	广播电影电视服务
星辉娱乐	2010-01-20	1.44	10.81	2.43	0.82	0.93	6.52	工艺美术品的生产与文化用品的生产
皖新传媒	2010-01-18	1.91	3.25	3.40	3.62	2.97	0.70	新闻出版发行服务
华谊兄弟	2009-10-30	1.71	7.32	3.68	2.52	1.72	3.28	广播电影电视服务
奥飞娱乐	2009-09-10	1.58	17.68	6.18	7.36	4.28	10.17	工艺美术品的生产与文化用品的生产
印纪传媒	2007-07-20	0.88	1.68	1.03	0.86	0.85	0.91	文化创意和设计服务
长城影视	2006-10-12	0.98	1.90	2.13	1.45	1.50	0.95	广播电影电视服务
分众传媒	2004-08-04	1.57	2.60	1.62	1.64	1.66	0.66	文化创意和设计服务
中文传媒	2002-03-04	1.09	1.49	1.15	1.27	1.15	0.37	新闻出版发行服务
华数传媒	2000-09-06	1.16	4.54	3.87	1.75	1.00	2.93	广播电影电视服务

资料来源：Wind数据库。

3.盈利能力指标

从评价企业盈利能力的指标数据来看，上市融资在短期内不会提升企业的盈利能力，企业反而会在上市当年盈利能力有所下降，但是随着文化企业上市时间的推移，企业的盈利能力会逐渐增强。笔者认为，这与文化产业的产业属性有关，文化产业作为一种特殊的文化形态和经济形态，与传统产业相比，文化产业价值链的核心不是实物资产而是通过研究和开发形成的专利权、商标权、非专利技术、版权、特许使用权等无形资产，这些无形资产是文化创意产业竞争力的源泉，而在会计核算中，无形资产的价值不能公允地评估。因此，在核算文化企业的盈利能力时，会出现一定的负增长现象。

本文选取的盈利能力的指标为：净资产收益率，具体指标分析见表7、表8。

表7 盈利能力指标介绍

指标名称	定义	公式	评价标准
净资产收益率（ROE）	净资产收益率又称股东权益报酬率、净值报酬率、权益报酬率、权益利润率、净资产利润率，是净利润与平均股东权益的百分比，是公司税后利润除以净资产得到的百分比率	净资产收益率＝税后利润÷所有者权益	该指标反映股东权益的收益水平，用以衡量公司运用自有资本的效率。指标值越高，说明投资带来的收益越高。该指标体现了自有资本获得净收益的能力

表8 净资产收益率变动情况

单位：亿元，%

公司名称	上市日期	上市前一年	上市年度	上市后第一年	上市后第二年	上市后第三年	上市年度相比上市前一年增长率
美盛文化	2012-09-11	32.58	11.89	6.44	14.44	13.61	-64
凤凰传媒	2011-11-30	14.98	11.85	10.44	10.10	12.31	-21
光线传媒	2011-08-03	54.17	17.40	16.43	15.59	12.24	-68
捷成股份	2011-02-22	43.20	17.54	13.56	15.78	16.91	-59
天舟文化	2010-12-15	23.21	10.36	6.49	3.62	3.82	-55
宋城演艺	2010-12-09	40.45	11.67	8.49	9.18	10.24	-71
骅威文化	2010-11-17	29.22	9.66	5.80	4.99	3.60	-67

续表

公司名称	上市日期	上市前一年	上市年度	上市后第一年	上市后第二年	上市后第三年	上市年度相比上市前一年增长率
中南传媒	2010-10-28	21.73	12.24	10.87	11.62	12.56	-44
华策影视	2010-10-26	40.89	14.05	12.51	15.60	15.93	-66
蓝色光标	2010-02-26	25.39	11.15	13.09	20.04	17.07	-56
慈文传媒	2010-01-26	27.50	12.61	7.08	6.15	4.42	-54
星辉娱乐	2010-01-20	46.35	14.00	11.11	13.22	14.30	-70
皖新传媒	2010-01-18	15.13	11.92	11.03	12.65	13.83	-21
华谊兄弟	2009-10-30	33.76	9.78	9.84	12.53	12.84	-71
奥飞娱乐	2009-09-10	27.65	14.35	10.40	9.78	12.69	-48
印纪传媒	2007-07-20	25.17	14.89	1.42	1.56	-4.97	-41
长城影视	2006-10-12	16.00	8.99	1.73	-2.60	0.55	-44
分众传媒	2004-08-04	32.29	14.10	14.36	9.28	7.60	-56
中文传媒	2002-03-04	8.56	3.92	1.98	4.72	4.39	-54
华数传媒	2000-09-06	12.18	7.46	3.07	5.77	-7.38	-39

资料来源：Wind 数据库。

4. 每股指标

本文选取的每股指标为：每股净资产，具体指标分析见表9、表10。

从每股净资产收益指标来看，文化企业上市融资的效果就相对明显了，20家文化上市企业有14家在上市当年实现了成倍的增长，且在上市三年期间除中文传媒、华策影视外其余每股的净收益都相对上市前数值较高，每股净资产越高，股东拥有的每股资产价值越高。

表9　每股指标介绍

指标名称	定义	公式	评价标准
每股净资产	每股净资产是指股东权益与总股数的比率	每股净资产 = 股东权益 ÷ 总股数	这一指标反映每股股票所拥有的资产现值。每股净资产越高，股东拥有的每股资产价值越高；每股净资产越少，股东拥有的每股资产价值越低。通常每股净资产越高越好

表10 每股净资产变动情况

单位：亿元，%

公司名称	上市日期	上市前一年	上市年度	上市后第一年	上市后第二年	上市后第三年	上市年度相比上市前一年增长率
美盛文化	2012-09-11	2.49	6.95	6.90	3.40	2.60	179
凤凰传媒	2011-11-30	1.89	3.41	3.57	3.74	3.95	80
光线传媒	2011-08-03	2.82	16.32	8.25	4.38	3.12	479
捷成股份	2011-02-22	4.49	8.83	6.63	6.08	3.60	97
天舟文化	2010-12-15	1.70	6.67	5.35	4.15	3.53	292
宋城演艺	2010-12-09	2.11	15.08	7.32	5.21	5.62	615
骅威文化	2010-11-17	2.40	9.24	9.59	6.23	6.36	285
中南传媒	2010-10-28	1.91	3.91	4.30	4.71	5.14	104
华策影视	2010-10-26	4.28	21.03	6.64	3.86	3.03	391
蓝色光标	2010-02-26	3.50	7.28	5.42	3.47	8.12	108
慈文传媒	2010-01-26	4.72	11.23	5.86	6.01	5.95	138
星辉娱乐	2010-01-20	2.56	8.80	4.82	5.42	4.21	244
皖新传媒	2010-01-18	2.43	3.78	4.12	4.55	5.08	56
华谊兄弟	2009-10-30	1.97	8.81	4.62	2.79	3.50	347
奥飞娱乐	2009-09-10	1.86	7.46	5.17	3.37	3.61	301
印纪传媒	2007-07-20	1.93	4.27	2.82	2.86	2.73	121
长城影视	2006-10-12	2.21	2.70	2.71	2.61	2.90	22
分众传媒	2004-08-04	2.44	4.85	2.68	2.18	2.35	99
中文传媒	2002-03-04	4.96	5.26	4.65	1.63	-5.45	6
华数传媒	2000-09-06	2.18	4.82	4.96	5.26	4.65	121

资料来源：Wind数据库。

5. 现金流量指标

筹资活动现金流量小于或等于零。这种情况的出现可能因为企业的筹资达到了一定的目的，利用经营活动产生的现金流量或者投资活动产生的现金流量在债务到期时进行偿还，也可能因为企业的投资活动或经营活动出现失误，需要变卖资产偿还债务。筹资活动现金流量大于零。分析一个企业的筹资活动现金流量大于零是否正常，关键看筹集资金的目的，可能是企业扩大规模，从表11、表12中可以发现，大部分文化企业在获得上市融资后其筹资活动产生的现金流量增加，说明企业的规模扩大，而宋城演艺和华谊兄弟、奥飞娱乐三只股票筹资活动的现金流呈现较大的负值，分别相对上市前减少了329.94亿元、297.02亿元、3042亿元，说明其在上市前的负债率较高，对现金流的要求更高。

本文选取的现金流量指标为：筹资活动产生的现金流量，具体指标分析见表11、表12。

表11 现金流量指标介绍

指标名称	定义	公式	评价标准
筹资活动产生的现金流	导致企业资本及债务的规模和构成发生变化的活动所产生的现金流量	吸收权益性投资所收到的现金＝股本和资本公积（股本溢价）的增加－吸收的非现金资产投资部分－可转换公司债券转为股本部分－资本公积、盈余公积转增股本部分－分配的股票股利＋企业直接支付的审计费、咨询费、股票印制成本等费用冲减资本公积（股本溢价）部分	（1）筹资活动现金流量小于或等于零。这种情况的出现可能因为企业的筹资达到了一定的目的，利用经营活动产生的现金流量或者投资活动产生的现金流量在债务到期时进行偿还，也可能因为企业的投资活动或经营活动出现失误，需要变卖资产偿还债务。（2）筹资活动现金流量大于零。分析一个企业的筹资活动现金流量大于零是否正常，关键看筹集资金的目的，可能是企业扩大规模，也可能是因为企业的投资失误出现亏损或者经营现金流量长期入不敷出所致

表12 筹资活动产生现金流量的变动情况

单位：亿元

公司名称	上市日期	上市前一年	上市年度	上市后第一年	上市后第二年	上市后第三年	上市年度相比上市前一年增加值
美盛文化	2012－09－11	214.56	468.69	－165.53	－11.28	100.96	254.14
凤凰传媒	2011－11－30	－198.19	88.28	30.31	27.69	－9669.84	286.46
光线传媒	2011－08－03	－233.00	120.72	25.42	320.24	－2265.69	353.72
捷成股份	2011－02－22	38.58	126.09	261.97	117.69	－48.94	87.51
天舟文化	2010－12－15	111.41	92.41	20.58	93.34	4.65	－19.00
宋城演艺	2010－12－09	420.95	91.01	38.24	72.07	20.47	－329.94
骅威文化	2010－11－17	－21.94	91.89	394.92	23.51	17.71	113.83

续表

公司名称	上市日期	上市前一年	上市年度	上市后第一年	上市后第二年	上市后第三年	上市年度相比上市前一年增加值
中南传媒	2010-10-28	6.44	83.43	-12.95	-28.39	-44.58	76.99
华策影视	2010-10-26	76.62	99.41	35.43	28.73	-2.69	22.79
蓝色光标	2010-02-26	-86.31	101.24	18.34	226.00	203.05	187.56
慈文传媒	2010-01-26	-1054.53	94.99	22.88	41.73	35.68	1149.53
星辉娱乐	2010-01-20	-54.13	138.52	-27.71	72.94	549.92	192.65
皖新传媒	2010-01-18	83.57	77.40	18.45	43.60	-78.51	-6.17
华谊兄弟	2009-10-30	394.42	97.40	36.85	-73.60	686.00	-297.02
奥飞娱乐	2009-09-10	3144.10	102.10	-15.29	49.53	303.81	-3042.00
印纪传媒	2007-07-20	177.30	93.41	85.19	-180.69	-1317.56	-83.88
长城影视	2006-10-12	127.24	99.22	67.12	-1.37	-331.33	-28.03
分众传媒	2004-08-04	28.03	140.77	-89.68	54.19	32.22	112.74
中文传媒	2002-03-04	-235.05	124.37	-6878.6	10.41	-246.50	359.42
华数传媒	2000-09-06	-58.97	110.06	-21.98	-44.22	469.13	169.04

资料来源：Wind 数据库。

三 上市融资对文化企业的绩效影响综合分析

通过会计指标法可以发现上市融资对文化企业的规模总量、偿债能力、盈利能力、现金流量等均有不同程度的影响，其中规模总量、偿债能力、流动性等得到明显的提升，然而企业的盈利能力却呈现下降的趋势。

（一）总资产规模不断增大，企业抗风险能力增强

上市融资后，20家公司上市后其总资产均比上市前的总资产规模大，在一定程度上使企业获得一定的规模报酬与规模效益。

（二）短期、长期偿债能力均增强，影响力度与行业相关

从流动比率这个偿债能力的指标来看，文化企业上市融资后短期的偿债

能力得到大幅提升，表明上市融资对文化企业的偿债能力的影响较明显，即企业用资产和经营创造的价值增强负债的偿还能力。从行业来看，上市融资对广播电影电视类、文化艺术服务类企业的短期偿债能力有较大幅度的提升，而对新闻出版发行服务类企业的影响相对较小。

（三）股东价值在短期内获得提升，有利于文化企业实现再融资

从每股净资产的指标来看，文化企业通过上市融资后其净资产得到了明显的提升，每股净资产的提高有利于企业实现再融资，此时文化企业容易获得原有股东和其他股东的信任，更容易在短期内获得更多的资金。

（四）企业流动性增大、融资带来更多的现金流

从筹资活动给企业带来的现金流这个指标来看，大部分文化企业在上市融资后资本的流动性增强，为企业的经营带来更多的现金流，从而有利于企业开展相关经营活动。

（五）短期的盈利能力不明显，指标分析法存在一定的片面性

从文中的数据来看，文化企业上市融资在短期内不会提升盈利能力，反而会在上市当年盈利能力有所下降，但是随着文化企业上市时间的推移，企业的盈利能力会逐渐增强。会计指标在评价上市融资对企业的盈利能力的影响时存在一定的不足，这一方面与文化产业的产业属性有关，融资带给文化企业获利能力需要一定的周期。文化产业的核心资产大部分为无形资产，而目前无形资产评估领域相对欠缺，会计核算无法公允地体现文化企业的真实价值。另一方面，"时滞"效应的存在。文化产业也要遵循经济学中的"时滞"规律。尽管从长期来看，"一价定律"的存在最终使得文化产业交易成本是相等的，但由于反应的时间滞后以及文化产业存在着较强的惯性，从信息反馈到决策到最终的具体执行也都需要时间而不是立即产生效果的。

参考文献

魏鹏举：《中国文化产业投融资体系研究》，云南人民出版社，2014。

常晔：《金融支持文化产业发展问题研究》，《经济研究导刊》2009年第12期。

ThomasS. Y. Ho and Roni Michaely, Information Quality and Market Efficiency, *Journal of Financial and Quantitative Analysis* (1988) 23 (1): 53–70.

黄卫平、陈能军：《版权贸易促进经济增长的实证研究：基于中国1998~2010的省际面板数据》，《河北经贸大学学报》（社会科学版）2014年第3期。

案例研究篇

Case Study Reports

B.14 猪八戒网：为创业者插上腾飞的翅膀

高宏存　刘玉拴*

摘　要： 互联网在深刻改变着传统产业生态，数字经济成为推动传统产业转型升级的新动力，互联网思维不断带来创新性变革，深刻的思维革命更是促进产业变革的助推剂。猪八戒网就是在上述背景下成长起来的创意平台，它的最大价值在于颠覆了传统创意行业。与此同时，猪八戒网在成长过程中也有它独有的"烦恼"，解决问题并促进中国创意产业的转型与发展就成为猪八戒网的未来重任。

关键词： 猪八戒网　创意产业　转型　发展

---

* 高宏存，文学博士、中国人民大学文化产业管理出站博士后，现为国家行政学院文化政策与管理研究中心副主任、教授，研究领域为文化政策、文化管理、文化产业；刘玉拴，国家行政学院2016级博士研究生，研究领域为文化政策与管理。

文化科技蓝皮书

在2017年5月11日的第十三届（深圳）文博会上，中宣部发布了第九届"中国文化企业30强"提名企业名单，重庆猪八戒网络有限公司上榜，成为获奖企业里唯一一家从事文化创意设计在线服务交易的企业，也实现了重庆文化企业在该奖项上零的突破。①

近年来，猪八戒网因对传统创意行业的"颠覆"而愈发受到关注。如果说淘宝网实现了有形物质商品在线交易，改变了传统零售方式，进而引发了有形产品交易方式的革命，那么猪八戒网则以无形产品在线交易，改变了传统的"创意"和"服务"交易方式，引发了无形产品交易方式的革命。同样是做平台，淘宝网买卖的是标准化的商品，猪八戒网买卖的则是非标准化的创意和服务。② 企业、用户把需求发包悬赏，人们用知识、智慧、接单变现，各取所需。处于互联网经济浪潮的裹挟之下，猪八戒网以需求创意为支点，开启了另一类型的交易方式，实现了一种被称为"威客"模式的商业模式。猪八戒网创始人兼CEO朱明跃认为，淘宝代表了第二产业的互联网力量，而猪八戒网则代表了第三产业的互联网浪潮。

互联网在深刻改变着传统产业生态，数字经济成为传统产业转型升级的推动力，互联网思维不断带来创新性变革，深刻的思维革命更是催生着产业变革。互联网时代的弄潮儿，如阿里巴巴的马云、腾讯的马化腾、百度的李彦宏、猪八戒网的朱明跃等企业家，都以前瞻性的思维引领不同行业发展。那么，位于重庆的猪八戒网是如何发展起来的，它到底是怎样一家互联网公司呢？它给创意经济带来了什么样的变革？

一 揭开庐山真面目：猪八戒网是一家什么样的互联网公司

猪八戒网成立于2006年，由当时的重庆晚报首席记者朱明跃创立。11年

---

① 杨晨：《猪八戒网上榜第九届全国"文化企业30强"提名企业名单 实现重庆文化企业新突破》，http://news.youth.cn/jsxw/201705/t20170512_9740252.htm，2017年5月12日。
② 王斌来、崔佳、李坚、蒋云龙：《猪八戒是怎么飞起来的》，《人民日报》2015年9月11日，第8版。

来,猪八戒网历经七次名为"腾云计划"的升级行动,不断进行产品迭代创新,终于成长为行业内的"独角兽",成为国内领先的中保服务交易平台。

(一)"威客模式"诞生:牛刀小试的"第一笔买卖"

作为重庆晚报的首席记者,朱明跃具有前瞻性的思维,思考一些趋势性的问题对他来说是一种习惯,这种习惯被他笑称为"记者的职业敏感"。在采访中他发现,一些有专业有才能的人因为没有雇主而无法就业,另外一些小企业虽然有订单,却因没有合适的人才而无法完成相应工作。当时一个想法跳进了朱明跃的脑海中,可否将上述两批人聚在一起,实现供需之间的对接?2005年底,朱明跃发了一个"悬赏帖",出资500元招募网民做一个简单的论坛程序,做一个实现创意和需求方的交易网站,由此开启了猪八戒网诞生的大幕。

朱明跃坦陈,在做网站之前他研究了淘宝,认为这种建立一个"网上市场"的淘宝模式不是他的方向,记者出身的他对创意、策划比较敏感,当时社会上对创意类服务的需求呈增加趋势,他遂决定创立一个有实现创意和需求交易的兼具商业价值和社会价值的网络平台,至此猪八戒网的雏形应运而生。

转折点发生在次年。2006年9月,中央电视台报道了猪八戒网这类网站的商业运营模式,称之为"威客模式",猪八戒网荣幸地被报道。这个时候,一起做网站的哥们儿商量,需要有人下海专职来做,作为创始人的朱明跃自然就必须下海创办企业。自此猪八戒网开始了商业化的运作模式,同时也见证了朱明跃由记者向经理人的转变。[①] 猪八戒网在运行之初就是一个论坛,运营的模式主要是"悬赏",即有创意服务需求的买家会在平台上列出自己的需求并列明悬赏金额,把相应的款项先付给猪八戒网。看到信息的卖家(威客)竞标提供服务,最终买家选择自己最满意的作品并向某个卖家支付悬赏费用,而作为交易平台的猪八戒网收取悬赏费用的20%当作佣金。

而以猪八戒网为代表的威客网诞生,开启了互联网交易的"威客模

---

① 朱明跃:《告诉你猪八戒网是怎样熬出头的》,http://mt.sohu.com/20150731/n417940441.shtml。

式"。威客网指为威客提供交易平台的网站,威客的英文 Witkey 由 wit(智慧)、key(钥匙)两个单词组成,也是 The key of wisdom 的缩写,指那些通过互联网把自己的智慧、知识、能力、经验转换成实际收益的人,他们在互联网上通过解决科学、技术、工作、生活、学习中的问题从而让知识、智慧、经验、技能体现经济价值。Witkey 一词是中科院研究生刘锋首先发明的,概括了利用互联网进行知识管理的网络创新模式。《中国威客行业白皮书》提出,发源于 2005 年的中国威客行业走过三个阶段:第一代威客网站,以全额悬赏任务为主,在国内率先建立交易规则和机制;第二代威客网站,丰富了平台的交易模式,以抽取网站任务交易 20% 作为网站获利的主要来源;第三代威客网站,以一品威客网为代表,坚持"公开、透明、分享、责任"原则,创新地推出基础业务不抽佣的做法,开辟增值业务收费渠道,差异化的竞争,使得网站在市场上形成很大的影响力和很高的美誉度。作为威客行业里绝无仅有的"剩者",猪八戒网历经磨难终于修成正果,实现了企业的华丽转身。

(二)快速成长的交易平台

猪八戒网奉行"取经文化",坚信平凡人做平凡事,将创业过程视为取经之旅。从 2006 年 9 月成立公司开始商业化运营,一直到 2014 年推出八戒知识产权之前,是猪八戒网发展最艰难但也最坚实的第一个阶段,其间经历了 A、B 两轮融资。一个新生事物的初始期,没有人能够确定未来的最终方向,当时全国处于"迷茫"状态的威客网站有 300 多家。而摆在猪八戒网面前最紧要、最关键的问题是企业生存,"当时喊出了'每天一万,解决吃饭'的口号",朱明跃说,日均成交额 1 万元,我们赚 2000 元,网站才能勉强维持。① 2007 年初,猪八戒网得到了第一笔投资,来自重庆博恩集团的 500 万天使投资,猪八戒网利用这笔资金支撑了 4 年。在猪八戒网面临"生

---

① 王斌来、崔佳、李坚、蒋云龙:《猪八戒是怎么飞起来的》,《人民日报》2015 年 9 月 11 日,第 8 版。

死存亡"大问题的困境下,重庆博恩集团此举既是具有战略眼光的投资,又是对猪八戒网发展具有决定性作用的一步活棋。这也从侧面印证了猪八戒网初创期的艰难,当时猪八戒网的日交易额不过一两千元,员工生存尚且成问题,更别说盈利了。朱明跃认为,平台创业是一场持久战,只能"剩者为王"。幸运的淘宝有易贝(eBay)可以模仿甚至抄袭,但做非标准服务交易的猪八戒网在全球都找不到可以借鉴的对象,只能完全靠自己去摸索。所以,对猪八戒网而言,发展的过程既是克服困难的过程,也是自我创新发展策略的过程,能由六个人的"小作坊"发展到现今5000多人的团队,本身就是创意的结果。

新生互联网公司起步阶段往往会面临众多困难和问题需要克服和解决,一旦从这种境况中走出来,它们往往会步入发展的快车道。猪八戒网同样如此。2008年,猪八戒网入选"中国商业网站百强"和"最具投资价值网站"。2009年,猪八戒网启动"腾云计划",而后业绩出现了大幅度增长。2010年,猪八戒网的注册用户规模列同行业第一名。2011年12月,重庆市政府相关部门设立了文化产业引导基金,并与多家风投机构合作设立市场化运营的投资基金,为培育新产业他们还特意邀请中华创业投资协会成员单位到重庆考察项目。就在这次考察活动中,猪八戒网被IDG相中,IDG创始合伙人熊晓鸽宣布注资666万美元参股"猪八戒网",成为其在西部投资的少数几个互联网创业项目之一——猪八戒网完成了A轮融资。也就是在这一年,猪八戒网进军国际服务众包市场。2012年,猪八戒网被评为"国家文化产业示范基地"。2013年,该网站注册用户超过一千万,被评为"国家电子商务示范企业"。2014年,IDG再次提供千万美元级的B轮注资,当地国有文化产业资本——重庆文化产业投资基金也跟投猪八戒网3000万元,猪八戒网从而成为一家"混合所有制"企业,业绩也井喷式跃升。截至2014年底,猪八戒网已为60万家企业设计了LOGO,为50万家机构开发了网站,为10万家机构开发了软件,为60万家企业提供了产品包装,还为10万个孩子取了名字⋯⋯这样的业绩,若非采用共享经济平台聚众人之智慧的平台运作方式,任何传统的公司都无法做到。

（三）发挥平台效应成长为超级孵化器

作为一家平台型互联网企业，猪八戒网连接了买家与卖家、企业和政府，把各种资源在一个超级平台上汇聚起来，为散落各地的创业人才提供了一个互联网时代实现梦想的"网络时机"，也成就了网站本身超级孵化器功能，成为无数创业实现就业者的福音。

中国有超过6000万家中小微企业和个体工商户，在大众创业万众创新的今天更是日均增长10000家创业企业。这些企业从创立之初工商注册代办、记账报税、商标注册，一直到企业品牌建设、营销推广等，企业全生命周期服务的刚性需求离不开猪八戒网提供的专业化服务。对于这些初创期或者成长期的创业企业而言，通过猪八戒网雇用专业人才和机构来满足非主营业务服务需求，不仅降低了成本，而且选择更多，突破了时间和地域的限制。一个北京中关村的企业主，可以在猪八戒网找到几万家在深圳或者在台湾地区的设计人才和机构。

目前猪八戒网注册的专业人才和机构超过1000万，开店活跃的有收入的超过200万家。这些人当中很多最开始只是在工作或者大学学习之余兼职在猪八戒网干"私活"，黏性并不是很高，收入也不稳定。对他们而言，猪八戒网最开始只是他们实训练手的基地。但是随着收入日渐增多，网上排名越来越靠前，能力等级和信用等级越来越高，一部分人就开始把在猪八戒网开店作为全职就业。10年来有超过10万人在猪八戒网上实现了这种社会化就业，这等于向社会提供了10万个就业岗位。根据猪八戒网的统计，十年来他们孵化了数百万家企业机构，最近几年增速不断加快。

比如，一个就读于江西南昌一所普通大学叫周子聪的学生，大学期间在猪八戒网上通过自己的营销服务挣到了全部学费和生活费，毕业后直接创办了名为"泽楷推广"的营销公司在平台上开店创业，如今年收入6000万元。一个山东德州的公务员下海后一个人到平台上做设计，如今已是9家公司的创业者，通过平台年营收超过1亿元，最近刚刚完成

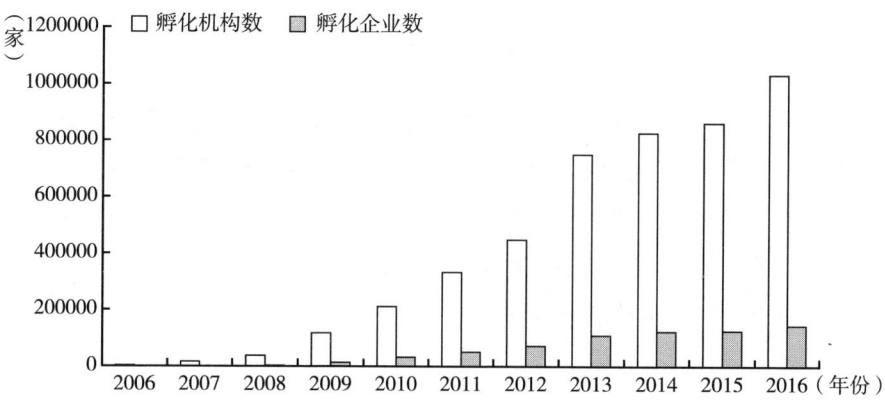

图1　猪八戒网孵化机构与企业数

资料来源：猪八戒网。

5000万元A轮融资。像这样从猪八戒网上孵化出来的公司，已经超过20000家。

另一方面，有二十多个国家和地区的企业通过猪八戒网雇用天下人才。实际上，不仅仅是企业，地方政府也成为猪八戒网的重要雇主。国家发改委"互联网+"的形象标识和重庆两江新区的形象标识，都是通过猪八戒网面向全球征集，广西巴马县的全域旅游从规划到营销通过猪八戒网汇集众智，云南旅游服务交易平台也通过猪八戒网进行规划建设并运营。通过类似猪八戒网这样的交易平台，中小微企业服务交易打破了地域限制，一个地区的服务商可以服务全国需求，而一个地区的雇主也可以在全国范围挑选服务，让供需双方在更广阔的空间选择。中小微企业异地交易趋势明显，占比达88%以上。

一个实体孵化器很难实现解决十万人就业、孵化出几万家公司，猪八戒网通过搭建共享经济平台的方式做到了。如何才能聚集千万级的专业人才到一个平台上，为千千万万的企业和政府按需服务？这显然很难靠行政命令，而必须靠市场化方式。猪八戒网采用了共享经济的运作方式，聚集了千万级的专业人士和机构，运用了市场化的方式，将这些需求与海量的人才有效地匹配在一起，方才变为现实。

（四）为传统产业转型升级打造线上线下融合的"标本"

2015年6月15日，猪八戒网获得C轮26亿元融资。除了赛伯乐科技投资集团领投其中16亿元以外，重庆两江新区下属平台公司跟投10亿元，猪八戒网晋升"独角兽"企业阵营。由此，为猪八戒网商业模式创新奠定了坚实基础。公司成立以来，作为一家平台型企业，猪八戒网一直主要依靠收取20%的佣金发展，这也是同类互联网企业的主要盈利模式。

C轮融资后的2015年底，猪八戒网开启了商业模式的新时代——免除全部佣金，也是猪八戒网"数据海洋+钻井平台"商业模式战略全面推进的新旅程。2016年，猪八戒打通线上线下，建立区域性"线上+线下"实体园区创新生态体系，开启猪八戒网第二个10年新里程。这是猪八戒网围绕国家的双创政策采取的策略，即联合地方政府，打造现代服务产业集群。新成立的八戒园区的本质是结合当地优势产业，为其打造数万到数十万平方米的"互联网+"的创新创业基地。2017年猪八戒网将继续深耕百城双创战略，预计在全国再择优筛选20个城市落地实体园区，助力本地现代服务业及创业创新发展。打造"有奶的园区"，聚集地方服务业产业集群，为传统产业转型升级提供新的推动力量。

猪八戒网在近十年的发展历程中，由几个人的团队发展到现今的规模，公司的核心业务也在发生变化，由单纯的线上到现在的线上和线下结合，公司的角色也不断得到拓展丰富。第一，猪八戒网是一个市场，这个市场买卖的不是有形商品，而是无形的创意与服务。现在猪八戒网聚集了一千多万的买家和卖家，是中国最大的非标准化的服务交易市场。第二，猪八戒网是一个超级孵化器，十余年来，超过百万专业人才和机构在猪八戒网开店创业，超过十万人通过这个市场实现了在线就业，数万家公司从这个市场上孵化出来。而2016年猪八戒网在全国各地开启的实体孵化空间，更是大众创业万众创新的重要推动力量。第三，猪八戒网是一个产业创新的助推器，因为聚集了众多的专业技能人才，对产业的转型升级、企业的转型升级和区域经济的发展起到了积极促进作用。

二 猪八戒网"成长的烦恼"与解决策略

猪八戒网从当初只有六个人的"草台班子"成长为市值110亿元、员工5000余人的"独角兽"公司,并且兼具商业价值和社会价值,成为互联网时代发展起来的B2B样本公司。成长中有掌声鲜花,也有风雨苦恼。

(一)共享经济发展助力猪八戒网迅猛成长

中国近年来经济快速增长为猪八戒网的发展提供了历史机遇和成长空间。2014年时任重庆市市长黄奇帆到猪八戒网视察调研,座谈时他指出:"中国人均GDP只有3000~5000美元的时候,民众更多是基本的物质需求,淘宝和京东类的平台会发展较好;而当中国人均GDP超过8000美元甚至9000美元时,猪八戒网的春天就来了,所以猪八戒网一定要坚持。"猪八戒网前期发展的缓慢和近年来突飞猛进的发展态势,也间接佐证了上述论断,即中国经济的快速发展和庞大的消费能力为互联网公司的发展提供了最坚实的基础。

创始人的眼光与政府适时的扶持,都成为猪八戒网成长的关键环节。公司创始人朱明跃眼光高远思维前瞻,记者出身的他具有敏锐的洞察力,由淘宝网实体商品交易想到了创意服务交易,在初始期苦苦坚持,而后慢慢带领公司步入了发展快车道。在发展的不同阶段,三轮融资的资金注入为猪八戒网跨越发展提供了资金支撑。朱明跃在接受中央电视台新闻联播节目采访时曾说:"我觉得在猪八戒网发展的两个阶段,不管是创业期还是成长期,都离不开政府的支持和帮助。"朱明跃一语道出了促进猪八戒网发展的另外一个重要因素,政府政策的孵化、包容和鼓励创新,对猪八戒网的发展起到了重要的促进作用。在前期发展阶段,猪八戒网租用民房办公,取得一定规模后,就在高新区火炬创新孵化器、渝北区互联网产业园度过了最艰难的创业期,如今还在两江新区互联网产业园快速成长。这些孵化园区见证了猪八戒网的成长,使其在房租、税收、项目扶持等方面享受到减免等优惠政策。C轮融资中政府背景的公司跟投10亿元，更是对猪八戒品牌给予了难以估量的信用支持。可见，猪八戒网的成长和当地政府的支持密不可分。

猪八戒网的另一个优势是地处重庆，创业成本相对较低。这也是为什么北京、上海等城市出不了一个像阿里巴巴、猪八戒网这样的需要长期培育的互联网平台公司的原因，因为浙江、重庆这样的地方给这类成长周期长、成本居高不下难以快速盈利的平台型公司提供了低成本发展的时间和空间。如果这类平台型公司在发展初期放在北京、上海，不仅得不到关注与支持，时间稍长就会被成本拖死。

（二）猪八戒网的"成长烦恼"

虽然近几年猪八戒网取得了长足发展，但在快速发展中仍然遇到了很多问题，这些问题如不能得到有效解决，无疑会制约企业成长。

1. 利润增长的压力

自猪八戒网于2015年底宣布免除佣金，猪八戒网着眼长远发展把这部分利润让渡给了平台使用者，由此也导致公司收入一下减少了接近2个亿。成本压力促使他们在2015年的10月成立了专门从事商标代理等知识产权服务的"猪标局"，专门服务于企业的商标注册代理，当年获得了两千多万元的收入，2016年更名后的"八戒知识产权"获得了两个多亿的骄人收入，据估计2017年猪八戒网的知识产权部门将获得超过6个亿的收入。而其目前采取的线上线下融合方式推动区域产业升级的"攻城"布局，无疑需要大量资金支持，现今的利润增长率显然无法支撑猪八戒网的快速发展对资金的需求，也不能更好地回应投资方对利润增长的期望。

2. 知识产权保护监管难题

猪八戒网作为一个平台，是以创意服务交易为主的平台，既然是创意，就涉及创意者的知识产权保护问题，如何有效地保障创意者的知识成果，无疑是猪八戒网未来亟须解决的问题。同时，卖家和买家在交易过程中，会产生各种纠纷，两者之间出现纠纷后往往会找平台进行解决，如何解决和规范,就成为摆在猪八戒网面前的另一难题。当然,按照朱明跃幽默的说法:"看一个平台办得好不好,就看他被投诉得多还是少"。这也从侧面印证了猪八戒网的社会价值。

3. 平台秩序的约束与管理

平台上的从业者,一旦出现了违规性的法律问题,猪八戒网会负有连带责任,平台如何治理才能实现责任和权利的明晰化,也给不断探索的"猪八戒"人带来考验。因为买卖双方并非猪八戒网的员工,猪八戒网也没有相关执法权,导致一些问题无法及时有效地解决,猪八戒网时不时成为"第二被告"。为此他们探索了平台用户的信用体系建设,通过不同等级评价明示以实现软约束。同时,平台运行中会不会引发社会问题,比如平台上的从业者也存在贫富分化差距过大的问题,如果问题不能得到有效解决,不仅会给平台发展带来不利影响,而且会破坏良好的产业生态,如何才能联合政府相关监管部门做好平台管理?考虑到作为一家平台型企业,维护好一个良好的创业者产业生态关涉平台良性发展。因此,为了不同行业品类的有序竞争,猪八戒网不断完善规则,出台举措规范交易,避免网络平台上成长起来的"大块头"企业形成垄断,制约创新与竞争发展。平台这类保护产业生态之举,虽然初始期受到既得利益企业的某些抵制,但毕竟不会影响大局,很好地保护了不断进入的创意个体乃至微型企业,已经初见成效,保护了平台不断焕发出的活力。

4. 考验政府监管智慧

平台发育成熟后,随着汇集的资源实现的交易海量增长,如何更好地监管好服务好这类平台,考验着政府管理部门的智慧,政府的包容性监管与政策创新往往会起到关键性作用。对猪八戒网这样的平台型公司,解决发票问题很长时间都是一个难题。因为平台上的买家都是企业,需要交易方提供发票;但卖方大多是个体或工作室,未成立专门公司之前无法提供发票。猪八戒网曾经遭到竞争对手举报存在不主动纳税甚至偷税漏税问题。重庆市税务部门经过认真调查,认定猪八戒网本身不存在完成交易故意不开发票涉嫌偷税漏税的问题。但怎么解决平台企业的发票需求难题?经过一定阶段的摸索，税务部门尝试不同方式，最后采用了一种新的监管方式：当地税务部门与猪八戒网几经商讨，并报国家税务总局批准，专门为猪八戒网定制一套代开发票系统，既解决了平台企业发展中的难题，完善了平台监管，又维持了平台长期可持续发展。朱明跃说，"如果没有这样的包容政策与鼓励创新，猪八戒网不知死了多少次了"。对于这类新生互联网平台公司，要更关注它的社会贡献。在共享经济快速成长的环境中，作为市场化资源配置平台，互联网平台企业对整个经济社会发展贡献巨大，如何更好地发挥这类机构的作用，又能够做到有序监管和服务，考验着政府部门监管的智慧。

三 面对创意经济发展：猪八戒网的未来

以商业价值和社会价值相统一为企业价值观的猪八戒网，创业之初设定的目标就是用市场化的手段配置资源，以更好地促进社会的发展。正如猪八戒网创始人朱明跃所说："对猪八戒网而言，满足商业逻辑实现商业目标是基础，但是如果一个平台只是实现商业目标赚取利润，则只是一个生意人干的事，好的平台创业者不只是一个生意人。猪八戒网作为一个平台要在供求双方匹配的过程中更加高效、规模化，以实现其社会价值。"猪八戒网对创意经济甚至未来经济发展的深远影响，和其定位密不可分。国务院颁布了一批国家级"双创基地"，在高科技互联网企业中，猪八戒网是四家之一。

（一）猪八戒网助力"双创"，引领服务业共享经济发展

2017年3月6日，国家信息中心分享经济研究中心发布《中国分享经济发展报告2017》，指出中国分享经济发展迅猛，对培育经济发展新动能、引领创新、扩大就业做出了重要贡献。该《报告》估算，2016年我国分享经济市场交易额约为34520亿元，比上年增长103%，共有6亿人参与，比上年增加1亿人。预计到2020年，分享经济提供服务者人数有望超过1亿，其中，全职参与人员约2000万。未来几年，我国分享经济将保持年均40%左右的高速增长，到2020年分享经济交易规模占GDP比重将达到10%以

上。未来10年，我国分享经济领域有望出现5~10家巨无霸平台型企业。猪八戒网激活了中国的创意经济，以2017年初的数据为例，注册用户达到1900万家。其中有1000万家服务卖家，900万家以中小微企业为主体的服务买家。买家每日发布需求20000多项，每日发布总金额高达数千万元。猪八戒网买卖双方交易的创意与服务，也成为创意经济的重要组成部分。猪八戒网对创意经济的贡献主要表现在下述几个方面。

第一，带动了就业。众多创意人才通过猪八戒网实现就业，而众多企业通过猪八戒网解决创意人才不足的问题，在带动创意人才就业方面，猪八戒网的作用是任何传统公司无法比拟的。

第二，孵化创业企业。猪八戒网无意中成就了自己超级孵化器的角色。近十年来，不仅众多的个人在猪八戒网上开店，猪八戒网更是孵化出了众多的公司，带动了就业，为"双创"做出了巨大贡献。同时，借助为企业提供全生命周期的增值服务，猪八戒网也推动了企业商业模式的创新与发展。

第三，猪八戒网是市场化条件下成长起来的互联网公司，反过来又以市场化的手段促进了创意人才和资源的配置。2016年，猪八戒网打通线上线下，建立区域性"线上+线下"实体园区创新生态体系，八戒园区是以"互联网+"为特色的新型O2O创新型园区，它通过开放性、互联网+、订单推送和全生命周期投资跟踪等四大优势，推动区域经济发展、产业转型升级、企业创业创新，同时又不断汇聚海量的专业技能人才和机构，将这两方不断高效、精准地进行市场化配置，起到了交易枢纽的作用，为地方经济发展做出了巨大贡献。

第四，促进了共享经济的发展。像滴滴、淘宝、京东和猪八戒等类型的平台，本质上是一种共享经济的平台，这种共享经济平台是"互联网+"时代的一种社会基础设施，按照市场化配置资源的方式推动整个经济社会的发展。在数字经济时代，以猪八戒网为代表的一批互联网企业，对中国经济甚至世界经济的发展，都会产生巨大影响。它们不仅是未来经济发展的重要驱动力，更是经济发展质量的有效保障。未来猪八戒网涉足的领域会更为广泛，以企业之力促进各个领域向数字经济转型。

（二）标杆性公司的立体化影响价值

科技的进步对社会产生的影响，不是单方面的，而是立体化全方位的影响。互联网的出现和发展，对社会而言，是立体式的根本性改造。社会结构、形式、体系等因为它而改变。以平台交易、超级孵化器和产业创新的推进器为特征的猪八戒网，就是互联网时代，或是数字经济时代的一个标杆性公司，它在改变自己的同时，也在改变社会以往的关于创意和创意人才工作模式的界定，它以重庆为支点，走向全国，走向世界。

猪八戒网正在将自己平台上的数据，开放给各个地方的政府和社会机构。他们正在成立八戒研究院，推出监测中小微企业活跃度的"八戒指数"，探索建立互联网＋招标采购的政府服务采购阳光化平台，梳理形成"互联网＋"的行业服务解决方案，建立全国各地的创新创业园区，主动服务于全国各地的创业创新和产业、企业的转型升级。在超越自我中发展，在发展中超越自我，这是猪八戒网的真实写照，也是当下中国互联网公司的共性。

特别是利用平台数据分析，引领小微企业的成长发展。在各级政府的帮助和扶持下，各地中小微企业服务交易规模和交易活跃度呈现稳定增长态势，平台型公司已经成为中小微企业发展的重要生态环境，是政府对中小微企业扶持的有力抓手。对平台数据的分析，可以揭示中小微企业的发展特点，为区域经济规划提供参考。猪八戒网十年来积累的数据是我们分析的基础，也是猪八戒网迈向新十年的起点，为培育扶持小微企业、提高整个经济的活力将发挥巨大的推动作用，为科学决策、正确制定产业政策提供科学客观的判断基础。

B.15 文化科技融合语境下的青年日常生活[*]

——以北京七所高校大学生手机社交软件使用为例

张 萱[**]

摘　要： 本研究报告对北京地区七所高校192名在读大学生（不含研究生）手机社交软件的使用情况做了调研，发现在"互联网+"的语境下，北京地区大学生基本依赖于以"微信"为主的手机社交软件作为人际交往与获取信息的日常方式，使其有发展为"社交媒体"的趋势。从文化科技融合的角度来看，北京地区大学生对手机社交媒体的使用主要基于三方面需要：其一，与传统媒介的信息获取形成互补关系；其二，基于人际交往的社交媒体更倾向于"个人化"属性的信息分享；其三，社交媒体功能的"多元化"，即"一键多能"的简约化思维具有相当大的市场需求空间。

关键词： 北京地区　"互联网+"　社交媒体　互联网思维　媒介素养

"互联网+"语境下，传统的社交方式几乎被颠覆，现实空间与虚拟空

---

[*] 本调研系2015年度湖北省教育厅人文社会科学研究专项任务项目"新闻专业青年教师的马克思主义新闻观再教育"（项目编号：15Z093）的研究成果之一。

[**] 张萱，文学博士、博士后，湖北大学新闻传播学院副教授，研究领域为互联网舆情与新媒体。

间之间的自由转换使社交软件在青年群体中普及率极高，如今的手机社交软件不仅提供即时、互动的人际对话服务，而且还将"分享"这一人际交往的属性，朝纵深方向发展，传统媒体、自媒体、微信公众号中的信息和观点齐飞，构成了一张交织密集的社交信息网络。在此背景下，从北京地区高校大学生对手机社交软件使用的角度来探讨当下年轻人对社交媒体的使用状况，有着相当的典型性和代表性。

本研究报告以"互联网+"语境下的北京地区高校大学生使用手机社交软件的情况为研究对象和中心，试图对这一群体目前数字化的社交生态做一个初步的梳理，进而探讨"互联网+"对大学生的媒介素养影响程度，及高校思想教育工作如何拓展新阵地、打造新方式。

一 问题的提出

本文的研究对象为北京地区七所高校（北京大学、清华大学、北京林业大学、中央美术学院、中国政法大学、北京航空航天大学、中国协和医科大学）大学生手机社交软件的使用情况，发放问卷200份，回收192份。它们集中且综合地反映了北京地区部分高校大学生对手机社交软件使用的整体特征与发展趋势，并对北京地区大学生的总体状况有一定的参照意义。

党的十八大报告明确把"信息化水平大幅提升"纳为2020年全面建成小康社会的目标之一，党中央对互联网的重视，既有现实考虑，又有发展考量。因为自2010年以来，国内手机接入互联网用户激增，其总量堪比个人电脑接入互联网数量。

2011年1月21日，位于广东深圳的腾讯公司推出了一款支持跨通信运营商、跨操作系统平台通过网络快速发送（需消耗少量网络流量）语音短信、视频、图片和文字，为智能终端提供即时通信服务的免费应用程序，即微信，2011年被互联网界称为"微信元年"。

截至2015年第一季度，上市不过四年的微信已经覆盖中国90%以上的智能手机,月活跃用户达到 5.49 亿①。具体到本研究中的问卷调研情况来看,在被调研的 192 名大学生中,100% 学生的首选社交软件为微信,其中 181 名学生"完全只用微信这款社交软件",或者"使用微信的频率大大超过了其他的社交软件",并且 100% 的学生有"每天使用 2~3 次手机社交软件的经历"。由此可见,基于手机移动客户端的社交软件,对北京地区大学生的日常社交生活已经实现全时、全面的全覆盖。

2015 年 3 月 5 日十二届全国人大三次会议上,"互联网 +"② 一词出现在政府工作报告中,其核心是"把一批新兴产业培育成主导产业"。从目前微信在北京地区大学生中的覆盖率来看,基于现实生活空间的传统人际交往及其行业,已经实现向线上的整体转移,网络社交空间快速地从新兴行业转化为主导产业。从对"首选微信的原因"调研获得的数据情况来看,192 名学生中 100% 认为"微信是不可取代的",120 名学生认为微信"在分享信息上有别的社交软件所不具备的优势",43 名学生认为"微信是所有社交软件中功能最全面的"。

该调研情况反映出功能的多元化是决定社交软件普及的关键因素。微信的基本功能为人际交流。此外,微信还包含了多媒体形态、媒介融合、信息分享等更多的功能拓展。比如,它包含人际语言、语音、视频等多媒体形式的交流;在信息分享方面以"朋友圈"为载体具备信息分享及附带"点赞"、转发和评价等功能;"微信群"和"公众号"等功能都在更大程度上提升了"信息共享"的互联网精神。

2015 年 3 月,第二届世界互联网大会在乌镇召开,国家主席习近平提

---

① 《腾讯发布 2015 微信用户数据报告》,网易,http://money.163.com/15/0601/14/AR1GC7UQ00253B0H.html。
② 所谓"互联网 +",是新时期互联网发展的新业态,是知识社会创新 2.0 推动下的互联网形态演进及其催生的经济社会发展新形态。简而言之,"互联网 +"就是"互联网 + 各个传统行业",但这并不是简单的两者相加,而是利用信息通信技术以及互联网平台,让互联网与传统行业进行深度融合,创造新的发展生态。它代表一种新的社会形态,即充分发挥互联网在社会资源配置中的优化和集成作用,将互联网的创新成果深度融合于经济、社会各领域之中,提升全社会的创新力和生产力,形成更广泛的以互联网为基础设施和实现工具的经济发展新形态。

文化科技蓝皮书

出"我们的目标，就是要让互联网发展成果惠及13亿多中国人民，更好造福各国人民"①。这一目标折射出了中国政府对互联网发展必须与人本精神吻合的定位，一贯强调"以人为本"的社交领域就是这一目标最直接的体现。因此，本报告旨在将"互联网＋社交"这一部分的情况进行放大，通过历史比对和综合研究的方法，试图勾勒出北京地区大学生手机社交软件的使用状况，并结合文化科技融合这一大的时代背景，对2015年北京地区大学生的社交软件使用情况进行初步的探究。

二 从"手机社交软件"到"社交媒体"

社交是人们日常生活的基本需求之一，特别是在"互联网＋"的时代背景下，社交是移动互联网的一切出发点。在对181名青睐微信的学生进行回访时发现，"如何使用微信"这一问题（多选）的答案中，选择"朋友之间交流"和"朋友圈获取新信息"的人数均为181人，并列排在首位。由这一数据可见，当代北京地区大学生对社交软件的使用依赖主要由两个基本需求构成，人际交往和信息传播。因此，在命名上以"社交媒体"（SN-media）取代"社交软件"（SN-App）则能够更准确地表述目前这一群体的数字化社交类型和发展趋势。

所谓"社交媒体"，是指基于人际交往的信息共享。一方面，2015年北京大学生在人际交往上，全数字化规模已完全形成，因此，在一个人所具有的基本社交需求下，若不使用微信，则意味着会"被"排斥在日常社交的"圈子"之外。同时，随着使用微信的人数增多，微信大发展就会进入一种良性循环过程，具有类似于"磁场"的效应。数据显示，在被调研的192名学生中，除了181名学生"以微信这一软件为主"之外，另外，还有3名学生"以人人网APP为主"、4名学生"以微博APP为主"、4名学生

---

① 《习近平在第二届世界互联网大会开幕式上的讲话》，中国共产党新闻网，http://cpc.people.com.cn/n1/2015/1216/c64094 - 27937316.html。

"以 QQAPP 为主",这一部分仅占总人数的 5%。依据人际交往的属性,即少数服从多数的原则,那么,未来微信的发展趋势显然是占据绝对多数的使用者对少数人的"吸力",最终形成微信使用的全覆盖。

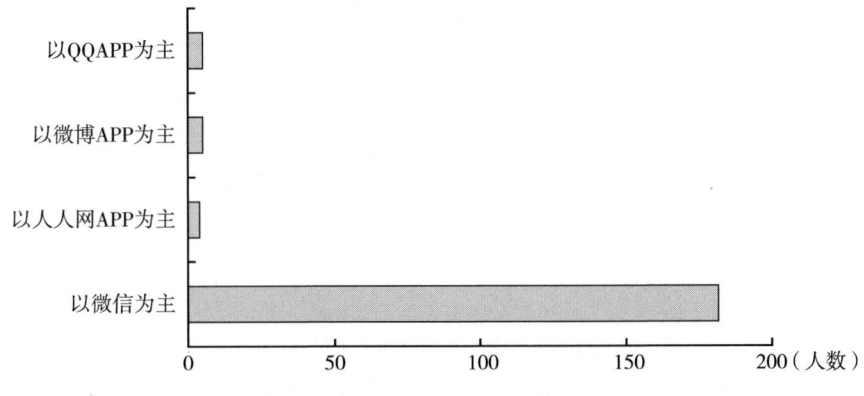

图1　被调研学生手机社交软件使用情况

2015 年作为"互联网+"元年,社交领域已经呈现出新行业的普及性。微信社交软件在功能和内容上的多样性发展已经初具规模。比如,微信提供公众平台、朋友圈、消息推送等功能,用户可以通过"摇一摇""搜索号码""附近的人""扫二维码"方式添加好友和关注公众平台,同时微信还有将内容分享给好友以及将用户看到的精彩内容分享到微信朋友圈的功能。功能的不断开发意味着依托该技术的人际交往正在日常化。在本调研中,北京地区大学生对人际交往在内容与形态上的多元化需求,特别是在内容上向社会议题延伸的融合性特色,我们从"选择朋友圈获取新信息"的人数占 100% 可见一斑。社交软件不仅仅作为一种社交工具同时它还包含新闻信息的获取、传播、扩散等功能,充分体现了北京地区大学生关注融入互联网社会的群体性态度。

综上所述,课题组认为,北京地区大学生使用手机社交软件已经成为基本态势,并已经构成社交媒体的趋势。用户对社交需求的多元化集中体现在了分享、融合、迭代等互联网精神中,体现了青年文化与现代科技的高度融合。本报告将从三个方面将北京地区大学生使用手机社交媒体的宏观属性进行具体分析,以期呈现其时代性、群体性、地域化的特征。

三 北京地区大学生使用社交媒体的基本特征分析

（一）社交媒体与传统新闻媒介形成了互补关系

课题组通过对181名被调研的大学生在"分享消息的类型"方面的分析发现，其中有142人选择了"关于对最近重大新闻的报道与分析"，居被选理由中的第一位；另外，还有43人选择了"主流媒体的新闻"。由此进一步证明了，作为基于社交信息分享的社交媒体，在大学生的日常信息获取中，扮演着与传统媒体的互补角色。这种互补功能集中体现为两个方面。

一方面，以微信为代表的手机社交媒体，打破了传统媒体在信息传播速度、频次、容量等形式上的现有格局。传统媒介在新闻信息的生产与传播过程中，必然会受到媒体规模、媒介介质等因素的局限。因此，信息传播的速度往往滞后于网络传播的速度，尤其是在一些重大新闻事件发生后，包含社交功能的新闻信息分享，便具有了双重价值，既可以维系一种日常的人际交往，同时又不耽误对媒体报道的重大新闻事件进行同步分享，这种包含了社交与新闻"双重功能"的"社交媒介"形态，在客观上就成为对传统媒体所报道新闻信息的"二次传播"或"重复强调"。社交媒体除了对传统媒体在基本功能上的拓展和补充之外，还有一点尤其值得注意，那就是打破了传统媒体的固有格局。

在文化与科技日趋紧密融合的语境下，社交媒体对信息重要程度的重新排列组合，完全依据的是受众兴趣，即在社交软件中参与主体和群体的兴趣取向。譬如2015年4月14日，一封来自河南省实验中学心理老师的辞职信，上面只有一句话"世界那么大，我想去看看"，这封简短的辞职信迅速引爆网络，形成了全国性的广泛影响。这显然是对传统媒体议程设置的破除，在社会传播范畴内，打破本身就意味着对格局的互补。

另外，北京地区大学生对多元化观点的追逐与表达，正逐渐成为新的热区（Hot area），这也要求传统媒体改变有限的角度、单一的观点等弊端。

社交网络中的任何信息都以社交为目的，处于其中的信息不会无意义地流转，所有的信息会被现实的人赋予极强的指向性，这种指向性意味着观点的形成。

在使用移动社交软件的过程中，对重大事件信息的传播发展到一定程度，大学生就会很自然地代入人的指向性，开始对事件进行思考和讨论，最后形成观点。尤其是在互联网这个信息爆炸的环境中，对观点的热衷与追逐是社交媒体中的突出特征。从142人选择了"关于对最近重大新闻的报道与分析"这一选项中可见，大学生除了热衷于传播信息"报道"之外，对事件的"分析"也是其中的热点议题。每当有大事件发生，微信"朋友圈"就成了观点的集散地。

这意味着，传统媒体在观点表达上的某些局限性，如受媒介定位、媒体属性等诸多因素的影响，所提出的观点和视角有限且单一，就形成了一个使用者需求的真空地带，而社交媒体在此也就有了庞大的市场空间。提供对新闻事件不同的观点表达正是目前大学生群体在社交媒介中最大的乐趣所在。

（二）人际交流的"个人化"特征渗透在信息分享中

通过"大学生如何使用微信"的选项可见，"朋友之间交流"和"朋友圈获得信息"的选择人数都是181人，这一数据表明了信息传播与社交功能在"社交媒体"中的同等地位。不过，在两者的关系中，尤其是在大学生对社交媒体的使用中，社交与传播的关系如何构成的？是社交决定了传播，还是传播决定了社交？

从"如何使用微信"的多选答案中，我们不能忽视的是，除了全票选择的两项之外，还有139人选择了"将自己的日常生活放在朋友圈与朋友分享"，72人选择了"通过微信分享一些自己或朋友感兴趣的消息"。这两个选项的人数仅居其后，证明了大学生对手机社交媒介的使用，首先是社交的，然后是传播的，即"基于人际传播的信息分享"是其本色。由此便不难理解，人际传播的特征将影响其信息传播的特点，人际交往的"个性化"特征必将渗透在大学生手机社交媒介的信息传播和分享中。

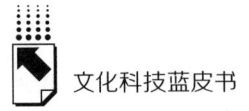

信息被生产出来的时候处于静止状态，在其流动的过程中，必然会带上传播目的的属性。在社交传播中，人与人之间的交往建立在每个人的个性化特征基础之上，因此，一旦信息流动起来就必然处在社交关系的流动链中，信息在个人化的因素影响下被重新选择、建构和组合，最终成为具有人际交往属性的信息传播。在本次调研中，北京地区大学生人际交往的"个性化"属性，在信息传播的分享中主要表现在两个方面。

一方面，信息的轻量化程度较高。轻量化意味着趣味、轻松、好玩等特征，通过对181名大学生"分享的消息类型"进行统计发现，有93人选择的是"网络写手们的文章或一些好玩、有趣的事情（与最近重大新闻无关）"；另外，在"如何使用微信"的选项中72人选择的是"通过微信分享一些自己或朋友感兴趣的消息"。大学生群体年龄处于18～22岁，这个年轻的群体显然倾向于趣味性阅读。不过，轻量化的信息偏好并非意味着该群体的整体审美趣味不高。必须注意到的是，相对于93人选择"网络写手们的文章或一些好玩、有趣的事情（与最近重大新闻无关）"，142人选择的是"对最近重大新闻的报道和分析"。从两者的比重来看，轻量化的信息分享是北京地区大学生社交媒体使用中的一个特征，而非整体趋势。

另一方面，在微信社交中"被分享"的信息是个人形象的重要载体。由互联网所营造的虚拟空间，在移动手机与微信社交媒体的作用下，它与现实空间之间的距离越来越近，两者的关系是部分重叠的。微信社交软件流行的重要基础就是基于熟人关系的人际交往，即将线下现实生活中的人际交往活动转移到线上虚拟空间中，这不仅超越了时空的局限性，而且随着参与者的不断增加，微信社交就像"滚雪球"一样成为当今人们社交的普遍方式。从这一现实层面来看，传统现实空间中的交往方式，被完全移植到了虚拟空间中。更重要的是这种基于语言、文字、图片和视频的人际传播比起传统的社交，具有更为精心设计的"人为因素"，即每个人都在其中借由自己所传递或分享的信息，塑造出个性化的自我，同时会对这个空间中的"自我形象"有着更加完美的精心设计和经营。

形象化地说，就是每一条充满"个性化"的信息背后，都有着一个强调"个性化"的自我"把关人"。每一个在微信朋友圈里进行信息分享的参与者，都扮演着信息的"把关人"，他们对自己要转发的新闻信息进行筛选、过滤，加上自己的评价，或者直接生产原创性信息，如"将自己的日常生活放在朋友圈与朋友分享"。一边遵循着人际交往中追求轻松、好玩的基本原则，一边依赖的是自我形象塑造的需求，让信息分享必然带上人际交往的基本底色。

（三）文化科技融合的特性表现为功能的"多元化"

笔者认为，"互联网+"并不是简单地"互联网+各个传统行业"，而是利用信息通信技术以及互联网平台，让互联网与传统行业进行深度融合，创造新的发展生态。由此可见，"互联网+"内涵中最核心的就是文化科技融合，"+"就是跨界，就是变革，就是开放，就是重塑融合。

在移动时代，人们的生产和生活都强调便捷、高效等功能。因此，文化科技融合，在技术层面首先就带来了功能更加多元。纵观整个社交产品的发展历史，技术主导了前期的发展，网络社会即关系链的不断成熟则推动了后期阶段的发展。但其发展的动因都是来自人的需求。比如，在微信推出的早期阶段，所有的社交活动由文字来充当媒介。其单位信息量小的缺点明显不能满足我们的社交需求，人们社交方式本身的多样性，不断刺激微信在功能上的多元化发展，因此出现了图片、声音、视频等多元化的信息处理技术且变得更加成熟，各种类型的信息开始以更加丰富的形式参与到社交过程中来。

由此可见，一方面，人们在社会交往活动中产生了这样的需求；另一方面，网络时代下数字化的技术更新必然要满足这一类需求。传播学中有一个关于"使用与满足"的理论，从信息的传播效果层面探讨人们因为有信息饥渴，从而产生了使用媒介的动机，在使用过程中，知情权能否得到满足，取决于整个传播流程中诸多因素的有效合作。借此推论，手机中的微信作为一款集社交与信息分享功能于一体的软件工具，其基本功能在开发之初就包

含着多元化的属性,社交功能+信息分享功能的准确市场定位,是决定它成为100%的大学生首选的社交软件的重要原因。在此基础上,多元化的融合功能在不断满足市场需求下,被刺激产生更多的附加值。

本次调研数据显示,关于"如何使用微信"的答案中,有110人选择了"微信支付",有126人选择了"通过朋友圈传播信息,让自己获得朋友们的帮助",有91人选择了"运用微信群提高办公学习效率",还有26人选择了"经营自己或是社团、机构的公众号"。这些功能显然是微信软件工具的附加值,也恰恰是这"一键多能"的功能使之能够在大学生中流行,反过来,微信软件的研发重点也是持续不断推出更多功能的融合。比如,2015年7月21日,微信官方宣布,"城市服务"正式接入北京市。用户只要定位在北京,即可通过城市服务入口,轻松完成社保查询、个税查询、水电燃气费缴纳、公共自行车查询、路况查询、12369环保举报等多项政务民生服务。更全面地实践关于"互联网+"的落地措施。

四　文化科技融合与日常生活:北京地区大学生使用社交媒体的典型特征

(一)北京地区大学生社交媒介使用体现了其媒介素养的提升

1992年美国媒体素养研究中心提出了"媒介素养"概念并解释:"媒介素养是指在人们面对不同媒体中各种信息时所表现出的信息的选择能力、质疑能力、理解能力、评估能力、创造和生产能力以及思辨的反应能力。"近年来,"互联网+"语境下关于"新媒介素养"的议题不断被提出。通过本次调研课题组发现,北京地区大学生在使用微信这种社交媒体的过程中,表现出了较强的媒介素养能力,集中表现为三个方面,即对信息技术的学习能力、对复杂信息的辨识力与判断力以及高度的社会责任意识。

首先是对信息技术的学习能力,这表现为对微信多元化功能的掌握能力较强。笔者在"如何使用微信"这一问题的调研中,至少看见了8种不同的使用目的，其中值得注意的是有91人选择了"提高办公学习效率"（见图2）。同时，在"消息的分享类型"选项中也有相当多的大学生（122人）选择的是"技术帖（考研、出国、就业等）"（见图3）。可见，在微信不断推出新的多样化功能的过程中，北京地区大学生对此进行了全方位的占有。

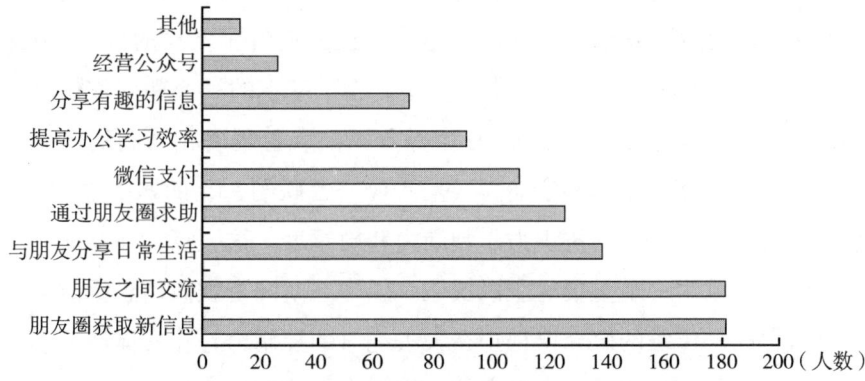

图2　181名微信使用者"如何使用微信"的分类情况（多选）

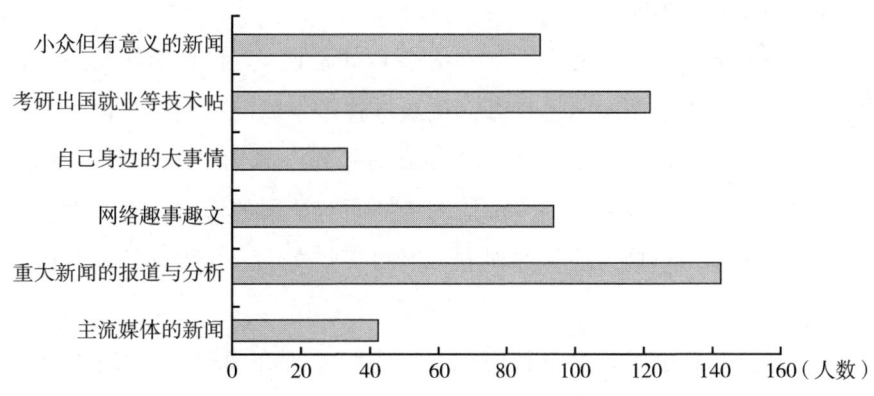

图3　181名微信使用者"分享消息"的分类情况（多选）

其中，还有一个值得注意的是，在对"如何使用微信"这一问题调研中，26人选择的是"经营（自己或是社团机构的）公众号"。公众号作为一种强调原创性、突出营销的社交软件附属功能，个人可在微信平台上实现和特定群体的文字、图片、语音、视频的全方位沟通、互动，形成了一种主

流的线上线下微信互动营销方式。显然,微信公众号是对使用者主动参与、策划、运营等多种信息技术能力的考验。中央美术学院学生小马在回访中表示:"我是学美术的,所以我们对国外的策展、拍卖等艺术活动感兴趣,这是我们这个行业里的重大新闻,但是国内传统媒体对于这些新闻有些跟不上,或者就一两句话带过,但是有些学美术的留学生很有心,做了一些公众号,将国外这些新闻翻译或是直接现场报道,这让我们省了不少时间。"由此可见,微信在北京地区大学生的日常生活中,除了基本的社交和获取信息功能之外,在如何提升自己、如何融入社会等方面都有着程度相当高的体现,这种出于大学生高度自觉的自学能力,是实现"互联网+"的题中之义。

其次是对复杂信息的辨识力、判断力和敏感度。这一点,在互联网环境下的今天正在成为一个重要的全民议题。因为互联网上虚假信息泛滥、冗余信息海量存在、传统的媒介议程正在失去绝对的控制力,在总体情况不容乐观的背景下,北京高校大学生在微信社交媒介的使用中,却表现出了相当程度的辨识力和判断力。尤其对于某些学习新闻专业的学生而言,他们对新闻信息的敏感性就更为明显了。

在笔者抽样回访中,北京大学学生小C如是说:"我是学新闻的,我感觉吧,微信把国内的新闻消息什么都重新洗牌了,以前我们不是说什么大报小报吗?这是一种长期以来新闻制度形成的疆界。微信把这个疆界拆除了,某地方的小报文章,也可能因为微信的传播而有全国的影响,有些大报的文章,如果很乏味,影响力还不如地方小报的某些文章。我想这就是微信的意义所在吧。"

最后是具有高度的社会责任意识。李克强总理在2015年政府工作报告中强调"要坚持立德树人,增强学生的社会责任感、创新精神、实践能力,培养中国特色社会主义建设者和接班人"。社会责任意识包含的基本内容有三方面,坚持道德上正确的主张、坚持实践正义原则、愿为他人做出奉献和牺牲,其中,排在第一位的就是"坚持道德上的正确主张"。在调研中笔者发现,北京高校大学生的社会责任感非常明显,对信息水准具有较高的要求,其道德感也较强。

在回访中，协和医科大学学生小刘向笔者表示："我以前使用新浪微博与微信频率相当，但最近我改用微信更多了。因为新浪微博垃圾信息太多，大概是字数限制的原因吧。微信上的文章多半还是有很强参考价值的，戾气也少很多。"由此可见，微信相对于其他社交软件，在信息内容上强调信息含金量，其突出道德正义感的"正能量"，恰是它被北京高校大学生首选作为社交软件的另一主要原因。这一趋势在2016年持续深入，且与习近平总书记在网络安全和信息化工作座谈会上做出的指示一致，即"培育积极健康、向上向善的网络文化，为广大网民特别是青少年营造一个风清气正的网络空间"[①]。

（二）微信：北京地区高校思想教育工作的新阵地

本研究发现，北京地区高校大学生在微信使用中的总体特征为"微信"软件高度普及，北京地区大学生具有较高的媒介素养，在新媒介使用的综合能力基础上，具备相当的社会责任意识。

同时必须承认的是，调研也发现，目前北京地区大学生在微信上所面对的信息是复杂多元的，其使用的手段是主动与互动的。前文北京大学学生小C的回访意见就证明了：传统媒体所固有的"疆界"正在被打破，去主流化、去精英化是目前大学生主动参与信息生产和传播的产物之一。因此，这意味着目前高校思想教育工作和新闻宣传工作的阵地正在转移，微信已经成为思想教育工作的新领域。高校官方主动进入微信、使用微信与大学生进行对话、沟通是了解大学生思想活动最好的途径，同时也是面对思维活跃的大学生进行必要引导的有效途径。

2015年的中央舆论工作会议上，"舆论引导"首次被纳入中央经济工作的整体布局中，习近平总书记提出"要提高舆论引导能力，善于把握本质、主流和趋势，善于把握社会心理，善于把握时、度、效，深度分析，主动发

---

① 《习近平主持召开网络安全和信息化工作座谈会》，新华网，http://news.xinhuanet.com/politics/2016-04/19/c_1118670958.htm。

声,澄清是非,更有针对性做好舆论引导工作"。舆论引导工作的中心应该是提高舆论引导的能力,因此对于高校思想工作的教育者而言,对大学生广泛活跃的场所进行主动介入、深度分析、主动发声、澄清是非等,都具有非常有效的针对性。

具体来说,高校思想教育工作者全面进入微信的途径是多样的,以开设"微信公众号"为例。公众号按照内容分为:新闻时政、休闲生活、学习教育、人文历史、文化艺术、名人官微(粉丝团)、校园社团与服务号。在调研中发现,在"每人选择两个自己最常关注的类型"问题中,181名最常使用微信的学生选择情况如下,新闻时政(131人)、学习教育(92人)、休闲生活(43人)、校园社团(21人)、文化艺术(20人)、名人官微(18人)。这一数据说明,高校官方开设的公众号并未引起学生们的关注,也没有占据大学生的主流选择。

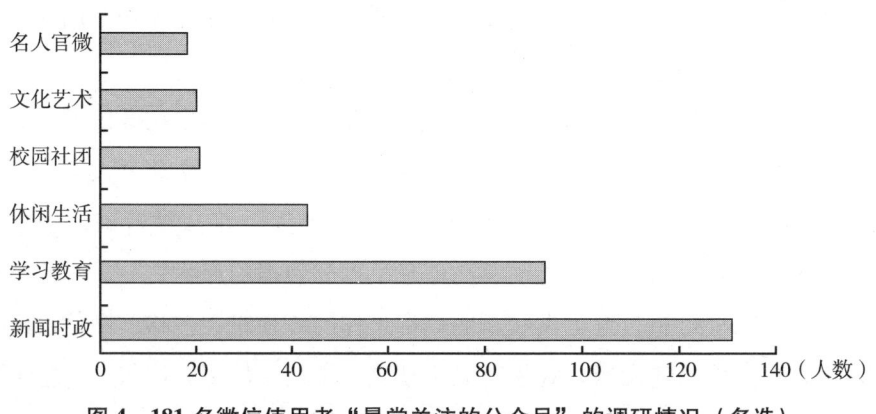

图4 181名微信使用者"最常关注的公众号"的调研情况(多选)

数据显示,"新闻时政"内容作为大学生在公众号里获取的主要信息,并非来自官方声音。在笔者回访中,北航学生小陈就表示:"我觉得很多传统媒体对重大新闻的报道并不能及时跟进,因为传统媒体的报道本身有延迟性,但是很多公众号却可以及时跟进一些重大新闻的进展,这使得我们可以更全面、迅速、客观地掌握新闻。"信息量丰富且观点多元的公众号固然有益于信息的多样性,但鱼龙混杂、泥沙俱下也是其基本现实,而北京地区大学生思想活跃、对新闻和观点的热衷程度可见一斑，但也容易被错误信息所误导。

然而，高校若能够借由微信朋友圈或公众号等渠道与大学生们沟通，那么将会产生两方面明显的效果。一方面，高校在微信中发出自己官方的、权威的声音，就能够在多元观点的声音中，形成一种力量上的平衡。这符合传播学的"能量守恒原理"。另一方面，通过积极向上的内容报道以及对热点事件的正确评价大学生会受到思想感染和引导。

习近平总书记曾指出："管理部门要适应新媒体特点，一方面要不断压缩错误言论空间；另一方面要善于发现和放大社交网络中的'美丽网事'、'点滴感动'，推出'平凡英雄'，宣传'最美人物'，倡导'最美精神'，着力弘扬社会正气、培育文明新风，提升网络社会的活力与能量。"依笔者浅识，从积极的信息传播和正能量的引导上看，舆论引导者与教育者应积极引入"互联网＋教育"思维，重视手机社交媒体这个重要的舆论阵地，实现"互联网＋教育"的现实目标，从而形成顺应时代潮流、符合社会发展趋势的、真正意义上的文化科技融合。

参考文献

周葆华：《中国新闻从业者的社交媒体运用及其影响因素：一项针对上海青年新闻从业者的调查研究》，《新闻与传播研究》2014年第12期。

王斌、王萍：《新媒体背景下青年意见表达的特点分析：以社交网站为例》，《中国青年研究》2012年第3期。

黄含韵：《中国青少年社交媒体使用与沉迷现状：亲和动机、印象管理与社会资本》，《新闻与传播研究》2015年第10期。

文化科技蓝皮书

附录（本调研问卷）

第一张问卷

- 你最以下列哪种手机社交软件为主？（单选）

A. QQAPP　B. 人人网 APP　C. 新浪微博 APP　D. 微信　E. 其他

- 你每天大概使用手机社交软件的次数是？（单选）

A. 不足1次或1次　B. 2~3次　C. 3次以上

针对第一张问卷的反馈情况，笔者又设计了第二张针对微信用户（使用人数最多）的回访问卷。

- 你认为微信在你虚拟空间社交中的地位是什么？（单选）

A. 不可取代　B. 可以被取代　C. 它本身是替代品　D. 无所谓

- 你认为微信最吸引你的原因是什么？（单选）

A. 在分享信息上有别的社交软件所不具备的优势

B. 是所有社交软件中功能最全面的一种

C. 其界面易于操作且运行速度较快

D. 其他

- 你如何使用微信？（多选）

A. 朋友圈获取新信息

B. 朋友之间交流

C. 与朋友分享日常生活

D. 通过朋友圈求助

E. 微信支付

F. 提高办公学习效率

G. 分享有趣的消息

H. 经营公众号

I. 其他

- 你通过微信分享的消息有哪几类？（多选）

A. 主流媒体的新闻

B. 重大新闻的报道与分析

C. 网络趣事趣文

D. 自己身边的大事情

E. 考研出国就业等技术帖

F. 小众但有意义的新闻

- 你最常关注的微信公众号是哪些？（双选）

A. 新闻时政

B. 学习教育

C. 休闲生活

D. 校园社团

E. 文化艺术

F. 名人官微

B.16
基于计量经济学理论的艺术产品价格评估方法创新*

江哲丰　彭祝斌**

摘　要： 随着大数据时代的到来，艺术品价格评估将逐渐向客观化、科学量化方向发展。特征计量以及基于艺术品大数据形成的价格指数评估方法开始受到学界与业界的推介与重视，建立在互联网、大数据和计量经济学理论基础上的艺术品价格评估方法正成为值得期待的创新方向。

关键词： 计量估值　价格特征法　重复交易法　算术平均法　二维测度模型　双对数线性回归模型

近年来，随着金融创新的不断发展，文化艺术品作为新型金融工具和资产配置的新型要素已成为金融创新的重要载体之一。迫于艺术与金融结合的需要，来自艺术品市场内部的改革呼声日益高涨。对于艺术品产业而言，任何实质性改革都无法回避两个基本问题，那就是艺术品的真伪鉴定与价值评估。

---

* 本文系国家社科基金艺术学重大项目"文化产品价值评估的方法与标准研究"（项目编号：15ZD04）研究成果；湖南省哲学社科基金重点项目"艺术品价格评估数据库建设与应用研究"（项目编号：16ZDB68）研究成果。
** 江哲丰，湖南工程学院设计艺术学院副教授，研究领域为文化金融；彭祝斌，湖南大学新闻传播与影视艺术学院教授，院长，博士生导师，研究领域为文化产业。

一 中国传统艺术品产业语境中的价格评估

在中国艺术品产业长达二十多年的发展历程中,"粗放型"的鉴评方式导致了大量问题产生。在艺术品价值评估方面,以经验评估为主要手段的评估方式曾经主导整个评估领域,无论是官方鉴评机构还是民间的鉴评机构,无论是具有官方身份的鉴评专家还是民间市场中的所谓内行人士都曾一边倒地强调经验评估。当然,经验估值本身并没有问题,问题在于经验估值方式的日益滥用以及由此带来的利益寻租诱发了一系列社会问题。这些问题已在中国艺术品产业发展的历史进程中不断凸显,主要体现在四个方面:其一,艺术品市场价格数据的混乱直接造成社会腐败。其二,导致价格数据的严重失实,致使行业监管难以执行,金融资本无法有效对接行业。其三,难以形成统一的技术范式,不利于行业标准的制定与执行。其四,间接导致了艺术创作的浮躁与急功近利。

随着社会文明的发展与进步以及中国艺术工业的改良与创新,艺术品估值方法如何改革与创新一再被提及与讨论。然而,多年来艺术品估值问题已经深度牵扯艺术品市场各个阶层的利益纠葛,需不需要改革以及如何改革的问题一度引发各方激烈的话语对抗,其中以下几种声音较为突出:艺术品无须估值,价格由市场决定,由买卖双方按自愿原则随意定价(孙长初,2015);艺术品估值六原则:合法化原则、低向化原则、比较化原则、劳动力原则、艺术史原则、大数据原则(江因风,2014);艺术品作为非标准化标的物,其价值评估实践上无法实行,应该由价值评估转为风险评估(刘双舟,2015);艺术品需要计量估值,但在中国特殊的市场背景下实践较难,且存在既得利益集团的全面抵抗(彭亮,2015);艺术品应该遵循经济学原理,按计量方式,制定科学的定价方式,建立一套完善的、合理的、科学的定价体系(彭祝斌,2016)。

此外,魏正聪(2016)在《艺术品价值评估体系的探索与构建》一文中通过数据分析得出以下结论:在艺术品价值评估体系的一级指标中,艺术

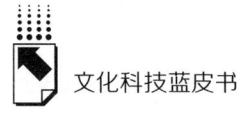

价值属性是排在第一位的，权重达到45%；社会价值属性排在第二位，权重约为29%；历史价值属性排在第3位，权重为17%；经济价值属性排在第4位，权重为9%。在二十多个二级指标中，排在前五位的分别是艺术创新度、艺术家声望、艺术品稀缺度、保存完整度以及权威专家评价。而艺术品的涨跌幅、艺术品的换手率、历任收藏者的知名度等市场因素对艺术品价值判断虽然起着一定的影响作用，但并非核心主导因素。

二　西方国家艺术品价值评估的三种主要方法

艺术品价值评估，历来也是西方艺术品市场发展过程中一个极具争议的话题。价格特征法是国外艺术品评估机构较为常用的一种估价方法。这种方法通过研究艺术品价值的特定要素，建立要素分析模型，并通过模型对艺术品的尺幅大小、材质、签名、备案记录、展览情况、重复销售情况、创作时间，艺术品的主题素材、销售时间段等因素进行数据采集，并通过这些数据完成对艺术品价值的回归统计。价格特征法是一种基于"定量"研究的方法，特征变量选择是艺术品估价的重要环节，在特征变量的选择上不同的艺术品其选择方法也不尽相同，这为解决艺术品的异质性提供了较好的途径。但通过单纯的价格特征法进行估值也存在多重共线性问题和因艺术品的个体差异而掩盖市场供求关系对价格的影响等问题，因此还需要结合专家经验评估。

安德森（Anderson，1974）曾尝试从经济属性、审美属性和装饰属性三个层面进行综合衡量，从而构建"艺术品特征分析评估表"（见表1）。其中经济属性涵盖艺术品创造年代、拍卖记录等；审美属性涵盖拍卖行声望、艺术家名声等；装饰属性涵盖作品规格、尺寸、材质和表现手法等。虽然此种评估法被后人所诟病，但为现代艺术品价值评估的经济学研究提供了极为重要的参考。

表1　安德森艺术品特征分析评估

变量类别	常用的解释变量
经济属性 （financial service）	拍卖前的估价、出售的年份、创作年代、创作时艺术家的年龄、出售时艺术家是否在世、拍卖行和出售国家、在拍卖图录上所处的位置

续表

变量类别	常用的解释变量
审美属性（aesthetic prestige service）	署名与否、拍品行的声望、艺术家的名声、著录和展览次数、艺术流派
装饰属性（decorative service）	尺寸、保存状况、表现主题、作品的材质和表现手法

此外，法国 Artprice 网站创办的艺术品市场信心指数（AMCI）也采用特征分析法原理，在考量艺术品市场的社会、文化、经济等因素后对全球130万艺术交易人进行24小时不间断调查，以其中最后1000个参与者的答案为依据进行周密计算。

重复交易法也是国外艺术品市场常用到的一种估值方法。纽约大学斯特恩商学院的梅建平和 Michael moses（2002）通过统计1875~2000年近5000组重复交易数据得到了"梅摩艺术品指数"，这种指数估价方法被称为重复交易法。研究发现，通过重复交易法艺术品的投资收益与固定债券的回报率可以明确。重复交易法可以追踪同一件艺术品重复的购买和销售记录，来判断该艺术品价格的波动，进而评估艺术品即时的价格。但重复交易法只采用重复交易的数据，单个时间截面上覆盖的数据有限，因此容易造成数据代表性不足。同时，由于采用重复交易数据，统计结果会比较容易偏向"有年代"的艺术品，而忽略当代艺术品，会导致当代艺术品价格评估的新问题产生。

国内外艺术品市场中还存在一种被称为算术平均法的估值方法，这种方法采用"每平方价格"的指标。但是算术平均法过于简单，无法反映出艺术品的特质，也没有考虑到同一位艺术家不同作品之间的差异，这种方法在统计学上是一种误差很大的计算方法，并且不能用作编制指数。我国知名的雅昌艺术指数就是采用这种估值方法。

三 基于计量经济学理论的估值方法

国内外现行艺术品估值方法为艺术品市场评估方法创新提供了有效的借

鉴。从经济学理论出发，以计量估值与经验估值相结合为手段，通过具体问题具体分析，为解决这一历史性难题开启了新的视野。

计量经济学把数理统计学应用于经济数据，以使数理经济学构造出来的模型得到经验上的支持，并获得数值结果。通过计量经济学的引入，价格特征法成为艺术品评估领域一种主要的、可期待的估值方法。价格特征法，又称 Hedonic 模型法和效用估价法，由美国经济学家 Lancaster. K. J 创立，最初是一种对房地产价格的评估方法。其估价原理：房地产由众多不同的特征组成，而房地产价格是由其所有特征带给人们的效用决定的。由于各特征的数量及组合方式不同，使得房地产的价格产生差异。因此，如果能将房地产的价格影响因素分解，求出各影响因素所隐含的价格，在控制地产的特征（或品质）数量固定不变时，就能将房地产价格变动的品质因素拆离，以反映纯粹价格的变化。

艺术品相对房产而言，有其自身的特殊性，其最大的区别在于：房地产可以看作具有标准化特征的商品，而艺术品则属于非标准化特征商品，二者在个体特征上有着极大的差异性，这就使得用于房地产估值的指数模型无法直接运用于艺术品估值，需要在此基础上结合计量经济学知识以及艺术品的专业知识进行深化调整，需要重视多方经验估值数据在评估中的作用。安德森将艺术品特征拆分为三个一级指标，每个一级指标下面又包含了多个二级指标，通过对指标变量权重的赋予来评估艺术品的可能价格。但其分项指标却存在明显的交叉现象，比如拍卖机构的声望，到底是属于审美属性还是经济属性，艺术品的表现手法到底归属于装饰属性还是审美属性，其实存在较大争议性。

（一）集中专家经验设定艺术品各项特征指标的权重标准

艺术品价值评估应该重视专家经验，因此艺术品价值评估的第一步应该集中大量专家进行探讨，依据艺术品的艺术史价值、艺术家学术价值、艺术家社会地位等指标要素制定打分、定级的标准。图 1 是参考三十多位国内外行业专家意见后设定的一级评估指标。

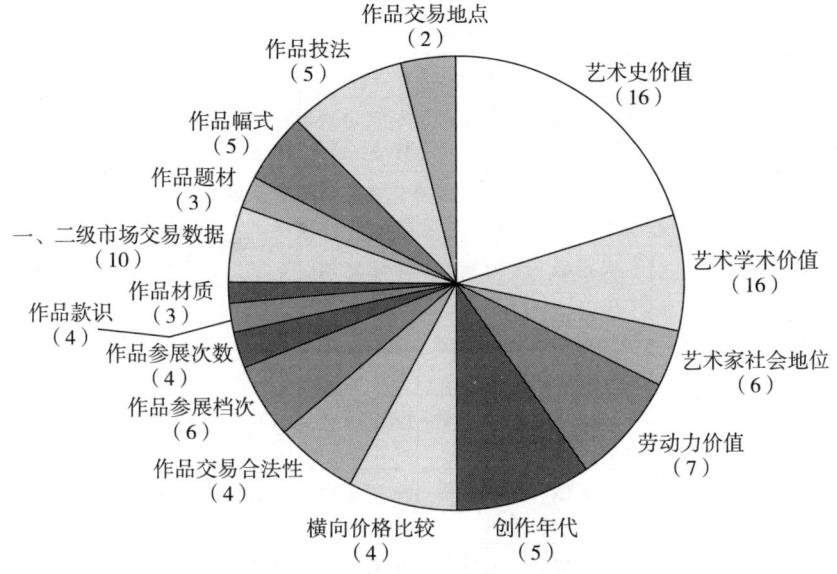

图 1　艺术品价格评估一级指标

说明：图中括号中的数据为每项指标的分数或等级的上限。

图 1 显示艺术品评价的一级指标由 16 个方面组成，设定这 16 项指标的总分为 100 分，即 100 级，再为每项指标设定一个分数或等级的上限，比如艺术史价值指标项的上限设定为 16 分或 16 级，专家将在上限内对艺术品在指标上的等级与分数进行具体评估。

在经验定级环节，为了消除专家评估的误差，可以采取先由多组专家背靠背独立评估，然后选取同一组专家同时进行重复评估。大多数情况下，对一件艺术品进行反复评估时，专家需要写明给出估值结果的理由，将各自评分、定级的理由匿名发给彼此，请他们参考同行专家的评分再次对该艺术品给出自己的评分、定级理由，因此采取反复评估法来消除专家评估的误差会更有效。这一过程结束后，依据现有的艺术品交易历史数据建立大数据拟合数学模型，通过模型来为艺术品估值（见表 2）。

（二）艺术品计量估值模型设计

考虑到艺术品成交价格有明显的分层，可以针对具体情况提出三种以上

表2 评估专家评分定级

艺术品价格构成因素		国画	油画	版画	雕塑	玉器	木雕
1. 艺术史价值(16)	共性（权重）	专家定级、评分	专家定级、评分	专家定级、评分	专家定级、评分	专家定级、评分	专家定级、评分
2. 艺术学术价值(16)		专家定级、评分	专家定级、评分	专家定级、评分	专家定级、评分	专家定级、评分	专家定级、评分
3. 艺术家社会地位(6)		专家定级、评分	专家定级、评分	专家定级、评分	专家定级、评分	专家定级、评分	专家定级、评分
4. 劳动力价值(7)		专家定级、评分	专家定级、评分	专家定级、评分	专家定级、评分	专家定级、评分	专家定级、评分
5. 创作年代(5)		专家定级、评分	专家定级、评分	专家定级、评分	专家定级、评分	专家定级、评分	专家定级、评分
6. 横向价格比较(4)		专家定级、评分	专家定级、评分	专家定级、评分	专家定级、评分	专家定级、评分	专家定级、评分
7. 作品交易合法性(4)		专家定级、评分	专家定级、评分	专家定级、评分	专家定级、评分	专家定级、评分	专家定级、评分
8. 作品参展档次(6)		专家定级、评分	专家定级、评分	专家定级、评分	专家定级、评分	专家定级、评分	专家定级、评分
9. 作品参展次数(4)		专家定级、评分	专家定级、评分	专家定级、评分	专家定级、评分	专家定级、评分	专家定级、评分
10. 作品款识(4)	个性（权重）	专家定级、评分	专家定级、评分	专家定级、评分	专家定级、评分	专家定级、评分	专家定级、评分
11. 作品材质(3)		专家定级、评分	专家定级、评分	专家定级、评分	专家定级、评分	专家定级、评分	专家定级、评分
12. 一、二级市场交易数据(10)		专家定级、评分	专家定级、评分	专家定级、评分	专家定级、评分	专家定级、评分	专家定级、评分
13. 作品题材(3)		专家定级、评分	专家定级、评分	专家定级、评分	专家定级、评分	专家定级、评分	专家定级、评分
14. 作品幅式(5)		专家定级、评分	专家定级、评分	专家定级、评分	专家定级、评分	专家定级、评分	专家定级、评分
15. 作品技法(5)		专家定级、评分	专家定级、评分	专家定级、评分	专家定级、评分	专家定级、评分	专家定级、评分
16. 作品交易地点(2)		专家定级、评分	专家定级、评分	专家定级、评分	专家定级、评分	专家定级、评分	专家定级、评分

不同的估值方法，并可以至少设计两种不同的计量估值模型。第一种估值方法，对于那些有大量成交数据的实力派艺术家的作品，可以通过设定评估参数标准，并结合其他与之价值接近的作品的重复交易记录估算出艺术品的参考价格；第二种估值方法，对于没有大量交易数据可查的实力派艺术家的作品，我们可以采用多元回归模型对大量类似作品进行分析，找出各要素对艺术品价格的影响，最后通过某艺术品的要素给艺术品估值；第三种估值方法，对于那些本身不具备特殊价值的标准化生产的艺术消费品，其估价主体交给市场，由市场决定基础价格。

对于第一种情况，我们可以设计出一种可称为二维测度估价方法的模型进行估值，该模型的特点是利用特征法与重复交易法进行结合计算。笔者选择已故著名国画艺术家齐白石老人的某幅作品 X 来做案例分析。数据显示，在白石老人的成交作品中既有 1 万元左右的早期之作，也有后期上亿元的经典之作。齐白石的画作成交价格区间由最低的 4600 元直到巅峰的 4.255 亿元，具有极大的差异性，但 10 万~800 万这个成交价位几乎集中了齐白石有交易记录作品总数的 82%。基于艺术品的成交价位并非均匀分布的特性，其在 10 万~800 万的背景区间内分布是不均匀的，因此给出一个估价的区间远比给出一个具体的估价数值更为科学合理。我们可以使用 10 万~800 万这个大区间作为作品 X 估值的背景区间，如果要对画作 X 进行估值，则可以先将背景区间内历年的作品价格数据整理为若干个具体的数据区间，然后再选择价格数据比较集中的区间作为实际估值时的背景区间，画作 X 的参考价格应该在这一背景区间内。

假设专家参照表 2 中打分、定级指标对白石老人的某幅画作 X 综合评分为 64 分即 64 级，依据方差理论，我们可以采用上下相差五个百分点的方法来构建估值区间，即 59 级和 69 级区间。如果将 10 万~800 万设定为 1 分（或 1 级）到 100 分（或 100 级）之间，可以计算出该作品的大概价格参数。考虑到艺术品的成交价格还含有时间的因素，我们还应该借助国际专业估价指数——梅摩指数的相对涨幅来对往期成交价格进行修正，使这一画作的价格数据更加科学合理。

若该画作有重复交易的历史数据,我们还应该在对其拍卖成交价格数据经过时间因素的修正后看其是否大致落在估价区间内,如果落在了估价区间内或其附近,笔者认为 X 的历史成交数据可以相信。如果相差甚远,我们则要进一步分析其原因,若是没有足够有力的原因说明这一现象,笔者就认为该成交数据含有水分,应该将其从我们计算出的价格数据中挤出。

在模型设计中,由于当下艺术品市场成交数据的真实性难以把握,虚假数据过多,而这些数据往往会对模型的准确性预测产生不良影响,因此,利用此方法我们可以剔除掉那些明显有水分的数据来迭代优化模型。

对于第二种情况,即那些实际上并没有足够数据可查的实力派艺术家的作品,可以采用大数据来拟合数理模型,这种模型学界命名为双对数线性回归模型。使用 VSM 即向量空间模型来表示,以向量形式(a, b, c, d, …)来代表每一件艺术品某指标下的得分(见表1)。比如 a 代表该艺术品在艺术史学术价值指标下的得分,b 代表该艺术品在艺术学术价值上的得分,c 代表该艺术品在艺术家社会地位指标上的得分,诸如此类。将每一件艺术品的指标信息用向量表示后,我们便可以对其进行聚类,每一个向量都可以看作多维空间中的一个点,每一个点代表一项艺术品指标。

如某位艺术家的油画作品 Y,我们根据专家对它的打分信息搜寻数据库,找寻与该油画 Y 特征向量最接近的其他作品,将其看作一个聚类问题,认为在艺术评价指标上最为接近的作品其成交价格也应该接近。为了探索尽可能好的聚类结果,我们在聚类时可以尝试从完整的特征向量中多抽出一些指标进行聚类来检验。假设此时我们抽出了一段特征向量,并据此选出了与 Y 最接近的五幅作品,我们便用这五幅作品的历史成交价的加权平均值代表油画 Y,当然同样地我们也要考虑时间的因素。

同理,我们根据艺术品的其他指标值来寻找其在第二个特征类别中的估价,找到具有相似评估的艺术品的过往交易数据,再同样乘以时间因子修正得出该类对 Y 的估价。鉴于艺术品估价与分类指标之间的非线性关联,笔者提议借鉴以下双对数线性回归模型:

$$\ln(P_i) = \ln \sum \beta_k \alpha_k \gamma + \varepsilon_i$$

其中 P 为艺术品估价，β_k 为艺术品在第 k 类中的估价，α 代表各类别所得出的估值在最终估值中所占比重，γ 表示宏观经济因素影响，最后为误差项。关于 β_k，又有：

$$\beta_k = \sum \alpha_i r_i / n \beta_k = \frac{1}{n} \sum \alpha_i r_i$$

其中在第 k 类中共选出 n 份艺术品，用 α 表示某份艺术品历史成交价格，r 表示时间修正因子。

在以价格特征法评估艺术品的过程中，基于艺术品的价格特征数据难以获取是设计价格特征回归模型面临的最大问题。因此，还需要借助互联网手段集聚大量数据实现"数据估值""量化估值"，这样才能实现价格数据的真实性、科学性、合理性，并通过这种方式自然对接到网络世界中去。

特征变量选择是艺术品估价的重要环节。因艺术品估价是以每个艺术家的作品交易信息为基础，对该艺术家新的作品进行估价。因此，特征变量只需要考虑与艺术作品本身相关的特征和与作品交易相关的特征，大体包括：作品尺寸、作品幅式、作品创作年代、作品题材、作品技法、作品材质、作品款识、数据来源以及作品交易时间等。

最后一种情况，对于那些本身不具备特殊价值的标准化生产的艺术消费商品，成本评估显得至关重要。比如某些涉及具有公认价值的艺术消费商品——黄金、珠宝、玉石、象牙等有相对规范的价值数据，鉴于这类艺术消费品具有标准化标的物特征，其估价任务应该交给市场，不在本文研究范围内，在此不再赘述。

四 创新型估值方法的实践与挑战

在涉及艺术品价格评估问题上，目前市场上提出的各种计量评估方法都还有待进一步的验证与改进，如对艺术品评价指标与权重分配还可以尝试包

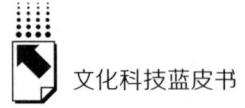

括信息熵、非参数统计在内的多种方法，将其与经验评估相结合，做到互补与互促。当然，经济学理论只能是一种手段，以计量的方式评估艺术品价格，并不能完全、绝对地计算出艺术品价格，只能大概估算其在某一时间段内的价格区间。凯恩斯认为：经济学理论并不是一些现成的可以用于政策分析的结论，它不是教条，而是一种方法，一种智力工具，一种思维技巧，有助于拥有它的人得出正确的结论。

在利用计量估值的同时我们必须看到，任何创新都是对陈旧观念的颠覆与挑战，尤其是对于艺术品经验评估这种已经植根于中国艺术品市场多年的传统而言，新方式的出现将意味着多年的市场格局出现变化。因此，基于计量经济学理论的艺术品估值方式虽然已经概念先行，实践初显，但其来自传统市场的挑战还将长期存在。

参考文献

魏正聪、周峰：《艺术品价值评估体系的探索与构建》，《湖北美术学院学报》2016年第4期。

周思达、杨胜刚：《基于未确知测度模型的艺术品定价问题研究》，《东南学术》2014年第2期。

张维迎：《经济学原理》，西北大学出版社，2015。

B.17
深圳市南山区荔秀服饰文化街区创新生态系统构建研究

王泰然*

摘　要： 南山区荔秀服饰文化街区要成为南山"名片"、中国"荔秀"，必须实施创新驱动发展战略，从低端、机械的加工生产体系入手，逐步构建健康的创新生态系统，提升街区整体形象，设立国际化高端原创设计基地，打造特色品牌活动，增设公共服务平台和行业服务机构，建立专业法律维权机构，加大版权保护力度，实现数字化产业与休闲旅游跨界融合互动发展。

关键词： 荔秀服饰文化街区　产业转型升级　创新生态系统

创新是在持续变革的市场环境中逐步提高竞争力的关键。20世纪初，美籍奥地利经济学家约瑟夫·熊彼特最早于《经济发展理论》一书中提出了"创新"的概念，认为"创新是要素或生产手段进行重新组合"，并应用于经济学分析中。随后由这一概念衍生出的"创新系统"研究关注点逐渐发生变化，"由基于要素构成和资源配置的静态分析逐步转为基于创新行为主体间互动机制的动态研究，而创新系统自身的发展亦渐渐关注创新要素间的优化集成，并以此为基础产生创新生态"。[①] 目前关于创新生态系统的研

---

* 王泰然，深圳大学文化产业研究院艺术学理论研究生，研究领域为文化创意产业与文化政策。
① 范洁：《创新生态系统案例对比及转型升级路径》，《技术经济与管理研究》2017年第1期，第32~37页。

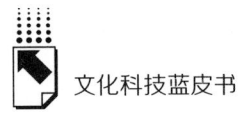

究较多基于生态学理论层面,主要包括两类视角:自然循环视角和技术创新协作过程视角,对于如何结合某一具体产业进行创新生态系统构建和运行的研究亟须深入。

将文化创意融入服饰产业已成为国内外服饰产业发展的新亮点,其核心是创意,支撑是融生态与技术创新于一体的创新生态系统。该生态系统主要由四个部分构成:①以创意开发和技术研发协同的创新平台。创新平台连接产学研三部门,实现纵向创意开发和横向技术协同创新链的形成,结合本地文化创意产品,在与消费者互动中形成完整的知识和资源循环链。②资源优势集聚和效应互补的企业集群。企业集群中,不同规模、类型企业围绕着产业链上下游分布组成全产业链,协同产业生态构建。标杆性企业具有核心引领作用,有利于发挥控制力与影响力形成行业品牌。中小企业在产业链中发挥不同的价值作用。③以行业协会作为节点的社会关系网络。行业协会作为专业性组织和第三方组织,对内能够引导行业内企业之间协作,对外能协助企业处理与外部环境(如政府、消费者、科研机构等)的关系。④以"互联网+"和"智能制造"布局的产业链。网络化、智能化发展有助于协同本地制造向全球制造发展。同时基于物联网技术的智能化监控和基于大数据的智能化决策,最终实现以市场为导向的智能化生产,提高生产效率、降低劳动力投入,使低价值链环节高级化。通过上述四个方面形成合力,服饰文化产业在创新生态系统构建过程中,培育持续创新环境,优化产业布局,搭建社会关系网络,建构协同作用机制,最终实现产值和效益。

近年来,深圳市和南山区按照创新驱动发展战略,以全新视野谋划和推动产业布局优化升级。荔秀服饰文化街区是南山区近年形成的新兴服饰文化产业集群,需要按照产业创新发展规律摸清自身的产业发展现状和存在的问题,在对比先进经验的基础上寻求转型升级从而提升产业竞争力。

一 荔秀服饰文化街区历史沿革

深圳荔秀服饰文化街区建于20世纪80年代,曾经作为"三来一补"

服饰加工生产基地。起初主园区内共有12栋旧工业厂房，总建筑面积十多万平方米，是民间自发形成的以服饰加工、布料批发为主要商业形态的市场，曾长期处于低端状态。2008年金融危机后，广东省委"腾笼换鸟"战略出台，深圳正式出台加快产业转型相关意见，要求突破发展瓶颈、拓展产业空间，争当全国转型升级示范市。

2011年，为了促进现代服务业和高端产业集聚发展，深圳荔秀服饰文化街区开始推动部分落后企业外迁，确保实现高附加值的产业发展目标。2012年以来，为完成争当深圳转型升级排头兵的使命，荔秀服饰文化街区积极引导业态调整，发展模式转型升级为原创时装设计模式，在此基础上打造原创品牌发展集聚创新区。经过整治，许多品牌拥有了自主知识产权、自主研发设计队伍、自主运营和销售团队。同时，还引进几十家高档面料商铺，服饰原料、辅料及生产、加工等企业和商铺云集，设计、打版、销售等业务流程形成一条龙服务体系，带动片区十余万人员就业。

为了顺应互联网发展潮流，在升级改造的基础上，2016年，南山区提出打造"荔秀服饰高端女装交易平台——中国高端服饰批发第一互联网商圈"的发展目标。目前荔秀服饰文化街区通过对荔秀街区3000+商户、1000+自主品牌的整合，结合全国建立的荔秀服饰批发品牌店网络，以荔秀服饰电商平台作为交易媒介，构成了荔秀街区服饰批发市场对全国各城市服饰行业的点对点贯通，打造如同高铁直达般的快速批发通道。

二 荔秀服饰文化街区产业发展现状分析

（一）产业发展概述

现阶段荔秀服饰文化街区已经发展成集服饰研发、创意设计、商业展示、商务信息等功能为一体的时装创意产业园区，以培育发展高端女装品牌为主导方向。目前荔秀服饰文化街区共拥有14栋大楼，近100家机构和个人业主参与其中运营,总共涉及129118.73平方米的经营面积。目前集聚各类服饰企业3000多家,其中自主原创品牌近1000家,日客流量超2万人次,年交易量100亿元。相关数据统计显示,2016年上半年荔秀服饰文化街区缴纳国税总额近900万元,2015年缴纳地税总额超过600万元。可以说,深圳荔秀服饰文化街区在深圳乃至全国具有极大的行业影响力。

1. 服饰行业全产业链集聚形成一定规模

荔秀服饰文化街区周围拥有具有不同分工的各个相关服饰行业所组成的业态,包括原材料市场、制作、打版、加工等配套环节和一批长期合作的服饰生产基地。尽管它们的经营方法、经营业态、企业模式和流通环节有所不同,但它们的经营对象和经营范围都是围绕着共同的产品而展开的,组成了较为完备的服饰产业链配套体系。

2. 品牌创新在国内外行业产生一定影响

荔秀服饰文化街区内服饰企业共有3000多家,其中自主原创品牌1000多家,他们均拥有自主知识产权、研发设计队伍、运营和销售团队。形成了具有较高知名度的女装产业集聚区。值得一提的是,荔秀服饰文化街区女装服饰时尚指数发布领先国内3~5天。行业数据显示,全国近8%的时尚服饰由荔秀出口到东南亚地区及世界各地,出口贸易量逐渐提升。

3. 产业发展自发形成诸多创新增长模式

"买手经济+独立设计师"的创新模式。以D2M（DESIGNER TO MADAM）轻奢女装集成平台为例,该平台主要是一个买手平台,是国内首个定位于女装类的国际设计师集成平台。在设计前端,D2M与权威流行趋势研究机构Orietta Pelizzari、Mario Boselli、VIFF STYLE、深圳时装周、深圳市设计师协会、香港设计师协会等建立合作,与众多国际设计师一同研发探索国际时尚流行的东方创意表达,通过对合作设计师的作品进行采购,完成打版和加工制作以及后端的销售。又如HDF（凯艺）订货供应链服务平台拥有自己的设计开发团队,通过对时尚趋势的判断,设计爆款产品,为签约品牌提供订货供应链服务。

"互联网+全产业链"的创新模式。以深圳睿时尚文化创意有限公司建立6大平台网站及业务为例。睿时趋势网、睿时尚、睿时研究院、睿时面料商城、全球设计汇及睿时投资,通过对服饰行业全产业链的布局整合,与全球服饰时尚对接,开创出全新的服饰产业链"5+1"商业模式,为服饰产业提供全新的原创设计和产业链前端融合发展模式。

"原创设计+专业市场"的创新模式。随着"互联网+"的出现,服饰产业发展也需要借助互联网的趋势,从共享经济角度实现融合创新模式发展。以聚道平台为例,该模式的优势在于解决了服饰设计后端制造和销售的问题,即由平台提供渠道,解决设计师后顾之忧,让设计师可以专心于创作。通过专业化的平台集聚设计资源,从设计供给和市场需求上形成有效对接,为荔秀服饰的原创设计与互联网融合提供可供借鉴的创新模式。

(二)企业现状分析

本研究基于对荔秀服饰文化街区内服饰设计、生产、销售企业(以下简称荔秀企业)的问卷调查,发放企业调查问卷总计500份,回收有效问卷484份,问卷有效率为96.8%。

1. 企业经营属性

荔秀企业经营可分为零售、批发、批发与零售综合三类,各类别占比分别为:批发42%、零售4%、批发与零售综合54%。

2. 企业运营年限

荔秀企业大部分处在初创期和成长期。其中1年以下的企业占总数的8%(39家);1~3年的接近一半(41%,198家);进入发展期,即3~5年的企业约占总数的26%(126家);5~10年和10年以上的占比分别为22%(106家)和3%(15家)(见图1)。

3. 企业创新能力

调查显示,荔秀企业不仅注重核心原创设计开发,同时也积极打造原创品牌。拥有原创品牌的企业数量为247家,在调查的500家企业中所占比例为49.4%,接近总量的一半。同时,拥有原创设计师的企业数量为290家,在调查的500家企业中所占比例为58%(见图2)。

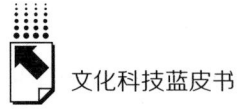

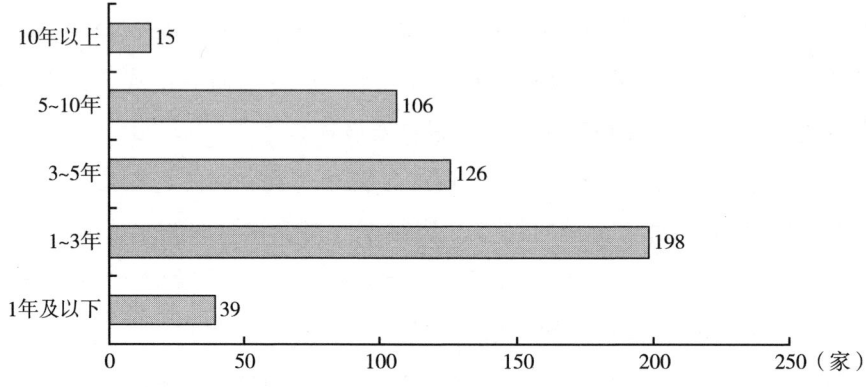

图1 荔秀服饰文化街区企业运营年限分布

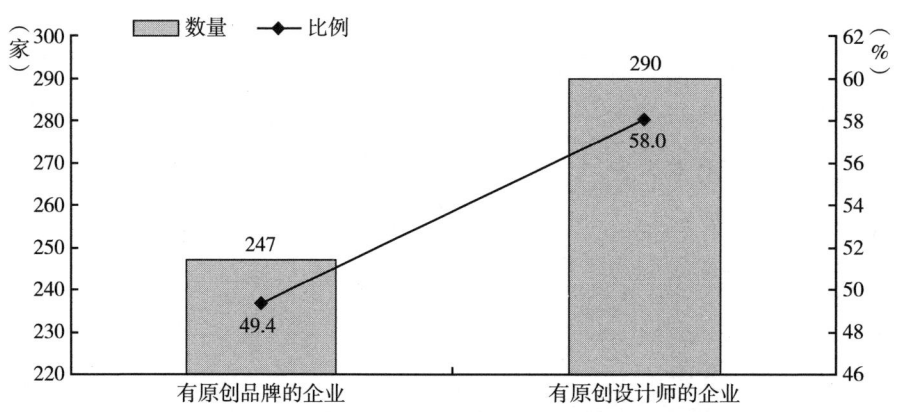

图2 荔秀服饰文化街区企业原创品牌和设计师情况统计

总的来说，荔秀企业发展已有一定积累，大部分企业已经度过初创阶段，开始步入稳定的成长期或成熟期。但仍有8%左右的企业正处于创业期，这些企业发展时间短，规模相对较小，行业经验缺乏，风险性较高，应该加强对此类小微企业的关注和扶持。同时，荔秀服饰文化街区的原创氛围浓厚，企业原创潜力较大，荔秀服饰文化街区未来产业的发展应顺应这一趋势走高端原创路线。

（三）荔秀服饰文化街区从业人员情况分析

本研究基于对荔秀服饰文化街区内商铺和独立设计师的问卷调查，总共发放商铺调查问卷数量500份，收回的有效问卷数量493份，问卷有效率为98.6%；发放独立设计师调查问卷100份，收回的有效问卷数量为100份，问卷有效率为100%。

1.商铺从业人员学历分析

调查显示，商铺从业人员学历分布如下：初高中学历人员占比为55%，中专学历人员占比25%，大专学历人员占比为18%，本科学历人员占比为2%，研究生学历人员占比为0%（见图3）。整体来看商铺从业人员文化程度较低，呈金字塔形分布，其中初高中学历人员占比超过总体的一半。

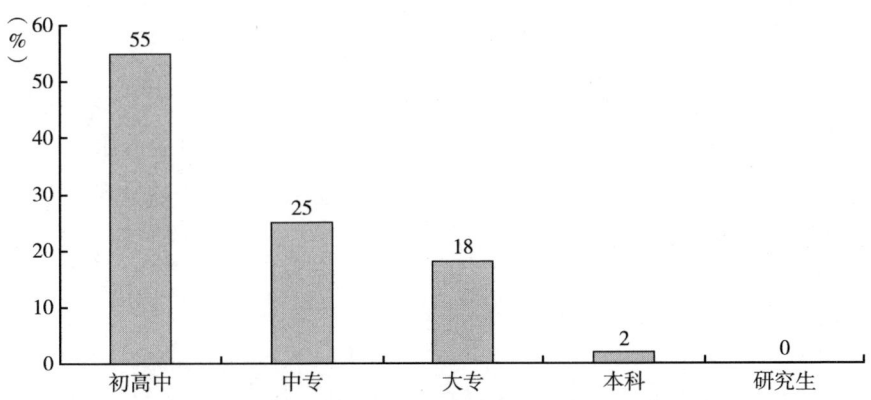

图3 荔秀服饰文化街区商铺从业人员学历分布情况

2.独立设计师学历分析

从独立设计师学历分布状况来看，本科及以上学历的独立设计师占比为78%，其中研究生学历占比为1%，大专学历占比为18%，中专为3%。总体来说，独立设计师群体的学历水平相对较高。

对比来看，荔秀商铺从业人员整体的文化水平要低于独立设计师群体。对于今后荔秀产业发展而言，产业的转型和创新生态的构建依赖于人才推

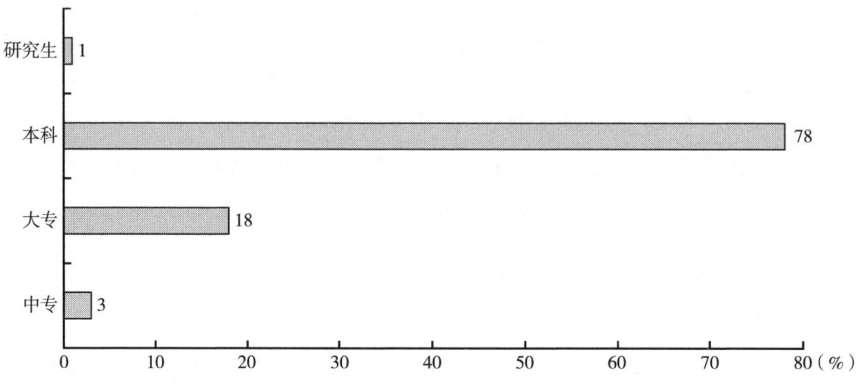

图4 荔秀服饰文化街区独立设计师学历分布情况

动。就目前荔秀服饰文化街区产生的创新产业模式来说，大多数也是由独立设计师群体引领的，例如，独立设计师工作室、买手经济与展示一体的SHOWROOM、互联网时装设计手稿交易平台。因此，人才的引进和培养，关乎荔秀服饰文化街区未来的发展。

另外，调查数据显示，有从业经验的独立设计师占比为61%，同时有独立设计工作室的独立设计师占比为89%（见图5），说明荔秀服饰文化街区的独立设计师群体具备良好的创业素质，也说明独立工作室这种创新模式受到独立设计师群体的青睐。

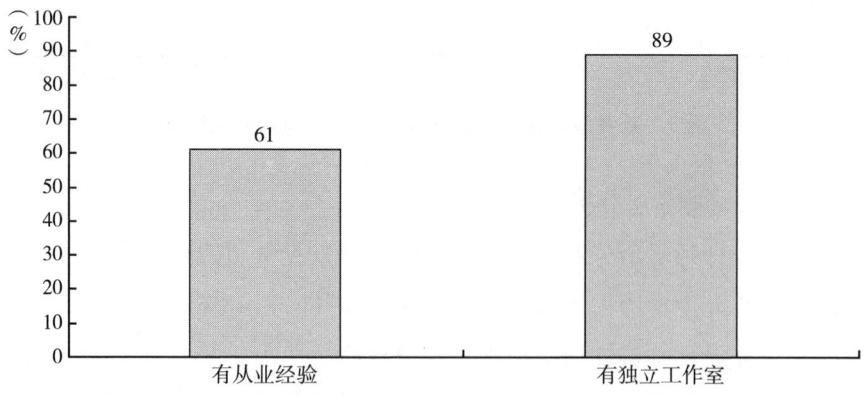

图5 荔秀服饰文化街区独立设计师有从业经验、独立工作室的比例

三 荔秀服饰文化街区创新生态构建面临的问题

（一）产业扶持机制亟待完善

从调研的情况来看，荔秀服饰文化街区企业和独立设计师工作室在发展过程中所遇瓶颈主要集中于设计开发能力、营销推广、品牌维护管理、版权保护、资金问题几个方面，其背后反映出产业发展过程中人才、专业服务机构、政策保障及投融资体系尚未建立好，产业扶持机制亟待完善（见图6）。

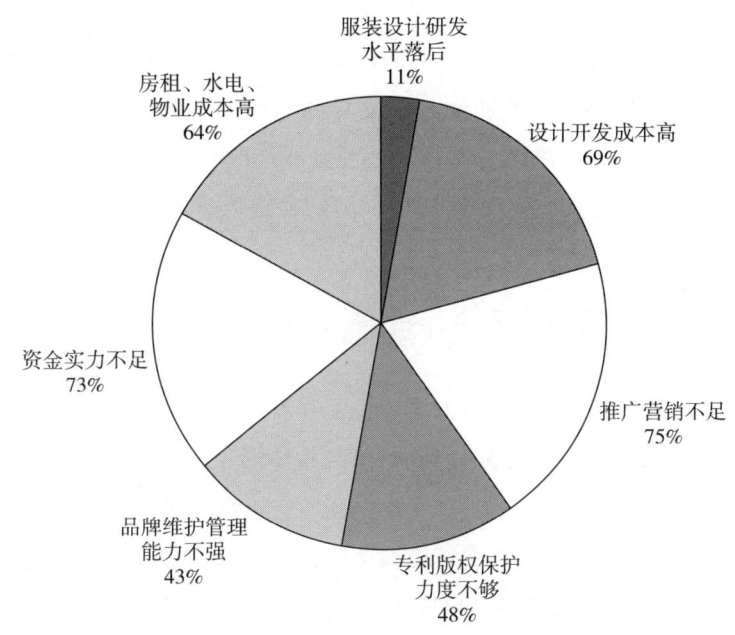

图6 荔秀服饰文化街区产业发展瓶颈

（二）产业链高端发展任重道远

我国服饰行业整体的品牌和版权意识相对落后，原创高端品牌缺乏，服饰产业绝大部分仍然处于模仿阶段，有的甚至靠抄版发展，缺乏原创能力。

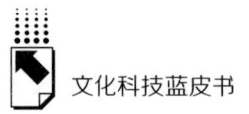

产业利润空间集中于制造和销售环节，针对微笑曲线高价值高附加值的设计和技术缺乏，没有真正地从全产业生态环境的构建角度来思考和实践服饰产业链运营整合发展。在对荔秀服饰文化街区调研中也发现，即使是原创品牌商铺，也是将更多的注意力放在制造和销售环节，在高端设计和文化创意内涵积淀上仍显不足，从政府、行业协会、企业至原创设计师及其上下游，全产业链高端发展还任重道远。

（三）街区内设施和配套服务需要改善

荔秀服饰文化街区内停车、餐饮、信息、休闲的公共配套需要增加，围绕服务配套的停车、物流缺乏统一管理，街区经营人员与客户所需要的餐饮及其内外部环境卫生亟须改善。网络平台、电子商务、信息发布平台等多层次公共信息服务配套还需要加强，以应对互联网时代瞬息万变的市场环境。除了行业协会外，还需增设一些服饰专业运营机构，从服饰行业信息收集、专业培训、专业人才对接、专业市场供需信息提供等方面给予独立服饰设计师和商铺以有效对接和指导。

（四）街区整体形象和文化氛围需要提升

荔秀服饰文化街区应结合南山地域特色和现代化街区建设规范进行整体形象的包装和推介，尽管相关部门前期对街区整体形象改造进行了投入，但离构建"有都市风范、有产业特色、有文化内涵、有市场需求"的特色文化街区还有一定的距离。推动城市更新、环境综合整治，配套商业文化设施优化，推动产业集聚和消费提升，以及形成城区亮点和南山特色还有较多工作要做。

（五）知识产权保护存在问题

当前服饰行业"盗版成风"，现有专利法并不能有效防范他人的仿冒和抄袭行为，且原创设计版权申请周期较长、程序复杂，加上设计师自身对于知识产权保护申请重视度不够，造成仿冒现象无处不在，导致服饰产品特色不突出，严重阻碍了服饰业的发展（见图7）。

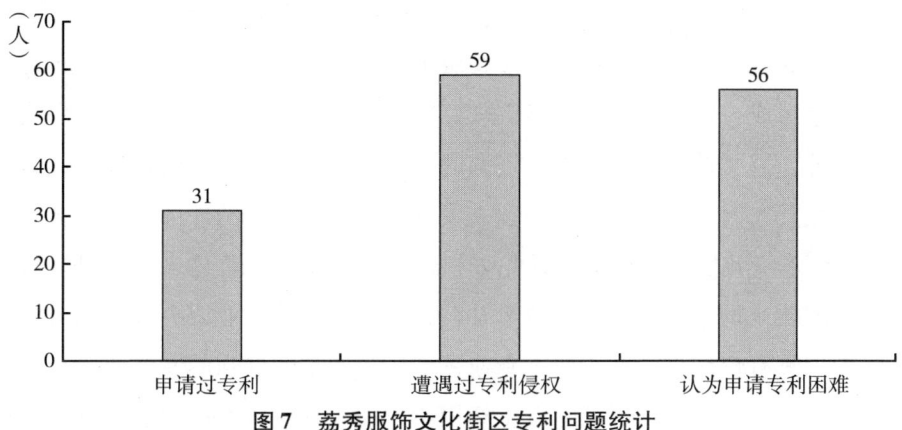

图7 荔秀服饰文化街区专利问题统计

四 荔秀服饰文化街区创新生态构建路径

(一)提升街区整体形象

荔秀服饰文化街区作为文化创意集聚区,要通过文化创意内涵的渗透与传播来实现推动服饰产业发展的目标。形象是荔秀服饰文化街区对外推广的基础,需要从软硬两方面共同入手,按照国家级文化产业示范园区要求来进行整体形象提升。硬件方面需要从街道交通及平面(包括道路规划、公交线路规划、停车场、绿化设计等)、沿街建筑立面(包括保留、整治、更新等)、公共空间环境(包括市政设施、交通设施、广告牌匾及灯箱、街区小品、公共空间设计等)进行统一整治规划。除此之外,也需要在软环境方面做相应的提升。从每个区域、每条街道的人文、自然背景条件出发,确定其蕴含的风貌特色,以具体的实施方法和手段,通过多次重复、再现、提升,强化视觉效果。比如,文字宣传、视频宣传、软广告等方面要从文化性、礼仪性及国际性入手形成荔秀特有的软设施品位。公共设施、休闲娱乐区域规划建设要从人性化角度去思考。

(二)设立国际化高端原创设计基地

建立国际化高端原创设计基地,根本目的在于形成持续创新机制,培育创新增长点。应该进一步制定政策扶持和鼓励企业创新发展，促进标杆企业形成品牌效应。例如，对落户在荔秀服饰文化街区且属于文化产业重点发展领域、已形成一定产业规模、具有较好发展潜质的企业，给予一定的房租补贴。此外，需要在用好现有人才资源的基础上，积极吸引国内外潜在优秀人才。不仅要大力支持现有的优秀独立设计师，塑造良好的外部环境，鼓励业界进行经验交流，还需建立人才培养机制和服务机构。具体来说，可以对优秀设计团队或设计师个人进行政策补贴或奖励；支持行业协会和有关机构举办或参加具有较高知名度、属于专业领域、行业带动性强的专业经验交流活动，对每个活动按不超过实际发生费用给予相应比例资助；设立比例费用资助设计师参加境内外专业交流活动和赛事等。

（三）打造特色品牌活动

与相关高校、科研机构合作举办时尚产业发展研讨会，举办企业高峰论坛，打造服饰新媒体传播中心。比如与科研院校联合成立时尚产业研究中心、品牌推广中心、国际流行趋势发布中心，联合世界时尚品牌研究专家、学者、行业人士进行产、学、研全方位品牌打造活动，定期举办服饰时尚产业发展国际高峰论坛，打造政府与国内外企业家互动的高端平台，成为引进国外智力和项目的重要渠道，逐渐形成"中国荔秀"服饰论坛品牌；借助互联网优势，打造具有荔秀特色的服饰展示和交易活动，如在全球范围内开展具有荔秀特色的国际原创高端女装设计大赛品牌活动，围绕服饰买手环节，利用深圳综合优势，积极举办国际时尚买手节等活动。

（四）增设公共服务平台和行业服务机构

荔秀服饰文化街区可以统一形象标识设计，用统一的服务流程设计来进行统一的物流管理系统建设，从而提升物流配送的效率。建立统一的公共服务资讯和咨询平台，比如建立时尚材料开发技术、时尚产品监测技术、时尚产品流行趋势发布和展示等平台，打造时尚服饰创意产业联盟、时尚资讯策源地和国际交流等公共服务平台。精准管理荔秀服饰APP公众账号，以吸纳专业粉丝。进一步发挥服饰行业协会的服务功能，扩大服务半径，拓展服务功能。比如从承办专业人才培训和公共营销平台建设方面进行突破，引进外界专业投融资机构的投融资业务带动荔秀服饰街区的发展。

（五）建立专业法律维权机构，加大版权保护力度

荔秀服饰高端原创得以优化发展的核心在于创意，当务之急是要进一步加大对知识产权的保护和资助力度。具体来说可以从以下几个方面着手：首先加大宣传力度，增强知识产权保护的宣传力度和意识。比如，荔秀服饰文化街区相关部门可以将常规化的知识产权宣传和一些不定期的讲座、培训结合起来，加强从业人员的专利保护意识。其次加大执法力度，解决"劣币驱逐良币"的市场恶性循环，维护好高端原创的合法权益。最后利用好深圳现有的登记条件，设立知识产权登记服务机构。比如，利用《文化产业发展分项资金实施细则》规定的"自主创新产业发展专项资金"，辅导原创高端设计进行版权登记和外观专利登记。还可以借鉴广州、东莞等地具体做法，委托深圳荔秀时装行业协会作为开展登记工作的服务方，让行业协会全权负责中国版权保护中心粤港版权登记大厅对接荔秀服饰文化街区的版权代理服务工作，以此建立长效工作机制和专业法律维权机构。

（六）发展数字化产业与休闲旅游跨界融合

用科技提升服饰时尚产业的可体验性，形成荔秀服饰与科技的跨界融合，打造数字创新生态。例如，建立虚拟服饰展演平台。利用虚拟现实技术、实时渲染技术、网络流媒体技术，开源相关数据库，为企业、社会机构提供在线发布服务，多维度展示设计创新成果；建立全息数字时装展演平台。在时装发布会中采用三维动画全息影像呈现流行趋势，将新媒体技术以跨界方式与相关国际时装周、时装表演结合；建立虚拟试衣平台。利用新媒体拍摄和时事展示技术，全方位展示客户的试衣换装效果，便于客户对比、选择，实现按样定制等功能。另外，利用时装周、服装交易会等展会活动，将服饰产业与旅游休闲产业形成互动发展。可以通过举办购物旅游节来展示

荔秀服饰文化街区周边旅游区的旅游资源，如采购商成交一定金额就赠送深圳世界之窗、华侨城等特色旅游景区的门票等，促进服饰、旅游、休闲多产业协同发展。

参考文献

吴金希：《创新生态体系的内涵、特征及其政策含义》，《科学学研究》2014年第1期。

王海花、谢富纪、周嵩安：《创新生态系统视角下我国实施创新驱动发展战略的"四维"协同框架》，《科技进步与对策》2014年第17期。

郑志、冯益：《文化创意产业协同创新生态系统构建对策研究》，《科技进步与对策》2014年第23期。

B.18 《魔兽》：情怀背后的游戏IP改编电影成功之道

——游戏产业新时代的来临

钟洁敏*

摘 要： 近几年，随着人们生活水平的提高，我国的游戏产业与电影产业飞速发展。由暴雪娱乐制作的游戏《魔兽争霸》IP改编的电影《魔兽》于2016年6月8日上映，在全球取得了巨大的票房成功，其中我国的票房收入达到14.6亿元，占据4.12亿美元的全球票房一半之多，是《魔兽》电影票房海外市场贡献最多的国家。作为电影史上票房最高的游戏IP改编电影，本文就三个主要原因详细分析了《魔兽》票房成功的因素，分别是游戏本身具有的宏大背景、制作公司的专业性以及电影故事引发的情怀。之后论述了游戏IP改编电影的难点以及对未来的展望。

关键词： 魔兽 游戏产业 电影 改编

一 研究背景：游戏产业与魔兽的发展历程

从当今的电影、旅游、游戏等市场的迅速发展，以及近几年人们的消费观念发生的较大变化可以看出，精神需求的满足成为大部分人日常生活中必

---

* 钟洁敏，深圳大学文化产业研究院艺术学理论研究生，研究领域为文化创意产业。

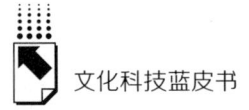

不可少的一部分。人们在物质方面的追求不仅仅在于功能性，同时也关注物质本身代表的符号意义。其主要原因是在我国经济迅速发展、人们的生活水平大幅度提高并且物质需求得到较大满足的情况下，人们对于精神层面的需求增大，文化观念也日益开放。基于此，国家大力提倡发展文化产业，一方面是为了繁荣经济，另一方面也为了丰富国民的精神生活。近几年，国内文化产业中正处于一片"红海"的两大产业——游戏与电影之间产生了美妙的碰撞，碰撞火花之灿烂不可避免地使他们再次成为人们眼中的焦点，这次碰撞便是指由暴雪娱乐制作的游戏《魔兽争霸》IP改编电影《魔兽》的上映。《魔兽争霸》是暴雪娱乐制作的一款经典的单机游戏，该游戏拥有宏大的故事背景，暴雪在此之后出品的网络游戏《魔兽世界》延续了《魔兽争霸》的故事主线，从某种程度上说《魔兽争霸》是《魔兽世界》的故事前传。电影《魔兽》主要叙述了《魔兽争霸》的故事背景，因此，电影续篇可能会涉及《魔兽世界》的故事情节。《魔兽世界》影响了国内的大量玩家，这些玩家贡献了电影《魔兽》主要的票房。

由游戏IP改编成电影并不始于《魔兽》，而是早就发生在1993年的《超级马里奥兄弟》。超级马里奥系列游戏被人们视为经典，以它为原型改编的电影耗资4800万美元制作成本，却以不到一半制作成本的票房惨淡收场。游戏IP改编电影的模式具有带来巨大经济利润与游戏宣传效果的潜力，这点一直吸引着游戏公司、电影公司不断进行新的改编尝试，其间数电影《生化危机》《寂静岭》的整体效益较为可观，其他的失败尝试均为"烂片"阵营的壮大做出了较大的贡献。失败的主要原因有，技术水平限制使得电影的特效达不到玩家与观众心中期待的游戏场景效果，以及单薄的游戏IP剧情无法支撑起一整部电影的叙事风格。与以前游戏产业和游戏玩家还处于小众群体的情况相比，今天游戏业的发展为游戏改编电影提供了更加坚实和广泛的观众基础。在此背景下，电影《魔兽》在2016年6月8日零点场收获的5540万票房刷新纪录，成为内地零点场票房冠军，上映三天其内地票房已超过8亿元人民币，截至6月26日内地票房已超过14亿元人民币，同时，北美票房只有4200万美元，尽管如此，《魔兽》已成为目前电影史上票房最高的游戏IP改编电影，因此从票房的效果来看,《魔兽》是一部成功的游戏 IP 改编电影。那么,《魔兽》作为游戏 IP 改编电影,其成功之处有哪些?另外,有观点认为,是故事情怀让国内票房高于国外,那么其中的情怀从何而来,又是如何表现以及进一步放大其影响力的?本文将主要围绕这些问题进行探讨。

二 成功因素:宏大的史诗背景与暴雪的专业性

《魔兽》的成功具有普遍性,也具有特殊性。普遍性在于,暴雪娱乐制作的魔兽系列游戏拥有大量的忠实玩家构成的粉丝基础,且这些粉丝拥有良好的消费习惯。特殊性在于,魔兽系列游戏拥有宏大的史诗背景及强大视觉冲击力、暴雪娱乐公司具备的专业性以及国内游戏产业发展历程造就了一代人对魔兽系列游戏的情怀。本文将主要从这几点特殊性进行分析。

(一)游戏的宏大史诗背景

游戏的背景是游戏内容的核心部分,同时也是游戏传达价值观的载体。首先,游戏背景叙述的故事是人们了解这个游戏的关键要素。故事中提及的时间、地点、人物、事件等构成了游戏的基础,与游戏相关的形象设计、游戏规则等都将围绕游戏的背景进行。玩家一旦进入游戏,便身处以游戏背景叙述的文化环境为基础建构的虚拟世界之中,将从游戏的各个细节时刻感受着游戏传达的价值观。其次,游戏背景也在某种程度上决定了一款网络游戏能否长久地经受市场的考验。在游戏市场中,每天都有许多新款游戏诞生,但很难使玩家持久地专注于同款游戏,原因之一便是没有庞大的故事内容作为游戏背景,玩家很容易在熟悉了解游戏之后感到单一枯燥甚至腻烦。《魔兽争霸》等魔兽系列游戏由美国暴雪娱乐公司历经数年精心研发,这款游戏拥有宏大的神话故事背景,使得玩家在游戏过程中能不断发现新的惊喜,在维持巨大玩家规模的同时也在不断吸引着新玩家的加入。当暴雪娱乐公司认为《魔兽争霸》这款单机游戏已经无法继续深入推动游戏剧情时,《魔兽世界》的出现以及其副本不断地更新延续了魔兽系列的故事发展。相比较之下,游戏

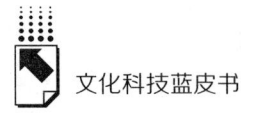

市场中大多数游戏注重可玩性、可操作性、交互性等,其故事内容相对单薄,这类游戏也就不适合改编成电影。电影的发展方式是多变的,但其发展方向只有一个——叙事,因此电影中的人物主次分明、形象立体、情节饱满,若游戏的背景单一便很难发展情节,可能会让观众觉得生硬和无聊。这便是《魔兽》《生化危机》这些由具有宏大故事背景的游戏 IP 改编而成的电影的优势所在。

(二)暴雪娱乐的专业性态度

游戏制作方对待游戏的专业性态度也是游戏改编成电影成功的决定性因素。玩家对于游戏整体的画面风格、特效、人物自然的表情动作及服饰、武器等细节的要求比较严格,如果一款游戏制作粗糙,画面夸张脱离实际,玩家从中不能感受到沉浸性,即使宏大的背景也无法将其完美呈现。暴雪娱乐对待游戏制作的态度极其专业认真,为了实现人物动作表情的自然流露,即使是一个人物的头发丝风中飘动这样的动态细节,暴雪都往往会实验多次直到认为画面能够完美呈现为止。比如,2008 年《魔兽世界》资料片《巫妖王之怒》发布,其游戏开场 198 秒的 CG 动画制作耗时超过一年,每秒钟的成本高达 10 万美元,暴雪娱乐花费巨大成本只为了能让人记住这三分钟,其专业精神在游戏行业内被人们赞颂。这点对于制作电影来说也是至关重要的。借助科技的发展,暴雪娱乐将其专业性态度从游戏转向电影画面的制作,这点是专业水平一般的游戏公司很难做到的。目前,国内国外虽然票房相差较大,但大多数观众认为《魔兽》电影对画面的场景进行了高度还原,同时电影的特效具有强大的视觉冲击力。这与"暴雪出品,必属精品"的良好口碑是分不开的,这也是大家如此有耐心等上十年之久来期待《魔兽》电影的原因之一。另外,暴雪娱乐在游戏开发最开始就已经将市场目标定位于全世界,在游戏的画面设计、游戏的规则制定等方面都是以全世界为对象进行处理,即游戏的文化内涵需要一种适应全世界的审美风格作为基础,再根据不同地区分别进行一些细节设计,比如暴雪娱乐发布的《魔兽世界》第四个资料片《熊猫人之谜》便表明了要在中国市场发展,因此,游戏一开始的全球化定位也为改编电影后的全球化市场奠定了基础。

三 粉丝经济：电影的"情怀"卖点

情怀是属于每个人独有的主观感受。对于电影的制作方，情怀可能是属于导演、摄影、剪辑或演员的，每个人将自己对这部电影的情怀映射到某个细节之中，并希望他人产生同感。对于主要由粉丝构成的观众，每个人的不同经历对于从同一部电影感受到的情怀也不相同，这种主观感受可能得不到别人的理解，但对自己来说却是无法改变的客观存在。本文将主要从情怀出处、如何表现以及如何加强这三方面论述情怀带来的粉丝经济。

（一）"不正常"的环境氛围之下的情怀

随着科学技术的快速更新，电脑游戏由20世纪90年代的单机游戏进化到如今大受欢迎的多人在线大型竞技类网络游戏。在此期间，对于"85后"到"90后"年龄段的学生来说，他们平日接触的是单机游戏，突然接触到大型在线多人《魔兽世界》的优化体验，让其对本身模糊了解的网络游戏产生好奇与新鲜感，感叹道"原来游戏还可以这么玩"。国家体育局早在2003年11月18日便将中国电子竞技设立为中国的第99个体育项目，但那时候人们普遍对网络游戏持怀疑的态度，认为玩网络游戏是"玩物丧志"，其中比较偏激的表现有"叫兽"电击网瘾少女以判断她是否患有网瘾等。在这种网络游戏被否定的环境中，玩家群体只能偷偷地玩《魔兽世界》。相比之下，当时国外的游戏市场发展较成熟，人们将玩游戏看作一项放松身心、再正常不过的娱乐活动，对于他们来说，《魔兽世界》只是一款制作精良的网络游戏，同时期也有其他不错的游戏选择，比如Wii、xobx等主机的多款游戏。在国内，基于人们对游戏的否定，黯淡的游戏市场中只有《魔兽世界》一枝独秀，因此，《魔兽世界》在不同年龄段玩家的回忆中均占有重要地位，甚至代表了一大部分人的青春回忆。《魔兽世界》建立了一个具备完整世界观的虚拟世界，人们很容易在这个虚拟世界中体验到沉浸的感觉，从而忽略了现实世界。时间向前推进，人们的生活水平不断提高，无形之中，生活的压力也在日益增大。显然，相应于反对游戏的"声音"而言，国内实际存在巨大的网络游戏市场。《第37次中国互联网络发展状况统计报告》显示，截至2015年12月，网络游戏的用户规模已经达到3.91亿，占网民总数的一半多。在中国的发展进程中，游戏开始受到人们真正的重视，并逐渐衍生出游戏直播、线下赛事、电竞明星等多样化的游戏周边产业。近几年，中国在各种世界级的网络游戏比赛中初露锋芒，开始得到了全世界，更重要的是中国大多数不了解网络游戏的人们的关注。比如在2014年，中国NewBee队获《DOTA2》TI4世界冠军，比赛奖金高达500万美元，各地媒体都争相报道此事。中国网络游戏产业发展虽晚，但成功避免了许多错误的尝试，目前正在迅速发展壮大中。游戏产业与电影产业占据文化产业的大半份额，当之无愧成为今天的领军产业。游戏产业的发展使人们对网络游戏的态度向理解且接受的方向转变，明显表现在电竞明星、职业玩家、游戏主播等职业待遇与地位大幅度提升。因此，陪伴《魔兽世界》一路走来的玩家群体经历了从"黑暗时代"走向光明的历程，当初被否定的游戏产业在今天得到认可，也代表着曾经不被人们所理解的玩家得到了迟来的认可。《魔兽》电影的上映，与游戏产业的高速发展联系密切，它承载了观众的友情岁月，更重要的是，《魔兽》电影为人们津津乐道，也间接表明其受到深层次的肯定。

（二）情怀表现的仪式性——消费行为

情怀表现的方式有多种，比较常见的方法是消费者通过社交媒体抒发观影感受，比较深层次的表达便是通过消费行为建构自己生活和存在的意义。人类生活离不开消费，消费文化是社会文化的有机组成部分。所谓的消费文化就是以人的生活领域为背景，由人们在生活中对由物质产品和精神产品组成的消费对象的消费取向、消费内容、消费行为、消费后果所形成的文化现象。[①]

[①] 范玉刚：《消费文化语境下的文艺学美学话语重构》，中国社会科学出版社，2012，第20页。

消费活动实际上凸显的是商品的符号功能，进而使消费的符号化成为日常生活的普遍现象，成为人们自我表达和得到社会认同的主要途径，因此，消费活动代表了消费者的身份、地位和兴趣。总之，身份可以通过消费方式表现出来，消费方式是进行身份构建和维持的重要手段，或者说，消费方式是身份认同的重要手段。相对于普通消费者，《魔兽》观众不是被动地消费，而是积极主动且创造性地为《魔兽》进行消费，这些消费行为成为一种仪式。消费者进行这种仪式，进而向其他人表明自己对《魔兽争霸》或《魔兽世界》的情怀，同时加入具有同样情怀用户组成的社群，并将这种情怀作为标签建立和完善在社会中的自我定位。整个过程中，是仪式使一系列进行中的事件产生意义。电影作为承载更多符号价值的文化载体，这点是将游戏改编成电影的优势所在，比如电影《魔兽》代表了一代人的回忆、暴雪的品牌价值、部落精神、国内游戏市场的发展等。观众主要通过参加电影的首映、贡献一次以上的电影票房以及购买衍生品等消费行为完成表现情怀的仪式。与之相应的是，各大互联网票务平台均提前十天左右进行首映的宣传与预热，使得凌晨首映基本满座；国内腾讯影业、万达也正是由于国内这批有情怀、具有良好消费习惯的消费者直接创造了电影《魔兽》约占总票房88%的海外票房成绩，进一步肯定了《魔兽》的成功。另外，将电影《魔兽》附上情怀的标签，与普通的电影产生一定的认知距离感，将其从惯性的消费行为与观念背景中抽离出来，可以增强《魔兽》的神圣因素，从而在受众心中刻画出仪式感。[①]

（三）扩大情怀影响力的方式

电影《魔兽》情怀的影响力在以下三个方面得到强化：对游戏场景的高度还原、提供了聚会的契机以及意见领袖在社交媒体中的作用。

第一，对游戏画面、人物形象、游戏剧情的高度还原体现了游戏改编成电影的资本与信心，对于观众来说，《魔兽》能够最大程度重现人们对于往

[①] 夏青：《传播的仪式观视角下的互联网品牌传播》，载《湖北工程学院学报》2015年第4期，第66页。

日游戏的记忆。当初的玩家群体现已基本参加工作，忙碌的生活使他们将这一款游戏渐渐遗忘，对游戏最大程度的还原有助于观众强化这方面有关的记忆、给予电影《魔兽》更多关注以及激发更多情怀，同时这也是IP改编类电影拥有良好口碑的基本要求。游戏与电影的一个相似之处在于沉浸性，只是沉浸的程度不同。具体是指，游戏的沉浸性在于完全进入虚拟世界，并且随时通过自身即时的操作得到相应的反馈，此时玩家会忽略外界实际的变化，甚至忘记了时间；电影的沉浸性在于在观看过程中，观众的四周是黑暗无光，仿佛世界上只剩下自己和眼前的大屏幕，观众有可能会将自己投入电影剧情中甚至把自己当作其中一个角色。对游戏场景的高度还原也有助于玩家群体在观看电影过程中获得同样甚至更加享受的沉浸性。

第二，《魔兽》电影有一个特殊的现象，在电影的上映期间，一些当年的游戏公会等小群体在线上线下进行重聚。美国传播学者詹姆斯·凯瑞提出了传播仪式观，他认为"传播是一个符号和意义交织而成的系统，传播过程则是各种有意义的符号形态被创造、理解或使用的社会过程，在这个过程中现实得以生产、维系、修正和转变。这个过程因之而成为一种分享意义的文化仪式"①。从这个角度理解，观众将自己的情怀与他人进行分享的过程就是一种强调分享性与参与性、基于共享信仰目的而开展的文化仪式。人是群居动物、社会动物，爱表现和倾向于与他人产生共鸣都是建立在群体智商的心理基础上，因此，人需要获得其他成员的认同以及群体归属感，倾向于与群体中的其他人保持一致。许多研究显示，粉丝在社群中保持密切交往，他们互相支持、互助友爱，形成忠实的伙伴关系；他们彼此具有一定的影响力，所在社群成为个体生活的重要参考群体。② 另外，由于粉丝文化是一种通俗的非主流亚文化，因此，社会往往会贬低粉丝们，冠之以"污名"，这也是粉丝文化的特征之一，但这种适当的矛盾能让群体更加活跃，从而提升

---

① 郭泽德：《媒介化、仪式化、景观化——试论城市事件的三个传播特征》，载《新闻知识》2013年第2期，第10页。
② 刘伟：《粉丝作为超常消费者的消费行为——社群文化与心理特征研究前沿探析》，载《外国经济与管理》2011年第7期，第41页。

《魔兽》的关注度。如果形成了规模和群体行为，那么这种热度会持续一段时间，并且影响会超出原本的范围，这也是影响潜在观影人的重要因素。

第三，社交媒体中意见领袖的作用对于个人情怀的抒发影响也比较大。这里的社交媒体主要指豆瓣等国内影评网站、"电影魔兽"等人气较高的微信公众号、拥有实时热点的知乎微博等。个体通过电影得到的反馈、感受的情怀是有限的，当人们的关注点进行叠加、同一关注点的感受进行放大时，人们的群体向心力也会增加，从而会产生很强的仪式感。当个人从权威的意见领袖处获得认同时，人们会增添信心，因为这种情怀"犯错"的成本降低了，人们传达这种情怀的同时也在无意中加入群体，体现了人们对于群体的归属感。

四 创新挑战：游戏 IP 改编电影难点

游戏与电影有一些相似之处，比如前文提到的产业发展速度都比较可观、本身都具有沉浸性特点等，但实际上这两个产业毕竟还是有一些本质的不同，导致游戏 IP 改编成电影时会遇到一定的风险，这也是历史上游戏改编成电影票房成绩不佳的主要原因。首先，游戏强调操作性，故事内容是其次，而电影主要是在讲述一个故事，二者有本质区别。其次，游戏和电影进度的决定方不一样。游戏主要由玩家控制，具体游戏进行的环节以及结果是直接由玩家的操作决定的，因此获胜时玩家可以从中获得成就感，失败时会感到挫败或受到激励，玩家与电脑直接会产生强烈的交互性，玩家与玩家也具有频繁的互动性交流。互动是个体社会化的重要过程，个体只有在互动中才能展现个体和自我。这部分交流成为虚拟世界中的社交，也是玩家感受虚拟世界真实性的生动活力的重要方式。但观众在看电影时，剧情、人物、形象等一切都由电影制作方决定，观众只能被动地接受，交互性也只能发生在观影后人们之间的交流中。因此，对于玩家群体来说，玩游戏时的主动性、操作性、交互性可能会被电影中毫无预料的情节、不符合原设的形象等所替代，如何减少玩家由游戏过渡到电影过程中的不适感将成为游戏改编成电影的难点，毕竟粉丝群体基于对游戏的喜爱与高期待是比较难以被"取悦"的。

五 未来展望:广阔的国内游戏市场

电影《魔兽》是一部成功的游戏 IP 改编电影,同时由于游戏具有的宏大的背景、高水平的游戏设定、稳固的粉丝基础与长久稳定的活力,使其本身就是游戏界的传奇,其改编的电影在特定的点上精雕细琢,才出现了一系列的票房奇迹,因此是游戏 IP 改编电影的特殊作品。但我们依然可以通过这次实践进行一些未来的展望。比如,从这次很好的 IMAX 票房成绩可以看出,国内在特效方面的需求市场很广阔,先进的技术与高级的特效比较贴近游戏 IP 改编电影,可以预想,虚拟现实、增强现实在未来的游戏、电影以及其他多屏幕生活中将得到广泛的运用。

国内的游戏改编成电视剧比较早的作品是《仙剑奇侠传1》,不久前单机游戏改编成的电视剧《轩辕剑》《古剑奇谭》也在国内热播,如何在国内挑选一款合适的游戏进行电影改编,是值得业内人士思考与共同努力的目标与方向。

参考文献

向勇、李凤亮、余日新:《百年文创力:文化创意产业案例集》,北京联合出版公司,2015。

向勇、周城雄:《中国创意城市:创意城市发展研究》,新世界出版社,2008。

郑崇选:《都市文化研究的多重视域》,广西师范大学出版社,2013。

范玉刚:《消费文化语境下的文艺学美学话语重构》,中国社会科学出版社,2012。

夏青:《传播的仪式观视角下的互联网品牌传播》,《湖北工程学院学报》2015 年第 4 期。

郭泽德:《媒介化、仪式化、景观化——试论城市事件的三个传播特征》,《新闻知识》2013 年第 2 期。

刘伟:《粉丝作为超常消费者的消费行为——社群文化与心理特征研究前沿探析》,《外国经济与管理》2011 年第 7 期。

田华:《粉丝电影热映的传播学解读》,《编辑之友》2012 年第 2 期。

发展政策篇

Development Polices Reports

B.19 正在撤资的联邦文化政策

——从特朗普政府取消国家艺术基金会说起

凯文·V. 马尔卡希 著* 李竞爽 译**

摘 要: 唐纳德·特朗普总统于2017年3月公布的预算提案提出要取消NEA(美国国家艺术基金会),这引起了公众对NEA的政治讨论。本文对NEA的基本情况进行了梳理,以说明NEA作为公共文化机构的性质以及NEA资助所反映出的美国公共文化的政策目标。其次阐述了州艺术机构群和地方艺术机构群在资助职能上对NEA的弥补。最后,本文对NEA所资助的一些社会服务项目进行了介绍,尤其是它在"艺术医疗"项目方面所做的贡献。

---

* Kevin V. Mulcahy,博士,美国路易斯安纳州立大学Sheldon Beychok杰出教授。
** 李竞爽,艺术学硕士、助理研究员,任职于中国艺术研究院公共文化政策研究中心,研究领域为公共文化政策与文化战略发展。

关键词： NEA 文化资助 公共文化机构 艺术医疗

本文关于美国国家艺术基金会（NEA）的讨论便于把美国文化政策和NEA融入美国政府的管理机构语境中去研究。尽管NEA曾经是政治讨论的热点，尤其是1989年罗伯特·梅普勒索普的作品"完美时刻"以及安德烈斯·塞拉诺的作品"尿浸基督"曾掀起了轩然大波，但NEA在"文化战争"中的中心地位并没有被重视。取而代之的则是对NEA作为公共文化机构性质的讨论以及NEA资助所反映出的美国公共文化政策目标的关注。20年过去了，如今围绕NEA的政治讨论再度升温，这反映在唐纳德·特朗普总统2017年3月份公布的预算提案中，这份提案直言要取消NEA。

撤销对联邦公共文化资助的风波涉及与NEA同类型的很多机构，但史密森学会和华盛顿的文化机构却有幸逃过此劫。值得注意的是，作为3万亿美元预算的一部分，在排除社会保障、国防以及国债利息之后有剩余17%的资金属于"自主性支出"，因此2014年度NEA的1.46亿美元拨款的确微乎其微。这笔资金仅占联邦预算的0.002%，人均还不足0.5美元（为了便于比较这里采用的是2014年而不是2016年的拨款数据，2016年预算为1.48亿美元）。

一 联邦四大文化机构：华盛顿的文化机构

第一，也是最重要的一点，即NEA并不是"文化部"。在一个公共机构负责文化事务的国家，这是一个可以理解的误解，尽管它在文化遗产、艺术创造力政策以及公共艺术机构补助金发放方面有一定的影响力，但NEA并不对其中的任何一方负责。

第二，NEA的名称非常具有误导性。它虽然是一个联邦机构，但没有全国性的管理权。并且NEA也不是一个捐赠基金，它实际上是一个从捐赠中获得收入的实体。NEA每年都会收到由总统批准、国会通过提案的拨款。NEA支持与艺术有关的活动，但不为艺术家尤其是艺术委员会提供财政支持。

第三，NEA是一个在特定时间颁发特别资金的资助机构，并没有预留专门资金以支持文化机构的运行开支。NEA的资助金是可以自由支配的，但仅限于特定的项目援助。其拨款去向证明了与地方艺术机构相比NEA的资助范围非常有限，大部分资助对象是符合美国税法501（c）（3）规定的非营利性组织。

第四，NEA并不参与国家文化组织的日常运营，比如国家剧院、舞蹈团体、交响乐团、歌剧院等。美国的表演艺术组织分为非营利性和商业性的（以百老汇和好莱坞为代表），但其中也有例外，有25%的博物馆是由公共资金资助的，比如史密森博物馆和一些国家美术馆以及地方博物馆。

第五，NEA是四大联邦文化机构之一。与其相对应的是，与其同时期成立的国家人文基金会（NEH）（Public Law 89-209）在2014财年的拨款为1.67亿美元。NEH大力支持档案出版和历史文档整理等学术活动。公共广播公司（CPB）成立于1967年，其2014年预算为4.45亿美元，为非营利电台和电视台提供技术支持。CPB并不制作节目，其播出内容是由非私有制制作公司和一些特殊的地方电台提供的。最近得到资助的联邦文化机构是博物馆和图书馆服务协会（IMLS），其2014年的财政预算为2.27亿美元。这是1976年重新设立的独立组织，其前身为教育部的援助项目（并非补助金制度），旨在为国家范围内的博物馆和图书馆提供资助。值得注意的是，公共广播服务（PBS）和国家公共电台（NPR）并不属于国家公共机构，更不隶属于国家视听体系。

第六，公共资助和公共艺术机构在国家文化中的功能非常有限。NEA对艺术资助的范围限定非常严格。实际上，它的预算金额在联邦四大公共文化机构中是最少的。

第七，NEA虽然有一定的联邦层面影响力，但其仍与其他的州艺术机构建立了非常紧密的关系。这些SAAs，或者可以说是"小型NEA"，对文化的资助范围非常广泛，弥补了 NEA 无法涉及的领域。

第八，联邦政府的文化项目范围非常广泛，这些项目遍布于各种行政机构，由众多不同的国会委员监督，满足了不同的利益需求并且代表了分散性的文化支持者的政策观。NEA 在文化界所具有的象征意义远比其货币资源或权力范围更加重要。

第九，联邦政府并不是国家文化遗产的财政或组织担保人，虽然史密森博物馆和国家美术馆的重要性是不可否认的。政府对文化活动的控制很大程度上隐藏在相对并无争议的税收优惠政策 501（c）（3）中，其中还包括 75% 的非营利性博物馆。

第十，美国艺术组织是典型的非营利实体。他们既不是公共机构也没有任何机构得到过公共资金的大力支持。由免税慈善事业提供的间接帮助以及他们自身的收入是美国庞大文化组织得以维持的关键因素。

综上所述，艺术从公共渠道得到的支持远不如私人慈善业。2014 年慈善业捐款总额为 3.59 亿美元，其中 0.16 亿美元给了艺术文化和人文学科领域。这个数据证实了 20 年来私人慈善业做文化捐赠的平均水平为 4.5%（美国 2014 年数据）。

显然，美国文化界是靠私人捐赠维持的。然而这种以慈善家为主导的捐赠方式是否有益于国家文化利益仍值得商榷（Callahan，2017；Adam，2009）。

以上对联邦政府文化参与的总结并不包括所有负有这些责任的机构。这些机构包括美国国会图书馆、国家档案馆、国家植物园、国家总务管理局、国家公园管理局、国家史迹名录、国务院等。国家总务管理局是唯一直接委任艺术品的联邦机构，它要求所有公共建筑建设成本的 1% 要用于装饰。还有一点要注意的是，之前笔者所提到的博物馆是作为国家遗产的存托空间存在的：史密森博物馆（2014 财年预算为 8 亿美元），美国国家美术馆（2014 财年预算为 1.44 亿美元）。这些博物馆享有特殊的地位，它们基本上是自治的行政实体（Harris，2013）。

有趣的是，史密森尼学会的预算比所有"联邦四机构"的预算都要多。这个组织的多元主义体系是美国文化体系的显著特征。总的来说，政府是文化领域的小股东（Mulcahy，1985）。除了一些有限的程序，在新政期间，美国一直回避建立官方文化以免联邦政府成为公共事业的美第奇家族（Park and Markowitz，1992）。如上文所述，美国文化赞助体系依靠的是免税而不是明确的文化政策。实际上，美国或许没有正式的文化政策，但它却对慈善事业特别优待。

二 美国公共文化组织

NEA对美国公共文化并无垄断权。正如前文所述，它是联邦四大资助机构之一。但国家和地方实体机构资助的文化活动遍布美国，因此与国家和地方机构相比，NEA的资助力度较小。比如2014年NEA的预算为1.46亿美元，而州和地方的预算则分别为3.07亿美元和9亿美元（2014年艺术资助）。

（一）NEA：由重视到削减

NEA法案规定了其资助范围，包括表演艺术、视觉艺术、视听媒体和一些文化推广项目。基金会的创立代表了自20世纪30年代以来联邦政府的第一个文化承诺。即便如此，国家政府在文化事务中所扮演的角色仍然是由一种"隐藏的"税收特权体系所引导，以免国家在文化发展中占强势地位，否则与美国的审美多元化传统格格不入（Mulcahy，2017）。

从行政管理上来说，NEA是一个独立机构并最终向总统汇报。其最高管理者为主席，由总统任命，任期四年，由参议院批准。例如现任NEA主席——Jane Chu，任期至2018年。理事会由26名总统任命的成员组成，可以交错任职六年。一般来说，理事会成员是杰出的艺术家、学者、文化管理者，但不能是艺术服务或宣传组织的代表。1995年法令规定理事会必须有6名成员来自国会。所有资助决定由主席和理事会根据"一臂之距"模式共同决定（Hillman and McCaughey，1989）。资助提案最初由专门的小组审查。小组成员由NEA主席任命，任期为四年，小组成员来自NEA职员和文化社区的相关群体。实际上，NEA主席很少单独做决定而一般会批准理事会的决定（决定通常遵循理事会的推荐）。根据美国国家艺术与基金会法案第（20USC§954）条，最高法院授予 NEA 主席在资助决策方面的首要地位。法院的意见是，NEA 主席对最终拨款决定负有责任，并且以此否认 NEA 资助具有官方审查的背景，拨款与否仅仅是一个法律上的判决。这个决定在大文化环境中并不受欢迎并引发了对第一修正案的关注。

顾问小组被视为 NEA 管理组织的基石。他们的职责是提供公正的建议，使该机构免遭政治化的危险（Galligan，1993）。然而这种绝缘"装置"并不能保护防火墙。比如，这个小组经常被批评为"互相吹捧俱乐部"，他们的特点是"任人唯亲"。小组成员也被认为对某些审美表达有着明显的偏好，并排斥主流美学范式之外的表达形式（Mulcahy，1988）。这些表达形式一般是抽象晦涩、异乎寻常的（Marquis，1996）。

国会曾在 1995 年考虑终止 NEA，但折中方案是将 NEA 的预算削减为 0.999 亿美元；对个人艺术家的资助被禁止；只有文化组织能够接受资助；并且要接受国会的强制性审查。尽管 NEA 成为 20 世纪 90 年代"文化战争"的替罪羊，还受到了其他指责，比如作为一个长期存在的机构它无法证明自己作为公共艺术机构存在的目的（Mulcahy，1995）。对于 NEA 所有的良好意图，没有公共实体、文化或其他方面可以从国会审查中获得豁免权。

唯一一项关于 NEA 重新授权听证会的研究记录了当时的一些批评（Mulcahy，1988）。公共机构接受拨款的次数为一年一次并且需要定期授权；也就是说，国会调查将关注机构法定职责的履行。在不同的听证会上 NEA 所遭受的批评如下：大城市占有了更多的资金补助；给农村地区的补助金不足；专家对当代先锋派持有偏见；如何证明对高度"精英"艺术的支持符合纳税人的意愿；小组成员"偏见"意识过于强烈。

不管这些批评是否正确，但批评的声音始终如一，在艺术界的精英圈子中，人们对那些不符合"高雅"气质的美学价值观漠不关心。这些批判使 NEA 成为"精英艺术家的艺术基金会"，而不是为那些需要得到美国公共支持的艺术家提供服务的机构。更糟糕的是，对梅普勒索普和赛拉诺的指责导致 NEA 背上了"国家色情基金"的骂名。这是由保守派掀起的一种重复的、错误的和不公平的指控。然而 NEA 并没有能力对这种明目张胆的煽动性言论进行有力回击。有趣的是，近 30 年来重新授权听证会却再也没有召开过。

（二）州艺术机构群：小型 NEAs

NEA 依靠州艺术机构群（SAAs）的支持，该机构群几乎与 NEA 同时成立，是为指定的资金接受者设立的。SAAs 可以被视为"小型 NEA"，它们是 NEA 政策的宣传者，并且打造了地方层面的实体艺术机构（必须说明的是，SAAs 并不是 NEA 的下属机构，它们是由州政府创建的）。SAAs 接受州政府不固定的预算拨款并随着官僚的变动和规划目标而变化。比如，SAA 可能是一个独立机构，也可能属于其他部门。但根据艺术委员会法案第 501（c）（3）条，佛蒙特州除外。

无论如何，资助决策过程总是由公民艺术委员会实行的。尽管委员会由州长任命，但也要根据"一臂之距"原则操作。相比之下由文化部制定的官方政策是对执政党或执政联盟负责的。另外有的文化部还有"混合"模式，即个体补贴由自治委员会颁发（Gattinger and St. Pierre, 2008; St. Pierre, 2003）。

此外，这些"小型 NEA"不仅在拨款数额上有所不同，而且在资金发放方式上也不同。比如，一些州对重要的文化机构实行了"专项拨款"。有些州是按人口数量发放资金的，并没有什么固定的申请程序。前者可以成为"精英式"，后者则是"大众式"。

可以注意到的是，即使 NEA 被废除了，SAAs 也会继续行使国家资助的职能（这也适用于许多地方艺术委员会，其中有些资金雄厚）。无论如何，利用 NEA "转移"过来的 40% 的预算，SAAs 在文化资助方面取得了重大进展。

（三）地方艺术机构群：小型 SAAs

地方艺术机构群（LAA）是非营利组织（约占75%），或是市或县政府机构（约占25%），LAAs 提供各种各样的服务来支持当地社区。约有 3800 个地方艺术机构遍布美国领土，其中大约有 1000 名专业从业人员

(Mulcahy,2002)。这些"小型SAAs"有时被批评资助的项目过于民粹主义。然而,由于文化政策的主要目标是提供商业产品的替代品并促进公众参与,因此支持地方文化基础设施建设似乎是一项明智的政策。虽然对艺术家和艺术机构的资助是LAAs最常见的活动,他们也加入了伙伴关系来支持一些其他的社区活动(Americans for the Arts,2014)。

三　NEA资助

作为资助机构,NEA最初聚焦于传统高雅文化,而通过程序化归类来处理服务水平低下的文化选区。正如之前所说,资金接受组织必须是公共的或非营利性的,而个体艺术家则没有资格。但文学奖学金除外,尤其是诗歌。毫无疑问,这项针对个人艺术家拨款的禁令旨在让保守的议员认识到他们不会容忍对"粗鄙"艺术实施公共资助。

NEA最接近"死亡"的一次是1995年,NEA将资助方向从大众项目向社区文化转变。当然,最初的法律也承诺促进审美多元化并从人口统计学和地方角度鼓励更多人参与。40%转移给SAAs的补助金帮助实现了这一承诺。剩下的60%,NEA将其分为2400份补助金分给了16000个社区,其中包括435个国会选区。总而言之,乡村地区和较小的社区是NEA新的重点资助的主要受益者。所有得到资助的对象被鼓励将资金分配给被忽视的文化社区。

南达科他州最近的案例研究表明,NEA的大量补助资金都拨给了农村地区(*New York Times*,April 25,2017)。这是一个拥有85.8万人口的州,其62.5%的选票都投给了特朗普,却获得了NEA 50%的补助金(总额为96.6万美元)。这些补助金占南达科他艺术委员会拨款总额的一半。这并不是NEA大规模的拨款,但他们对很多乡村小型的艺术组织很有影响。联邦资助的广泛分布吸引了一批文化支持者,当他们讨论公共文化的重大影响时,他们可以对精英分子不屑一顾。

以下是几个NEA将资助重点从传统项目转向社会服务的案例。

（一）艺术疗法

近年来，用于艺术治疗的项目得到了特别有力的支持。"创意力量：NEA 的军事治疗艺术网络"已被证明对退伍军人及其家属非常有效。这使得国会在 2016 年增加了 200 万美元的资金来支持这些活动。

（二）医疗事业发展

NEA 的创造力链接计划试图探寻艺术如何与其他部门，比如医疗部门互动。这与促进跨地域、跨人口以及社会部门卫生事业发展的目标是一致的，而艺术则是其催化剂。NEA 艺术与人类发展小组建议某些特定项目，比如舞蹈课可以扩大至学校以外的很大范围进行。舞蹈是一种体育活动但同时也是一种审美活动，它可能会帮助脆弱人群恢复健康的情感。实际上，艺术提供了社会和美学方面的益处。

（三）城市氛围

艺术的重要意义或许在于它们对公共生活质量的贡献。艺术是一种吸引力，可以促进地方繁荣。一个充满文化活力的城市将会促进经济发展，因为创新型企业会被吸引到生活质量较高的地方（Mulcahy，1982）。重视文化的社区被认为是吸引"创意阶层"企业家的磁石（Florida，2002）。文化活动因产生了积极的经济影响而受到欢迎（Cohen and other，2003），如果还有人存在异议，事实能够证明这是一个有效的宣传工具。当然，所有这些功利主义的争论回避了文化的固有价值（McCarthy and Others，2004）。

四 NEA 及其资助的与医疗相关的项目

NEA 在 1995 年陷入非常严峻的境地。之后的结果是，它的拨款流向了其他项目，这些项目为更多的社区提供了更切实的利益。当然，最初的法案（公法 89 - 209，1965）曾提出向更多的人口和更广泛的地理空间推广并促进审美多样性。1995年的所谓妥协法案，规定40%的拨款将转移给国家艺术机构，剩下的60%的拨款NEA将其分为2400份提供给了包括435个国会选区在内的1.6万个社区。尤其是乡村和小社区一直是NEA资助新政策的主要受益者（National Endowment for the Arts, 2016 c）。

NEA资助从传统艺术学科范畴（例如博物馆、交响乐团）扩展到更多地以社会为导向的和以人类发展为目标的活动。例如，支持儿童早期艺术参与活动，承认人在幼年时期接触艺术对其踏入社会和情商培养都有益处（National Endowment for the Arts, 2015）。从这个意义上来说，艺术被认为是终身学习和个人幸福的一部分。对"艺术医疗"项目的资助反映了这一政策观点，并在近年来得到了强有力的支持。对"艺术医疗"的资助情况可以在基金捐赠搜索工具中找到（National Endowment for the Arts, 2016）。然而，有人提出与"艺术医疗"相关的资助往往被嵌入内容更广泛的项目中，比如寻找缺乏服务的人群和社区的艺术需求。

从行政上说，NEA对"艺术医疗"的资助属于"参与性"的范畴，这是一个主要的组织分工。医疗资助为伤残人士、身体上和情感上的残障人士提供了艺术体验，尤其是为老兵提供康复服务。所有这些项目促进了那些与艺术接触机会有限的人与艺术的关系，以及为如何利用艺术促进个人发展提供了更广阔的思路（Gussak & Rosal, 2016）。

在以上简短的讨论中，各种资助项目的类型差异性很大，但这些活动都具有"艺术医疗"的元素。NEA资助了基于视觉艺术的艺术疗法。富有表现力的艺术疗法与诗歌、舞蹈和音乐相辅相成（National Endowment for the Arts, 2017 b）。不管概念上有什么细微差别，"艺术医疗"逐渐成为改善身体健康措施的重要组成部分之一。这些措施包括：医院、康复中心、药物滥用诊所、养老院、心理健康设施、促进健康增长的社区机构等（National Endowment for the Arts, 2017 b）。

这些"艺术医疗"项目主要依靠文化社区的专业人士和个人支持。个人的患病经验（直接或间接的）促使画家、舞蹈家、雕塑、作家和艺术教育工作者动员起来，通过创作过程的力量来疗愈身体和心灵（The Center for

Arts and Healing，2011）。显而易见的是，艺术家们用他们的创造感悟来帮助人们变得更美好。例如，美国著名的克里夫兰医学中心有一个艺术与医学研究所，致力于整合视觉艺术、音乐和表演艺术，以治愈病人及改善其家属和护理人员的生活（Cleveland Clinic，2013）。

这份使命宣言简明扼要地概括了"艺术医疗"项目的重要性。NEA 对"艺术医疗"项目的资助也反映了这些规范原则。这些努力与其他公共艺术项目的区别在于，它们专注于为缺少服务的公民提供机会，这也是他们作为应用美学的地位。一份 NEA 的创建"艺术与健康"社区活动研究指南建议应在设计项目时将生理发展标准作为重点。这就需要美学有创造性的实用功能，以明确自己在健康干预和艺术实现方面的价值。

2016 年的三项资助必须能够支持 NEA 将艺术政策与卫生政策联合起来的承诺。

（一）社区医疗的蓝图

密西西比州纳齐兹市的艺术家、公民活动家和卫生专业人士之间进行了多学科合作，旨在创造一种将艺术融入医疗体系的模式。尤其是给被选定的艺术家赋予"健康的文化创新者"的称号，这些艺术家设计成本效益和价值导向，努力促成艺术与医疗相融合。另外还有一个特别关注的焦点，即卫生公平，因为当地人口主要由有色人种的穷人组成（National Endowment for the Arts，2016 b）。

（二）音乐与记忆

一个名为"音乐与记忆"的非营利性组织通过数字音乐技术为老年人带来个性化的音乐。位于纽约市工薪阶层郊区的米奥拉正在进行一个项目，训练家庭护理人员、老年人护理专业人员和家庭看护人在 ipod 和其他数字音频系统上创建个性化播放列表，以提高认知受损者的生活质量。该项目的目标是帮助那些与阿尔茨海默病和其他痴呆症斗争的人通过音乐重新触发记忆并获得认知（National Endowment for the Arts，2016d）。

(三)创意力量：美国国家广播公司的军事治疗艺术网络

"创意部队"承诺使用"艺术医疗"项目为武装部队及其家庭成员提供服务，这已经被证明是一个成功的例子。这一成功获得了国会的一项不寻常的预算补助，这笔预算补助的金额达到了近200万美元（2016财年），用以扩大这一军事治疗艺术计划。自2011年以来，NEA和国防部（最近加入退伍军人事务部）合作，将创造性的艺术疗法（如视觉艺术、音乐、创造性写作）融入患者的护理中（比如培训服务人员、退伍军人、家庭/看护人等）。

起源于华盛顿（沃尔特里德和贝尔沃特医院）的"创造性力量"项目已经扩展到全国的12个临床设施（以及一个远程医疗项目）。治疗艺术旨在解决创伤性脑损伤和有相关心理健康问题的患者的需求。"创意力量"也有助于在非临床社区环境中提供持续的艺术体验机会。美国各级政府为艺术提供了行政协调，这是一个全国性的服务组织，代表着遍布全美的众多不同的地方艺术机构（National Endowment for the Arts, 2017 a）。

结　语

对于所有和"艺术医疗"相关的拨款，无论是直接被贴上这样的标签，还是被纳入更广泛的事业中，这些支出都是微乎其微的。作为一种普遍做法，NEA的资助规模较小但资助范围很大。这在政治上很有意义，但鉴于NEA的预算仅为1.499亿美元（2016财年），这也是不得不面对的一个财政现实。具有争议性的是，由于更深层次的原因支持医疗改革的较大选区仍建议从这点微薄的资金中为"艺术医疗"拨款。然而，最近的立法行动见证了医疗政策有多么复杂。"特朗普医改"的严厉削减似乎不会对"艺术与健康"事业有太多的支持。

NEA通过与其他公共/非营利机构的合作扩大其拨款影响。经测算得出每拨款1美元就能拉动9美元的资金杠杆（National Endowment for the Arts,

2016 a)。也许最重要的是，NEA 的资助代表了其对验证项目的一种"认可"，尤其是如果该项目还不是传统审美主流的一部分（Mulcahy，2017）。虽然这算不上是一种文化上的停滞不前，但"艺术医疗"项目却缺乏（规模还在萎缩）对传统艺术文化群体的支持与关注。然而，这些活动大多发生在大都市，并享受精英机构的财政支持。而处理身体/认知受损的艺术项目则无法享受这些有组织的、长期性的利益。事实上，虽然 NEA 对"艺术医疗"项目的资金支持非常有限，但也代表了一部分公共承诺。

参考文献

Adam, Thomas. 2009. Buying Respectability: Philanthropy and Urban Society in Transnational Prospective. Bloomington: Indiana University Press.

Americans for the Arts. 2014. Local Arts Agency Facts. Washington D. C. .

Cohen, Randy, William Schaeffer, and Benjamin Davidson. 2003. "Arts and Economic Prosperity: The Economic Impacts of Nonprofit Arts Organization and their Audiences." *Journal of Arts Management, Law and Society*. 22: 44 – 62.

Callahan, David. 2017. The Givers: Wealth, Money, Power and Philanthropy in a Gilded age. New York: Knopf.

Chartrand, Harry Hillman and Claire McCaughey. 1989. "The Arm's Length Principle and the Arts: An International Perspective—Past, Present, and Future." Who's to Pay for the Arts: The International Search for Models of Arts Support. Eds. Milton C. Cummings Jr. and J. Mark Davidson Schuster.

Florida, Richard. 2002. The Rise of the Creative Class. New York: Basic Books.

Galligan, Ann. 1993. "The Politicization of Peer Review Panels" in Judith H. Balfe, ed. , Paying the Piper: Causes and Consequences of Arts Patronage. Urbana Champagne: University of Illinois Press.

Gattinger, Monica and Diane Saint-Pierre. 2008. "Toward Subnational Comparative Policy Analysis: The Case of Provincial Cultural Policy and Administration in Canada". *Arts Education Policy Review* 38: 167 – 184.

Harris, Neil. 2013. Capital Culture: J Carter Brown, the National Gallery of Art, and the Reinvention of the Museum Experience. Chicago: University of Chicago Press.

Marquis, Alice. 1996. Art Lessons. New York: Basic Books.

McCarthy, Kevin F., Arthur Brooks, Julia Lowell, and Laura Zakaras. 2001. The Performing Arts in a New Era. Santa Monica: RAND.

Mulcahy, Kevin V. 2017. Public Culture, Cultural Identity, Cultural Policy: Comparative Perspectives. New York: Palgrave Macmillan.

New York Times, 2017. April, 25.

Mulcahy, Kevin V. 2003. "Entrepreneurship or Cultural Darwinism: Perspectives on the American System of Cultural Patronage," Journal of Arts Management, Law and Society, 32: 165 – 184.

Mulcahy, Kevin V. 2002. "The State Arts Agencies: An Overview of Cultural Federalism in the United States". Journal of Arts, Law and Society. 32: 67 – 80.

Mulcahy, Kevin V. 1991. "The Public Interest in Public Culture". Journal of Arts Management, Law and Society. 21: 5 – 25.

Mulcahy, Kevin V. 1988. The Politics of Cultural Oversight: The Reauthorization Process and the National Endowment for the Arts. In Margaret Jane Wyszomirski, Congress and The Arts: A Precarious Alliance. New York: American Council for the Arts.

Saint-Pierre, Diane. 2003. La Politique Culturelle du Québec de 1992: Continuité ou changement. Les Acteurs, les coalitions et les enjeux: Québec: Les Presses de l'Université Laval.

Sterngold, Arthur R. 2004. "Do Economic Impact Studies Misrepresent the Benefits of Arts and Cultural Organizations?" Journal of Arts Management, Law and Society. 34: 166 – 188.

B.20
博物馆、美术馆及创新生态系统：博物馆政策与社区

乔纳森·帕奎特　克里斯多夫·甘特 著*

李竞爽 译**

摘　要： 文化被视为有利于促进经济繁荣的基本条件，它将重组经济创新媒介和创新群体的生存条件。本文记录了国家和博物馆政策在维持文化创新事业中所扮演的角色。以加拿大博物馆历史发展为基础，本文重点论述了支持博物馆部门创新政策工具的发展，还着重讨论了加拿大政府在国家层面促进培养博物馆生态系统工程中所扮演的角色。最后，本文还通过对适用于不同博物馆和高雅艺术、历史、人种学、自然学科等不同学科的政策工具发展的持续观察来研究机构的演变。

关键词： 创新生态系统　博物馆　美术馆　社区

近年来，学术刊物、政策研究以及其他专业都将文化的经济特性置于非常重要的地位。因此文化日渐成为反映社会发展和经济繁荣的标志。正如当下广泛讨论的"创意城市"正是反映学术与政策制定者合作重要性的显著例子。创意城市的概念（Florida，2002；2010）认为城市的兴盛为这种新型

---

* 乔纳森·帕奎特，加拿大渥太华大学副教授、公共管理研究院主任；克里斯多夫·甘特，加拿大渥太华大学博士后。
** 李竞爽，艺术学硕士、助理研究员，任职于中国艺术研究院公共文化政策研究中心，研究领域为公共文化政策与文化战略发展。

经济提供了天然的生态条件并逐渐成为其领航者。在创意城市语境中，创新群体是创意生态系统的重要组成部分。文化被视为有利于促进经济繁荣的基本条件，它将重组经济创新媒介和创新群体的生存条件。其次，文化与经济、文化与创新之间的有力关联还存在于除创意经济以外的其他语境中。例如，Richard Sennett（2006）在受政治经济启发而作的一篇论文中解释了紧随工业经济衰败而来的文化重组，包括大众对工作的期望以及社会对文化艺术鉴赏观念的转变。沿着这个思路研究者们发掘出了更多空间与创新之间的联系，文化被视为有利于促进创新工作者生活水平提高的基本要素（Gibson and Kong 2005；Kong，2014）。这些流行的观点在包括政策制定等其他众多领域也得到了支持，比如人们尝试在不同环境下实施这些战略，包括这个案例研究中所描述的最初没有确立这些条件的区域和社区都支持类似的观点（Paquette，2008）。换句话说，空间、文化和创新三者之间的关系正渗入许多西方国家的政策制定与战略实施之中。但是尽管某些观点很受欢迎并且备受政策制定者的关注和讨论，然而它们并非无懈可击。研究人员认为这些观点为上层阶级的生活提供了特权。还有其他声音指出了将文化作为经济建设杠杆可能引起的社会后果，比如最初的艺术观念将被颠覆，并通过展示与艺术文化有关的经济建设案例以证实某些城市可能正在逐渐中产阶级化（Peck，2005；Hansen and Niedomysl，2009；Markusen，2006）。换言之，这个问题是近年来文化政策研究领域中争论最激烈的问题之一。事实上，关于文化、经济、创新以及空间之间关系的研究成果不计其数。

本文试图从很少被认可的不同角度诠释文化和创新之间的关系，而不是预测文化组织和文化活动未来在经济中的重要性与创新潜力，我们想说明的是创新潜力是文化的固有特性，并且仔细分析它是如何创新和转变的。换言之，我们试图发现存在于文化组织内部的文化创新动力。此外，文化产业需要为自身的运营发展提出创新问题。尽管关于这个问题的文献资料寥寥无几，并且该问题还经常被纳入其他理论研究，但要说明的是创新问题与文化组织同样重要。根据 Lampel（et. al. 2000）的观点，文化产业正面临着一个独特的处境，那就是其产品已经符号化。用 Lampel 的话来说，"文化商品是一种体验性商品"。与文化组织及创新相关的论点和问题数不胜数，然而本文只讨论一个最重要的问题：公共政策对促进文化部门的持续性创新起到了什么作用？

在找到答案之前我们希望就文化组织以及创新的特性提出一些假设条件。（1）要了解文化组织内外的创新，我们必须将制度、经济和社会驱动力置于给定的组织。换言之，想更好地理解文化组织，必须将研究建立在对特殊部门（剧院、艺术表演中心、博物馆、图书馆、档案馆、乐团等等）的分析基础之上。（2）要更好地理解文化机构则要求我们对文化组织各方面加以观察，包括各文化组织之间的关系、文化组织与其他类型组织以及代理媒介生态论之间的关系。（3）标准、价值和声誉是文化机构创新过程中的重要组成部分。（4）机构是随着时间和空间改变的，在特定时刻创新潜力高度依赖组织的结构和代理媒介。

为了与笔者的假设条件保持一致，本文研究了国家和博物馆政策在维持文化创新事业中所扮演的角色。以加拿大博物馆历史发展为基础，本文重点论述了支持博物馆部门创新政策工具的发展。由于博物馆创新性高度依赖于声誉（Frey，1994；1988），本文还着重讨论了加拿大政府在国家层面促进培养博物馆生态系统工程中所扮演的角色。最后，本文还通过对适用于不同博物馆和高雅艺术、历史、人种学等不同学科的政策工具发展的持续观察来研究机构的演变。

一　基本框架：制度分析与生态系统方法

从理论角度来说，文化和创新的生态观是从生物类比出发的，尽管这些观念在商业分析领域已经非常普遍，但在文化与艺术组织研究方面却尚未施展拳脚。换句话说，社会和人类生活的相互交融看起来与自然/生态系统非常相近。在社会科学中，现实的系统观与如今的理论构建相差甚远。社会科学系统论的起源可以追溯到20世纪30年代（Lasswell，1936），该系统使得社会学（Parsons，1951）、政治学和经济学（Easton，1953）在20世纪50

年代广泛传播。换言之，社会系统论是在社会科学中存在最久的观点。该理论背后最基本的原则是：社会是由一个系统构成的，系统要寻求生存，系统需要资源；并且，系统与环境之间的交互决定了系统是否处于平衡状态及其在生存与发展环境中所处的位置。

自20世纪70年代以来，这些观点在组织论中被重构。比如"资源依赖"论（Pfeffer and Salancik，1978）和"组织生态学"（Hannan and Freeman，1989）将系统论提出的基本观念进一步推进。这些理论的主要贡献在于它们对环境问题的处理方法。从理论角度来看，环境的概念是组织和经济背景的相互作用构成的，而不是将整个社会作为一个单一的体系，这些观点强调人口观，并相信众多组织可以在同一个环境中共存；因此，他们认为核心分析应聚焦于组织之间的相互作用。虽然这些观点在商业分析中非常流行，但对于文化和艺术组织研究来说并无太大的帮助。事实上，从事艺术管理、文化产业和文化政策研究的研究人员经常首选另一个看起来更加容易理解组织环境和文化组织的理论框架。新制度主义（Tolbert and Zucker，1983；DiMaggio，1991）经常是文化分析的首选，其遵循的原则并无显著不同。而且它将价值和规范维度置于分析的最前列。新制度主义与以下理论基础相关联。

·生态原则：研究者所关注的广泛种类/类型的组织即通常我们所称的"部门"。从公共体系结构角度来说，这个领域是一个"制度领域"（Scott，2001）。

·制度主义：研究者们对组织活动一隅的研究本身也是一种组织，研究者承认文化、准则、价值在建设制度中的重要性（DiMaggio and Powell，1983；Meyer and Rowan，1977）。

·历史：时间很重要，领域随着时间的流逝发展和转变。另外，在文化制度发展的同时环境也在不断地变化。

与其他建立在传统观念系统的基础上的组织理论不同，新的制度结构为创新概念化开辟了道路。尽管其他理论更注重稳定和平衡，新制度主义在理论领域中具备了颠覆性的意义。是什么促进了一个领域的发展？是什么使得它们随着时间转变或革新？新制度主义是怎么理解这些转变的？

从理论角度看，新制度主义的概念和创新基于两个因素。第一个因素与领域的文化性有关。领域由两个特别的压力组成：一是改革并成为特色组织的领军人；第二是保持一致性——换言之，组织需要在特色和创新之间找到平衡。尽管如此，在特定范围内他们的活动和制度身份必须和领域保持一致与连贯。这些被视为同构性压力并表现为三种形式：规范的、强制的以及模拟的。因此创新并没有被视为一种突破，而是成为建设新方法、新组织身份的合法性资源，以及整个领域认可的生产方式。创新是差异化与一致性之间的平衡点。最终，新制度主义将从"制度创立者"参与的活动与互动中发现创新（以及媒介）。在这种情况下，个人或集体在一个领域中尝试发展、变化和验证转化等行为成为创新的根源所在。制度创立者还需要参与到对文化部门制度创新非常重要的战略活动中去。

二 加拿大博物馆与制度/组织创新

在文中我们采用了一种新的制度方法去理解加拿大博物馆部门的发展与创新模式。尤其是在国家博物馆政策指导下的部门的持续发展与创新。本文的目标是诠释博物馆生态体系的进化。

（一）制度创立者与国家（1820～1900年）：从收藏到博物馆

加拿大博物馆的第一个发展时期是体验式的。这个时期博物馆最重要的发展观念是作为文化机构发展。19世纪20年代，社会对博物馆的理解与现在完全不同。实际上，在谈到博物馆这个概念之前，加拿大博物馆的前身基本是收藏性质的，具有非常大的局限性。在20年代早期，加拿大国内有三种针对收藏发展的看法。

・珍宝柜：该类型的收藏一般是个人行为。加拿大第一个珍宝柜是由Thomas Delvecchio 在1834年的蒙特利尔打造的。

・大学收藏馆：这类机构一般出于学术研究的需要。最终西方大学在研究人员收藏的标本和人工制品的基础上建立了"大学博物馆"。在加拿大,魁北克拉瓦尔大学收藏馆（1862年建立）和麦吉尔大学收藏馆（1882年建立）后来都转变成由大学管理的博物馆。

· 教育收藏馆：该类性质的收藏机构是由个人或学术团体出于启蒙大众和推动知识普及的目的而成立的。最早的该类收藏馆是魁北克文学与历史社团（1824年建立）。

这三种性质的收藏机构对于博物馆概念来说具有不同的意义。大学博物馆如今在加拿大仍然存在。具有"珍宝柜"性质的机构如今也存在着，那就是加拿大的私人博物馆，比如蜡像馆。加拿大第一个主要的博物馆是为教育目的打造的并且一直在该领域占据着重要地位。

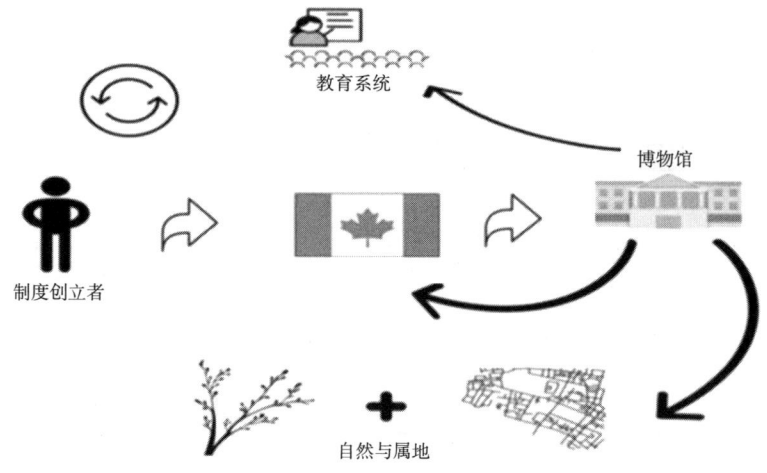

图1　加拿大博物馆生态系统与创新（1820~1900年）

加拿大建设博物馆的第一个时期，国家经历了从收藏馆到博物馆的转变。换句话说，国家发展新的机构模式是在制度创立者的促进下完成的。这些制度创立者如P. Chasseur, E. Ryerson, Logan 等，以个人身份促进了公共博物馆为公共教育服务的观念。在这一时期的初期（1820~1880年），省政府是博物馆建设的主力军；第二个时期（1880~1900年）主力军则变成了联邦政府。从1820年到1900年，博物馆以新制度形式出现并且其自身就是一种文化创新，这在当时还不为公共领域所熟知。博物馆政策是为发展博物馆建设、促进教育以及支持国家活动而制定的。制度创立者和国家参与者在该领域齐心协力行动并开始巩固他们的标准和价值观。

（二）"国家博物馆"时代（1900~1967年）

随着国家博物馆的建立，一些加拿大博物馆工程被纳入联邦和省政府的管辖，某些主要的博物馆工程都由政府创办和经营。这一时期的主流观念是公共服务和博物馆都是面向大众的。直到20世纪20年代加拿大博物馆才逐渐和他的使用者加强关系。从博物馆政策角度看，这个时代是国家博物馆的时代；换句话说，是政府自己发展收藏的时代，这也为真正的博物馆奠定了基础。这个阶段的博物馆建设是由政府来主导的。因此，博物馆生态结构有更多不同。

国家和省属博物馆的创建理念是将藏品展示给大众并且以公共用途为首要任务。在联邦层面，我们可以看到1927年加拿大博物馆举办的国家藏品联展，紧接着其他机构也建立了起来。魁北克省在1933年建立起了一个国家博物馆，馆中藏品来源于政府自19世纪早期的收藏。

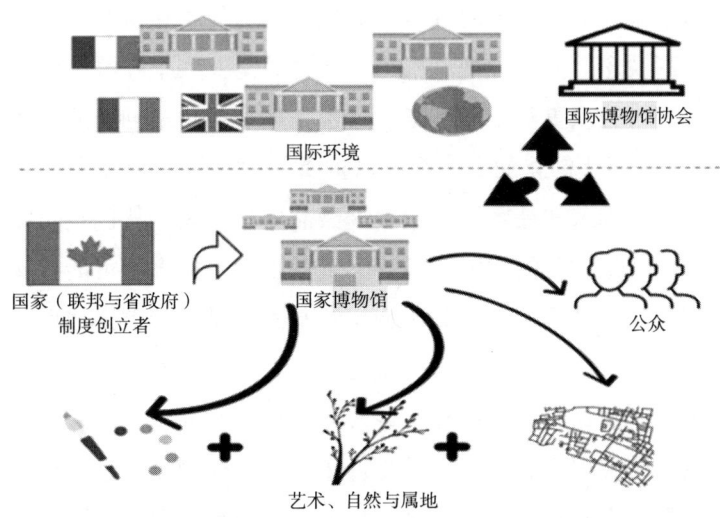

图2　加拿大博物馆生态系统与创新（1900~1967年）

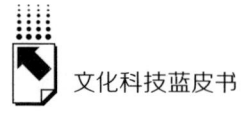

在这一时期的制度建设中，国际力量成为重要角色。20世纪博物馆国际委员会的建立以及一些兴起的主流国际博物馆创立了新的优秀评判标准，这些评判标准受到众多国家机构的效仿。这种语境下的创新被视为与公众建立关系。尽管发展收藏非常重要，但这个时代随着逐渐高涨的公共性结束了；换言之，博物馆都在公共性领域如参观者服务、公众参与等方面努力创新以建立起自身与其他主要国际博物馆的区别特征。这也是他们寻找自身特色和创新模式的一种方式。1967年是加拿大建国一百周年，各种庆祝活动成为文化自主成长的转折点。

（三）博物馆管理：作为调节工具的博物馆政策（1967年至今）

加拿大博物馆政策的第三个时期与新方法的兴起有关。与其说是制度创立者，不如说是加拿大政府创建了支持博物馆制度的工具。制定于1968～1972年的博物馆政策不仅仅是为了支持国家博物馆发展，其中一些政策还支持包括由地方政府和社团建立的社区博物馆。在加拿大博物馆建设的第三个时期，我们可以说创新主要由两种力量驱动着。一方面，虽然科技是重要推手，但博物馆专业人员的努力以及正确的保护观念也至关重要；另一方面，博物馆最重要的创新方向源自教育项目的引导，在这些项目中蕴藏着博物馆发展的新观念。大部分观念根植于博物馆专业人士深厚的道德反省，他们试图将社会与公众重新联系起来。这也是如今博物馆创新的主要驱动力。

20世纪60年代创立的生态系统以重要的博物馆政策和建立保护机制为特点，旨在帮助国家和社区博物馆处理藏品保护问题。从创新角度来看，教育研究是博物馆最重要的功能之一。尽管博物馆工作人员可能会质疑教育功能在该领域存在的必要性，但关于智识的基础建设极为重要地反映出一个博物馆在社会中所扮演的角色并且深刻地影响着我们与博物馆之间的关系。为了改变制度，博物馆研究人员和学者曾战略性地鼓动公众，从这个意义上来说，博物馆的研究项目和专业人员是近年来最重要的制度创立者。如今公共性的概念与以往大不相同，尤其是博物馆研究项目重视公共性的多样化，这最终成为该领域制度和组织创新的促进因素。

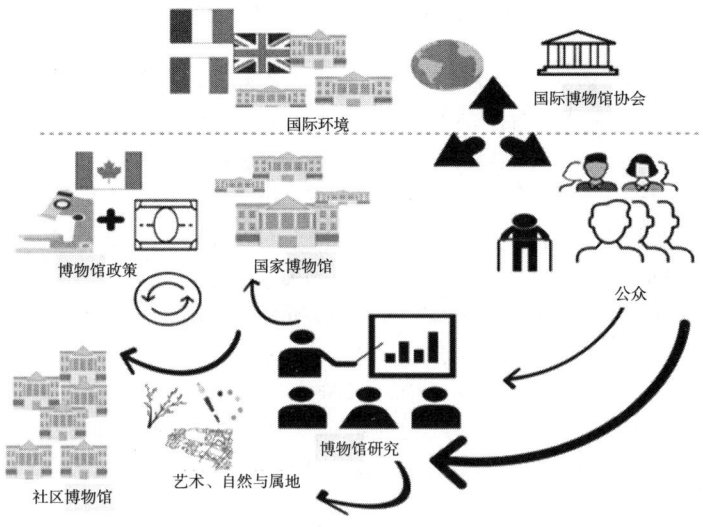

图 3　加拿大博物馆生态系统与创新（1967 年至今）

参考文献

DiMaggio, P. et W. W. Powell. (1983). *The Iron Cage Revisited: Institutional Isomorphism and Collective Rationality in Organizational Fields. American Sociological Review*, Vol. 48, pp. 147–160.

DiMaggio, P. J. (1991). "Constructing an Organizational Field as a Professional Project: U. S. Art Museums 1920–1940", in Walter W. Powell et Paul J. DiMaggio. The New Institutionalism in Organizational Analysis. Chicago: Chicago University Press, pp. 267–293.

Easton, D. (1953). The Political System. An Inquiry into the State of Political Science. New York: Knopf.

Florida, R. (2002). The Rise of the Creative Class and how it's Transforming, Work, Leisure, *Community and Everyday Life*, New York: Basic Books.

Florida, R. (2010). "The Economic Geography of Talent", *Annals of the Association of American Geographers*, 92 (4): 743–755.

Frey, B. (1994). "Cultural Economics and Museum Behavior", *Scottish Journal of Political Economy*, 41 (3): 325–335.

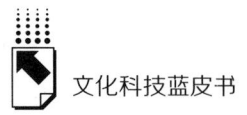

Frey, B. (1998). "Superstar Museums: an Economic Analysis", *Journal of Cultural Economics*, 22 (2): 113 – 125.

Gibson, C. and L. Kong. (2005). "Cultural Economy: A Critical Review", *Progress in Human Geography*, 29 (5): 541 – 561.

Hannan, M. T. and J. H. Freeman. (1989). Organizational Ecology. Cambridge, MA: Harvard University Press.

Hansen, H. K., T. Niedomysl. (2009). "Migration of the Creative Class: Evidence from Sweden", *Journal of Economic Geography*, 9 (2): 191 – 206.

Kong, L. (2014). "Transnational Mobilities and the Making of Creative Cities", *Theory, Culture and Society*, 31 (2): 273 – 289.

Lampel, J., T. Lant and J. Shamsie. (2000). "Balancing Act: Learning from Organizing Practices in Cultural Industries", *Organization Science*, 11 (3): 263 – 269.

Lasswell, H. (1936). Politics. Who Gets What, When and How? New York: Meridien Books.

Markusen, A. (2006). "Urban Development and the Politics of the Creative Class: Evidence from a Study of Artists", Environment and Planning, 38 (10): 1921 – 1940.

Meyer, J. W. and B. Rowan. (1977). "Institutionalized organizations: Formal structures as myth and ceremony". *American Journal of Sociology*, Vol. 82, (2), 340 – 363.

Paquette, J. (2008). "Engineering the Northern Bohemian: Local Cultural Policies and Governance in the Creative City Era", *Space and Polity*, 12 (3): 297 – 310.

Parsons, T. (1951). Social System. London: Routledge.

Peck, J. (2005). "Struggling with the Creative Class", *International Journal of Urban and Regional Research*, 29 (4): 740 – 770.

Pfeffer, J. and G. R. Salancik. (1978). The *External Control of Organizations. A Resource Dependence Perspective*. New York: Harper and Row.

Scott, W. R. (2001). Institutions and Organizations. Thousand Oaks, CA: Sage Publications.

Sennett, R. (2006). The Culture of the New Capitalism. New Haven: Yale University Press.

Tolbert, P. S. and L. G. Zucker. (1983). "Institutional Sources of Change in the Formal Structure of Organizations: The Diffusion of Civil Service Reform", *Administrative Science Quarterly*, 28 (1), 22 – 39.

B.21 民族文化认同视阈下法国文化政策嬗变及启示[*]

邓文君[**]

摘 要： 全球化时代，不同国家文化的碰撞和交融激发了文化民族意识，民族文化认同作为一种显性因素在文化政策中不断得到强化。法兰西民族以构建民族文化认同为文化政策制定的主要依据，通过不断创新文化政策，以鲜明的民族文化特色屹立于世界民族文化之林。本文在民族文化认同视阈下，通过探讨全球化背景下民族文化认同与文化政策制定之间的关系，深入研究法国在全球化背景下提出的"文化例外""文化多样化""文化数字化"政策的嬗变机制以及对文化管理模式同属于"政府主导型"的国家在文化政策制定方面的借鉴和启示。

关键词： 法国 全球化 文化政策 民族文化认同 民族文化特性

进入 21 世纪以来，文化的全球化促进了不同国家和民族之间文化的交融与渗透，不同民族的文化价值取向呈现出多元化的趋势，各民族开始在差异的比较中重新追寻和构建本民族的文化认同，文化的民族意识作为一种显

---

[*] 本文系广东省哲学社会科学"十二五"规划 2014 年度学科共建项目（项目编号：GD14XYJ01）的研究成果之一；2015 年度外教社全国高校外语教学科研项目（项目编号：2015GD0024B）的研究成果之一。

[**] 邓文君，法国新索邦大学文化史博士、深圳大学文化产业研究院博士后、暨南大学外国语学院法语系讲师，研究领域为法国文化政策、文化史研究。

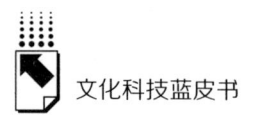

性因素在文化政策中不断得到强化。法国将文化政策与国家意志、民族特性紧密地结合起来，旨在构建一种法兰西民族文化认同，以便在文化多元的背景下提高法国文化的可识别度，彰显法国文化的生机和活力。本文将文化政策置于民族文化认同视阈下加以考量，在探讨全球化背景下民族文化认同与文化政策制定之间关系的基础上，研究法国在全球化背景下提出的"文化例外""文化多样化""文化数字化"政策的嬗变机制以及对文化管理模式同属于"政府主导型"的国家在文化政策制定方面的借鉴和启示。

一 全球化背景下的民族文化认同与文化政策制定的逻辑关系

认同是一个用于界定自我、辨识与他人差异的识别象征体系，是将身处于同一社会集体中的不同个体凝聚在一起、彼此相互联系在一起的感情归属。在现代社会，文化与认同常常结合起来形成特定的文化认同，文化认同是寻求文化情感上的某种归属感，是一种源自文化差异、文化冲突的自觉意识。民族文化认同是基于对本民族文化的情感认知和心理认知，文化通过本民族的象征符号将独立的个体凝聚在一起形成一个集体，身处其中的民族成员在其影响之下形成一种集体认同。

经济的全球化加速了知识、技术、观念的跨国转移，促进了各民族文化之间的碰撞、冲突和交融，带动了文化全球化的兴起。文化全球化表面上带来的是文化的同质化和趋同化，但文化在遭遇碰撞和交融之后，反而激发了不同民族和国家文化认同意识。事实上，体现在意识形态方面和社会制度层面的文化是难以趋同的，不同民族文化在交流中，通过审视彼此之间存在的差异重新认识自身的特殊性，才能充分认识自身不同于其他民族的民族特性和文化个性，在一定程度上唤醒人们对本民族的意识和激发对本民族特性的认同。

全球化时代的民族文化认同和与之息息相关的国家利益日益受到决策者和学者们的关注。国家利益来源于国家民族身份，在知道我们的利益之前，必须先弄清楚我们是谁。一个国家只有在明确界定其身份的前提下才能进一步明确国家利益所在，制定相应的国家发展战略。可见，民族文化认同是思考国家和民族利益的基础和前提，文化的民族性观念在文化全球化的语境中逐步成为各国制定国家发展战略的主导思想，民族文化认同也成为全球化时代文化政策制定的依据和标识。文化政策决定了一个国家和一个民族文化事务的走向和发展进程，在维护文化民族特性的稳定性和持续性上扮演着重要的角色，并从制度层面对社会产生影响。因此，文化政策是凝聚民族文化力量、构建民族文化认同的纽带和支撑。

在知识经济和创意经济的语境中，文化与经济融合的趋势进一步加强，社会经济形态的转型使得文化作为社会经济增长的潜在要素一再得到强化，各国对文化在经济和社会发展中的推动作用表现出了极大的关注，文化已经成为社会发展新的驱动力。社会环境的深刻变革影响着世界各国文化政策的制定和文化事务的组织，西方国家纷纷及时调整文化政策。法国对文化民族特性的坚守在全球堪称典范，并强调文化作为一种缔结社会关系的媒介，可以化解民族危机，缓和社会矛盾，是"集体感受性的缔造和培养集体归属感之场域"。因此，将法国文化政策置于民族文化认同的视阈下进行研究，可为深入理解和剖析法国文化政策提供新的研究视角和学理依据。

二 民族文化认同视阈下法国文化政策的历史嬗变

文化认同是寻求文化情感上的某种同一性和归属感，是文化焦虑和文化自觉内在的体现，文化认同构建的过程也是文化自省的过程。历来将文化和艺术视为民族发展之本、国家自强之源的法国，在政府主导文化发展的模式下，根据国际形势的变化不断调整文化政策，对内重视文化建设，对外加强文化输出，通过构建民族文化认同，提升法国文化在全球的辨识度和影响力。

（一）"文化例外"：文化庇护传统下的民族文化认同

法国文化的皇室庇护传统渊源已久，可追溯到路易十四时期，并一直延

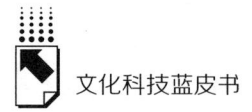

续至今。在现代社会,法国在维护民族文化的独立性和特殊性方面堪称典范。20世纪90年代,美国电影业凭借着雄厚的经济实力、强大的输出网络和发达的科技手段向全球电影市场大举进攻,其出口额在所有出口产品中仅次于航空产品。美国要求欧洲开放视听市场,以便其影视产品长驱直入。面对美国文化的全球性扩张,法国在乌拉圭多边贸易谈判中提出"文化例外"原则,其依据是文化产品有着不同于一般商品的"文化属性",作为价值观的承载者,它不能像普通商品那样完全接受市场的调控,主张将其排除在自由贸易之外,以保障各国公民持续享有本国丰富文化遗产的权利。法国在影视业主要采取限制配额和政府补贴等措施,政府用法律的形式规定法国电视频道至少播放60%的法语节目,所有法国电台在黄金时段播放不低于40%的法语歌曲,甚至通过"单独配额"强行要求电视台在黄金时段播放法国人制作的电视节目。虽然国际社会对"文化例外"主张褒贬不一,颇有争议,但其保护民族文化的成效是不容抹杀的。作为限制外国文化产品进入本国文化市场的一种有效手段,它至少在一定程度上有效遏制了美国视听产品在法国文化市场的"泛滥成灾",挽救了濒临瓦解的法兰西民族文化认同。

法国"文化例外"主张用文化产品的"精神性"和"民族性"对抗美国人眼中文化产品的"商品性"和"普适性"。"文化例外"从表面上看来是法国对本国文化市场采取的一种经济上的保护手段,但本质上是在民族文化的特殊性和独立性遭到美国文化的全球扩张侵略时而采取的民族主义文化保护措施,通过强调和突出民族文化认同来对抗强势文化入侵带来的文化趋同化,是法国积极的民族主义的体现。"文化例外"可以说是文化保护主义传统下民族文化认同构建的折射,是一种基于文化保护主义的民族文化认同构建。

(二)"文化多样性":多重文化认同下的民族文化认同重构

随着全球经济文化一体化进程的加速推进,文化产品的全球流通已经成为大势,多元文化主义作为一种聚焦文化的社会思潮在西方社会的影响日益扩大，不同文化种类与生俱来的要求平等生存与发展的呼声愈发强烈。基于此，20世纪90年代后期，法国根据新的理据适时调整文化政策，用"文化多样性"代替"文化例外"，从对抗文化同质化的立场出发，提出文化的多样性表达对于维护全球文化生态的多样性具有重要的价值和意义。法国和加拿大联合起草了《保护和促进文化表达多样性国际公约》，并于2005年10月20日在联合国教育、科学及文化组织第三十三届会议上通过，成为人类历史上第一个规范文化产业和文化政策的国际条约。法国清醒地认识到：在全球化时代，单纯的文化保护主义传统已无法保持和强化自身的民族文化身份，只有融入世界文化的大家庭，才能在多样性的文化表达和创造中寻求本土文化的发展空间。因此，必须承认其他文化种类的合法性，分辨清楚"自身"与"他者"的差异，在文化和观念上形成对比，通过维护不同社会群体的文化特征力促文化的多样化表达，在多元文化共存的文化生态环境中彰显和保持法国文化的民族特性。

《保护和促进文化表达多样性国际公约》核心主旨是"文化表现形式和文化表达方式的多样化"，并指出："语言多样性是文化多样性的基本要素之一，并重申教育在保护和促进文化表现形式中发挥着重要作用。"语言作为文化的载体是构建公民身份和文化认同的基本要素，法国的语言政策对推行文化表达多样化发挥了重要作用。美国强势文化的全球扩张不可避免地导致语言的单一化，法国长久以来通过支持翻译事业致力于促进欧盟语言多样性，但即便如此也不足以扭转语言单一化的局面。为此，法国文化部在政策报告《新时代的文化部》中提出发展语言多样化的战略：界定语言在文化发展战略中的地位和作用；聚焦语言的多样化、拓展丰富语言的途径；制定国家和欧洲层面的语言科技战略；提高公共场合法语的使用率，确保人人都有学习、使用法语的权利。法国在欧盟框架内倡导语言多样化、提高法语在国际场合使用率的举措有效地扩大了法语圈，在提高法语影响力的同时，增强了法国文化的向心力。身处集体中的个人通过对同一种语言的使用、同一种文化的认同增强了彼此之间的凝聚力。

全球化进程是不同文化互动共融的过程，也是所有参与这个进程的文化

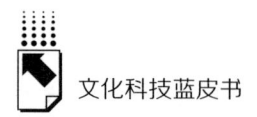

体进行文化认同重构的过程。正如我国学者韩震指出的:"在原有文化基因的基础上,不同的文化体不断重新构造和丰富着自己的认同,维护着自己的特性和完整性。""文化多样性"原则的提出,消除了文化认同中"文化例外"所蕴含的民族片面性和局限性,意味着法兰西民族对不同文化体进行了包容性、多重性的认同构建,在多元文化的环境中维护本国的民族特性,取得了全球化与本土化、多样性与民族性的统一。

(三)"文化数字化":数字时代民族文化认同的现代重构

数字时代为法国文化政策的制定树立了新的风向标,数字化信息高速公路打破了国界,并推动了文化活动和文化价值的全球共享。面对新形势和新情况,法国政府认识到仅对固有文化传统进行政策性保护的局限性,要从根本上增强民族文化的生命力,必须借助数字技术和互联网技术,将传统文化资源进行创造性的转化和再利用,赋予文化新的生命力。法国政府适时提出"文化数字化"发展方针:利用数字高新技术,通过科技与文化的深度融合,不断创新传统文化内容,并丰富其表现形式,加强文化遗产的保护和再利用,提高文化产品的数字化程度,以此促进艺术创作、文化繁荣、文化多样化发展、文化内容全民共享和文化产品的国际传播。以数字化驱动文化的创新发展构成数字时代法国文化政策体系的价值内核。

以法国文化遗产的数字化开发为例。文化遗产作为文化象征的符号,凝聚了一个国家和民族历史传承与文化积淀的精髓,承载了这个国家和民族的文化集体记忆。文化集体记忆的代际传承,维持着民族文化的连续性,构成民族文化认同的重要基础。法国政府每年组织"文化遗产日"活动,免费对公众开放文化遗迹和博物馆,意在通过全民共同享有文化遗产及其承载的历史记忆,增强法国社会的凝聚力,加深民族文化身份认同。数字技术在文化领域的导入应用也大大延长了文化遗产的生命力,革新了传播方式,拓宽了传播范围。《文化例外二号法——数字时代的法国文化政策》明文规定:对缺乏商业潜力却具有文化历史价值的文化遗产进行数字化开发,对其价值以及保存状况进行评估,进而筛选优先进行数字化处理的作品。法国国家投资委员会、法国国家电影与影像中心、国家图书馆作为执行机构，发起一系列针对文化遗产的数字化开发项目。其中卢浮宫就有6万多件藏品进行了数字化处理，民众可在互联网上远程欣赏到3.5万件藏品，这种虚拟的观展体验改变了以往传统的观展模式，实现了文化遗产的虚拟再创造和再利用，极大地拓展了文化的受众范围。

在文化科技融合已成为驱动文化创新发展的根本动力的当今，数字技术、互联网已不再被视为单纯的文化表现和传播的技术手段或媒介渠道，通过对文化的保护、传承和推广，数字技术已经成为推动文化再生的结构性力量。正如法国学者 Jean Caune 指出的："数字化技术改变了我们交流的工具，但并不必然带来一种新的文化形态。但也不是没有可能，当技术以一种新模式的缔造者出现，这种模式产生一种新的时空观，全新的人际关系模式应运而生。"法国对传统文化资源进行数字化处理和网络化传播，实现了数字时代文化的全民共享，增强了民族文化认同，使法国的民族文化身份更加清晰。"文化数字化"实质上是"文化多样性"在数字时代的继承和延续，也是法国民族文化认同在数字时代的现代重构。

三 民族文化认同视阈下法国文化政策嬗变的启示

从"文化例外"到"文化多样化"再到"文化数字化"，反映了法国文化政策历史嬗变的轨迹，具有鲜明的民族特色和国别特征，可为政府主导模式的其他国家制定文化政策提供有益的启示。

（一）制定文化政策应坚持民族情怀与国际视野的统一

制定文化政策首先要有民族情怀。今日法兰西第五共和国的建立经历了无数革命风暴的洗礼，其形成的前提是"既存的领土、长期稳固的疆域带来身份上的明确性与彼此的认同感"。法国坚持将"国民主权"置于制度设计的最高层面，将全体国民的意志摆在最高位置，把自由、平等、博爱的理念作为社会制度和文化制度构建的核心。文化政策作为文化制度的输出，法国将其最终目标设定为促进公民对文化的参与,并使之形成一种集体体验,使文化参与和集体体验成为唤起民族主义情怀、培养集体归属感的场域。法国在对抗美国强势文化过程中所采取的"文化例外"政策就是民族主义情怀的集中体现,正是这种炽热的民族情怀,传承并保持了法国文化的民族特性。当然制定文化政策也应兼具国际视野。全球化环境下的文化互动,给不同国家和民族带来的最大危机正是文化的认同危机。因此,各国应在社会经济形态的变革中、在遭遇差异和认同危机中,不断找寻并获得新的民族文化认同。法国"文化多样化""文化数字化"的文化政策正是基于文化全球化和数字时代的新要求而制定的,也正是这些与时代发展相适应的文化政策保证了法国在复杂多变的国际环境中始终成为文化发展的引领者,并且在引领文化发展中始终坚持法国的民族文化认同,保持法国文化的民族特性。可见,坚持民族情怀与国际视野的统一是法国制定文化政策的基石。随着文化的民族性问题的日益凸显,如何在全球化的背景下建设和发展本民族文化传统、增强民族文化的认同感,已经成为世界各国文化政策创新的重要命题。各国应坚持民族情怀与国际视野的统一,立足于本国的文化实践,根据本国的制度环境和社会环境,再结合国际形势和时代要求,借鉴他国的成功经验,制定适合本民族文化身份和文化认同的文化政策。

(二)制定文化政策应坚持多样性与民族性的统一

数字革命不断革新传统文化产品的生产,对文化产品的流通和发行带来了颠覆性的变革,为各国文化的国际传播、不同文化和价值的互动与交融创造了新的机遇,同时也为国家文化安全埋下了隐患。文化并无优劣之分,却有强弱之别。美国文化对外渗透的强势输出对各民族文化的独立性和多样性造成前所未有的挑战,维护民族文化特性和促进世界文化多样性是维护国家文化安全的前提和保障,也成为世界各国制定文化政策的重要议题。法国"文化例外"和"文化多样性"的政策为其他国家探寻维护本民族文化特性和促进世界文化多样化提供了有益的借鉴。在文化交往日益频繁的今天,仅仅依靠政策保护已不足以维护民族文化的独立性,各国文化事业的发展应坚持全球化与本土化、多样性与民族性相统一的原则，在世界文化的多样化发展中彰显本民族文化的特性，在多元文化的共生发展中不断提高本民族文化的识别度。可见，坚持全球化与本土化相结合，坚持多样性与民族性相统一，是各国文化政策制定过程中必须处理好的基本关系。

（三）制定文化政策应坚持继承性与创新性的统一

文化与人格学派的代表米德指出："文化是一组人格心理特征在规范、组织、习俗和制度上的投射，是人格心理特征的规范化、合法化和制度化。人格心理特征是文化的重要坐标系，文化之所以有差别，就是因为人格心理特征上存在差别。"这种人格心理上的投射也决定了一个民族和国家制度上的选择。任何民族的文化传统都有自己的历史起源和发展过程，在一定的时间和空间内孕育和形成，并通过历史记忆加以传播，所以文化以及与文化密切相关的文化政策必然有其历史继承性。法国文化政策虽几经变化，但其制定文化政策所遵循的寻求民族文化认同、保持民族文化特性的原则，表现出极大的连贯性和稳定性。制定文化政策也需要创新，文化政策创新不仅是文化发展的内在需求，也是一个国家和民族在其自身文化发展中不断自省的过程，在一定程度上体现了民族文化自觉。法国为了应对文化全球化和数字化的挑战，适时制定"文化多样化"和"文化数字化"的文化政策，主动适应新形势的要求，表现出了极大的创新精神。继承是为了弘扬历史传统，创新是为了与时俱进，坚持继承性与创新性的统一，是世界各国制定文化政策时适应新时代、新形势、新要求必须遵循的原则。

参考文献

张玉国：《国家利益与文化政策》，广东人民出版社，2005.

韩震：《全球化时代的文化认同与国家认同》，北京师范大学出版社，2013。

Jean Caune. *La démocratisation culturelle. Une médiation à bout de souffle.* Grenoble：PUG，2006.

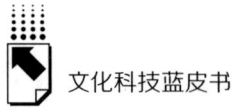

高建为等:《法国文化解读》,济南出版社,2006。

任珺:《跨域视角下的文化政策研究》,社会科学文献出版社,2014。

戴夫·奥布赖恩:《文化政策——创意产业中的管理、价值和现代性》,魏家海等译,东北财经大学出版社,2016。

L'exception culturelle-Acte 2:*les politiques culturelles de la France à l'ère numérique*. Ministère de la culture et la communication, Paris, 2013.

Danièle Giazzi. *Les médias et le numérique.* Rapport du Ministère de la culture et de la communication, Paris, Septembre 2008.

B.22
美国社区文化治理的资助体系

杨 楠*

摘　要： 美国社区文化治理资助体系是一个由政府、基金会、企业及其他金融服务机构共同合作的产物，各部门之间相互影响、相互依存。在长期的社区治理过程中，由政府，基金会，个人、企业，其他金融服务机构共同组成的资助体系逐渐形成，其中社区基金会、社区其他金融服务机构成为社区文化治理的关键资助部门，为美国社区文化活动的开展提供了丰富的资金支持。本文借鉴美国社区文化治理的资助体系，提出中国政府应少层级、多部门投入，并大力发展社区基金会和社区金融机构，以此作为助力促进社区文化治理的发展，推进我国现代化国家治理体系目标的实现。

关键词： 社区　社区文化治理　资助体系

社区作为社会运转的基础单元，能否改变传统管理模式，实现治理的现代化建设，关系每个社区居民的核心利益，也关系我国现代化国家治理体系建设目标的最终实现。社区文化治理是社区治理的重要手段和方法[1]，它将文化放置于社区治理的大框架之中，以文化作为融合社区各领域、各主体的黏合剂，与社区各公共事务如社区医疗、社区公共安全、社区基础设施建

---

* 杨楠，艺术学博士，北京戏曲艺术职业学院（北京艺术研究所）助理研究员，研究领域为社区文化治理、公共文化政策研究。

设、社区教育等领域相连,帮助建立多元主体间的合作关系,最终实现全面的社区治理。在社区文化治理的概念下,社区财政制度需要解决社区配套经费不足、使用效率低下、投资缺乏等问题,打破政府"事权-财权"的传统投入模式,从筹资模式、拨付程序等方面按照财政分权模式适应社区文化治理体系,重新构建社区资助体系。美国作为社区自治程度较高的国家之一,其社区文化治理的资助体系对我国具有极强的参照性,可以为中国社区文化治理资助方案的形成,提供可借鉴的经验。

一 美国社区文化治理的资助模式

美国社区文化治理资助体系符合美国财政分权的原则,是一个由同级政府横向分权,各级政府及市场(包括基金会、企业、个人及其他社区金融机构)纵向分权的产物[2],各部门之间相互影响、相互依存。虽然社区文化治理各资助主体所要达到的目的不同,但各部门为社区提供支持,以文化艺术作为纽带联结各有效部分,带领民众共同解决社区问题,达到社会和谐的大目标较为相同。美国的社区文化治理资助体系如图1所示,主要分为政府资助、基金会投入、企业及个人资助、其他社区金融服务四个部分。其中政府资助包括NEA资助、其他联邦部门资助、州政府资助、地方政府资助。基金会的投入按照基金会性质的不同,分为大型基金会资助、社区基金会资助。在这些资助中,基金会资助、企业和个人资助及其他金融服务机构资助占主导,而政府资助主要起到政策的引导和示范带头作用。

(一)联邦政府层面:NEA为主,其他政府部门辅助

从美国联邦政府层级看,对社区文化治理的投入是以美国国家艺术基金会为主,其他联邦部门共同参与投资的模式。美国国家艺术基金会(NEA)是开展社区文化治理的主要政府部门,对社区文化治理的资金起到统筹分配、示范带动的作用。NEA于1965年由美国议会批准建立,是一个独立于联邦政府的机构,对文化艺术领域的资助拥有主要财权,它的建立使美国政

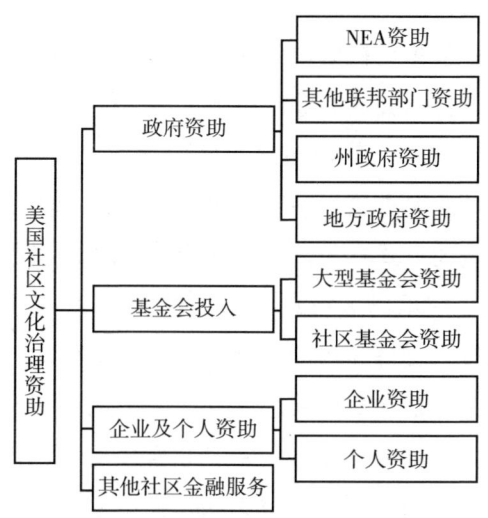

图 1 美国社区文化治理资助体系

府的政策重心由注重科学技术转为支持文化艺术,将支持文化艺术作为美国"合法的政府职责"[3]。自 20 世纪 90 年代起,NEA 的政策方向转为大众文化和精英文化的中和,开始引入公共治理理念,发展社区文化推动社区文化治理。1990 年 NEA 将更多的财权下放至地方,提高了给予州艺术机构、艺术委员会的拨款比例,由原本的 20%增加到 27.5%,到 1997 年,比例更是上升到 40%。另外有 7.5%的款项拨发给贫困落后的城镇和乡村,用于艺术教育、基础设施建设等。对于社区文化治理,NEA 在其 2014~2018 年战略规划中明确表示,要增强美国社区的发展,通过投资各种艺术项目以达到改善社区生活质量和生活环境的目的,重视以改善社区为目的的资助项目,积极资助增强社区身份认同以及改善社区环境、增强社区独特性的活动[4]。Miller 和 Yúdice 指出,NEA 在社区文化治理中的影响,并不简单表现在为某一项目拨款那么简单,而"NEA 的 1 美元投入能得到来自合同、服务和工作机会方面 20 倍的回报"[5]。也正是因此,NEA 作为风向标,促使美国文化艺术在社区内的投入逐年增加,吸引着越来越多的文化艺术机构参与到社区文化治理中去。

作为财政分权的横向模式,美国社区文化资助并不局限于文化部门,其他联邦政府部门同样也参与社区文化治理。由于社区文化治理将文化与社区各项公共事务相连,包括交通和基础设施、房地产开发、农业、教育、健康和保健等三十多个领域[1],使得与之相关的美国农业部、住房和城市发展部、美国国防部、地质调查局、国家森林服务中心、国家公园服务中心等部门,以下拨专项资金的方式参与社区文化治理。比如由美国农业部与住房和城市发展部共同发起的承诺区行动计划(Promise Zones initiative),NEA 为这些社区提供文化技术支持和政策引导,与文化政策制定者、艺术组织、艺术家一起,使用直接项目资金拨款,进行社区文化治理,促进社区的改变。白宫国内政策委员会及国内事务办公室,联合住房和城市发展部、教育部、司法部、卫生和人类服务部、财政部等一道,开展邻里重塑计划(Neighborhood Revitalization Initiative),由白宫负责联络,对社区进行资助,并结合 NEA 提供文化艺术培训,使用文化艺术手段进行社区的重塑。

(二)地方政府层面:分权自治,多种方式筹集资金

作为财政分权的重要表现,在 NEA 的领导下,55 个美国州艺术委员会以及 6 个地区性艺术联盟负责配置地方性的公共产品资源,对其辖区内文化艺术活动进行直接拨款。近 5000 个地方艺术委员会(Local Arts Agencies/Councils)将州艺术委员会的资助与社区文化治理相连。从图 2 中可以看出,美国地方政府在文化艺术中投入最大,其次是州艺术委员会,而联邦政府 NEA 的投入最少。如图 3 所示,2014 年,州艺术委员会得到联邦政府拨款 3810 万美元,州政府为州艺术委员会拨款 3.07 亿美元,而在地方层面,项目收到的实物支持达到 3.5 亿美元,地方和私人捐赠高达 27 亿美元。除了少数来自 NEA 的资金外,州艺术委员会的拨款有 78.5% 来自本州资金,这些资金来自一些特殊的艺术款项,比如征收特别税费、艺术执照以及部分博彩业经费,还有来源于酒店住宿费和财产税的支持等。由于地方艺术委员会可能是政府机构或私人非营利性组织,所以在地方层面支持文化艺术的资金除了来源于联邦政府、州艺术委员会外,还来自基金会捐赠、私人捐赠、

会费等。这种政府投资模式与美国地方自治的传统相关，地方政府为满足其辖区内各利益群体的共同需求，提供不同类型的公共服务。州、地方政府对艺术文化的投入更多是以公众的共同利益为主，当辖区内居民对文化艺术的需求增加时，地方政府对文化艺术的投入就会逐年增加。除了满足公众需求外，州、地区艺术委员会（机构）还意识到，这种资助可以更好地支持社区活动并确保所有的民众能够准确、合理接受艺术文化服务，并在决定投入时确保透明性，使公民参与到裁定中去，以此种方式减少公众参与公共文化的壁垒，对资源进行高效配置，满足消费者对公共文化产品的需求。

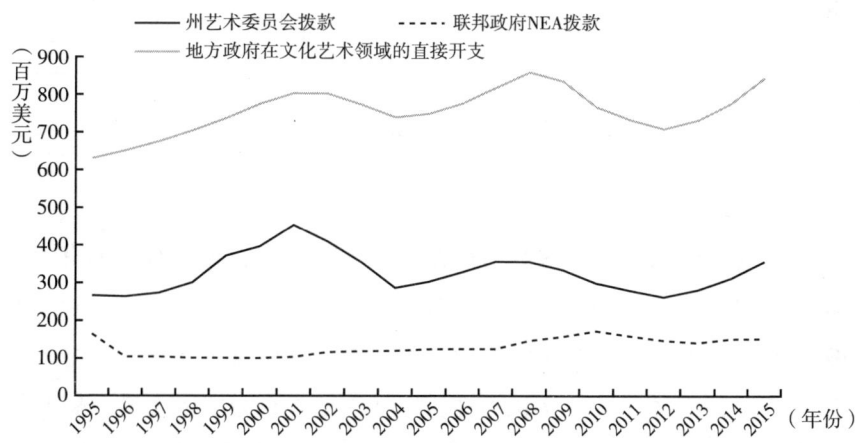

图 2　1995～2015 年美国各级政府文化艺术拨款示意

资料来源：Stubbs & Clapp, 2015[6]。

通常情况下，联邦政府的资金很难提供给较小、偏远、贫穷的社区，而在分权模式下，州艺术委员会得以将大多数的资金提供给只有较少预算的艺术类组织，而且其提供给偏远社区的资金比例远远超过居住在该区域的人口比例。如图 4 所示，州艺术委员会在 2015 年投入 3650 万美元支持贫困地区，投入比例为 25%，而在该区域生活的人口比例只有 17%，小城镇及偏远地区从大约 5500 个项目基金中得到超过 3650 万美元的资金支持，可见较联邦政府而言，地方政府的拨款效率要更高、更为合理。

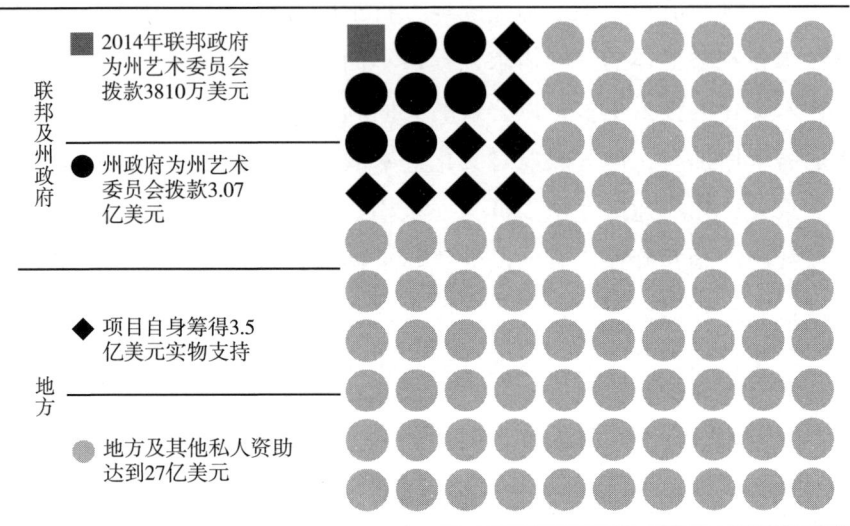

图3　美国文化艺术投入情况

资料来源：Stubbs & Clapp, 2015[6]。

美国政府的财政分权模式在向地方分权的过程中，地方政府拥有了极大的自主权，对基层社区的敏感性，使得政府资金下放到了原本难以到达的偏远社区，并为社区中亟须解决的问题提供了充足的资金支持。为了更好地解决社区中存在的问题，社区文化治理各主体需要积极寻求除了政府财政拨款以外的资金，以填补政府无法解决的财政缺口，在多种募集资金的方式中，最重要的资金投入来自第三部门。

（三）第三部门投入：大型基金会、社区基金会解决政府资金问题

美国第三部门的支持在社区文化治理中的作用举足轻重，大型基金会、社区基金会的介入解决了政府在公共服务提供中"政府失灵""市场失灵"等问题，使得美国社区文化治理得到了广泛的资金支持。截至2012年，美国共有86192个基金会，总资产达到7150亿美元，共给予社会520亿美元的资助[7]。主要资助社区文化治理的美国大型基金会有福特基金会（Ford Foundation）、沃伦斯基金会（Wallance Foundation）、洛克菲勒基金会

美国社区文化治理的资助体系

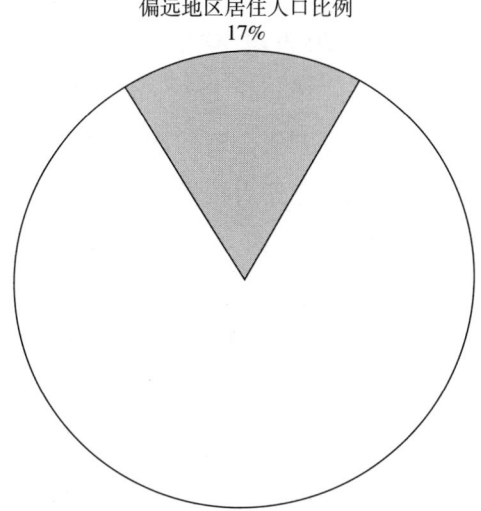

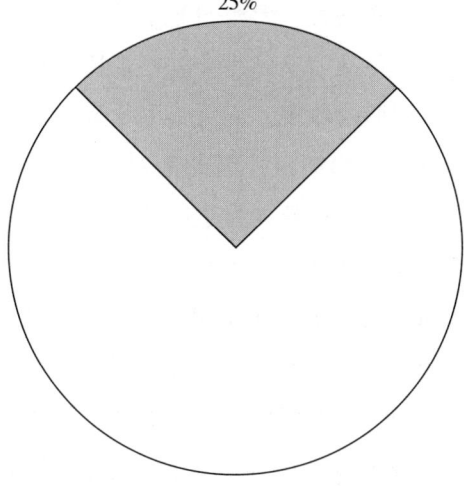

图4 2015年美国州艺术委员会在农村地区投入比例

资料来源：Stubbs & Clapp, 2015[6]。

（Rockefeller Foundation）、多丽丝·杜克慈善基金（Doris Duke Charitable）、内森·卡明思基金（Nathan Cummings Foundation）、萨德纳基金会（Surdna Foundation）等等。在这些大型基金会中，以福特基金会对社区文化资助最

为直接。在社会民主、文化民主的感召下,福特基金会将挑战社会不公作为其工作的主要目的。基金会在20世纪90年代至2000年初这段时间内,其文化与创意项目(Creativity and Culture Program)成为促进美国社区文化治理的催化剂。基金会设立了一系列资金资助计划,将自主社区文化治理作为基金投资的战略方向。福特基金会还直接发起并建设与社区治理直接相关的金融中介机构——地方行动支持公司(Local Initiatives Support Corporation, LISC)。LISC作为社区治理的中介金融机构,成为社区与政府之间合作的桥梁,将社区困境与政府拨款通过专项基金、贷款、股权投资等方式直接对接,以支持社区治理项目,改变社区整体风貌。

虽然大型基金会对于社区文化治理方面的影响较大,但其投入文化艺术资金的比例较其他领域来说并不高,原因首先在于与教育、医疗、环保等社会议题相比,文化艺术所获得的关注本身就相应较小。其次美国大型基金会在艺术方面大多资助更有影响力、大型的艺术项目,很少关注基层社区文化治理内容。其次,社区文化治理项目通常需要较长时间的投入和关注,所产生的社会效果也很难在短期内体现,而大型基金会通常有自己的资助周期,并且倾向于投入已经资助过的项目,因此面对层出不穷的社区文化治理项目,大型基金会通常感到鞭长莫及。为了填补大型基金会对社区文化治理投入的空白,一些小型的社区基金会应运而生。

社区基金会起源于美国,1914年,银行家弗雷德里克·高夫(Frederick Goff)于美国俄亥俄州克利夫兰成立社区信托基金(Community Trust),他将闲置的资金和人们对社区的慈善捐款作为永久性捐赠基金,组建基金委员会,以决定资金投资收益的去向[8]。这种新型的组织后来被人们称为社区基金会(Community Foundation)。截至2014年,根据基金会管理中心(Foundation Center)的统计,美国共有789个社区基金会,在这一年中一共为社区提供了约65亿美元的资助。美国本土,每个州都有社区基金会,其中社区基金会最多的州为印第安纳州(74个),最少的为哥伦比亚特区、爱达荷州、新罕布什尔、罗德岛及佛蒙特州,各有一个社区基金会[9]。

美国的社区基金会是一个为投资者全面考虑,投资分配比例合理,既考虑社会效益，又注重经济效益的合理存在的组织。它的引入对美国社区文化治理起到了不可或缺的作用，从一定程度上解决了社区本身建设资金不足的问题，激发了社区居民投资、建设社区的积极性，吸引居民踊跃参与到社区的各项工作中去。社区基金会的定义，可以归纳为一个，意在提高所属地域范围内人们的生活质量，不受其他组织、政府或捐赠者控制影响，由能够直接反映社区情况的居民负责管理，为满足社区需求的非营利性组织提供资金支持，始终寻求当地居民及其他非营利性和营利性组织的捐赠，满足捐赠者需求以实现其慈善目的，广泛联结社区领导者和合作者共同开展社区项目，催化、传播、合作并协助解决社区内部亟须解决的问题，有透明并详细的政策条文指导工作，并告知社区内大众有关基金所有情况的公益组织[10]。

社区基金会投资的方向可以划分为教育、社会服务、健康、艺术与文化、社区改善和发展、环境、区域问题、科技、慈善和志愿服务、国际事务、其他这十一个方向。按照资助比例排名，如图5所示，列前五位的分别为教育、社会服务、健康、艺术与文化、社区改善和发展。社区基金会在社区文化治理中的作用，主要表现在：（1）为社区的文化治理活动提供了重要的资金来源，并对社区文化基础设施进行投资和维护。（2）为捐赠人在项目投资上取得最大的经济、社会收益，并以此改善所有社区居民的生活质量。（3）为社区内非营利性组织的运作提供良好的平台以供分享、交流学习，并提供专项资金或通过借贷等方式，帮助文化、艺术组织发展。（4）为社区内的富人和中产阶级提供回报其所在社区的机会，引导人们直接关注社区活动，将居民团结到一起，使社区内的居民拥有自身的影响力，使得社区变得更有活力。（5）在改善参与、引导民众力量来进行社区文化建设方面拥有潜移默化的影响。

（四）个人、企业及其他金融服务机构：多途径、多类型资助社区

美国社区文化治理资助体系除了包括政府、基金会支持之外，也离不开众多的美国民众及各大企业和其他金融服务机构的支持。Giving USA 2016年的报告显示，全美的捐赠比例中，有71%的捐赠来自个人，而基金会、

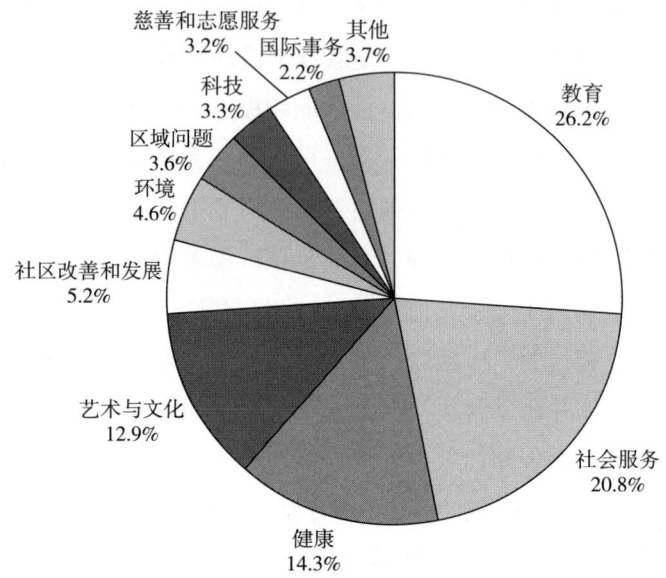

图 5　2010 年美国社区基金会各领域资助额所占比例

资料来源：史蒂文·劳伦斯，2013[11]。

企业及遗产捐赠仅占剩下的 29%[12]。个人利益是促使人们捐赠的主要原因，个人利益（既包括社会地位也包括经济回报）很大程度上促进了社区居民对辖区内非营利性组织的直接投入。1917 年，美国在个税改革时提出，凡是捐赠给符合 501（C）(3) 条款的非营利性机构的捐款，都将从捐赠者（含个人、企业与机构）的所得税中予以抵扣。2011 年，美国个人捐助者平均一人捐赠 42 美元在艺术、文化和人文领域[13]，这些个人捐赠为美国社区文化的艺术组织、艺术家以及社区项目的发展提供了大量的资金支持。企业对社区文化艺术的资助与个人和基金会的资助一样，受到公共政策的影响。自 1936 年开始，公司支持艺术文化领域与个人同样可以获得税收减免，公司受到的税收优惠幅度越大，就越倾向于向艺术领域进行资助。

除实物捐赠、金钱捐赠外，志愿者服务也是资助体系的一个组成部分。美国人在志愿服务上花费的时间成本可以间接转换为对社区文化治理的资助。2011 年，有超过 130 万的志愿者贡献出了 6500 万小时的时间在艺术和文化组织上，这些志愿者大多为高学历、高智商的女性工作者，如果按每小时25美元的平均时薪来计算的话，他们总共为文化和艺术机构每年贡献超过16亿美元[13]。美国联邦政府的学习和服务计划（Federal Government's Learn and Service Program）、国家和社区服务公司（Corporation for National and Community Service）以及一些学校都有相应的项目，为参与社区志愿服务的学生提供相应的奖励，从小鼓励和培养青少年参与治理，志愿服务社区。

多种社区金融服务机构也成为美国社区文化治理资助体系的重要组成部分。美国社区金融服务类型复杂，其中福特基金会组建的地方行动支持公司（LISC）就隶属于非营利性社区发展金融机构（non-profit community development financial institution）。社区发展金融机构被定义为服务社区治理，面对特定市场，作为一个金融实体，提供社区开发治理服务支持的非政府实体，是由美国财政部（U. S. Department of the Treasury）社区发展金融机构基金（Community Development Financial Institutions Fund）认定授权的金融组织，由社区发展金融机构基金提供资金支持，主要服务于商业金融机构无法惠及的人群及社区。社区发展金融机构的建立受到1994年《里格尔－尼尔社区发展和管制改善法》（Riegle Community Development and Regulatory Improvement Act）的影响，该法案促进了社区发展金融机构的形成，为此种社区金融机构提供了资金支持，规范并监管此类社区治理，提供金融服务机构的具体服务内容。

现有社区发展金融机构的类型主要有社区发展银行、社区发展信用社、社区发展贷款基金、社区发展风险投资基金以及小微企业贷款基金等。截至2016年，已得到美国财政部认定的社区发展金融机构共有1075家，其中社区银行136家，信用社287家，储蓄控股公司86家，贷款基金551家，风险投资基金15家[14]。社区发展金融机构在社区治理建设中起到了重要的作用，他们为传统金融机构难以触及的社区人群服务，提供了社区治理所必需的资金和财务支持。社区发展金融机构所提供的贷款通常成为人们购买首套住房或者开始从事社区商业活动，以及社区发展公司建设廉租房，社区公共

设施如艺术中心、公共活动空间，并扩展和实施社区文化治理项目的资金来源。同时，社区发展金融机构还成为在社区中人们财富积累的重要平台，通过购买债券、参与股权投资等方式对社区进行投资，促进居民对社区的直接参与。

二　美国社区治理资助体系对我国的启示

根据我国国情和社会发展阶段，在社区文化治理过程中，社区普遍存在二元属性及双重事权结构[①]，一方面离不开政府在政策与资金方面的支持和引导，政府仍然是社区发展、社区治理的重要力量之一，因此政府在社区多元主体中依旧有着存在的必要性，存在着"制度型事权"，资金需要自上而下单向拨款；另一方面，社区自组织、社区居民进行社区自治是我国社区发展的目标方向和必然趋势，此种"自治性事权"需要灵活利用民间资本，进行社区文化治理，成为需要思考的问题。我国在进行社区治理改革过程中，可以借鉴美国社区文化治理资助体系，在社区中将政府"制度型事权"的财权进行分权处理，在社区"自治性事权"的处理过程中，则辅以社区基金会、社区金融服务机构等手段和方法进行资金的配置。

（一）政府资金投入模式——分权、少层级、多部门投入

目前我国社区治理的资金投入模式，无论是面对政府的"制度型事权"还是社区文化治理中的"自治性事权"，资金均采取了自上而下单向拨款的模式。这种投入模式的弊端在于，一是造成了资源配置的浪费，资金无法直接进入社区，解决基层资金短缺的难题。二是造成资源分配的不均匀，偏远社区的意见无法得到中央的有效支持，难以得到配套的资金资助。

---

① 双重事权包括"制度型事权"和"自治性事权"，其中"制度型事权"主要指政府出于解决社会问题的目的而推动的自上而下的具体事务，具有极强的行政意味。"自治性事权"指随着政府在社区管理活动中淡出，交由社区其他主体进行管理的事务。详情请见蒋经法、罗青林《社区财政制度的重构：背景、原则与设想》，《当代财经》2012年第8期，第24~33页。

与我国自上而下的政府拨款形式不同，美国与社区文化治理相关的资金投入中，采取财政分权模式，将与社区相关事务的事权财权交由地方政府管理，各级政府所提供的社区文化治理资金普遍采用基金制，资金申请主体可以是任何一级的社会团体组织，即便是联邦政府提供的资金，也并不局限于州政府或州艺术委员会申请，任何地方社区艺术团体、艺术家个人都可以进行申请。只要是申请计划详细，项目内容丰富、有意义，评估反馈得当的项目都可以在专家委员会评审之后得到相应的资金支持，这种模式使得资金的使用更为有效。在社区治理过程中，各政府部门间需要以文化为中轴，进行合作共生，美国社区文化治理中除 NEA、美国艺术联合会、国家艺术委员会联合会文化艺术部门以外，教育部、住房和城市发展部、农业部、国防部、地调局、森林服务中心、国家公园、国家图书馆也积极与文化艺术部门合作，进行相应拨款，促进本领域参与社区文化治理，以实现本部门服务宗旨在社区的具体体现。

结合美国的经验，我国需要借鉴美国财政分权的模式，首先在横向上由多部门共同参与进行社区文化治理，文化部门、教育部门、住房保障部门、医疗部门等共同增加对社区的投入，认识到在社区开展文化治理工作的重要性。其次，采取政府的扁平化管理模式，压缩财政投入管理层级，削减资金下放的管理层次。想要全面地改变自上而下拨款的层级制资金投入模式需要时间和经验的积累，在改革的过程中，可以尝试在资金下放时，压缩乡镇（街道办）这一管理层级，使资金的投入由原本的"中央-省-市-区（县）-街道（乡镇）-社区"，变为由区（县）直接向社区进行拨款，使社区文化治理经费得到充分的保障。再次，在纵向上由中央向地方放权，各级政府均在社区治理项目上，采取基金制、项目制，鼓励社区文化治理的实施主体，积极申报各层级政府提供的资金。

（二）大力发展社区基金会及其他多种社区金融服务

在处理与"自治性事权"相关的资金投入问题时，单靠政府的资金申请是无法满足社区多种需求的，而美国社区文化治理中的社区基金会，可以较好地解决"自治性事权"面临的经费问题。社区基金会是公民参与治理的方式之一，居民为了得到社会效益和经济效益，向基金会进行捐赠，由基金会代为管理和整合相应资金与实物捐赠，向社区中有需要的组织、群体和个人提供资金与实物支持。社区基金会的存在解决了"政府失灵"的困境，将由上至下政府拨款难以触及的基层文化治理主体资金问题有效解决。社区基金会由辖区内企业、居民、社会进行捐赠，成为社区文化治理关键主体的中介机构、代议者和社区领袖。由于所代表的利益相关者众多，社区基金会在社区相关项目资助的选择上更为谨慎，并代表大多数捐赠者的利益。当社区基金会的信誉逐步积累并达到一定程度后，它自然而然会成为社区居民"推举"出来的社区领袖，在社区治理问题上代表大多数居民的利益进行发言。社区居民对基金会进行捐赠后，也会更加关注基金会所服务的项目，监督并督促基金会更好地解决社区内存在的问题，宣传并号召其他社区成员进行捐赠。通过社区基金会，居民对社区关注度不高、力量不够难以组织、参与度较低等问题可以得到解决，实现社区治理主体多元化的目标。

与美国社区基金会相比，虽然我国已有社区基金会，但普遍存在一些问题。首先社区基金会的法律政策保障不力，《基金会管理条例》要求非公募基金会的原始基金不低于200万元且原始基金必须为到账货币资金。对于社区基金会而言，除非寻求辖区内企业捐赠，单靠社区居民的捐赠很难达到这个原始基金的门槛。而美国的社区基金会并没有最低的门槛限制，而是更多地关注社区基金会资金的监管。其次，社区基金会影响力不够，这与我国税收优惠法律规定散见于各类法律法规，未形成完整的体系、税收优惠资格认定标准及程序设计不完善等因素相关[15]。美国有明确的税法减免捐赠者的个人所得税、企业所得税等，直接促进居民向社区基金会进行投资。再次，社区基金会管理制度未能完全体现所在社区的居民意志，理事会人员配备需基于广大社区居民的意志。我国社区基金会大多为街道发起成立，街道作为行政部门参与社区基金会的管理工作，无法摆脱行政化的思维模式，因此造成社区基金会理事会人员配比无法代表和体现所有社区居民意志，使得居民对社区基金会的参与度不高。而美国社区基金会的董事会成员来自该社区的各个区域,在基金会条例中对董事会成员背景的多元化有着明确的要求,使董事会成员能够较为全面地代表当地居民。最后,社区基金会基金投入模式单一,无法满足多元化投资需求。目前我国大多数社区基金会捐赠为一次性资金,实物捐赠、定向基金、主题基金及以捐赠人命名的基金的基金形式较少,无法引起捐赠者的兴趣。而美国社区基金会既有以捐赠人命名的基金,也包括像文化艺术基金、学校教育基金等定向基金,吸引捐赠者捐赠以帮助社区发展。

除了发展社区基金会以外,在进行社区文化治理"自治型事权"的投入过程中,我国也应积极探索多种社区金融服务。美国社区金融服务的多样性也为社区文化治理提供了充足的资金支持,社区银行、社区信用社、储蓄控股公司、贷款基金、风险投资基金等社区金融机构为社区内居民、第三方组织、小型企业提供了大量的贷款支持,解决了社区文化治理中资金短缺的问题。现阶段,我国发展社区金融服务机构需要金融主管及民政等部门共同协商,从立法、监管、设计等方面逐步发展。因此合理吸收美国社区文化治理资助体系的精髓,将对我国社区文化资助体系设计提供更为先进的范式,从而推动社区的全面治理,实现国家现代化治理的最终目标。

参考文献

[1] 杨楠:《美国社区文化治理及其经验借鉴》,《甘肃行政学院学报》2016年第6期。

[2] 甘行琼、汤凤林:《美国财政分权的效率分析》,《中南财经政法大学学报》2004年第5期。

[3] Buchwalter A. Culture and democracy: Social and Ethical Issues in Public Support for the Arts and Humanities. Boulder, Colo: Westview, 1992: 4.

[4] The National Endowment for the Arts. Art Works for America Strategic Plan, FY 2014 – 2018. Washington, DC: The National Endowment for the Arts, 2014 [2017 – 02 – 22]. https://www.arts.gov/sites/default/files/NEAStrategicPlan2014 – 2018.pdf.

[5] Miller T, Yúdice G. Cultural Policy. London：Sage Publications, 2002：50.

[6] Stubbs R, Clapp H. Public Funding for the Arts：2015 Update. GIA Reader, 2015, 26 (3) . [2017-02-04] . http：//www. giarts. org/article/public-funding-arts-2015-update.

[7] Foundation Center. Key Facts on U. S. Foundations. 2014 [2017-02-11] . http：//foundationcenter. org/gainknowledge/research/keyfacts2014/pdfs/Key_Facts_on_US_Foundations_2014. pdf.

[8] Hall P D. The Community Foundation in America, 1914-1987. Philanthropic Giving Studies in Varieties and Goals, 1989：180-199.

[9] Foundation Center. 2014 Total Grantmaking Foundations：Community Foundation. 2016 [2017-03-03] . http：//data. foundationcenter. org/#/foundations/community/nationwide/total/list/2014.

[10] Sacks E W. The Growth of community Foundations around the World. An Examination of the Vitality of the Community Foundation Movement. New York：New York Council on Foundations, 2000.

[11] 史蒂文·劳伦斯：《代序：通过社区促进中国的繁荣——建立和支持社区基金会的好处》，基金会中心网，美国社区基金会，社会科学文献出版社，2013。

[12] Giving USA. Giving USA 2016 Annual Report. [2017-02-01] . http：//www. givinginstitute. org/? page=GUSAAnnualReport.

[13] National Endowment for the Arts. How the United States Funds the Arts. Washington, DC：National Endowment for the Arts, 2012：19 [2017-01-10] . https：//www. arts. gov/sites/default/files/how-the-us-funds-the-arts. pdf.

[14] CDFI Fund. Community Development and Financial Development Institutions Fund. 2015 [2017-02-01] . https：//www. cdfifund. gov/Documents/Final%20CDFI%20List%2001-31-2017. xlsx.

[15] 尹梦琦：《社区基金会税收优惠制度研究》，《商》2015年第37期。

大事记
Key Events

B.23
2016~2017年文化科技融合创新大事记

钟洁敏

2016年

1月

1月9日 以"中国精神与文化创新"为主题的第十三届中国文化产业新年论坛在北京大学召开。论坛探讨了在国内经济发展新常态下,文化产业成为国民经济支柱产业的力量勃发要素与市场主体深耕化发展思路,在创新驱动发展战略背景下文化创新的路径与方略,以及对以改革创新为核心的时代精神——中国精神的弘扬与实现。论坛同时关注文化科技领域,其中涉及的子议题有:产业融合与科技创新。来自全国相关专业的专家参与了专题研

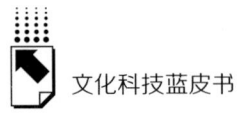

讨并发表了各自的研究成果。

1月21日 深圳宣传文化工作会议上正式印发《深圳文化创新发展2020（实施方案）》。根据该《方案》，深圳将通过构建五大体系——以社会主义核心价值观为引领的城市精神体系、以国际先进城市为标杆的文化品牌体系、以媒体融合发展为标志的现代文化传播体系、以市民精神文化需求为导向的公共文化服务体系、以质量型内涵式发展为特征的现代文化产业体系，并通过组织领导、土地空间、财政金融、文化人才等方面的保障，确保方案的各项举措落到实处、取得实效。

1月21日 工信部运行监测协调局在工信部官网发布《2015年通信运营业统计公报》。《公报》显示，2015年全行业保持健康发展，其中电信业务收入完成11251.4亿元，按可比口径测算同比增长0.8%；电信业务总量完成23141.7亿元，同比增长27.5%，其中非语音业务收入占比由上年的58.2%提高至68.3%；移动数据及互联网业务收入占电信业务收入的比重从上年的23.5%提高至27.6%；同时，移动宽带用户（3G/4G）在移动用户中的渗透率达到60.1%，光纤接入（FTTH/0）用户占宽带用户的比重突破50%，截至12月末，IPTV用户达4589.5万。

2月

2月6日 国务院印发《关于深入推进新型城镇化建设的若干意见》，全面部署深入推进新型城镇化建设。《意见》指出要坚持走中国特色新型城镇化道路，以人的城镇化为核心，以提高质量为关键，以体制机制改革为动力，提升城市综合承载能力，制定完善土地、财政、投融资等配套政策，着力解决好"三个1亿人"城镇化问题。同时指出，新型城镇化是现代化的必由之路，是最大的内需潜力所在，是经济发展的重要动力，也是一项重要的民生工程，要总结推广各地区行之有效的经验，深入推进新型城镇化建设，充分释放新型城镇化蕴藏的巨大内需潜力，为经济持续健康发展提供持久强劲动力。

3月

3月8日 国务院印发了《关于进一步加强文物工作的指导意见》，围绕当前文物工作中存在的突出问题，在落实责任、加强保护、拓展利用、严格执法等方面做出了部署，要求各级人民政府要进一步提高对文物保护重要性的认识，依法履行管理和监督责任。

3月21日 中共中央印发了《关于深化人才发展体制机制改革的意见》。《意见》指出，人才发展体制机制改革是全面深化改革的重要组成部分，是党的建设制度改革的重要内容。

3月24日 人民网研究院发布《2015中国媒体移动传播指数报告》，对2015年1~12月我国报纸、杂志、网站、电视、广播五大媒体在微博、微信、聚合客户端、媒体自有APP等各个移动传播平台的影响力进行评估。在报纸移动传播百强榜中，人民日报、环球时报、南方都市报分列前三。同时，该报告还显示，报纸微信、微博运营两极分化明显；报纸自有客户端开始发力，但下载量较低。

3月24~26日 第24届中国国际广播电视信息网络展览会（CCBN2016）于北京举行，以"云聚全媒体，智汇新视听"为主题，旨在促进广电传统媒体和新媒体的深度融合。重点展示广播影视公共服务（直播卫星、地面电视、应急广播）、云计算和大数据、三网融合、4G广电应用、移动互联网、虚拟现实（VR）、3D立体电视、数字音频广播（CDR）、数字家庭网络、智慧城市与物联网、网络视听、IPTV、移动电视、信息化视听等技术产品的最新发展。

3月26~27日 2016中国（深圳）IT领袖峰会于深圳举行，大会以"IT·智能·共享"为主题，专家学者与信息产业精英共同探讨了中国金融业和互联网对传统产业的跨界和推动。本届峰会首次推出了前沿科学与新技术论坛。

4月

4月1日 《深圳经济特区阅读促进条例》实施，这是国内城市第一部以条例形式出台的关于促进全民阅读的地方性法规。

4月4日 国务院办公厅印发《关于进一步深化文化市场综合执法改革的意见》,明确了文化综合执法的适用范围包含娱乐场所、互联网上网服务营业场所的违法行为等。

4月14日 工信部发布了《虚拟现实产业发展白皮书》,主要阐述了国内外虚拟现实产业的发展现状、技术特点、应用领域、典型产品等,并分析未来提升空间,给出相应的政策建议。

4月16～23日 第六届北京国际电影节在北京举办。本届电影节有来自五十余个国家和地区300余家中外电影机构、1.5万名中外嘉宾参加电影节;500余部中外佳作参加展映,放映1000余场次,票房突破1000万元;电影市场签约金额163.31亿元,比上年增加18%,创历史新高。

4月17日 《中国纪录片发展研究报告2016》发布会在国家图书馆举行。发布会由北京师范大学纪录片中心与北京国际纪实影像创意产业基地联合主办,对2015年度纪录片行业进行了总结盘点。《报告》显示,2015年世界纪录片格局正在发生变化,公共体制面临困境,商业体制面临改革;2015年我国纪录片行业的总投入为30.24亿元,总收入46.79亿元,比上年大幅增长。

4月18日 中国资产评估协会发布《文化企业无形资产评估指导意见》,对文化企业无形资产的重点难点问题进行了相应的规范,并通过对规范化的评估流程的一系列设定,明确了评估师承接文化企业无形资产评估的要求,为明晰文化企业无形资产评估当事各方的责任和义务提供了参考。

4月19日 中共中央总书记、国家主席、中央军委主席习近平主持召开网络安全和信息化工作座谈会,强调按照创新、协调、绿色、开放、共享的发展理念推动我国经济社会发展,是当前和今后一个时期我国发展的总要求和大趋势,我国网信事业发展要适应这个大趋势,在践行新发展理念上先行一步。

4月19日 国家知识产权局、国家工商行政管理总局、国家版权局在京召开新闻发布会,介绍2015年中国知识产权发展状况。

4月19~21日 2016第三届互联网金融全球峰会在北京召开,本届峰会以"新理念、新动能、新金融"为主题,探讨了新一代信息技术革命等带来的互联网金融发展新动力。

4月20日 中国演出行业协会发布了《2015中国演出市场年度报告》。统计数据显示,2015年中国演出市场总体经济规模为446.59亿元,相较于2014年的434.32亿元,上升了2.83%,其中:演出票房收入(含分账)161.72亿元,农村演出收入22.32亿元,娱乐演出收入69.64亿元,演出衍生品及赞助收入29.24亿元,经营主体配套及其他服务收入55.23亿元,政府补贴收入(不含农村惠民)108.44亿元。

4月22~24日 第五届中国苏州文化创意设计产业交易博览会在江苏苏州举行。本届"创博会"以"跨界·再生"为主题,设立创意设计、文化贸易、创意创业、创意丝绸四大展区,共六十多个主题展馆,总面积4万平方米,吸引了来自十多个国家和地区的900多家企业参展。

4月25日 文化部公开发布《2015年文化发展统计公报》,显示2015年全国文化事业费682.97亿元,增长17.1%,占国家财政总支出比重为0.39%,比重比上年提高0.01个百分点;全国人均文化事业费49.68元,增长16.5%。截至2015年末,全国艺术表演团体全年演出210.78万场次,比上年增长21.2%,其中赴农村演出139.08万场次,增长21.9%;国内观众9.58亿人次,增长5.3%,其中农村观众5.85亿人次、比上年增长4.6%;全国公共图书馆共3139个,图书总藏量83844万册,人均图书藏量0.61册;文物机构8676个,拥有文物藏品4139.19万件。截至2015年末,国务院共公布了1372个国家级非物质文化遗产代表性项目,文化部共认定了1986名国家级非物质文化遗产项目代表性传承人;共有25个海外文化中心投入运营。

4月26日 2016年国家知识产权局开放日活动在京举行。来自"双创"企业的代表、高校学生代表和知识产权教育试点学校的师生代表应邀参加了此次活动。

4月27日至5月2日 第12届中国国际动漫节在浙江杭州举行。本届

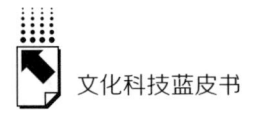

动漫节设置了1个主会场、12个分会场,有80个国家和地区的近300家企业机构参展。动漫节活动包括动漫产业博览会、国际少儿漫画大赛、中国COSPLAY超级盛典、国际动画电影展映、高峰论坛、动画产业合作论坛、动漫电影游戏创投会等多项内容。其中南非的参展,让动漫节首次实现五大洲全覆盖。

4月28日至5月2日 2016年全球移动互联网大会(GMIC)在北京举行。本届大会以"Mobile Infinity"(世界的共振)为主题,移动互联网行业领军企业、数万名创新者和开发者深入探讨了移动互联网如何积极地改变世界。与以往有所不同,大会方向从传统的TOB会议转向TOB + TOC,GMICX HELLO FUTURE和科技庙会是本次会议转型的亮点。

4月29日 文化部办公厅下发了《关于做好2016年度中央财政文化产业发展专项资金重大项目申报工作的通知》。

5月

5月4日 2016年上海市文化创意产业推进工作电视电话会议发布了《上海市文化创意产业发展三年行动计划(2016～2018年)》。

5月5日 体育总局发布《体育发展"十三五"规划》,全面部署了"十三五"时期的体育工作,明确了"十三五"时期体育发展的指导思想、基本原则、主要目标和基本理念。

5月6日 由清华大学新闻与传播学院主办的"第七届传媒发展论坛暨《中国传媒产业发展报告》发布会"在京举行。本次论坛的主题为"影响未来的力量",重点围绕互联网发展讨论影响未来社会发展和传媒发展的各种要素和力量。论坛上发布的"传媒蓝皮书"对中国传媒产业及关联产业发展现状与趋势进行了深入分析。

5月12日 在中宣部召开的"以新发展理念引领文化改革发展"座谈会上,光明日报社和经济日报社联合发布了第八届"文化企业30强"名单。保利文化集团股份有限公司、中国电影股份有限公司、江苏凤凰出版传媒集团有限公司、上海东方明珠新媒体股份有限公司、深圳华侨城股份有限公司等30家企业进入行列。与往届相比，本届"30强"企业总体实力更强，主营收入、净资产、纳税总额均创历史新高。"30强"企业中17家已经上市，比上届增加2家，同时，企业走出去步伐更大。

5月12~16日 第十二届中国（深圳）国际文化产业博览交易会在深圳举行。本届文博会主会场总展位面积10.5万平方米，一共9个馆，主展馆设文化产业综合馆和8个专业馆，包括时尚文化馆、影视动漫游戏馆、"一带一路"馆、文化创客馆、艺术品馆、新闻出版馆、非物质文化遗产馆、工艺美术馆，重点打造"一带一路"馆和文化创客馆。本届文博会实质性成交2032.014亿元（已剔除超过1000亿元的意向成交额），比上届增长23.42%。其中，面向"一带一路"沿线国家和地区出口总额为137.377亿元，占文博会出口总额的77.63%；文博会交易规模超亿元的项目共134个（已剔除意向成交超亿元项目138个），比上届增加12个。本届文博会上，一批"文化+"新业态集中亮相，突出展示文化与科技、互联网、金融、商业、旅游、体育、时尚等产业融合发展成果及新型文化产品。展会期间始终保持了旺盛的人流，总参观人数达587.085万人次，共吸引来自国内外的专业观众达106.968万人次。

5月16日 国务院办公厅转发文化部、国家发展改革委、财政部、国家文物局等部门《关于推动文化文物单位文化创意产品开发的若干意见》，对推动博物馆、美术馆、图书馆等文化文物单位文化创意产品开发工作做出部署。

5月18日 第十一届中国常州先进制造技术成果展示洽谈会（简称"5·18展洽会"）在常州举行。本次展洽会按照产业领域，分类展示了最新科技成果和企业技术需求，1300余家企业将与高校院所进行洽谈交流。

5月18~22日 第十九届中国北京国际科技产业博览会在北京举行。本届科博会以"推动科技创新，引领产业转型"为主题。据不完全统计，本届科博会期间签署技术交易、产业合作项目协议总金额796.42亿元。

5月19日 由中国政府和联合国世界旅游组织共同主办、国家旅游局和北京市政府共同承办的首届世界旅游发展大会在北京召开。来自100多个国家以及部分国际组织的领导人、旅游部门负责人以及业界代表1000余人

出席开幕式。本次大会以"旅游促进和平与发展"为主题,分为开幕式和高峰论坛环节。大会深入交流了全球旅游产业发展的新经验。会上国家旅游局发布了《中国旅游发展报告(2016)》,《报告》显示,世界旅游业带动的产业综合增加值中,有1/6是由中国贡献的;世界旅游业创造的就业机会中,有1/4来自中国旅游业;2015年,旅游业直接投资首次突破一万亿。

5月20日 中共中央、国务院发布《国家创新驱动发展战略纲要》。《纲要》明确了未来30年创新驱动发展的目标、方向和重点任务,是新时期推进创新工作的纲领性文件以及建设创新型国家的行动指南。

5月21日 2016年度中国战略传播论坛在北京大学召开。论坛围绕国家战略传播与公共外交、互联网时代国家传播治理、国家形象与企业走出去等不同主题展开了讨论。

5月21日 由中国传媒大学广告学院主办的2016首届旅游传播论坛在北京举行。论坛的主题为"共享全球智慧——旅游传播的国际经验与中国路径"。

5月23日 国务院新闻办公室举行《国家创新驱动发展战略纲要》有关情况新闻发布会。科技部部长万钢在介绍相关情况时表示,创新驱动发展是面向未来的一项重大战略,科技创新必须摆在国家发展全局的核心位置。

5月25日 国家新闻出版广电总局发布《关于2015年度全国电视动画片制作发行情况的通告》,共275部国产电视动画片获得发行许可证。

5月30日 全国科技创新大会、中国科学院第十八次院士大会和中国工程院第十三次院士大会、中国科学技术协会第九次全国代表大会在人民大会堂召开。中共中央总书记、国家主席、中央军委主席习近平出席大会并发表重要讲话。他强调,科技兴则民族兴,科技强则国家强,进一步阐明科技实力、创新发展对中国进步的意义。

6月

6月2日 北京市发布了《北京市文化创意产业发展指导目录(2016年版)》,旨在构建"高精尖"文化创意产业体系。这是全国首个省级文化产业发展指导目录。

6月7日 国家知识产权局知识产权发展研究中心发布了《2015年中国知识产权发展状况报告》等有关研究成果。《报告》显示，全国知识产权综合发展水平稳步提升，国际排名进一步提高，同时指出，我国知识产权环境建设远远落后于能力和绩效，需花大力气、长时间去解决。

6月8日 国家新闻出版广电总局和财政部联合印发了新修订的《国家出版基金资助项目管理办法》，对国家出版基金资助项目的范围与重点，申报条件与申报程序等作了详细规定与说明。

6月16日 由国家新闻出版广电总局主办的全国实体书店发展推进会在京召开。会上，中宣部、国家新闻出版广电总局、财政部等11部门联合出台《关于支持实体书店发展的指导意见》，提出一系列鼓励创新、支持发展的政策措施，为进一步促进实体书店发展提供政策指导和切实保障。

6月20日 全球超级计算机500强榜单公布，使用中国自主芯片制造的"神威·太湖之光"取代"天河二号"登上榜首，中国超算上榜总数量有史以来首次超过美国名列第一。全球超级计算机500强榜单由国际"TOP500"组织每半年公布一次，在德国和美国轮流举行。

6月20日 国家新闻出版广电总局发布《关于大力推动广播电视节目自主创新工作的通知》，对推进广播电视节目自主创新工作等做了进一步说明。

6月25日 由中国传媒大学凤凰学院和新闻学院共同主办的"2016中国文化·传媒高峰论坛"在京举行。该论坛以"传承中华文化，弘扬道德光辉"为主题，旨在从媒体人的角度出发，围绕中华民族传统文化及道德观，全面盘点、剖析社会问题，探讨媒体在其中担任的角色。

6月28～29日 文化部2016年全国文化产业工作会议在北京召开。会议回顾总结了"十二五"文化产业发展成就，明确了"十三五"时期文化产业的发展方向和路径，对重点工作进行了部署。

7月

7月4日 国家工商总局发布《互联网广告管理暂行办法》，自2016年

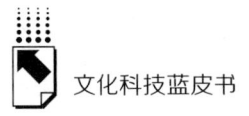

9月1日起施行。《暂行办法》从互联网广告实际出发,落实新《广告法》的各项规定,规范互联网广告活动,保护消费者的合法权益,促进互联网广告健康发展,维护公平竞争的市场经济秩序。

7月5日 国家统计局发布公告,中国国民经济统计实施研发支出核算方法改革,将研发支出从"生产消耗"变为"资产积累",并据此修订了1952年以来的GDP数据。改革后,2015年GDP总量增加8798亿元,增加幅度为1.30%。新的GDP算法有助于引导各级政府微调政绩观,将创新放在更为重要的位置,中国的经济数据更加具有国际可比性。

7月6日 国家艺术基金官网发布了"国家艺术基金2016年度项目评审报告",2016年度共资助项目966项,包括大型舞台剧和作品创作资助项目(146项),传播交流推广资助项目(共151项),小型剧(节)目和作品创作资助项目(共159项),艺术人才培养资助项目(共99项)等。

7月18日 国家新闻出版广电总局公布《关于进一步加快广播电视媒体与新兴媒体融合发展的意见》,指出广播电视媒体与新兴媒体融合发展的重点任务。

7月20日 第四届中国中小企业投融资交易会(简称"投融会")在北京举行。投融会经国家发改委批准,是目前唯一服务于中小企业投融资的全国性、专业性展会。本届投融会广泛邀请各类金融服务机构,在国家会议中心展区内,设置了银行金融机构展区、金融集团和资产管理公司展区、非银行金融机构展区、互联网金融展区、中小企业"双创"基地展区等11个展示区域,涉及金融、互联网、民生等多个方面。

7月27~31日 第十四届中国国际数码互动娱乐展览会(ChinaJoy)在上海开幕。展会以"游戏新时代,拥抱泛娱乐"为主题,来自全球三十多个国家和地区的千余家企业参展。在同期举办的中国国际数字娱乐产业大会上,国家新闻出版广电总局副局长、中国音像与数字出版协会理事长孙寿山发表题为《融合发展共谱我国数字内容产业新华章》主旨讲话。展会期间举办了中国国际动漫及衍生品授权展览会(C.A.W.A.E)、中国国际数字娱乐产业大会（CDEC）、全球游戏产业峰会、全球电子竞技产业峰会、中国游戏开发者大会（CGDC）等一系列专题会议。

8月

8月3日 中国互联网络信息中心（CNNIC）在国家网信办新闻发布厅发布了第38次《中国互联网络发展状况统计报告》。《报告》显示，截至2016年6月，中国网民规模达7.10亿，互联网普及率达到51.7%，超过全球平均水平3.1个百分点。同时，移动互联网塑造的社会生活形态进一步加强，"互联网+"行动计划推动政企服务多元化、移动化发展。其中，我国手机网民规模达6.56亿，网民中使用手机上网的人群占比由2015年底的90.1%提升至92.5%。互联网金融类应用在2016年上半年保持增长态势，网上支付线下场景不断丰富，大众线上理财习惯逐步养成。

8月8日 国家新闻出版广电总局正式发布了由其所属的中国新闻出版研究院完成的《2015年新闻出版产业分析报告》。《报告》显示，2015年，新闻出版产业营业收入突破2.1万亿元，较2014年增长8.5%，继续保持了较快增长；数字出版实现营业收入4403.9亿元，较2014年增加1016.2亿元，增长30.0%。

8月18日 第四届丝绸之路新疆文化创意产业博览会在新疆举行。本届文博会以"丝路创想 博汇新疆"为主题，举办了博览贸易、创意大赛、网上文博会等系列活动，来自丝绸之路经济带沿线国家和相关省区市的200多家文化创意企业参展，内容涉及文化演艺、文化文物衍生品、工艺美术、动漫与信息技术、广播影视出版、非物质文化遗产等业态，新设立了"一带一路"文化展区与"文化扶贫"展区。

8月22日 由人民日报社和深圳市委、市政府联合主办的"职责与使命——2016媒体融合发展论坛"在深圳开幕。中央部委和各地宣传、网信部门的负责人、中央及地方媒体代表、互联网企业人士、知名专家学者等500多人，围绕承担新时期新闻舆论工作的职责与使命，进一步深化媒体融合发展工作，进行了深入交流和探讨。在论坛举办期间，人民日报媒体技术

股份有限公司和腾讯云为推动媒体融合发展合作打造的云服务平台——中国媒体融合云正式上线。论坛还举办了主题为"媒体融合与技术驱动"和"融合媒体与资本市场"的两场分论坛。

8月24~27日 第25届北京国际广播电影电视展览会（BIRTV2016）在京开幕。本届展览会的主题是"融合媒体智慧广电"，中外参展商达510家，其中，国内参展商331家，国外参展商179家。

8月30日 国家统计局发布数据，经核算，2015年全国文化及相关产业增加值27235亿元，比上年增长11%（未扣除价格因素），占同期GDP的比重为3.97%，比上年提高0.16个百分点。按行业分，2015年文化制造业增加值11053亿元，比上年增长8.4%，在文化及相关产业增加值总体中所占比重为40.6%；文化批发零售业增加值2542亿元，增长6.6%，占9.3%；文化服务业增加值13640亿元，增长14.1%，占50.1%。

9月

9月3日 中共中央总书记、国家主席、中央军委主席习近平出席2016年二十国集团工商峰会开幕式，并发表题为"中国发展新起点，全球增长新蓝图"的主旨演讲，强调中方希望同各方一道，建设创新、开放、联动、包容型世界经济，推动世界经济走上强劲、可持续、平衡、包容增长之路。

9月10日 由北京大学哲学系、北京大学文化产业研究院、北京峰火文化创意中心、中国宣纸股份有限公司、重庆汉昌文化产业集团有限公司、深圳前海中投艺术品金融服务中心有限公司联合主办的"第七届中国文化产业前沿论坛暨第十八届峰火文创论坛"在北京大学举行。本届论坛以"互联网+文化+金融"为主题。

9月19日 2016中国专利信息年会在京召开。此次年会的主题为"专利运营助推供给侧改革"，与会嘉宾认为，知识产权可以为供给侧结构性改革提供制度供给和技术供给，是推进供给侧结构性改革的重要支撑和基本保障。

9月19日 国家新闻出版广电总局下发《关于加强网络视听节目直播

服务管理有关问题的通知》，指出开展网络视听节目直播服务应具有相应资质，同时对开展网络视听节目直播服务的单位应具备的技术、人员、管理条件，直播节目内容，相关弹幕发布，直播活动中涉及的主持人、嘉宾、直播对象等做出了具体要求。

9月30日 由国家新闻出版广电总局、广东省人民政府主办的"2016中国国际漫画节产业高端论坛——暨动漫版权交易会、第十届中国漫画家大会"在广州举行。此次论坛以"IP产业化的创新之路"为主题，邀请国家相关部门领导、业界专家学者、知名动漫企业与机构负责人、动漫业界精英及媒体记者出席。论坛期间，第一财经商业数据中心（CBNData）现场发布了《中国原创动漫大数据报告》，并对中国原创动漫产业生态圈及其衍生品市场的发展进行了详细解读。

10月

10月12~18日 2016年全国大众创业万众创新活动周成功举办。围绕"发展新经济、培育新动能"主题，深圳主会场、北京会场，以及全国各省（区、市）分会场举办了内容丰富、形式多样的双创活动。初步统计，活动周期间全国各地方上百个城市举办数千项成果展示、会议论坛、文化传播、项目路演、群众竞赛、专业服务等活动，深圳主会场在10月15日、16日接待观众均超过10万人次。

10月22日 第十四届海峡两岸文化创意产业高校研究联盟论坛在浙江杭州召开。来自两岸四地多所高校、科研机构、行业协会及文化创意企业的百余位代表参加了此次论坛，以"设计铸城，创意兴业"为主题，与会者对文化创意产业未来发展、互联网时代创新创业以及创意设计助力城市发展等问题进行了研讨。

10月25日 由新浪新闻主办的"2016新浪未来媒体峰会"在北京召开。本次峰会主题为"迎接浸媒体时代"。峰会设置了《未来媒体VS黑科技》和《三体-资本、科技、媒体VS相互激发的传媒新生态》两个大的议题，发布了两份重要报告：《2017未来媒体趋势报告》和《网媒从业者生态

报告》。

10月27~30日 第十一届中国北京国际文化创意产业博览会在北京举行。本次文博会上,由北京市文化局、天津市文化广播影视局、河北省文化厅共同主办的"京津冀文化协同发展区"继上年实现联展后,今年继续在主展场1A馆亮相,并组织展览展示、项目推介、签约仪式等众多活动。本届文博会共有16个国家和地区的1800多家企业参展。另有来自联合国贸易和发展会议、国际复制权组织、BSA软件联盟等国际组织,美国、法国、英国、意大利、希腊、墨西哥、哈萨克斯坦、韩国、巴西、瑞士等三十余个国家和地区的代表团组参展参会。本届文博会以"激发文化活力,引领产业创新"为主题,举办综合活动、展览展示、推介交易、论坛会议、创意活动、分会场六大系列百余场活动,并搭建官方互联网展示平台。

11月

11月1日 广东省全民阅读推广经验交流会在深圳举行,总结了近年来全省开展全民阅读活动的经验和成果,部署推动下一步工作。同时,第17届深圳读书月正式启动。本届读书月突出创新,围绕"创新之城,读具匠心"的年度主题,推出了一系列创新活动。

11月4日 国家互联网信息办公室发布《互联网直播服务管理规定》,明确禁止互联网直播服务提供者和使用者利用互联网直播服务从事危害国家安全、破坏社会稳定、扰乱社会秩序、侵犯他人合法权益、传播淫秽色情等活动。

11月7日 经全国人大常委会三次审议,《电影产业促进法》获表决通过,自2017年3月1日起施行。该《促进法》从电影创作、摄制,电影发行、放映,电影产业支持、保障以及法律责任等方面作了详细规定,为电影产业的规范有序发展提供了有力的法律依据和保障,其中一大亮点就是简政放权,激发电影市场活力。

11月10日 由联合国教科文组织、中国联合国教科文组织全国委员会、国家文物局、深圳市人民政府主办的"联合国教科文组织博物馆高端论坛"在深圳开幕。中共中央总书记、国家主席、中央军委主席习近平发来贺信，对论坛召开表示热烈的祝贺。在此次论坛中，联合国教科文组织负责人和世界多国文化部部长、四十多个国家博物馆馆长和专家代表200余人共同探讨了如何发挥博物馆在促进全球可持续发展与跨文化交流方面的作用。论坛同时发布了《深圳宣言》，在国内外产生深刻影响。

11月12日 由深圳市委宣传部、南山区人民政府、深圳大学主办，深圳大学文化产业研究院、国家文化创新研究中心与南山区文化产业发展办公室承办的"2016文化科技创新论坛"在深圳举行。来自美、英、德、韩及我国港澳台地区知名高校的专家学者以及政府主管部门领导、国内领军文化企业代表百余人参加了本届论坛。本届论坛以"文化科技融合与创新生态构建"为主题，设计为主旨发言和大会发言两大部分，其中大会发言分为"创新生态与城市发展"和"创新生态与制度环境"两个单元。与会专家对文化与科技融合的形态和方式、互联网背景下的文化产业发展、新常态下创新生态的构建以及资本市场与文化、科技市场的关系等问题建言献策。同时，论坛上发布了《文化科技蓝皮书——文化科技创新发展报告（2016）》，该《报告》集合了深圳大学文化产业研究院对文化科技融合创新研究的最新成果，同时也吸收了国内外相关领域专家的前瞻性研究成果。

11月22日至12月9日 由海南省工信厅、海口市政府、澄迈县政府联合主办的2016年海南"互联网+"创新创业节在海南开幕。本届创新创业节以"生态互联、海创未来"为主题。

11月25日 由中国文化娱乐行业协会主办，中娱协游戏分会、电子游戏竞技分会承办的2016年中国游戏行业年会在上海召开。参会代表涵盖了国内外网络游戏、手机游戏、网页游戏、大型游戏游艺机、家用游戏机、VR游戏、游戏展会等领域最具代表性企业。根据中娱协发布的报告，2016年，中国游戏行业整体市场规模预计将达到1830.62亿元，与2015年相比增长26.3%。其中，网络游戏贡献了大部分市场收入，2016年前三季度网络游戏的市场营收为1276亿元，预计全年营收将达1671.7亿元，同比增长将达25.6%。

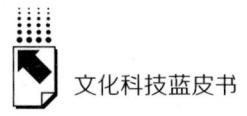

11月25~26日 以"世界互联,创新互享"为主题,2016中国"互联网+"创新大会在海口举行。本次大会是2016海南"互联网+"创新创业节重要活动之一。

11月25~26日 由广东省互联网协会主办,广东互联网大会组委会、艾媒咨询集团承办"2016广东互联网大会暨全球移动互联网CEO峰会"在广州举行。本次大会以"共创·飞粤——互联网助推新经济"为主题,来自全国各地的政府代表、行业协会、互联网企业领军人物、专家学者共同探讨了新经济常态下互联网的发展与未来。

11月29日 国务院印发了《"十三五"国家战略性新兴产业发展规划》,对"十三五"期间我国战略性新兴产业发展目标、重点任务、政策措施等做出全面部署安排。《规划》指出战略性新兴产业代表新一轮科技革命和产业变革的方向,是培育发展新动能、获取未来竞争新优势的关键领域。《规划》设标题为"促进数字创意产业蓬勃发展,创造引领新消费"的专章对数字创意产业发展进行部署,提出到2020年,形成文化引领、技术先进、链条完整的数字创意产业发展格局,相关行业产值规模达到8万亿元。

11月30日 中国文学艺术界联合会第十次全国代表大会、中国作家协会第九次全国代表大会在北京开幕。中共中央总书记、国家主席、中央军委主席习近平出席大会并发表重要讲话,深刻阐释了文艺的地位和作用,为社会主义文艺繁荣发展指明前进方向。

11月30日 "动漫蓝皮书"系列第6本《中国动漫产业发展报告(2016)》正式上市。该书对2015年中国动漫产业的主要特点和发展态势进行了全面梳理和盘点,结合当前"互联网+动漫"的发展趋势,利用大数据技术对网络动漫用户属性和行为特征进行了分析,提出了以"爆款"策略打造超级明星IP的核心观点。《报告》显示,2015年中国动画电影票房市场持续走高,全年共有55部动画电影在国内上映,合计票房收入为42.45亿元,同比增长38.87%,占总体电影票房收入(440.69亿元)的比例提升到9.63%。其中,国产片(含合拍片)票房达19.26亿元,进口片票房为 23.19 亿元，国产片和进口片所占比例分别为 45.37% 和 54.63%。与往年相比，国产动画电影与进口动画电影的票房收入差距正在逐步缩小。

12月

12月3日 2016深圳管理创新对话论坛（SMIDF 2016）在深圳召开。论坛由深圳大学主办，深圳大学管理学院和深圳大学创业学院承办。本届论坛以"大数据时代的管理创新"为主题，重点探讨大数据时代这一大背景下，企业在商业模式、人力资源管理、电子商务、公共服务和市场营销方面面临的管理挑战和创新策略。论坛上还发布了2016中国城市创意指数（CCCI），北上深广杭名列五强。为了扩大城市覆盖面，今年对中国50个大中型城市（含省会城市、副省级城市、直辖市及经济较发达的城市）进行了评估。

12月6日 国家文物局、国家发展和改革委员会、科学技术部、工业和信息化部、财政部联合发布《"互联网+中华文明"三年行动计划》。《计划》指出，到2019年末，初步构建文物信息资源开放共享体系，基本形成授权经营、知识产权保护等规则规范；树立一批具有示范性、带动性和影响力的融合型文化产品和品牌；培养一批高素质人才，培育一批具有核心竞争力的文博单位和骨干企业等。

12月7日 国务院印发《"十三五"旅游业发展规划》，自2016年12月7日起实行。《规划》确定了"十三五"时期旅游业发展的总体思路、基本目标、主要任务和保障措施，是未来五年我国旅游业发展的行动纲领和基本遵循。

12月8~9日 第四届网络视听大会网络剧与网络电影峰会在成都举办。此次峰会邀请到行业中的领军人物，以"网络影视新生态与新生机"为主题，共同探讨网络剧、网络电影所面临的挑战与机遇。中国网络视听节目服务协会还发布了《2016中国网络视听发展研究报告》。《报告》显示，截至2016年6月，我国网络视频用户规模达5.14亿。与2015年相比，网络视频用户增长1000万，网络视频消费全民化，视频收看设备、视频内容

来源多样化等趋势明显。从网络视频用户终端设备的使用情况看，94.9%的用户选择使用手机收看视频节目，比2015年增加了18.2个百分点，台式电脑的使用率为54.1%。同时，网络视频付费用户快速增长，付费商业模式基本确立。

12月10~11日 第五届中国文化产业资本大会在上海举办。本次大会以"新征途，新未来：机遇与重生"为主题，聚焦了2016年文娱行业最热门的几大领域，分为"资本寒冬""影视金融""内容变现""IP联动""产业IP化"和"VR/AR创新"六场主题论坛。本届大会参会人数超过了1000人次，来自全国25个省份的文化企业家和投资界人士出席了本届大会。

12月12日 文化部印发《网络表演经营活动管理办法》，指出不具备内容自审及实时监管能力的网络表演经营单位，不得开通表演频道；未采取监管措施或未通过内容自审的网络表演产品，不得向公众提供等。

12月13~15日 由国家新闻出版广电总局和广东省人民政府共同主办的2016中国（广州）国际纪录片节在广州开幕。本届纪录片节组委会收到4059部参评参展作品，汇聚了100多家中外最具影响力的纪录片播出媒体、制作与发行机构和1000多名中外纪录片国际买家、制作人。

12月14~16日 中央经济工作会议在北京举行。会议强调，深入实施创新驱动发展战略，广泛开展大众创业、万众创新，促进新动能发展壮大、传统动能焕发生机。

12月15日 2016年度中国游戏产业年会在海南举行。本届产业年会的主题是"大作随行e乘风"，年会上国家相关部门领导、游戏厂商、国内外游戏人共同回顾了中国游戏领域这一年蜕变与发展。同时，中国音数协游戏工委（GPC）、伽马数据（CNG中新游戏研究）、国际数据公司（IDC）发布了《2016中国游戏产业报告》。《报告》显示，2016年中国游戏市场实际销售收入达到1655.7亿元，同比增长17.7%；移动游戏市场实际销售收入为819.2亿元，同比增长59.2%，市场占比超过客户端游戏市场达到49.5%，成为份额最大、增速最快的细分市场。2016年，中国游戏用户规模达到5.66亿,同比增长5.9%,增长率小幅上升。《报告》还显示,2016年,约3800款国产游戏获得批准出版。

12月18日 由品牌联盟、全国行业主流媒体联合主办的"2009品牌中国年度人物"评选活动暨第九届品牌中国高峰论坛在北京开幕。论坛以"寻找尊敬力量,传递品牌价值"为主题。优秀品牌人物多层面深度探讨品牌建设的方法和策略,为中国品牌的发展献计献策。

12月23日 财政部正式发布《国有文化企业发展报告(2016)》。这是财政部连续第5年发布该项年度报告。《报告》显示,2016年国有文化企业经营规模不断扩大,产出和利润持续增长,总体保持了稳健发展态势。截至2015年末,全国国有文化企业共计13994户(按独立法人统计),同比增长5.1%;从业人员137.1万,同比增长5.5%;资产总额31746.7亿元,同比增长19.8%;全年实现营业总收入14085.2亿元,同比增长9.6%;利润总额1311.4亿元,同比增长16.8%;净利润1148.7亿元,同比增长17.5%。截至2015年末,中央文化企业共计3458户,同比增长5.4%;资产总额8223.4亿元,同比增长14.1%;全年实现利润总额513.3亿元,同比增长12%,净利润432.1亿元,同比增长14.5%。同期,地方国有文化企业共计10536户,同比增长5%;资产总额23523.3亿元,同比增长22%;实现利润总额798.1亿元,同比增长20.2%;净利润716.6亿元,同比增长19.4%。从地区分布来看,东部地区在资源占用、就业规模以及产出与盈利水平方面具有明显优势。从全国产业分布来看,"文化产品的生产"部分在产出、资产、盈利等方面继续保持了绝对优势,新闻出版发行服务大类在产出、资产、盈利等方面的相对优势依然明显。

12月25日 十二届全国人大常委会第二十五次会议通过了《公共文化服务保障法》,将于2017年3月1日起正式施行。《公共文化服务保障法》的出台,是以中共中央总书记、国家主席、中央军委主席习近平同志为核心的党中央全面推进依法治国的重要实践,对统筹推进"五位一体"总体布局和协调推进"四个全面"战略布局,进一步完善中国特色社会主义文化法律制度,加快公共文化服务体系建设,更好地保障人民群众基本文化权

益,深入推进社会主义文化强国建设,将产生重要影响。

12月28日 《文化部"一带一路"文化发展行动计划(2016~2020年)》正式公布。该《行动计划》经推进"一带一路"建设工作领导小组审议通过,为"一带一路"文化建设工作的深入开展绘制了路线图。同时,由文化部部长雒树刚担任组长的文化部"一带一路"工作领导小组成立,将有效统筹全国开展"一带一路"文化建设工作,为工作开展提供了坚强组织保障。

2017年

1月

1月3日 全国新闻出版广播影视工作会议在北京召开,中宣部副部长、国家新闻出版广电总局局长、党组书记聂辰席作了重要讲话。

1月5日 工业和信息化部公开发布《关于促进文房四宝产业发展的指导意见》。

1月6日 工信部财政部联合印发《关于推进工业文化发展的指导意见》。《指导意见》坚持夯实工业文化发展基础与发挥工业文化支撑作用并重,提出了发扬中国工业精神、夯实工业文化发展基础、发展工业文化产业、加大工业文化传播推广力度、塑造国家工业新形象等五大重点任务,并细化为20项具体举措。

1月7日 主题为"文创+时代:审美驱动与产业创新"的第十四届中国文化产业新年论坛在北京大学隆重开幕。本届论坛设置了四场专题对话会以及专题发表会,分别围绕"文化传承与文化创新""中国智造与创新设计""两岸文创项目创新与交流合作"与"智库对话2017"展开。

1月8日 以"中华文化产业X互联网"为主题的峰火文创论坛年会(2017)暨第八届中国文化产业前沿论坛在北京举行。

1月12日 文化部召开学习贯彻公共文化服务保障法专题新闻发布会。

发布会上重点介绍了公共文化服务保障法出台的背景和主要内容。

1月13日 国务院印发《"十三五"国家知识产权保护和运用规划》，明确了"十三五"知识产权工作的发展目标和主要任务，对全国知识产权工作进行了全面部署。

1月13日 商务部、国家发改委等16部门联合印发《关于促进老字号改革创新发展的指导意见》，提出进一步优化老字号发展环境，弘扬精益求精的工匠精神，促进老字号创造更多社会、经济和文化价值。

1月14日 梅花与牡丹文化创意基金会年会暨中国文化金融50人论坛（CCF50）新年峰会在京召开。

1月14日 万达集团2016年会在合肥召开。会议上公布了万达集团2016年经营业绩，文化产业2016年收入占万达集团整体收入比重超过1/4。

1月22日 工信部运行监测协调局在工信部官网发布《2016年通信运营业统计公报》。《公报》显示，2016年行业平稳运行，业务总量增速与收入增速差距扩大，其中电信业务收入完成11893亿元，同比增长5.6%；电信业务总量完成35948亿元，同比增长54.2%。行业转型步伐加快，用户和收入结构日趋优化，其中非语音业务收入占比由上年的69.5%提高至75.0%；移动数据及互联网业务收入占电信业务收入的比重从上年的26.9%提高至36.4%；同时，移动宽带（3G/4G）用户占比大幅提高，光纤接入成为固定互联网宽带接入的主流；融合业务发展渐成规模，截至12月末，IPTV用户达8673万户。

1月25日 国家发展和改革委员会公布《战略性新兴产业重点产品和服务指导目录》（2016版）。该《目录》涉及战略性新兴产业5大领域8个产业（相关服务业单独列出）、40个重点方向下的174个子方向，近4000项细分产品和服务。其中，在数字创意产业方面，共分为数字文化创意、设计服务、数字创意与相关产业融合应用服务三个重点方向，数字文化创意内容制作、工业设计服务等八个子方向。

1月25日 国家版权局印发《版权工作"十三五"规划》。《规划》回顾了"十二五"时期全国版权工作取得的成绩，分析了当前面临的形势，

明确了"十三五"版权工作的发展目标和重点任务,对全国版权工作进行了全面部署。

2月

2月6日 国家统计局发布的调查数据显示,2016年全国规模以上文化及相关产业5万家企业实现营业收入80314亿元,比上年增长7.5%(未扣除价格因素),增速比上年加快0.6个百分点。文化及相关产业10个行业的营业收入均保持增长,文化服务业快速发展。其中,实现两位数以上增长的3个行业分别是:以"互联网+"为主要形式的文化信息传输服务业营业收入5752亿元、增长30.3%,文化艺术服务业312亿元、增长22.8%,文化休闲娱乐服务业1242亿元、增长19.3%。

2月14日 国家文物局印发《国家文物事业发展"十三五"规划》,主要阐明了"十三五"时期文物事业的发展目标、主要任务、重大工程和重大举措,是各级文物部门履行职责、推动工作的重要依据。

2月20~22日 由科技部高新技术发展司和中宣部文改办举办的第三届国家级文化和科技融合示范基地负责人高级研修班在武汉举办。研修班的议题是深入贯彻落实《国家文化科技创新工程纲要》,进一步推动国家级文化和科技融合示范基地建设。

2月23日 《文化部"十三五"时期文化发展改革规划》正式发布。《规划》提出,到2020年,社会主义文化强国建设将取得重要进展,国家文化软实力进一步提高。

3月

3月1日 《公共文化服务保障法》正式施行,该法共六章65条,对公共文化设施建设与管理、公共文化服务提供、保障措施、法律责任等分别作了详细规定,是中国文化领域一部重要的综合性、全局性、基础性法律。

3月6日 《"十三五"全国旅游公共服务规划》正式发布,提出"十三五"期间旅游公共服务体系建设的发展理念、发展目标,明确了主要工作任务、重点建设工程，是统筹推进未来五年我国旅游公共服务发展和改革的综合性、纲领性文件，是指导各地加快推进旅游公共服务建设的行动指南。

3月7日 国家旅游局公布《"十三五"全国旅游信息化规划》。《规划》提出到2020年旅游信息化发展目标，即信息服务集成化、市场营销精准化、产业运行数据化、行业管理职能化，并明确了旅游信息化的4大具体量化目标。

3月7日 中国国际互动娱乐大会（CIGC）在广州召开，工业和信息化部信息中心在会议上发布《2017年中国泛娱乐产业白皮书》，对我国泛娱乐产业的总体情况、特点和细分领域发展情况进行了总结。

3月16日 国际电信联盟正式发布手机（移动终端）动漫国际标准（标准号T.621）。这一标准是由我国主导制定的文化领域首个国际技术标准。

3月16日 在工业和信息化部电子信息司指导下，虚拟现实产业联盟投资促进委员会成立仪式在北京举行，《2017中国VR产业投融资白皮书》同期发布。数据显示，2016年VR产业投资规模已达49.8亿元，投资案例178轮，投资规模增长128.4%，投资轮数增长196.7%。VR产业投融资结构有了显著的变化，流向硬件端的资本比例明显减少，由2015年的50%下降到2016年的26%；流向应用和内容制作端的资本比例有较大提高，由2015年的28%上升到2016年的46%，包括游戏、视频、教育、直播等。

3月22日 国家艺术基金发布《国家艺术基金"十三五"时期资助规划》。《规划》明确了"十三五"期间，中央财政对艺术基金的投入为25亿元，立项资助项目总数量控制在4000项左右，每年资助800项左右。

3月23～25日 第二十五届中国国际广播电视信息网络展览会（CCBN2017）在北京中国国际展览中心举行。本届展会以"视界融合 智享未来"为主题，在制作领域展出了融合媒体制播和服务云平台、中央厨房采编系统、4K超高清节目制作等内容；在传输网络方面主要关注有线无

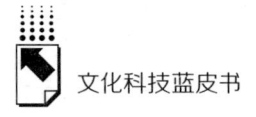

线融合一体化、超宽网络、移动互联网、融合接入、物联网与智慧城市、智慧家庭与智能终端等。CCBN2017还举办了19场主题报告会等专题会议，开展包括广电云与大数据论坛、智慧广电论坛、公共服务论坛、媒体融合论坛、下一代网络发展论坛等专题研讨与交流。

4月

4月1日 中共中央、国务院决定设立河北雄安新区，是继深圳经济特区和上海浦东新区之后又一具有全国意义的新区。

4月2日 2017年中国（深圳）IT领袖峰会开幕。本届峰会以"迈进智能新时代"为主题，共设置了人工智能、中国机遇与挑战和颠覆性技术与未来两个高端对话，以及无人驾驶、智慧环境、区块链接与金融科技、物联网与智能设备等五个主题论坛。此外，峰会还发布了中国IT产业发展的年度报告和深圳IT产业发展报告。

4月11日 文化部公开发布《关于推动数字文化产业创新发展的指导意见》，《指导意见》贯彻落实国务院常务会议部署和关于发展数字创意产业的要求，对发展数字文化产业做出部署安排。

4月14日 国家新闻出版广电总局公布2016年度国产动画发展专项资金项目评审结果，最终确定2016年度国产动画发展专项资金获奖作品18部，奖励资金共计290万元。

4月16~23日 第七届北京国际电影节在北京举行。本届电影节设置了主竞赛单元"天坛奖"评奖、开幕式、北京展映、北京策划·主题论坛、电影市场、电影嘉年华、闭幕式暨颁奖典礼七大主体活动，以及"注目未来"单元、纪录单元、"经典京剧电影"单元等300多项相关活动。"一带一路"单元是今年北影节的重要亮点。

4月17日 北京师范大学纪录片中心、北京国际纪实影像产业基地、"纪录中国"——纪录片产业服务平台在北京联合发布了《中国纪录片发展研究报告2017》。《报告》显示，2016年中国纪录片年生产总投入为34.7亿元，总产值超过52亿元，同比分别增长15%和12%。专业纪录频道和卫视频道全年共播出纪录片约7.76万小时,同比增长1.6%;全年首播节目总量为2.46万小时,同比增长2.5%。其中,央视纪录频道与上海纪实频道是纪录片生产的主力军。

4月18日 "起风了——优酷网络电影开放合作大会"在北京召开,大会宣布优酷携手阿里文学、阿里影业,共同投入10亿资源,启动"HAO计划",为网络电影内容生产者提供包含开放的平台、开放的IP、开放的资源的一站式服务。

4月19日 文化部2017年全国文化产业工作会议在江苏省苏州市召开。会议发布了《文化部"十三五"时期文化产业发展规划》,明确了"十三五"时期文化产业发展的总体要求、9方面主要任务、11个重点行业和7项保障措施。

4月21日 第六届中国苏州文化创意设计产业交易博览会在苏州国际博览中心拉开帷幕。本届创博会以"品质生活缔造者"为主题,展示总面积6万多平方米。主场馆设在苏州国际博览中心,面积4万平方米,设"真实的设计——生活美学展""行走中的设计——文旅融合展""生活中的设计——文化消费展"三大展区,近70个主题展馆,超过500家企业前来参展。

4月25日至5月1日 第十三届中国国际动漫节新闻发布会在杭州举行。本届动漫节以"国际动漫,拥抱世界"为主题,共有82个国家和地区参展、参赛、参会。本届动漫节围绕"会展、商务、赛事、论坛、活动"五大板块,设置了1个主会场、16个分会场,设计了59项活动。

4月26日 国家知识产权局2017年开放日活动在北京举办。知识产权服务机构、创新企业、小学师生代表、媒体记者近400人受邀参加本次活动。

4月26日 "2017中国网络版权保护大会"在北京召开,《2016年中国网络版权保护年度报告》同期发布。《报告》从立法、司法、社会、行政四方面总结了2016年我国网络版权保护的情况。

4月26日 国家新闻出版广电总局发布《关于2016年度全国电视动画片制作发行情况的通告》,共261部国产电视动画片获得发行许可证。

4月26日 《文化部"十三五"时期文化科技创新规划》正式印发,提出"十三五"文化科技创新发展的目标。

5月

5月2日 国家网信办发布《互联网新闻信息服务管理规定》,自2017年6月1日起施行。

5月7日 中共中央办公厅、国务院办公厅印发《国家"十三五"时期文化发展改革规划纲要》,提出全面实现文化发展改革的目标任务。

5月11日 在中宣部召开的深化文化体制改革座谈会上,光明日报和经济日报社联合发布第九届"文化企业30强"名单。中国出版集团公司、中国电影股份有限公司、中国国际电视总公司等30家企业进入榜单。与往届相比,本届"30强"企业总体实力更强。其中,主营业务收入3515亿元、净资产4318亿元、净利润381亿元,分别比上届增长8%、29%和21%,均创历史新高,且净资产首次突破4000亿元大关。

5月14日 国家主席习近平在北京出席"一带一路"国际合作高峰论坛开幕式,并发表题为"携手推进'一带一路'建设"的主旨演讲。

5月11~15日 第十三届中国(深圳)国际文化产业博览交易会在深圳会展中心开幕。主展馆设文化产业综合馆和8个专业馆,包括文化消费时尚文化馆、影视动漫馆、新闻出版媒体融合馆、文化科技馆、艺术品馆、"一带一路"国际馆、非物质文化遗产馆、工艺美术馆。本届展会专门设立了党的十八大以来文化改革和发展的成就专题展区,利用图文、视频、3D投影等形式,总结回顾党的十八大以来我国文化体制改革和文化产业发展的成就。在主展馆外设立了68家分会场,比上届增加2家,涵盖文化创意产业各重点领域和"文化+"新领域。本届文博会总展位面积10.5万平方米,吸引了2302个单位参展,比上届文博会增加5个,全国31个省份及港澳台地区全部参展。本届文博会共有20016名海外采购商参加,比上届增加493人,主要来自美国、英国、法国、德国、加拿大、澳大利亚、匈牙利、以色列、立陶宛等99个国家和地区。

5月15日 《文化部2016年文化发展统计公报》正式发布。《公报》显示，截至2016年末，全国文化系统所属及管理的文化单位共有31.06万个，从业人员234.81万人；艺术表演团体12301个，全年演出230.60万场，比上年增长9.4%；公共图书馆3153个，图书总藏量约9.02亿册，全年共为读者举办各种活动140033次，比上年增长22.3%；群众文化机构44497个，共组织开展各类文化活动183.97万场次，比上年增长10.6%；文物机构8954个，拥有文物藏品4455.91万件，全年接待观众101269万人次；2016年全国文化事业费770.69亿元，比上年增加87.72亿元，占财政总支出的比重为0.41%，比上年提高0.02个百分点。

5月18日 第十二届中国常州先进制造技术成果展示洽谈会开幕。来自国内外100多家科研院所和各类机构的500多位嘉宾参会。在这次开幕式上，44个重大合作项目集中签约。其中，重大平台共建类项目8项、产学研合作类项目16项、招商引资类项目14项、创新创业人才类项目6项，涉及轨道交通、电子信息、新材料、新医药、节能环保、通用航空、汽车及零部件、智能电网、机器人和文化创意等产业领域。

5月20日 第八届传媒发展论坛暨"2017传媒蓝皮书"发布会在京举行，《传媒蓝皮书：中国传媒产业发展报告（2017）》发布。该蓝皮书显示，中国传媒产业的整体繁荣伴随着结构的重大调整，在技术与资本双重加持下的互联网媒体，坐上了市场头把交椅。截至2016年12月，中国网民规模达7.31亿，互联网普及率达到53.2%。网络广告收入已远超电视、广播、报刊等传统媒体广告收入。报刊广告发行继续呈现断崖式下跌的态势，电视广告市场也出现明显的萎缩。互联网无论是用户规模、产业规模还是资本投入、发展速度，都已超越传统媒体。

6月

6月2日 中国演出行业协会发布了《2016中国演出市场年度报告》。统计数据显示，2016年演出市场总体经济规模469.22亿元，相较于2015年的经济规模446.59亿元，上升5.07%，其中：演出票房收入（含分账）

168.09亿元，农村演出收入24.24亿元，娱乐演出收入71.04亿元，演出衍生品及赞助收入31.57亿元，经营主体配套及其他服务收入54.54亿元，政府补贴收入（不含农村惠民）119.74亿元。

6月2日 主题娱乐协会TEA（Themed Entertainment Association）联合AECOM共同发布了《2016全球主题公园和博物馆报告》，《报告》显示，2016年全球主题公园的市场趋于平稳增长。综观全球主要地区，北美和拉丁美洲主题公园市场稍稍领先，而欧洲、中东和非洲区，游客量则呈略微下降趋势。香港迪士尼乐园和海洋公园的游客量则连续第二年出现了下滑，一方面是因为内地赴港游客量的减少，另一方面则是其在日益激烈的竞争中并未及时回应游客口味的变化。

6月8~10日 第二十届中国北京国际科技产业博览会在北京举行。本届科博会以"科技引领　融合创新"为主题，据不完全统计，本届科博会期间签署技术交易、产业合作项目82个，总金额733.26亿元。为期三天的科博会共有二十余万人次参加各项活动。

6月14日 国家知识产权局知识产权发展研究中心发布了《2016年中国知识产权发展状况评价报告》和知识产权强国建设有关研究成果。《报告》从知识产权创造、运用、保护、环境等4个方面，对全国及各省级区域2010~2016年知识产权发展状况进行了较为全面的评价和分析。同时对全球40个科技资源投入和知识产权产出较大的国家，从知识产权能力、绩效和环境等三个维度，进行了国际比较。《报告》显示，近年来，全国知识产权创造、运用、保护和环境水平稳步改善，知识产权综合发展指数由2010年的100分升至2016年的200.3分，发展水平呈稳步上升趋势。我国知识产权国际地位快速提升，在40个主要国家中的排名从2012年的第19位提升至2015年的第10位，但仍存在不均衡现象，其中环境方面的改善依然滞后。

6月15日 以"新媒体与大数据助力'一带一路'传播"为主题的2017年"一带一路"国际传播论坛在北京举行。

6月16~18日 2017北京国际旅游博览会在北京举行，来自八十多个国家和地区的近千家旅游机构、旅游企业和特邀买家参展。此次旅博会展览面积22000平方米,分为旅游产品展卖馆、综合馆、国际馆三大展区。

6月23～24日 2017世界移动互联网大会(WMIC)暨新媒体门户大会在北京举行。本届大会以"创观——前所未有的世界"为主题,探讨移动互联网企业在品质要求提升、个性需求多样化的消费模式升级大环境下,如何借助人工智能、大数据等新兴技术进行产品升级,打造新的商业模式。

6月26日 商务部发布《2016年中国电视购物业发展报告》,《报告》表明,2016年全国经新闻出版广电总局批准的34家电视购物企业实现销售额366亿元,同比下滑8%。截至2016年底,我国电视购物会员人数突破7500万,同比增幅超过10%,占全国总人口的5.4%,较上年提高0.4个百分点。

6月27日 国家旅游局发布了《"十三五"旅游人才发展规划纲要》,提出"十三五"期间,旅游业年新增直接就业人数100万人左右,到2020年,旅游业直接就业人数达到3300万人,旅游人才数量由"十二五"末的670万人增长到825万人。

6月28日 文化部发布《"十三五"时期艺术创作规划》,是指导"十三五"时期文化系统艺术创作的专项规划,明确了"十三五"时期艺术创作的指导思想、基本原则、发展目标和主要指标、创作主题、重点任务、保障措施。

6月29日 农业部公布了第四批中国重要农业文化遗产名单(29个)。从2012年农业部部署开展中国重要农业文化遗产发掘工作开始,至今分四批共认定了91个中国重要农业文化遗产。

6月30日 中国网络视听节目服务协会在京召开常务理事会,针对网络视听节目内容审核特予发布了《网络视听节目内容审核通则》。《通则》指出,互联网视听节目服务相关单位在网络视听节目内容审核方面,应坚持先审后播和审核到位原则。

7月

7月6日 由国家旅游局、国家体育总局联合主办的"全国体育旅游产业发展大会暨水韵江苏推介活动"在江苏省无锡市召开。会上，国家旅游局、国家体育总局联合发布了《"一带一路"体育旅游发展行动方案》，提出"2020年，体育旅游人数占该地区旅游总人数的比重超过15%"的目标。

7月7日 文化部印发《"十三五"时期全国公共图书馆事业发展规划》，明确了"十三五"时期全国公共图书馆事业发展主要目标、重点任务和保障措施。

7月7日 文化部印发《文化部"十三五"时期公共数字文化建设规划》，明确了"十三五"时期公共数字文化建设的重点任务，包括构建互联互通的公共数字文化服务网络等。

7月10日 万达商业、融创中国联合发布公告称，融创中国将以631.7亿元收购万达13个文旅项目，76个酒店。

7月11日 第七届数字出版博览会在京隆重开幕，中国新闻出版研究院院长魏玉山发布了《2016~2017中国数字出版产业年度报告》，为数字出版发展提供了强有力的数据分析。

7月11日 国家发改委等14部门联合印发了《促进乡村旅游发展提质升级行动方案（2017年）》，提出2017年集中采取一批有力有效的政策措施，加大扶持力度，创新发展机制，改善基础设施条件，提高公共服务水平，健全市场监管环境，强化乡村生态环境和乡村风貌保护。

11~13日 2017（第十六届）中国互联网大会在北京举行，大会以"广连接·新活力·融实业"为主题，围绕物联网、农业互联网、互联网教育、互联网金融、电子竞技、信息消费、互联网法治、云计算等热点领域，共举办22场论坛。

7月17日 国家文物局印发《关于进一步推动非国有博物馆发展的意见》，提出非国有博物馆是我国博物馆体系的重要组成部分，发展非国有博物馆，有利于优化我国博物馆体系、填补门类空白；有利于丰富公共文化服务供给方式，构建和完善现代公共文化服务体系；有利于激发社会活力，保护和传承中华优秀传统文化。

7月18~20日 首届全球授权展·中国站（LEC）在上海举行。由博闻公司主办的全球授权展已有超过35年的历史，此前已在美国拉斯维加斯，英国伦敦和日本东京成功举办，首次登陆中国。授权展汇聚来自美泰、孩之宝、奥飞、华强方特等企业的热门娱乐/卡通形象，也有大英博物馆、成都杜甫草堂、敦煌研究院、中国非遗艺术品（艺术与文化）、兰博基尼、百威Budweiser（品牌/商标）、BBCEarth（电视节目）、LPGA（体育）、大嘴猴、Pancoat（生活方式）、愤怒的小鸟（游戏）等"泛"授权类别IP集中亮相。

7月24日 腾讯音乐娱乐集团在北京举办了腾讯音乐人计划发布会，宣布全面升级对原创音乐的扶持。在会上，腾讯音乐娱乐集团公布了腾讯音乐人计划，并提出了一个行业内前所未有的目标：三年内为中国原创音乐人创造5亿元的收入。

7月24日 国家新闻出版广电总局发布《2016年新闻出版产业分析报告》，汇总了2016年1月1日至12月31日的新闻出版产业数据。

7月26日 第15届中国国际数码互动娱乐展览会高峰论坛暨2017中国国际数字娱乐产业大会在上海举行。会上发布的《2017年1~6月中国游戏产业报告》显示，2017年1~6月，中国游戏用户规模达5.07亿人，同比增长3.6%；中国游戏市场实际销售收入达997.8亿元，同比增长26.7%；中国自主研发网络游戏市场实际销售收入达693.7亿元，同比增长21.6%。

8月

8月1日 国家发改委印发《社会领域产业专项债券发行指引》并提出，支持企业发行文化产业专项债券等社会领域产业专项债券。

8月3日 在陕西西安举行的第三届全域旅游推进会暨"人文陕西"推介会上，国家旅游局发布了《2017全域旅游发展报告》，对全域旅游发展进行了阶段性总结。《报告》显示，两年来，产品建设已经成为全域旅游、融合发展的新亮点和新空间，开放的"旅游+"发展格局初步形成。

8月9日 体育总局办公厅印发《关于公布第一批运动休闲特色小镇试点项目名单的通知》，将96个项目列为第一批运动休闲特色小镇试点项目。

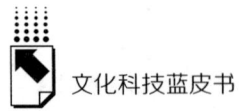

8月21日 国家旅游局发布了《旅游经营者处理投诉规范》《文化主题旅游饭店基本要求与评价》《旅游民宿基本要求与评价》《精品旅游饭店》等4项行业标准,将从2017年10月1日起实施。

8月22日 住建部发布《住房城乡建设部关于公布第二批全国特色小镇名单的通知》,将北京市怀柔区雁栖镇等276个镇认定为第二批全国特色小镇。

8月25日 国家互联网信息办公室公布《互联网跟帖评论服务管理规定》和《互联网论坛社区服务管理规定》两个文件,自2017年10月1日起施行。

大事记统计截止到本报告出版之日

Abstract

"*Blue Book of Culture and Technology: Report on Innovation and Development of Culture and Technology (2017)*" is a report on current status of industrial development, analysis of integration path and strategic research under the background of the integration of culture and technology. This report was issued by the Institute for Cultural Industries of Shenzhen University and National Cultural Innovation Research Center, and the main contents gather the latest research results of by the Institute for Cultural Industries of Shenzhen University and National Cultural Innovation Research Center on the integration and innovation of culture and technology. The report also absorbs the prospective research results of domestic and foreign experts in relevant fields.

At present, the in-depth integration of culture, science and technology has become an important engine of world's economic development, and the innovation paradigm has changed from a projected and mechanical system towards an ecological, organic innovation eco-system. Innovative ecology has played a significant role in promoting global economic recovery, optimizing the allocation of resources, and adjusting the industrial structure and deepening the cooperation with the market, which will have a profound and long-term impact on the future world pattern. Against this backdrop, a profound and long-term impact. Against this backdrop, the "Blue Book of Culture and Technology: Report on Innovation and Development of Culture and Technology (2017)" is a research on culture, science and technology integration theory, cultural industry observation, development policy, and innovation ecology.

Based on the analysis for current situation and path selection of the integration and innovation of culture, science and technology, this report focuses on exploring the theoretical origin, culture cultivation, financial support, legal protection, business models, industrial paradigm and ecological community. Through

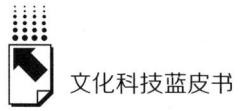

analyzing experience of culture and science integration cases from representative cities, works, parks, policy tools and methodology innovations at home and abroad, this report puts forward development policies and innovation path for the integration of culture, science and technology from various fields and many perspectives. The report is divided into six parts:

The first part is the generalreport. The report divides the ecological model of cultural industry innovation into four types, namely, sharing platform-oriented, capital-oriented, originalcultural content-oriented and mobile pay consumption-oriented and studies the decisive role that the five factors including platform, content, experiencing, capital and payment play in the development of culture industry.

The second part is the special feature of the year. Itmainly studies innovation ecology. The article "The Balance of Element Culture and the Construction of Shenzhen Innovation Ecology" takes culture and technology innovation in Shenzhen as an example, conducts an in-depth analysis on the relationship between the balance of element culture and cultural innovation and puts forward that the mindset of mutual respect and inclusion elucidated by the balance of element culture as well as the innovation ecology system established from this are the cultural guarantee that Shenzhen could come out top in the field of innovation and start-ups, which are also the cultural basis and promoting forces of innovative atmosphere. Cultural Technicalization, Technology Industrialization—Ecology Community Integration of Culture and Innovation Technology analyzes culture and innovation technology industry in the mode of point-line-facet and makes thorough exploration on culture, ecology community, integration and innovation technology industry. Comparison Study on Maker Ecology between Shenzhen and Silicon Valley compares the maker ecology between Shenzhen and Silicon Valley from three aspects, believing that Shenzhen should focus on the source and soil of maker culture in the process of innovation and development and make creation become people's lifestyle. And only by this, can it generate more innovation for the sustainable development of "Maker Movement". The article: The ExperienceResearch of French Metropolis Cities Constructed as the Innovation Culture Platforms summarizes the development experience of the metropolis cities constructed as the innovation culture platforms by most member nations of EU with France as the representative.

The third part isdedicated to theory innovation. The article "After Creativity Industry—Also On Why We Need a Cultural Economy" describes the social changes occur in western countries since 1960s that dissociate culture from art and associate creativity with profit. The flourishing development of cultural economy has triggered a risk of ignoring the essence of art in the cultural policy of some western countries. In the trend of "basing on data", the true value of art can not be understood by people any longer. To protect and inherit the value of cultural art, cultural circles must fight with market bravely and make open-minded discussion in public instead of backing off from the market. Other thesis in this module discuss systematically the macro-theory, time significance, cognition framework, industry trend and cross-border cooperation mode of integrating culture with scientific technology.

The fourth part is the industry observation module. The article "A Comparison on the Power of Discourse of Chinese and American Movie Market" discusses the differences on culture and core technology between Chinese and American movie industries, which results in the strength and weakness of the discourse power of the two countries' movie markets. The Present Status and Primary Exploration of challenges of Hongkong's Innovative Technology cardings Hongkong Special Administration Region government's sponsoring journey on innovative technology since 1997, introduces its attempt to transform from manufacture industry to service industry and then to wisdom-oriented industry and finally analyses the challenges and opportunities Hongkong faces in innovative technology development. Empirical Analysis of the Listed Financing Performance of Culture Enterprises takes the data of 20 listed cultural industry companiesas the analyzed object and through studying the impact that listed financing has on the performance of cultural enterprises, it analyzes the financial performance of the cultural enterprise before and after listed financing specifically.

The fifth part focuses on case study. "ZhubaJieWebsite: Bring Wings to Entrepreneurs for Flying" analyzes the operation mode, development challenges and resolution strategyof the creativity platform, ZhubaJie Website, which grows under the background that digital economy becomes the new wind gap for promoting the transformation and upgrading of traditional industries. This module also studies the assessment method innovation of the artistic product price based on computation economics theory, the youth's daily life under the context of integrating culture and technology, adapting movies with computer games IP and the innovation ecology system construction of clothes culture block.

The sixth part is on the development policy. "Divesting Federal Cultural Policy—TalkingAbout Trump Government Cancelling National Endowment for the Art" is a thesis which conducts academic analysis on the policy behavior that the US Trump government cancels National Endowment for the Art most quickly and most authoritative in Chinese publishing field. "Museums, Art Gallery and Innovation Ecology: Museum Policy and Community" discusses the role that nation and museum policy play in maintaining cultural innovation cause; this module also studies the enlightenment and impact of French culture policy evolution under the identity of national culture and American community's culture governing and sponsoring system have on China.

Keywords: the Integration and Innovation of Culture and Technology; Cultural Creativity Industry; Innovation Ecology

Contents

I General Report

B. 1 Limited Paid Sharing: on Innovation Ecosystem of

　　　Cultural Industry　　　　　　　　*Li Fengliang, Hu Penglin* / 001

Abstract: Limited paid sharing subverts the traditional way of cultural content production and dissemination, and changes the marketing mode of cultural products, and enriches the investment methods of thecultural industries. Limited paid sharing can be divided into 4 modes, platform mode, capital mode, original mode, and payment mode. In these 4 modes, 5 factors, platform, content, experience, capital, payment, play a decisive role. The innovation ecosystem of limited paid sharing provides a new environment and opportunity for the development of cultural industries.

Keywords: Cultural Industries; Limited Paid Sharing; Innovation Ecosystem

II Innovation Ecosystem

B. 2 Collage as a Creative Body and its Problems

　　　　　　　　　　　　　　　　　　　　　　Wang Liesheng / 012

Abstract: After the emergence of "constructive postmodernism", people have questioned the negative meanings and behavioral legitimacy of modern times, which have resulted in different degrees of positive value judgment transformation.

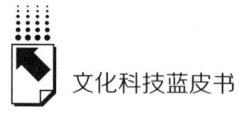

Because whether we are willing to admit that an unavoidable fact is that in the process of the interface to extend the fusion of technology and culture in depth, even if the "collage" such an understanding of the past single technology tools or mode of operation, now actually has a significance of social bonding lever body. And especially show is one of the creative body tool or a way of daily life in pursuit of value realization of symbol. The deeper problem lies in that it brings a series of social consequences and value problems that compel us to think deeply in the construction of social ontology of meaning generation.

Keywords: Collage; CreativeOntology; Constructive; Post-modern

B.3 The Relationshipbetweenthe Balanceof Elemental Cultureand the Construction of the Innovation EcpsysteminShenZhen

Zhou Jianxin / 020

Abstract: The economic development is due to the effective integration of production factors, behind the elements of the people are adhering to their respective culture. Whether the equilibrium of elemental culture can be achieved is important for cultural innovation. Cultural innovation is based on the equilibrium of elemental culture, and promotes the construction of the innovative ecosystem. Onthe contrary, the disequilibrium of the elemental culture can not constitute the innovative ecosystem. In this paper, the author started from the case of "cultural innovator", summed up the relevant theories of the innovation of the ecological system, analyzed the equilibrium of elemental culture, constructed a new ecological system model. Through the analysis of the differences between Shenzhen and other special economic zones, the fact of the existence of the innovation ecosystem in Shenzhen and its significance to the economic development of Shenzhen are demonstrated.

Keywords: the Balance of Elemental Culture; cultural Innovation; Innovative Ecological System; Shenzhen

B. 4 Cultural Technology and Technological Industrialization:
the Ecological Clustering Integration of Culture and
Innovative Technology　　　　　　　　　　*Ruey-Ming Chao* / 033

Abstract: Using the ecological clustering integration of culture and innovative technology industrialization as research background to be an entire exploration with 'culture', 'ecological clustering', 'integration', and 'innovative technology industrialization', this study discuss the culture industrial ecology systems and use 'Niche' to explore the relationship for them. In view of the development stage of the industrial community and the cultural innovation industry community, there are various complex relationships among the different species, such as 'commensalism', 'parasitic', and 'competition', which form the cultural industry ecosystem. Finally, this study explores the strategic meaning of the cultural innovation industry community, and makes the final research contribution in the new cultural innovation industry boundary and the competition field and the value doctrine.

Keywords: Cultural Ecology Cluster; Innovative Technological Industry, Industrial Clustering Development.

B. 5　A Comparative Study on the Maker Ecology in
　　　Shenzhen and in Silicon Valley　　　　*Huang Yurong* / 057

Abstract: with an open innovation model and featuring in specialization, integration, networking and collaboration, the make movement requires a full set of ecosystem to support the creative and innovative activities of the makers. Taking two major clusters of makers, namely, Silicon Valley in the US and Shenzhen in China as examples, the present article aims at making a comparative study of the maker ecologies in these two places from the perspective of maker groups and

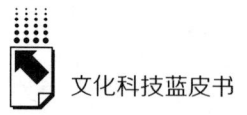

community, space carrier, industrial base and service system, and striving to draw upon the strength of the maker ecosystem in the Silicon Valley so as to promote a stable and sustainable growth of maker ecosystem in Shen Zhen.

Keywords: Maker Movement; Maker Ecology; Silicon Valley; Shenzhen; Maker Culture

B. 6   EmpiricalStudy of French Metropolitan Cties Constructed as an Innovative Cultural Platform   *Che Da / 079*

Abstract: Culture is one of the most important core elements in city construction and development, its location management and governance success mainly involves the city's own cultural budget scale, the regional role of relevant administrative departmentsinthe international competitionand collaborative capabilities and wisdom to deal with the complex culture. On the basis of reference to such variables, most of the EU Member States, represented by France, especially the metropolitan city, mainly follow three patterns in the cultural development of urban culture, Namely "creative city", "participatory city" and "global city". However, in the process of construction, these three ideal urban patterns still show a lot of problems to be examined, thought and vigilant.

Keywords: French; Cultural Management; Metropolis-city; Per Capita ComparativeIndex

III   Theoretical Frontiers Reports

B. 7   After the Creative Industries: Why We Need a Cultural Economy   *Justin O'Connor; Renming / 090*

Abstract: This essay describes the social changes since the 1960s that have divided art from culture and married creativity to material profit. Today the rapid growth of cultural consumption and the contribution of cultural services to the wider economy have brought about a crisis in cultural policy which has devastated the arts. So trapped are the arts in the language of metrics that their real intention can no longer be understood. To protect the value of arts and culture, the cultural sector has to make a rigorous, open-eyed engagement with the marketplace, not to retreat from it.

Keywords: Creativity; Cultural Policy; Cultural Economy, Digital Economy

B. 8 Cross-Boundary Cooperation Mode of Innovative
       Integration of Culture and Technology   *Ji Li* / 133

Abstract: Promoting the integrated innovation of culture and technology is an important direction of national development. With culture and technology developing fast, innovative integration is now becoming a major opportunity. We need to discuss the current situation, idea, and quick paths of cultural and technological integration with an extensive field of view. In terms of research and information, production, manufacture, expression modes, this paper that interprets cross-boundary cooperation mode of culture-technology innovative integrative promotes paths for constructing a powerful socialist country in culture.

Keywords: Culture; Technology; Integrated Innovation; mode

B. 9 The Macro Research of Culture and Technology
       Integration Development   *Qi Yan, Yan Xianliang* / 144

Abstract: In the past 300 years of history of culture and technology debate, there has been both a challenge to science and technology, but also on the re-examine the value of science and technology. Narrowly speaking, culture and technology integration refers to the technology of arts, which is the technology that

sustains all cultural industries. Broadly speaking, the culture and technology integration is the integration of technologic culture into moral orbit, pointing to ecological civilization, moral culture and new philosophy. The direct product of cultural and technology integration is the cultural high-tech industries, this new industry can be divided into three levels: cultural production services, consumer culture services, productive cultural services.

Keywords: technology; Culture; Culture and Technology Integration; Cultural High-tech industries

B.10 The Era Significance, Cognitive Frame and Industry Trend of the Deep Integration of Culture and Technology

Xiao Huaide / 157

Abstract: Culture, science and technology are always the key words of the development of human society. Both culture and science and technology are always inseparable, having influence upon each other and interacting with each other. The distinction between culture and science and technology is related to the division between natural science and humanities made by the division of labour in modern society and education system. The rapid change of science and technology and other factors bing in the synergy of modern society, innovation driving force, science and technology ethics, technology-based life, service upgrades, cultivation of creative ability, and cultural value chain. The synergy urgently needs the deep integration between culture and science and technology. This paper puts forward dual cognitions and four scenarios for the deep integration between culture and science and technology. Then, from the perspective of industrial ecology, it proposes four major industrial ecologies that future integration between culture and science and technology will focus to develop, including cultural and science and technology ecology featuring Internet, cultural and science and technology ecology featuring education and learning, cultural and science and technology ecology featuring experience economy, and cultural and science and technology ecology featuring industrial manufacturing. In the end, combined with survey and data collected from industry, this paper provides some judgement and reflection on the trend of the integration between culture and science and technology.

Keywords: the Deep Integration Between Culture andScience and Technology; Innovation Driving Force; Dual Cognitions; four Scenarios; Industrial Ecology; Industrial Trend

Ⅳ Industry Observation Reports

B. 11 Sino-USA Comparisons of Film Market

Leon Xiao / 170

Abstract: Chinese film market is rapidly approaching the No. 1 country of the United States. The two nations thus involved in the tough competitions of their film production industry. However, there still a gap between the two countries while China is having a long way to go in order to surpass USA in this matter. Among all others, besides the culture differences between Sino-USA film industry and market, three significant factors may cause it: main common values, creative freedom, and core merging technologies.

Keywords: FilmMarket; Sino-USA Comparisons; Creative Economy; Cinema Critics

B. 12 A Previous Study on the Situation and Challenge of Innovation and Technology in Hong Kong

Luo Dan / 182

Abstract: Hong Kong is a bridge connecting Mainland China and the world. It notonly plays the important role in the economic and financial areas, but also has one of the best academic research ability in the world. Although Hong

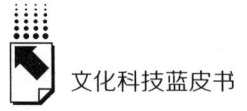

Kong government paid different attentions to develop innovation and technology in the past 20 years, pushing several long-term big projects, that had made some achievements, it showed minimal results. So the government set up the Innovation and Technology Bureau in 2015 in order to develop the industry of technological innovation.

Keywords: Hong Kong; Innovation; Technology

B. 13　An Empirical Analysis of Financing Performance of Cultural Enterprises

——*Based on 20 company data for the analysis of the object*

Chen Nengjun / 190

Abstract: In recent years, China's cultural industry has been rapid development. In 2016, the added value of China's cultural industry reached 3,025.4 billionyuan, accounting for 4.4% of GDP. The average annual growth rate of cultural industry from 1995 to 2016 was 19.50%, and the cultural industry entered a new stage of leap-forward development. But compared to today's developed countries, China's cultural industry development is even more urgent. At present, the development of China's cultural industry is facing the bottleneck of "financing". The sustainable development of cultural enterprises needs financial support. The article mainly studies the financial performance of cultural enterprises before and after the financing of listed companies. First of all, as of April 2017 A total of 85 listed listed cultural enterprises in accordance with the "Classification of cultural and related business classification" 2012 classification and in accordance with the scale of listing and listing time and time to select the top 20 cultural industries listed The paper analyzes the financing performance of listed companies by using the financial indicators such as the total scale, profitability, solvency, index of each share and cash flow. Finally, the paper summarizes the comprehensive impact of the financing on the cultural enterprises, To provide reference for the financing of cultural enterprises.

Keywords: Cultural Enterprise Listed Company; Financial Indicator; Listing Financing; Financial Performance

V   Case Study Reports

B. 14   ZBJ Network: the Wing that Gives Rise to the Entrepreneur

Gao Hongcun, Liu Yushuan / 207

Abstract: Internet is changing the traditional industry ecology in depth, and the digital economy has become the driving force for the transformation and upgrading of traditional industries. Internet thinking has brought about innovative changes. The profound thinking revolution is the booster of the industrial revolution. ZBJ network is the creative platform that grew up in the above background, its biggest value is to overturn traditional creativeindustry. At the same time, it has its own "troubles", and solves the problems and promotes the transformation and development of China's creative industries has become an important task in the future development process.

Keywords: ZBJ Network; Creative Industry; Transformation; Development

B. 15   The Daily Life of Youth in the Context of Cultural and Technological Integration

—*Centered on the use of mobile social networking software among students of seven colleges in Beijing*   *Zhang Xuan / 221*

Abstract: The report researches the use of social networking software by 192 college students (including graduate students) in seven colleges and universities in Beijing, founding in the "Internet plus" context, almost all students rely on

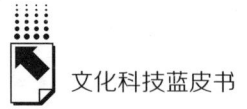

cellphone social software was dominated by Wechat that are common ways for interpersonal communicated and information acquisition, and which appears development trend of "social media". From the perspective of cultural integration of science and technology, the use of mobile phone students in social media is mainly based on three aspects: Firstly, it forms complementary relation with information acquirement by the traditional media; Secondly, the Social media based on interpersonal communication tends to share information with "personal" attributes; Thirdly, the social media functions of "diversity" means the simple thinking as "one button more functions" has large market demand space.

Keywords: Beijing; Internet plus; Social Media; Internet thinking; Media Literacy

B. 16 Innovation of Art Product Price Evaluation Method Based on Econometrics Theory

Jiang Zhefeng, Peng Zhubin / 238

Abstract: With the arrival of large data age, art price evaluation will gradually to the objective, scientific and quantitative direction. The evaluation method of price index based on feature measurement and data based on the formation of large works of art began to be popularized and valued by academics and industry. The method of evaluating the value of works of art based on Internet, large data and econometrics is becoming worthy of innovation direction.

Keywords: MeasurementValuation; Price Characteristic Method; Repeat Transaction law; Arithmetic Mean Method; Dimensional Measure model; Double Logarithmic Linear Regression Model

B. 17　An Analysis of the Innovation Eosystem Construction
　　　　in Lixiu Cultural Blockof Nanshan District, Shenzhen

Wang Tairan / 249

Abstract: An action plan for innovation-driven development is essential for Lixiu Cultural Block in search of its status as the city brand for Nanshan District, Shenzhen, as well as "Lixiu of China". The strategy transforms a low-end, machinery manufacturing system into a healthy innovation ecosystem, with an enhanced overall block image, an avant-garde original design centre on a global basis, unique brand activities, public service platform as well as organization for industry services, and a professional legal rights and copyrights protection institution, for a cross-border integrative and interactive development of digital industry and leisure tourisim.

Keywords: Lixiu Cultural Block; Industrial Upgrading; Innovation Ecosystem

B. 18　Warcraft: the Success Reasons of Game IP Adaptation to Film
　　　　Behind the Feelings
　　　　—*The new era of game industry*　　　　*Zhong Jiemin* / 263

Abstract: In recent years, with the improvement of people's living standards, China's game industry and thefilm industry are is booming. Released by Blizzard Entertainment Games "Warcraft" IP movie "Warcraft" on June 8, 2016, has achieved great success at the box officein the world, of which China's box office revenue reached 1 billion 460 million yuan, accounted for $412 million at the global box office more than half, is the most "Warcraft" movie overseas market contribution. As the highest grossing film in the history of the IP game adaptation of the film, the three main reasons for a detailed analysis of the factors of "world of Warcraft" box office success, respectively is the game itself with the

grand background, professional film production company and lead to feelings. After that, it discusses the difficulties and future prospects of the game IP adaptation of the film.

Keywords: Warcraft; Game Industry; Movie; Adaptation

Ⅵ Development Polices Reports

B.19 Defunding Federal Cultural Policy: The Case of the National Endowment for the Arts

Kevin v Mulcahy, Li Jingshuang / 273

Abstract: President Donald Trump's budget proposals of March 2017 suggest the NEA should be abolished, which caused some public debate about it. This paper begins with some clarifications that help to understand NEA as a public cultural agency and the policy agenda of American public culture as reflected in NEA grantmaking. In the second place, expound the compensation of the State Arts Agencies (SAAs) and the Local Arts Agencies (LAA) in the financing function. Finally, introduces some social services projects funded by NEA, especially its contribution to the project of "art and health".

Keywords: NEA; Cultural Funding; The Organization of Public Culture; Art Therapy

B.20 Museums, Galleries, and Innovation Ecosystem: Museum Policies and Communities

Jonathan Paquette, Christopher Gunter and Li Jingshuang / 287

Abstract: Culture is seen as an essential component that fosters conditions that are favorable for economic prosperity as it reunites living conditions that are preferred by agents of economic innovation. This paper documents the role played by the State and museum policy in sustaining cultural innovation. Building on the historical development of museums in Canada, this paper will focus on the development of policy instruments to support of innovation in the museum sector. This paper also emphasizes the role of the State in fostering the ecosystemic conditions for museum development in Canada. Finally, this paper studies the evolution of the sector by insisting on the development of policy instruments that cut across the different museums and disciplines (fine arts, history, ethnography, and nature).

Keywords: Innovation Ecosystem; Museum; Gallery; Communities;

B. 21 The Evolution of French Cultural Policy and its Enlightenment From the Perspective of National Cultural Identity

Deng Wenjun / 297

Abstract: In the globalization era, cultural collision and integration of different countries stimulate the awakening of the national consciousness. National identity as a dominant factor in cultural policy has been strengthened, and even it is the main basis for cultural policy-making. France innovates unceasingly its cultural polices and stands in the forest of world cultures with a distinctive national cultural characteristic. This paper, based on the perspective of national identity, explores the relationship between national cultural identity and cultural policy-making, and makes an in-depth study of the evolution mechanism of "cultural exception", "cultural diversity", and "digitalization of culture" that France has proposed in the era of globalization. Meanwhile, it provides an important reference for cultural policy-making in "Government-led" nations.

Keywords: France; Globalization; Cultural Policy; National Identity; National Cultural Characteristic

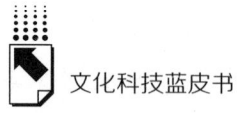

B.22 The U. S Community Culture Development Support
　　　System and Its Chinese Applicate　　　*Yang Nan* / 307

Abstract: The U. S community culture development support system contains governments, foundations, enterprises, and othernon-profit community development financial institutions. These agencies are supporting the community culture development, influencing, interacting and depending on each other. Community foundation as well as non-profit community development financial institution plays the key role in financing community culture development. This article analyzes the U. S community culture development finance system, proposes that the Chinese government should reducing its hierarchy, having more departments to participate in community culture development, and devoting major efforts to develop community foundations and community financial institutions. By using these efforts as a catalyst, it will help to realize China's modern national governance.

Keywords: Community; Comunity Culture Development; Support System

Ⅶ　Key Events

B.23 Chronicle of Events of the Innovation on Fusion of Culture,
　　　Science and Technology in 2016 - 2017　　*Zhong Jiemin* / 323

社会科学文献出版社　　皮书系列

❖ 皮书起源 ❖

"皮书"起源于十七、十八世纪的英国,主要指官方或社会组织正式发表的重要文件或报告,多以"白皮书"命名。在中国,"皮书"这一概念被社会广泛接受,并被成功运作、发展成为一种全新的出版形态,则源于中国社会科学院社会科学文献出版社。

❖ 皮书定义 ❖

皮书是对中国与世界发展状况和热点问题进行年度监测,以专业的角度、专家的视野和实证研究方法,针对某一领域或区域现状与发展态势展开分析和预测,具备原创性、实证性、专业性、连续性、前沿性、时效性等特点的公开出版物,由一系列权威研究报告组成。

❖ 皮书作者 ❖

皮书系列的作者以中国社会科学院、著名高校、地方社会科学院的研究人员为主,多为国内一流研究机构的权威专家学者,他们的看法和观点代表了学界对中国与世界的现实和未来最高水平的解读与分析。

❖ 皮书荣誉 ❖

皮书系列已成为社会科学文献出版社的著名图书品牌和中国社会科学院的知名学术品牌。2016年,皮书系列正式列入"十三五"国家重点出版规划项目;2012~2016年,重点皮书列入中国社会科学院承担的国家哲学社会科学创新工程项目;2017年,55种院外皮书使用"中国社会科学院创新工程学术出版项目"标识。

中国皮书网

发布皮书研创资讯,传播皮书精彩内容
引领皮书出版潮流,打造皮书服务平台

栏目设置

关于皮书:何谓皮书、皮书分类、皮书大事记、皮书荣誉、
皮书出版第一人、皮书编辑部

最新资讯:通知公告、新闻动态、媒体聚焦、网站专题、视频直播、下载专区

皮书研创:皮书规范、皮书选题、皮书出版、皮书研究、研创团队

皮书评奖评价:指标体系、皮书评价、皮书评奖

互动专区:皮书说、皮书智库、皮书微博、数据库微博

所获荣誉

2008年、2011年,中国皮书网均在全国新闻出版业网站荣誉评选中获得"最具商业价值网站"称号;

2012年,获得"出版业网站百强"称号。

网库合一

2014年,中国皮书网与皮书数据库端口合一,实现资源共享。更多详情请登录www.pishu.cn。

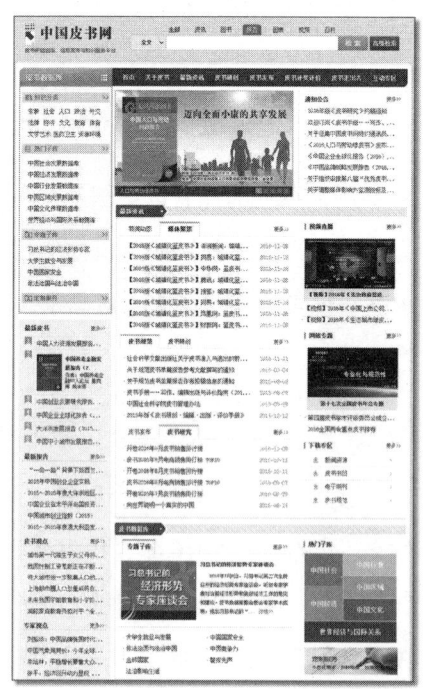

权威报告·热点资讯·特色资源

皮书数据库
ANNUAL REPORT(YEARBOOK) DATABASE

当代中国与世界发展高端智库平台

所获荣誉

- 2016年，入选"国家'十三五'电子出版物出版规划骨干工程"
- 2015年，荣获"搜索中国正能量 点赞2015""创新中国科技创新奖"
- 2013年，荣获"中国出版政府奖·网络出版物奖"提名奖
- 连续多年荣获中国数字出版博览会"数字出版·优秀品牌"奖

成为会员

通过网址www.pishu.com.cn或使用手机扫描二维码进入皮书数据库网站，进行手机号码验证或邮箱验证即可成为皮书数据库会员（建议通过手机号码快速验证注册）。

会员福利

- 使用手机号码首次注册会员可直接获得100元体验金，不需充值即可购买和查看数据库内容（仅限使用手机号码快速注册）。
- 已注册用户购书后可免费获赠100元皮书数据库充值卡。刮开充值卡涂层获取充值密码，登录并进入"会员中心"—"在线充值"—"充值卡充值"，充值成功后即可购买和查看数据库内容。

数据库服务热线：400-008-6695
数据库服务QQ：2475522410
数据库服务邮箱：database@ssap.cn
图书销售热线：010-59367070/7028
图书服务QQ：1265056568
图书服务邮箱：duzhe@ssap.cn

社会科学文献出版社 皮书系列
卡号：827215273683
密码：

子库介绍
Sub-Database Introduction

中国经济发展数据库

涵盖宏观经济、农业经济、工业经济、产业经济、财政金融、交通旅游、商业贸易、劳动经济、企业经济、房地产经济、城市经济、区域经济等领域，为用户实时了解经济运行态势、把握经济发展规律、洞察经济形势、做出经济决策提供参考和依据。

中国社会发展数据库

全面整合国内外有关中国社会发展的统计数据、深度分析报告、专家解读和热点资讯构建而成的专业学术数据库。涉及宗教、社会、人口、政治、外交、法律、文化、教育、体育、文学艺术、医药卫生、资源环境等多个领域。

中国行业发展数据库

以中国国民经济行业分类为依据，跟踪分析国民经济各行业市场运行状况和政策导向，提供行业发展最前沿的资讯，为用户投资、从业及各种经济决策提供理论基础和实践指导。内容涵盖农业，能源与矿产业，交通运输业，制造业，金融业，房地产业，租赁和商务服务业，科学研究，环境和公共设施管理，居民服务业，教育，卫生和社会保障，文化、体育和娱乐业等100余个行业。

中国区域发展数据库

对特定区域内的经济、社会、文化、法治、资源环境等领域的现状与发展情况进行分析和预测。涵盖中部、西部、东北、西北等地区，长三角、珠三角、黄三角、京津冀、环渤海、合肥经济圈、长株潭城市群、关中—天水经济区、海峡经济区等区域经济体和城市圈，北京、上海、浙江、河南、陕西等34个省份及中国台湾地区。

中国文化传媒数据库

包括文化事业、文化产业、宗教、群众文化、图书馆事业、博物馆事业、档案事业、语言文字、文学、历史地理、新闻传播、广播电视、出版事业、艺术、电影、娱乐等多个子库。

世界经济与国际关系数据库

以皮书系列中涉及世界经济与国际关系的研究成果为基础，全面整合国内外有关世界经济与国际关系的统计数据、深度分析报告、专家解读和热点资讯构建而成的专业学术数据库。包括世界经济、国际政治、世界文化与科技、全球性问题、国际组织与国际法、区域研究等多个子库。

法律声明

"皮书系列"(含蓝皮书、绿皮书、黄皮书)之品牌由社会科学文献出版社最早使用并持续至今,现已被中国图书市场所熟知。"皮书系列"的LOGO( )与"经济蓝皮书""社会蓝皮书"均已在中华人民共和国国家工商行政管理总局商标局登记注册。"皮书系列"图书的注册商标专用权及封面设计、版式设计的著作权均为社会科学文献出版社所有。未经社会科学文献出版社书面授权许可,任何使用与"皮书系列"图书注册商标、封面设计、版式设计相同或者近似的文字、图形或其组合的行为均系侵权行为。

经作者授权,本书的专有出版权及信息网络传播权为社会科学文献出版社享有。未经社会科学文献出版社书面授权许可,任何就本书内容的复制、发行或以数字形式进行网络传播的行为均系侵权行为。

社会科学文献出版社将通过法律途径追究上述侵权行为的法律责任,维护自身合法权益。

欢迎社会各界人士对侵犯社会科学文献出版社上述权利的侵权行为进行举报。电话:010-59367121,电子邮箱:fawubu@ssap.cn。

社会科学文献出版社

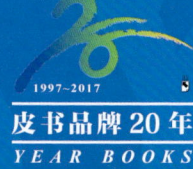

皮书系列

2017年

智库成果出版与传播平台

社会科学文献出版社
SOCIAL SCIENCES ACADEMIC PRESS (CHINA)

社长致辞

2017年正值皮书品牌专业化二十周年之际，世界每天都在发生着让人眼花缭乱的变化，而唯一不变的，是面向未来无数的可能性。作为个体，如何获取专业信息以备不时之需？作为行政主体或企事业主体，如何提高决策的科学性让这个世界变得更好而不是更糟？原创、实证、专业、前沿、及时、持续，这是1997年"皮书系列"品牌创立的初衷。

1997~2017，从最初一个出版社的学术产品名称到媒体和公众使用频率极高的热点词语，从专业术语到大众话语，从官方文件到独特的出版型态，作为重要的智库成果，"皮书"始终致力于成为海量信息时代的信息过滤器，成为经济社会发展的记录仪，成为政策制定、评估、调整的智力源，社会科学研究的资料集成库。"皮书"的概念不断延展，"皮书"的种类更加丰富，"皮书"的功能日渐完善。

1997~2017，皮书及皮书数据库已成为中国新型智库建设不可或缺的抓手与平台，成为政府、企业和各类社会组织决策的利器，成为人文社科研究最基本的资料库，成为世界系统完整及时认知当代中国的窗口和通道！"皮书"所具有的凝聚力正在形成一种无形的力量，吸引着社会各界关注中国的发展，参与中国的发展。

二十年的"皮书"正值青春，愿每一位皮书人付出的年华与智慧不辜负这个时代！

社会科学文献出版社社长
中国社会学会秘书长

2016年11月

社会科学文献出版社简介

社会科学文献出版社成立于1985年，是直属于中国社会科学院的人文社会科学学术出版机构。成立以来，社科文献出版社依托于中国社会科学院和国内外人文社会科学界丰厚的学术出版和专家学者资源，始终坚持"创社科经典，出传世文献"的出版理念、"权威、前沿、原创"的产品定位以及学术成果和智库成果出版的专业化、数字化、国际化、市场化的经营道路。

社科文献出版社是中国新闻出版业转型与文化体制改革的先行者。积极探索文化体制改革的先进方向和现代企业经营决策机制，社科文献出版社先后荣获"全国文化体制改革工作先进单位"、中国出版政府奖·先进出版单位奖，中国社会科学院先进集体、全国科普工作先进集体等荣誉称号。多人次荣获"第十届韬奋出版奖""全国新闻出版行业领军人才""数字出版先进人物""北京市新闻出版广电行业领军人才"等称号。

社科文献出版社是中国人文社会科学学术出版的大社名社，也是以皮书为代表的智库成果出版的专业强社。年出版图书2000余种，其中皮书350余种，出版新书字数5.5亿字，承印与发行中国社科院院属期刊72种，先后创立了皮书系列、列国志、中国史话、社科文献学术译库、社科文献学术文库、甲骨文书系等一大批既有学术影响又有市场价值的品牌，确立了在社会学、近代史、苏东问题研究等专业学科及领域出版的领先地位。图书多次荣获中国出版政府奖、"三个一百"原创图书出版工程、"五个'一'工程奖"、"大众喜爱的50种图书"等奖项，在中央国家机关"强素质·做表率"读书活动中，入选图书品种数位居各大出版社之首。

社科文献出版社是中国学术出版规范与标准的倡议者与制定者，代表全国50多家出版社发起实施学术著作出版规范的倡议，承担学术著作规范国家标准的起草工作，率先编撰完成《皮书手册》对皮书品牌进行规范化管理，并在此基础上推出中国版芝加哥手册——《SSAP学术出版手册》。

社科文献出版社是中国数字出版的引领者，拥有皮书数据库、列国志数据库、"一带一路"数据库、减贫数据库、集刊数据库等4大产品线11个数据库产品，机构用户达1300余家，海外用户百余家，荣获"数字出版转型示范单位""新闻出版标准化先进单位""专业数字内容资源知识服务模式试点企业标准化示范单位"等称号。

社科文献出版社是中国学术出版走出去的践行者。社科文献出版社海外图书出版与学术合作业务遍及全球40余个国家和地区并于2016年成立俄罗斯分社，累计输出图书500余种，涉及近20个语种，累计获得国家社科基金中华学术外译项目资助76种、"丝路书香工程"项目资助60种、中国图书对外推广计划项目资助71种以及经典中国国际出版工程资助28种，被商务部认定为"2015-2016年度国家文化出口重点企业"。

如今，社科文献出版社拥有固定资产3.6亿元，年收入近3亿元，设置了七大出版分社、六大专业部门，成立了皮书研究院和博士后科研工作站，培养了一支近400人的高素质与高效率的编辑、出版、营销和国际推广队伍，为未来成为学术出版的大社、名社、强社，成为文化体制改革与文化企业转型发展的排头兵奠定了坚实的基础。

经济类

经 济 类

经济类皮书涵盖宏观经济、城市经济、大区域经济，提供权威、前沿的分析与预测

经济蓝皮书
2017年中国经济形势分析与预测

李扬/主编　2017年1月出版　定价：89.00元

◆ 本书为总理基金项目，由著名经济学家李扬领衔，联合中国社会科学院等数十家科研机构、国家部委和高等院校的专家共同撰写，系统分析了2016年的中国经济形势并预测2017年中国经济运行情况。

中国省域竞争力蓝皮书
中国省域经济综合竞争力发展报告（2015~2016）

李建平　李闽榕　高燕京/主编　2017年5月出版　定价：198.00元

◆ 本书融多学科的理论为一体，深入追踪研究了省域经济发展与中国国家竞争力的内在关系，为提升中国省域经济综合竞争力提供有价值的决策依据。

城市蓝皮书
中国城市发展报告 No.10

潘家华　单菁菁/主编　2017年9月出版　估价：89.00元

◆ 本书是由中国社会科学院城市发展与环境研究中心编著的，多角度、全方位地立体展示了中国城市的发展状况，并对中国城市的未来发展提出了许多建议。该书有强烈的时代感，对中国城市发展实践有重要的参考价值。

皮书系列重点推荐 经济类

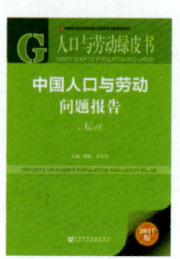

人口与劳动绿皮书
中国人口与劳动问题报告 No.18

蔡昉 / 张车伟 / 主编　2017 年 10 月出版　估价：89.00 元

◆　本书为中国社会科学院人口与劳动经济研究所主编的年度报告，对当前中国人口与劳动形势做了比较全面和系统的深入讨论，为研究中国人口与劳动问题提供了一个专业性的视角。

世界经济黄皮书
2017 年世界经济形势分析与预测

张宇燕 / 主编　2017 年 1 月出版　定价：89.00 元

◆　本书由中国社会科学院世界经济与政治研究所的研究团队撰写，2016 年世界经济增速进一步放缓，就业增长放慢。世界经济面临许多重大挑战同时，地缘政治风险、难民危机、大国政治周期、恐怖主义等问题也仍然在影响世界经济的稳定与发展。预计 2017 年按 PPP 计算的世界 GDP 增长率约为 3.0%。

国际城市蓝皮书
国际城市发展报告（2017）

屠启宇 / 主编　2017 年 2 月出版　定价：79.00 元

◆　本书作者以上海社会科学院从事国际城市研究的学者团队为核心，汇集同济大学、华东师范大学、复旦大学、上海交通大学、南京大学、浙江大学相关城市研究专业学者。立足动态跟踪介绍国际城市发展时间中，最新出现的重大战略、重大理念、重大项目、重大报告和最佳案例。

金融蓝皮书
中国金融发展报告（2017）

王国刚 / 主编　2017 年 2 月出版　定价：79.00 元

◆　本书由中国社会科学院金融研究所组织编写，概括和分析了 2016 年中国金融发展和运行中的各方面情况，研讨和评论了 2016 年发生的主要金融事件，有利于读者了解掌握 2016 年中国的金融状况，把握 2017 年中国金融的走势。

经济类 — 皮书系列重点推荐

农村绿皮书
中国农村经济形势分析与预测（2016~2017）

魏后凯 黄秉信/主编　2017年4月出版　定价：79.00元

◆ 本书描述了2016年中国农业农村经济发展的一些主要指标和变化，并对2017年中国农业农村经济形势的一些展望和预测，提出相应的政策建议。

西部蓝皮书
中国西部发展报告（2017）

徐璋勇/主编　2017年8月出版　定价：89.00元

◆ 本书由西北大学中国西部经济发展研究中心主编，汇集了源自西部本土以及国内研究西部问题的权威专家的第一手资料，对国家实施西部大开发战略进行年度动态跟踪，并对2017年西部经济、社会发展态势进行预测和展望。

经济蓝皮书·夏季号
中国经济增长报告（2016~2017）

李扬/主编　2017年5月出版　定价：98.00元

◆ 中国经济增长报告主要探讨2016~2017年中国经济增长问题，以专业视角解读中国经济增长，力求将其打造成一个研究中国经济增长、服务宏微观各级决策的周期性、权威性读物。

就业蓝皮书
2017年中国本科生就业报告

麦可思研究院/编著　2017年6月出版　定价：98.00元

◆ 本书基于大量的数据和调研，内容翔实，调查独到，分析到位，用数据说话，对中国大学生就业及学校专业设置起到了很好的建言献策作用。

社会政法类

社会政法类

社会政法类皮书聚焦社会发展领域的热点、难点问题，提供权威、原创的资讯与视点

社会蓝皮书
2017年中国社会形势分析与预测
李培林　陈光金　张翼/主编　2016年12月出版　定价：89.00元

◆ 本书由中国社会科学院社会学研究所组织研究机构专家、高校学者和政府研究人员撰写，聚焦当下社会热点，对2016年中国社会发展的各个方面内容进行了权威解读，同时对2017年社会形势发展趋势进行了预测。

法治蓝皮书
中国法治发展报告 No.15（2017）
李林　田禾/主编　2017年3月出版　定价：118.00元

◆ 本年度法治蓝皮书回顾总结了2016年度中国法治发展取得的成就和存在的不足，对中国政府、司法、检务透明度进行了跟踪调研，并对2017年中国法治发展形势进行了预测和展望。

社会体制蓝皮书
中国社会体制改革报告 No.5（2017）
龚维斌/主编　2017年3月出版　定价：89.00元

◆ 本书由国家行政学院社会治理研究中心和北京师范大学中国社会管理研究院共同组织编写，主要对2016年社会体制改革情况进行回顾和总结，对2017年的改革走向进行分析，提出相关政策建议。

社会政法类　　皮书系列 重点推荐

社会心态蓝皮书
中国社会心态研究报告（2017）
王俊秀　杨宜音 / 主编　2017 年 12 月出版　估价：89.00 元

◆ 本书是中国社会科学院社会学研究所社会心理研究中心"社会心态蓝皮书课题组"的年度研究成果，运用社会心理学、社会学、经济学、传播学等多种学科的方法进行了调查和研究，对于目前中国社会心态状况有较广泛和深入的揭示。

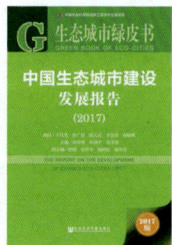

生态城市绿皮书
中国生态城市建设发展报告（2017）
刘举科　孙伟平　胡文臻 / 主编　2017 年 10 月出版　估价：118.00 元

◆ 报告以绿色发展、循环经济、低碳生活、民生宜居为理念，以更新民众观念、提供决策咨询、指导工程实践、引领绿色发展为宗旨，试图探索一条具有中国特色的城市生态文明建设新路。

城市生活质量蓝皮书
中国城市生活质量报告（2017）
中国经济实验研究院 / 主编　2018 年 2 月出版　估价：89.00 元

◆ 本书对全国 35 个城市居民的生活质量主观满意度进行了电话调查，同时对 35 个城市居民的客观生活质量指数进行了计算，为中国城市居民生活质量的提升，提出了针对性的政策建议。

公共服务蓝皮书
中国城市基本公共服务力评价（2017）
钟君　刘志昌　吴正杲 / 主编　2017 年 12 月出版　估价：89.00 元

◆ 中国社会科学院经济与社会建设研究室与华图政信调查组成联合课题组，从 2010 年开始对基本公共服务力进行研究，研创了基本公共服务力评价指标体系，为政府考核公共服务与社会管理工作提供了理论工具。

皮书系列 重点推荐　　行业报告类

行业报告类

行业报告类皮书立足重点行业、新兴行业领域，
提供及时、前瞻的数据与信息

企业社会责任蓝皮书
中国企业社会责任研究报告（2017）
黄群慧　钟宏武　张蒽　翟利峰／著　2017年10月出版　估价：89.00元

◆ 本书剖析了中国企业社会责任在2016～2017年度的最新发展特征，详细解读了省域国有企业在社会责任方面的阶段性特征，生动呈现了国内外优秀企业的社会责任实践。对了解中国企业社会责任履行现状、未来发展，以及推动社会责任建设有重要的参考价值。

新能源汽车蓝皮书
中国新能源汽车产业发展报告（2017）
中国汽车技术研究中心　日产（中国）投资有限公司
东风汽车有限公司／编著　　2017年8月出版　　定价：98.00元

◆ 本书对中国2016年新能源汽车产业发展进行了全面系统的分析，并介绍了国外的发展经验。有助于相关机构、行业和社会公众等了解中国新能源汽车产业发展的最新动态，为政府部门出台新能源汽车产业相关政策法规、企业制定相关战略规划，提供必要的借鉴和参考。

杜仲产业绿皮书
中国杜仲橡胶资源与产业发展报告（2016～2017）
杜红岩　胡文臻　俞锐／主编　　2017年11月出版　估价：85.00元

◆ 本书对2016年杜仲产业的发展情况、研究团队在杜仲研究方面取得的重要成果、部分地区杜仲产业发展的具体情况、杜仲新标准的制定情况等进行了较为详细的分析与介绍，使广大关心杜仲产业发展的读者能够及时跟踪产业最新进展。

行业报告类　皮书系列 重点推荐

企业蓝皮书
中国企业绿色发展报告No.2（2017）

李红玉　朱光辉/主编　　2017年11月出版　　估价：89.00元

◆ 本书深入分析中国企业能源消费、资源利用、绿色金融、绿色产品、绿色管理、信息化、绿色发展政策及绿色文化方面的现状，并对目前存在的问题进行研究，剖析因果，谋划对策，为企业绿色发展提供借鉴，为中国生态文明建设提供支撑。

中国上市公司蓝皮书
中国上市公司发展报告（2017）

张平　王宏淼/主编　　2017年9月出版　　定价：98.00元

◆ 本书由中国社会科学院上市公司研究中心组织编写的，着力于全面、真实、客观反映当前中国上市公司财务状况和价值评估的综合性年度报告。本书详尽分析了2016年中国上市公司情况，特别是现实中暴露出的制度性、基础性问题，并对资本市场改革进行了探讨。

资产管理蓝皮书
中国资产管理行业发展报告（2017）

智信资产管理研究院/编著　　2017年7月出版　　定价：98.00元

◆ 中国资产管理行业刚刚兴起，未来将成为中国金融市场最有看点的行业。本书主要分析了2016年度资产管理行业的发展情况，同时对资产管理行业的未来发展做出科学的预测。

体育蓝皮书
中国体育产业发展报告（2017）

阮伟　钟秉枢/主编　　2017年12月出版　　估价：89.00元

◆ 本书运用多种研究方法，在体育竞赛业、体育用品业、体育场馆业、体育传媒业等传统产业研究的基础上，并对2016年体育领域内的各种热点事件进行研究和梳理，进一步拓宽了研究的广度、提升了研究的高度、挖掘了研究的深度。

皮书系列 重点推荐

国别与地区类

国际问题类

国际问题类皮书关注全球重点国家与地区，提供全面、独特的解读与研究

美国蓝皮书
美国研究报告（2017）

郑秉文　黄平／主编　2017年5月出版　定价：89.00元

◆ 本书是由中国社会科学院美国研究所主持完成的研究成果，它回顾了美国2016年的经济、政治形势与外交战略，对2017年以来美国内政外交发生的重大事件及重要政策进行了较为全面的回顾和梳理。

日本蓝皮书
日本研究报告（2017）

杨伯江／主编　2017年6月出版　定价：89.00元

◆ 本书对2016年日本的政治、经济、社会、外交等方面的发展情况做了系统介绍，对日本的热点及焦点问题进行了总结和分析，并在此基础上对该国2017年的发展前景做出预测。

亚太蓝皮书
亚太地区发展报告（2017）

李向阳／主编　2017年5月出版　定价：79.00元

◆ 本书是中国社会科学院亚太与全球战略研究院的集体研究成果。2017年的"亚太蓝皮书"继续关注中国周边环境的变化。该书盘点了2016年亚太地区的焦点和热点问题，为深入了解2016年及未来中国与周边环境的复杂形势提供了重要参考。

国别与地区类　皮书系列 重点推荐

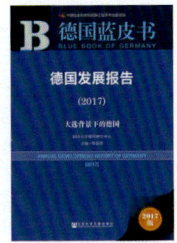

德国蓝皮书
德国发展报告（2017）

郑春荣 / 主编　2017 年 6 月出版　定价：79.00 元

◆ 本报告由同济大学德国研究所组织编撰，由该领域的专家学者对德国的政治、经济、社会文化、外交等方面的形势发展情况，进行全面的阐述与分析。

日本经济蓝皮书
日本经济与中日经贸关系研究报告（2017）

张季风 / 编著　2017 年 6 月出版　定价：89.00 元

◆ 本书系统、详细地介绍了 2016 年日本经济以及中日经贸关系发展情况，在进行了大量数据分析的基础上，对 2017 年日本经济以及中日经贸关系的大致发展趋势进行了分析与预测。

俄罗斯黄皮书
俄罗斯发展报告（2017）

李永全 / 编著　2017 年 6 月出版　定价：89.00 元

◆ 本书系统介绍了 2016 年俄罗斯经济政治情况，并对 2016 年该地区发生的焦点、热点问题进行了分析与回顾；在此基础上，对该地区 2017 年的发展前景进行了预测。

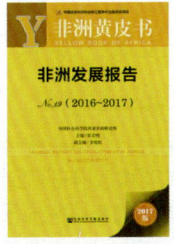

非洲黄皮书
非洲发展报告 No.19（2016～2017）

张宏明 / 主编　2017 年 7 月出版　定价：89.00 元

◆ 本书是由中国社会科学院西亚非洲研究所组织编撰的非洲形势年度报告，比较全面、系统地分析了 2016 年非洲政治形势和热点问题，探讨了非洲经济形势和市场走向，剖析了大国对非洲关系的新动向；此外，还介绍了国内非洲研究的新成果。

皮书系列 重点推荐　地方发展类

地方发展类

地方发展类皮书关注中国各省份、经济区域，提供科学、多元的预判与资政信息

北京蓝皮书
北京公共服务发展报告（2016~2017）

施昌奎 / 主编　2017 年 3 月出版　定价：79.00 元

◆ 本书是由北京市政府职能部门的领导、首都著名高校的教授、知名研究机构的专家共同完成的关于北京市公共服务发展与创新的研究成果。

河南蓝皮书
河南经济发展报告（2017）

张占仓　完世伟 / 主编　2017 年 4 月出版　定价：79.00 元

◆ 本书以国内外经济发展环境和走向为背景，主要分析当前河南经济形势，预测未来发展趋势，全面反映河南经济发展的最新动态、热点和问题，为地方经济发展和领导决策提供参考。

广州蓝皮书
2017年中国广州经济形势分析与预测

魏明海　谢博能　李华 / 主编　2017 年 6 月出版　定价：85.00 元

◆ 本书由广州大学与广州市委政策研究室、广州市统计局联合主编，汇集了广州科研团体、高等院校和政府部门诸多经济问题研究专家、学者和实际部门工作者的最新研究成果，是关于广州经济运行情况和相关专题分析、预测的重要参考资料。

 文化传媒类　　皮书系列 重点推荐

文化传媒类

文化传媒类皮书透视文化领域、文化产业，探索文化大繁荣、大发展的路径

新媒体蓝皮书
中国新媒体发展报告 No.8（2017）
唐绪军 / 主编　2017年6月出版　定价：79.00元

◆ 本书是由中国社会科学院新闻与传播研究所组织编写的关于新媒体发展的最新年度报告，旨在全面分析中国新媒体的发展现状，解读新媒体的发展趋势，探析新媒体的深刻影响。

移动互联网蓝皮书
中国移动互联网发展报告（2017）
余清楚 / 主编　2017年6月出版　定价：98.00元

◆ 本书着眼于对2016年度中国移动互联网的发展情况做深入解析，对未来发展趋势进行预测，力求从不同视角、不同层面全面剖析中国移动互联网发展的现状、年度突破及热点趋势等。

传媒蓝皮书
中国传媒产业发展报告（2017）
崔保国 / 主编　2017年5月出版　定价：98.00元

◆ "传媒蓝皮书"连续十多年跟踪观察和系统研究中国传媒产业发展。本报告在对传媒产业总体以及各细分行业发展状况与趋势进行深入分析基础上，对年度发展热点进行跟踪，剖析新技术引领下的商业模式，对传媒各领域发展趋势、内体经营、传媒投资进行解析，为中国传媒产业正在发生的变革提供前瞻行参考。

经济类

"三农"互联网金融蓝皮书
中国"三农"互联网金融发展报告（2017）
著(编)者：李勇坚 王弢　　2017年8月出版／估价：98.00元
PSN B-2016-561-1/1

"一带一路"投资安全蓝皮书
中国"一带一路"投资与安全研究报告（2017）
著(编)者：邹统钎 梁昊光　　2017年4月出版／定价：89.00元
PSN B-2017-612-1/1

G20国家创新竞争力黄皮书
二十国集团（G20）国家创新竞争力发展报告（2016~2017）
著(编)者：李建平 李闽榕 赵新力 周天勇
2017年8月出版／估价：158.00元
PSN Y-2011-229-1/1

产业蓝皮书
中国产业竞争力报告（2017）No.7
著(编)者：张其仔　　2017年12月出版／估价：98.00元
PSN B-2010-175-1/1

城市创新蓝皮书
中国城市创新报告（2017）
著(编)者：周天勇 旷建伟　　2017年11月出版／估价：89.00元
PSN B-2013-340-1/1

城市蓝皮书
中国城市发展报告No.10
著(编)者：潘家华 单菁菁　　2017年9月出版／估价：89.00元
PSN B-2007-091-1/1

城乡一体化蓝皮书
中国城乡一体化发展报告（2016~2017）
著(编)者：汝信 付崇兰　　2017年7月出版／估价：85.00元
PSN B-2011-226-1/2

城镇化蓝皮书
中国新型城镇化健康发展报告（2017）
著(编)者：张占斌　　2017年11月出版／估价：89.00元
PSN B-2014-396-1/1

创新蓝皮书
创新型国家建设报告（2016~2017）
著(编)者：詹正茂　　2017年12月出版／估价：89.00元
PSN B-2009-140-1/1

创业蓝皮书
中国创业发展报告（2016~2017）
著(编)者：黄群慧 赵卫星 钟宏武 等
2017年11月出版／估价：89.00元
PSN B-2016-578-1/1

低碳发展蓝皮书
中国低碳发展报告（2017）
著(编)者：张希良 齐晔　　2017年6月出版／定价：79.00元
PSN B-2011-223-1/1

低碳经济蓝皮书
中国低碳经济发展报告（2017）
著(编)者：薛进军 赵忠秀　　2017年7月出版／估价：85.00元
PSN B-2011-194-1/1

东北蓝皮书
中国东北地区发展报告（2017）
著(编)者：姜晓秋　　2017年2月出版／定价：79.00元
PSN B-2006-067-1/1

发展与改革蓝皮书
中国经济发展和体制改革报告No.8
著(编)者：邹东涛 王再文　　2017年7月出版／估价：98.00元
PSN B-2008-122-1/1

工业化蓝皮书
中国工业化进程报告（1999~2015）
著(编)者：黄群慧 李芳芳 等
2017年5月出版／定价：158.00元
PSN B-2007-095-1/1

管理蓝皮书
中国管理发展报告（2017）
著(编)者：张晓东　　2017年10月出版／估价：98.00元
PSN B-2014-416-1/1

国际城市蓝皮书
国际城市发展报告（2017）
著(编)者：屠启宇　　2017年2月出版／估价：79.00元
PSN B-2012-260-1/1

国家创新蓝皮书
中国创新发展报告（2017）
著(编)者：陈劲　　2018年3月出版／估价：89.00元
PSN B-2014-370-1/1

金融蓝皮书
中国金融发展报告（2017）
著(编)者：王国刚　　2017年2月出版／估价：79.00元
PSN B-2004-031-1/6

京津冀金融蓝皮书
京津冀金融发展报告（2017）
著(编)者：王爱俭 李向前
2017年7月出版／估价：89.00元
PSN B-2016-528-1/1

京津冀蓝皮书
京津冀发展报告（2017）
著(编)者：祝合良 叶堂林 张贵祥 等
2017年4月出版／估价：89.00元
PSN B-2012-262-1/1

经济蓝皮书
2017年中国经济形势分析与预测
著(编)者：李扬　　2017年1月出版／定价：89.00元
PSN B-1996-001-1/1

经济蓝皮书·春季号
2017年中国经济前景分析
著(编)者：李扬　　2017年5月出版／估价：79.00元
PSN B-1999-008-1/1

经济蓝皮书·夏季号
中国经济增长报告（2016~2017）
著(编)者：李扬　　2017年9月出版／估价：98.00元
PSN B-2010-176-1/1

经济信息绿皮书
中国与世界经济发展报告（2017）
著(编)者：杜平　　2017年12月出版／估价：89.00元
PSN G-2003-023-1/1

就业蓝皮书
2017年中国本科生就业报告
著(编)者：麦可思研究院　　2017年6月出版／定价：98.00元
PSN B-2009-146-1/2

 经济类

皮书系列 2017全品种

就业蓝皮书
2017年中国高职高专生就业报告
著(编)者：麦可思研究院　2017年6月出版 / 定价：98.00元
PSN B-2015-472-2/2

科普能力蓝皮书
中国科普能力评价报告（2017）
著(编)者：李富强 李群　2017年8月出版 / 估价：89.00元
PSN B-2016-556-1/1

临空经济蓝皮书
中国临空经济发展报告（2017）
著(编)者：连玉明　2017年9月出版 / 估价：89.00元
PSN B-2014-421-1/1

农村绿皮书
中国农村经济形势分析与预测（2016~2017）
著(编)者：魏后凯 黄秉信
2017年4月出版 / 估价：79.00元
PSN G-1998-003-1/1

农业应对气候变化蓝皮书
气候变化对中国农业影响评估报告No.3
著(编)者：矫梅燕　2017年8月出版 / 估价：98.00元
PSN B-2014-413-1/1

气候变化绿皮书
应对气候变化报告（2017）
著(编)者：王伟光 郑国光　2017年11月出版 / 估价：89.00元
PSN G-2009-144-1/1

区域蓝皮书
中国区域经济发展报告（2016~2017）
著(编)者：赵弘　2017年5月出版 / 定价：79.00元
PSN B-2004-034-1/1

全球环境竞争力绿皮书
全球环境竞争力报告（2017）
著(编)者：李建平 李闽榕 王金南
2017年12月出版 / 估价：198.00元
PSN G-2013-363-1/1

人口与劳动绿皮书
中国人口与劳动问题报告No.18
著(编)者：蔡昉 张车伟　2017年11月出版 / 估价：89.00元
PSN G-2000-012-1/1

商务中心区蓝皮书
中国商务中心区发展报告No.3（2016）
著(编)者：李国红 单菁菁　2017年9月出版 / 估价：98.00元
PSN B-2015-444-1/1

世界经济黄皮书
2017年世界经济形势分析与预测
著(编)者：张宇燕　2017年1月出版 / 定价：89.00元
PSN Y-1999-006-1/1

世界旅游城市绿皮书
世界旅游城市发展报告（2017）
著(编)者：宋宇　2017年7月出版 / 估价：128.00元
PSN G-2014-400-1/1

土地市场蓝皮书
中国农村土地市场发展报告（2016~2017）
著(编)者：李光荣　2017年7月出版 / 估价：89.00元
PSN B-2016-527-1/1

西北蓝皮书
中国西北发展报告（2017）
著(编)者：任宗哲 白宽犁 王建康
2017年4月出版 / 定价：88.00元
PSN B-2012-261-1/1

西部蓝皮书
中国西部发展报告（2017）
著(编)者：徐璋勇　2017年8月出版 / 定价：89.00元
PSN B-2005-039-1/1

新型城镇化蓝皮书
新型城镇化发展报告（2017）
著(编)者：李伟 宋敏 沈体雁　2018年7月出版 / 定价：98.00元
PSN B-2014-431-1/1

新兴经济体蓝皮书
金砖国家发展报告（2017）
著(编)者：林跃勤 周文　2017年12月出版 / 定价：89.00元
PSN B-2011-195-1/1

长三角蓝皮书
2017年创新融合发展的长三角
著(编)者：王庆五　2018年3月出版 / 估价：88.00元
PSN B-2005-038-1/1

中部竞争力蓝皮书
中国中部经济社会竞争力报告（2017）
著(编)者：教育部人文社会科学重点研究基地
　　　　　南昌大学中国中部经济社会发展研究中心
2017年12月出版 / 估价：89.00元
PSN B-2012-276-1/1

中部蓝皮书
中国中部地区发展报告（2017）
著(编)者：宋亚平　2017年12月出版 / 定价：88.00元
PSN B-2007-089-1/1

中国省域竞争力蓝皮书
中国省域经济综合竞争力发展报告（2017）
著(编)者：李建平 李闽榕 高燕京
2017年2月出版 / 定价：198.00元
PSN B-2007-088-1/1

中三角蓝皮书
长江中游城市群发展报告（2017）
著(编)者：秦尊文　2017年9月出版 / 估价：89.00元
PSN B-2014-417-1/1

中小城市绿皮书
中国中小城市发展报告（2017）
著(编)者：中国城市经济学会中小城市经济发展委员会
　　　　　中国城镇化促进会中小城市发展委员会
　　　　　《中国中小城市发展报告》编纂委员会
　　　　　中小城市发展战略研究院
2017年11月出版 / 估价：128.00元
PSN G-2010-161-1/1

中原蓝皮书
中原经济区发展报告（2017）
著(编)者：李英杰　2017年7月出版 / 估价：88.00元
PSN B-2011-192-1/1

自贸区蓝皮书
中国自贸区发展报告（2017）
著(编)者：王力 黄育华　2017年6月出版 / 定价：89.00元
PSN B-2016-559-1/1

皮书系列 2017全品种　社会政法类

社会政法类

北京蓝皮书
中国社区发展报告（2017）
著(编)者：于燕燕　　2018年4月出版 / 估价：89.00元
PSN B-2007-083-5/8

殡葬绿皮书
中国殡葬事业发展报告（2017）
著(编)者：李伯森　　2017年11月出版 / 估价：158.00元
PSN G-2010-180-1/1

城市管理蓝皮书
中国城市管理报告（2016~2017）
著(编)者：刘林　刘承水　2017年7月出版 / 估价：158.00元
PSN B-2013-336-1/1

城市生活质量蓝皮书
中国城市生活质量报告（2017）
著(编)者：中国经济实验研究院
2018年2月出版 / 估价：89.00元
PSN B-2013-326-1/1

城市政府能力蓝皮书
中国城市政府公共服务能力评估报告（2017）
著(编)者：何艳玲　　2017年7月出版 / 估价：89.00元
PSN B-2013-338-1/1

慈善蓝皮书
中国慈善发展报告（2017）
著(编)者：杨团　　2017年6月出版 / 定价：98.00元
PSN B-2009-142-1/1

党建蓝皮书
党的建设研究报告 No.2（2017）
著(编)者：崔建民　陈东平　2017年7月出版 / 估价：89.00元
PSN B-2016-524-1/1

地方法治蓝皮书
中国地方法治发展报告 No.3（2017）
著(编)者：李林　田禾　2017年7出版 / 估价：108.00元
PSN B-2015-442-1/1

法治蓝皮书
中国法治发展报告 No.15（2017）
著(编)者：李林　田禾　2017年3月出版 / 定价：118.00元
PSN B-2004-027-1/1

法治政府蓝皮书
中国法治政府发展报告（2017）
著(编)者：中国政法大学法治政府研究院
2018年4月出版 / 估价：98.00元
PSN B-2015-502-1/2

法治政府蓝皮书
中国法治政府评估报告（2017）
著(编)者：中国政法大学法治政府研究院
2017年11月出版 / 估价：98.00元
PSN B-2016-577-2/2

法治蓝皮书
中国法院信息化发展报告 No.1（2017）
著(编)者：李林　田禾　2017年2月出版 / 定价：108.00元
PSN B-2017-604-3/3

反腐倡廉蓝皮书
中国反腐倡廉建设报告 No.7
著(编)者：张英伟　　2017年12月出版 / 估价：89.00元
PSN B-2012-259-1/1

非传统安全蓝皮书
中国非传统安全研究报告（2016~2017）
著(编)者：余潇枫　魏志江　2017年7月出版 / 估价：89.00元
PSN B-2012-273-1/1

妇女发展蓝皮书
中国妇女发展报告 No.7
著(编)者：王金玲　　2017年9月出版 / 估价：148.00元
PSN B-2006-069-1/1

妇女教育蓝皮书
中国妇女教育发展报告 No.4
著(编)者：张李玺　　2017年10月出版 / 估价：78.00元
PSN B-2008-121-1/1

妇女绿皮书
中国性别平等与妇女发展报告（2017）
著(编)者：谭琳　　2017年12月出版 / 估价：99.00元
PSN G-2006-073-1/1

公共服务蓝皮书
中国城市基本公共服务力评价（2017）
著(编)者：钟君　刘志昌　吴正杲　2017年12月出版 / 估价：89.00元
PSN B-2011-214-1/1

公民科学素质蓝皮书
中国公民科学素质报告（2016~2017）
著(编)者：李群　陈雄　马宗文
2017年7月出版 / 估价：89.00元
PSN B-2014-379-1/1

公共关系蓝皮书
中国公共关系发展报告（2017）
著(编)者：柳斌杰　　2017年11月出版 / 估价：89.00元
PSN B-2016-580-1/1

公益蓝皮书
中国公益慈善发展报告（2017）
著(编)者：朱健刚　　2018年4月出版 / 估价：118.00元
PSN B-2012-283-1/1

国际人才蓝皮书
中国国际移民报告（2017）
著(编)者：王辉耀　　2017年7月出版 / 估价：89.00元
PSN B-2012-304-3/4

国际人才蓝皮书
中国留学发展报告（2017）No.5
著(编)者：王辉耀　苗绿　2017年10月出版 / 估价：89.00元
PSN B-2012-244-2/4

海关发展蓝皮书
中国海关发展前沿报告
著(编)者：干春晖　　2017年6月出版 / 定价：89.00元
PSN B-2017-616-1/1

社会政法类 — 皮书系列 2017全品种

海洋社会蓝皮书
中国海洋社会发展报告（2017）
著(编)者：崔凤 宋宁而　2018年3月出版 / 估价：89.00元
PSN B-2015-478-1/1

行政改革蓝皮书
中国行政体制改革报告（2017）No.6
著(编)者：魏礼群　2017年7月出版 / 估价：98.00元
PSN B-2011-231-1/1

华侨华人蓝皮书
华侨华人研究报告（2017）
著(编)者：贾益民　2017年12月出版 / 估价：128.00元
PSN B-2011-204-1/1

环境竞争力绿皮书
中国省域环境竞争力发展报告（2017）
著(编)者：李建平 李闽榕 王金南
2017年11月出版 / 估价：198.00元
PSN G-2010-165-1/1

环境绿皮书
中国环境发展报告（2016~2017）
著(编)者：李波　2017年4月出版 / 定价：89.00元
PSN G-2006-048-1/1

基金会蓝皮书
中国基金会发展报告（2016~2017）
著(编)者：中国基金会发展报告课题组
2017年7月出版 / 估价：85.00元
PSN B-2013-368-1/1

基金会绿皮书
中国基金会发展独立研究报告（2017）
著(编)者：基金会中心网 中央民族大学基金会研究中心
2017年7月出版 / 估价：88.00元
PSN G-2011-213-1/1

基金会透明度蓝皮书
中国基金会透明度发展研究报告（2017）
著(编)者：基金会中心网 清华大学廉政与治理研究中心
2017年12月出版 / 估价：89.00元
PSN B-2015-509-1/1

家庭蓝皮书
中国"创建幸福家庭活动"评估报告（2017）
国务院发展研究中心"创建幸福家庭活动评估"课题组 著
2017年8月出版 / 估价：89.00元
PSN B-2015-508-1/1

健康城市蓝皮书
中国健康城市建设研究报告（2017）
著(编)者：王鸿春 解树江 盛继洪
2017年9月出版 / 估价：89.00元
PSN B-2016-565-2/2

健康中国蓝皮书
社区首诊与健康中国分析报告（2017）
著(编)者：高和荣 杨叔禹 姜杰
2017年4月出版 / 定价：99.00元
PSN B-2017-611-1/1

教师蓝皮书
中国中小学教师发展报告（2017）
著(编)者：曾晓东 鱼霞　2017年7月出版 / 估价：89.00元
PSN B-2012-289-1/1

教育蓝皮书
中国教育发展报告（2017）
著(编)者：杨东平　2017年4月出版 / 定价：89.00元
PSN B-2006-047-1/1

京津冀教育蓝皮书
京津冀教育发展研究报告（2016~2017）
著(编)者：方中雄　2017年4月出版 / 估价：98.00元
PSN B-2017-608-1/1

科普蓝皮书
国家科普能力发展报告（2016~2017）
著(编)者：王康友　2017年5月出版 / 定价：128.00元
PSN B-2017-631-1/1

科普蓝皮书
中国基层科普发展报告（2016~2017）
著(编)者：赵立 新陈玲　2017年9月出版 / 估价：89.00元
PSN B-2016-569-3/3

科普蓝皮书
中国科普基础设施发展报告（2017）
著(编)者：任福君　2017年7月出版 / 估价：89.00元
PSN B-2010-174-1/3

科普蓝皮书
中国科普人才发展报告（2017）
著(编)者：郑念 任嵘嵘　2017年7月出版 / 估价：98.00元
PSN B-2015-512-2/3

科学教育蓝皮书
中国科学教育发展报告（2017）
著(编)者：罗晖 王康友　2017年10月出版 / 估价：89.00元
PSN B-2015-487-1/1

劳动保障蓝皮书
中国劳动保障发展报告（2017）
著(编)者：刘燕斌　2017年9月出版 / 估价：188.00元
PSN B-2014-415-1/1

老龄蓝皮书
中国老年宜居环境发展报告（2017）
著(编)者：党俊武 周燕珉　2017年11月出版 / 估价：89.00元
PSN B-2013-320-1/1

连片特困区蓝皮书
中国连片特困区发展报告（2016~2017）
著(编)者：游俊 冷志明 丁建军
2017年4月出版 / 定价：98.00元
PSN B-2013-321-1/1

流动儿童蓝皮书
中国流动儿童教育发展报告（2016）
著(编)者：杨东平　2017年1月出版 / 定价：79.00元
PSN B-2017-600-1/1

皮书系列 2017全品种 — 社会政法类

民调蓝皮书
中国民生调查报告（2017）
著(编)者：谢耘耕　2017年12月出版 / 估价：98.00元
PSN B-2014-398-1/1

民族发展蓝皮书
中国民族发展报告（2017）
著(编)者：郝时远　王延中　王希恩
2017年4月出版 / 估价：98.00元
PSN B-2006-070-1/1

女性生活蓝皮书
中国女性生活状况报告No.11（2017）
著(编)者：韩湘景　2017年10月出版 / 估价：98.00元
PSN B-2006-071-1/1

汽车社会蓝皮书
中国汽车社会发展报告（2017）
著(编)者：王俊秀　2017年12月出版 / 估价：89.00元
PSN B-2011-224-1/1

青年蓝皮书
中国青年发展报告（2017）No.3
著(编)者：廉思 等　2017年12月出版 / 估价：89.00元
PSN B-2013-333-1/1

青少年蓝皮书
中国未成年人互联网运用报告（2017）
著(编)者：李文革　沈洁　季为民
2017年11月出版 / 估价：89.00元
PSN B-2010-165-1/1

青少年体育蓝皮书
中国青少年体育发展报告（2017）
著(编)者：郭建军　戴健　2017年9月出版 / 估价：89.00元
PSN B-2015-482-1/1

群众体育蓝皮书
中国群众体育发展报告（2017）
著(编)者：刘国永　杨桦　2017年12月出版 / 估价：89.00元
PSN B-2016-519-2/3

人权蓝皮书
中国人权事业发展报告No.7（2017）
著(编)者：李君如　2017年9月出版 / 估价：98.00元
PSN B-2011-215-1/1

社会保障绿皮书
中国社会保障发展报告（2017）No.8
著(编)者：王延中　2017年7月出版 / 估价：98.00元
PSN G-2001-014-1/1

社会风险评估蓝皮书
风险评估与危机预警评估报告（2017）
著(编)者：唐钧　2017年11月出版 / 估价：85.00元
PSN B-2016-521-1/1

社会管理蓝皮书
中国社会管理创新报告No.5
著(编)者：连玉明　2017年11月出版 / 估价：89.00元
PSN B-2012-300-1/1

社会蓝皮书
2017年中国社会形势分析与预测
著(编)者：李培林　陈光金　张翼
2016年12月出版 / 定价：89.00元
PSN B-1998-002-1/1

社会体制蓝皮书
中国社会体制改革报告No.5（2017）
著(编)者：龚维斌　2017年3月出版 / 定价：89.00元
PSN B-2013-330-1/1

社会心态蓝皮书
中国社会心态研究报告（2017）
著(编)者：王俊秀　杨宜音　2017年12月出版 / 定价：89.00元
PSN B-2011-199-1/1

社会组织蓝皮书
中国社会组织发展报告（2016~2017）
著(编)者：黄晓勇　2017年1月出版 / 定价：89.00元
PSN B-2008-118-1/2

社会组织蓝皮书
中国社会组织评估发展报告（2017）
著(编)者：徐家良　廖鸿　2017年12月出版 / 定价：89.00元
PSN B-2013-366-1/1

生态城市绿皮书
中国生态城市建设发展报告（2017）
著(编)者：刘举科　孙伟平　胡文臻
2017年9月出版 / 估价：118.00元
PSN G-2012-269-1/1

生态文明绿皮书
中国省域生态文明建设评价报告（ECI 2017）
著(编)者：严耕　2017年12月出版 / 估价：98.00元
PSN G-2010-170-1/1

土地整治蓝皮书
中国土地整治发展研究报告No.4
著(编)者：国土资源部土地整治中心
2017年7月出版 / 估价：89.00元
PSN B-2014-401-1/1

土地政策蓝皮书
中国土地政策研究报告（2017）
著(编)者：高延利　李宪文
2017年12月出版 / 估价：89.00元
PSN B-2015-506-1/1

退休生活蓝皮书
中国城市居民退休生活质量指数报告（2016）
著(编)者：杨一凡　2017年5月出版 / 定价：79.00元
PSN B-2017-618-1/1

遥感监测绿皮书
中国可持续发展遥感监测报告（2016）
著(编)者：顾行发　李闽榕　徐东华
2017年6月出版 / 定价：298.00元
PSN B-2017-629-1/1

行业报告类

医改蓝皮书
中国医药卫生体制改革报告（2017）
著(编)者：文学国　房志武　2017年11月出版 / 估价：98.00元
PSN B-2014-432-1/1

医疗卫生绿皮书
中国医疗卫生发展报告 No.7（2017）
著(编)者：申宝忠　韩玉珍　2017年11月出版 / 估价：85.00元
PSN G-2004-033-1/1

应急管理蓝皮书
中国应急管理报告（2017）
著(编)者：宋英华　2017年9月出版 / 估价：98.00元
PSN B-2016-563-1/1

政治参与蓝皮书
中国政治参与报告（2017）
著(编)者：房宁　2017年8月出版 / 定价：118.00元
PSN B-2011-200-1/1

宗教蓝皮书
中国宗教报告（2016）
著(编)者：邱永辉　2017年8月出版 / 定价：79.00元
PSN B-2008-117-1/1

行业报告类

SUV蓝皮书
中国SUV市场发展报告（2016~2017）
著(编)者：靳军　2017年9月出版 / 估价：89.00元
PSN B-2016-572-1/1

保健蓝皮书
中国保健服务产业发展报告 No.2
著(编)者：中国保健协会　中共中央党校
2017年7月出版 / 估价：198.00元
PSN B-2012-272-3/3

保健蓝皮书
中国保健食品产业发展报告 No.2
著(编)者：中国保健协会
　　　　　中国社会科学院食品药品产业发展与监管研究中心
2017年7月出版 / 估价：198.00元
PSN B-2012-271-2/3

保健蓝皮书
中国保健用品产业发展报告 No.2
著(编)者：中国保健协会
　　　　　国务院国有资产监督管理委员会研究中心
2017年7月出版 / 估价：198.00元
PSN B-2012-270-1/3

保险蓝皮书
中国保险业竞争力报告（2017）
著(编)者：保监会　2017年12月出版 / 估价：99.00元
PSN B-2013-311-1/1

冰雪蓝皮书
中国滑雪产业发展报告（2017）
著(编)者：孙承华　伍斌　魏庆华　张鸿俊
2017年9月出版 / 估价：79.00元
PSN B-2016-560-1/1

彩票蓝皮书
中国彩票发展报告（2017）
著(编)者：益彩基金　2017年7月出版 / 估价：98.00元
PSN B-2015-462-1/1

餐饮产业蓝皮书
中国餐饮产业发展报告（2017）
著(编)者：邢颖　2017年6月出版 / 定价：98.00元
PSN B-2009-151-1/1

测绘地理信息蓝皮书
新常态下的测绘地理信息研究报告（2017）
著(编)者：库热西·买合苏提
2017年12月出版 / 估价：118.00元
PSN B-2009-145-1/1

茶业蓝皮书
中国茶产业发展报告（2017）
著(编)者：杨江帆　李闽榕　2017年10月出版 / 估价：88.00元
PSN B-2010-164-1/1

产权市场蓝皮书
中国产权市场发展报告（2016~2017）
著(编)者：曹和平　2017年5月出版 / 估价：89.00元
PSN B-2009-147-1/1

产业安全蓝皮书
中国出版传媒产业安全报告（2016~2017）
著(编)者：北京印刷学院文化产业安全研究院
2017年7月出版 / 估价：89.00元
PSN B-2014-384-13/14

产业安全蓝皮书
中国文化产业安全报告（2017）
著(编)者：北京印刷学院文化产业安全研究院
2017年12月出版 / 估价：89.00元
PSN B-2014-378-12/14

皮书系列 2017全品种 — 行业报告类

产业安全蓝皮书
中国新媒体产业安全报告（2017）
著(编)者：肖丽　　2018年6月出版 / 估价：89.00元
PSN B-2015-500-14/14

城投蓝皮书
中国城投行业发展报告（2017）
著(编)者：王晨艳　丁伯康　2017年9月出版 / 定价：300.00元
PSN B-2016-514-1/1

电子政务蓝皮书
中国电子政务发展报告（2016~2017）
著(编)者：李季　杜平　2017年7月出版 / 估价：89.00元
PSN B-2003-022-1/1

大数据蓝皮书
中国大数据发展报告No.1
著(编)者：连玉明　2017年5月出版 / 定价：79.00元
PSN B-2017-620-1/1

杜仲产业绿皮书
中国杜仲橡胶资源与产业发展报告（2016~2017）
著(编)者：杜红岩　胡文臻　俞锐
2017年11月出版 / 估价：85.00元
PSN G-2013-350-1/1

对外投资与风险蓝皮书
中国对外直接投资与国家风险报告（2017）
著(编)者：中债资信评估有限公司
中国社科院世界经济与政治研究所
2017年4月出版 / 定价：189.00元
PSN B-2017-606-1/1

房地产蓝皮书
中国房地产发展报告 No.14（2017）
著(编)者：李春华　王业强　2017年5月出版 / 定价：89.00元
PSN B-2004-028-1/1

服务外包蓝皮书
中国服务外包产业发展报告（2017）
著(编)者：王晓红　刘德军
2017年7月出版 / 估价：89.00元
PSN B-2013-331-2/2

服务外包蓝皮书
中国服务外包竞争力报告（2017）
著(编)者：王力　刘春生　黄育华
2017年11月出版 / 估价：85.00元
PSN B-2011-216-1/2

工业和信息化蓝皮书
世界网络安全发展报告（2016~2017）
著(编)者：尹丽波　2017年6月出版 / 定价：89.00元
PSN B-2015-452-5/6

工业和信息化蓝皮书
世界信息化发展报告（2016~2017）
著(编)者：尹丽波　2017年6月出版 / 定价：89.00元
PSN B-2015-451-4/6

工业和信息化蓝皮书
世界信息技术产业发展报告（2016~2017）
著(编)者：尹丽波　2017年6月出版 / 定价：89.00元
PSN B-2015-449-2/6

工业和信息化蓝皮书
移动互联网产业发展报告（2016~2017）
著(编)者：尹丽波　2017年6月出版 / 定价：89.00元
PSN B-2015-448-1/6

工业和信息化蓝皮书
战略性新兴产业发展报告（2016~2017）
著(编)者：尹丽波　2017年6月出版 / 定价：89.00元
PSN B-2015-450-3/6

工业和信息化蓝皮书
世界智慧城市发展报告（2016~2017）
著(编)者：尹丽波　2017年6月出版 / 定价：89.00元
PSN B-2017-624-6/6

工业和信息化蓝皮书
人工智能发展报告（2016~2017）
著(编)者：尹丽波　2017年6月出版 / 定价：89.00元
PSN B-2015-448-1/6

工业设计蓝皮书
中国工业设计发展报告（2017）
著(编)者：王晓红　于炜　张立群
2017年9月出版 / 估价：138.00元
PSN B-2014-420-1/1

黄金市场蓝皮书
中国商业银行黄金业务发展报告（2016~2017）
著(编)者：平安银行　2017年7月出版 / 定价：98.00元
PSN B-2016-525-1/1

互联网金融蓝皮书
中国互联网金融发展报告（2017）
著(编)者：李东荣　2017年9月出版 / 定价：128.00元
PSN B-2014-374-1/1

互联网医疗蓝皮书
中国互联网健康医疗发展报告（2017）
著(编)者：芮晓武　2017年6月出版 / 定价：89.00元
PSN B-2016-568-1/1

会展蓝皮书
中外会展业动态评估年度报告（2017）
著(编)者：张敏　2017年7月出版 / 定价：88.00元
PSN B-2013-327-1/1

金融监管蓝皮书
中国金融监管报告（2017）
著(编)者：胡滨　2017年5月出版 / 定价：89.00元
PSN B-2012-281-1/1

金融信息服务蓝皮书
中国金融信息服务发展报告（2017）
著(编)者：李平　2017年5月出版 / 定价：79.00元
PSN B-2017-621-1/1

金融蓝皮书
中国金融中心发展报告（2017）
著(编)者：王力　黄育华　2017年11月出版 / 估价：85.00元
PSN B-2011-186-6/6

建筑装饰蓝皮书
中国建筑装饰行业发展报告（2017）
著(编)者：刘晓一　葛道顺　2017年11月出版 / 估价：198.00元
PSN B-2016-554-1/1

行业报告类

皮书系列 2017全品种

客车蓝皮书
中国客车产业发展报告（2016~2017）
著（编）者：姚蔚　　2017年10月出版／估价：85.00元
PSN B-2013-361-1/1

旅游安全蓝皮书
中国旅游安全报告（2017）
著（编）者：郑向敏　谢朝武　　2017年5月出版／定价：128.00元
PSN B-2012-280-1/1

旅游绿皮书
2016~2017年中国旅游发展分析与预测
著（编）者：宋瑞　　2017年2月出版／定价：89.00元
PSN G-2002-018-1/1

煤炭蓝皮书
中国煤炭工业发展报告（2017）
著（编）者：岳福斌　　2017年12月出版／估价：85.00元
PSN B-2008-123-1/1

民营企业社会责任蓝皮书
中国民营企业社会责任报告（2017）
著（编）者：中华全国工商业联合会
2017年12月出版／估价：89.00元
PSN B-2015-510-1/1

民营医院蓝皮书
中国民营医院发展报告（2017）
著（编）者：庄一强　　2017年10月出版／估价：85.00元
PSN B-2012-299-1/1

闽商蓝皮书
闽商发展报告（2017）
著（编）者：李闽榕　王日根　林琛
2017年12月出版／估价：89.00元
PSN B-2012-298-1/1

能源蓝皮书
中国能源发展报告（2017）
著（编）者：崔民选　王军生　陈义和
2017年10月出版／估价：98.00元
PSN B-2006-049-1/1

农产品流通蓝皮书
中国农产品流通产业发展报告（2017）
著（编）者：贾敬敦　张东科　张玉玺　张鹏毅　周伟
2017年7月出版／估价：89.00元
PSN B-2012-288-1/1

企业公益蓝皮书
中国企业公益研究报告（2017）
著（编）者：钟宏武　汪杰　顾一　黄晓娟　等
2017年12月出版／估价：89.00元
PSN B-2015-501-1/1

企业国际化蓝皮书
中国企业国际化报告（2017）
著（编）者：王辉耀　　2017年11月出版／估价：98.00元
PSN B-2014-427-1/1

企业蓝皮书
中国企业绿色发展报告No.2（2017）
著（编）者：李红玉　朱光辉　　2017年11月出版／估价：89.00元
PSN B-2015-481-2/2

企业社会责任蓝皮书
中国企业社会责任研究报告（2017）
著（编）者：黄群慧　钟宏武　张蒽　翟利峰
2017年11月出版／估价：89.00元
PSN B-2009-149-1/1

企业社会责任蓝皮书
中资企业海外社会责任研究报告（2016~2017）
著（编）者：钟宏武　叶柳红　张蒽
2017年1月出版／定价：79.00元
PSN B-2017-603-2/2

汽车安全蓝皮书
中国汽车安全发展报告（2017）
著（编）者：中国汽车技术研究中心
2017年7月出版／估价：89.00元
PSN B-2014-385-1/1

汽车电子商务蓝皮书
中国汽车电子商务发展报告（2017）
著（编）者：中华全国工商业联合会汽车经销商商会
　　　　　　北京易观智库网络科技有限公司
2017年10月出版／估价：128.00元
PSN B-2015-485-1/1

汽车工业蓝皮书
中国汽车工业发展年度报告（2017）
著（编）者：中国汽车工业协会　中国汽车技术研究中心
　　　　　　丰田汽车（中国）投资有限公司
2017年5月出版／定价：128.00元
PSN B-2015-463-1/2

汽车工业蓝皮书
中国汽车零部件产业发展报告（2017）
著（编）者：中国汽车工业协会　中国汽车工程研究院
2017年月出版／估价：98.00元
PSN B-2016-515-2/2

汽车蓝皮书
中国汽车产业发展报告（2017）
著（编）者：国务院发展研究中心产业经济研究部
　　　　　　中国汽车工程学会　大众汽车集团（中国）
2017年8月出版／估价：98.00元
PSN B-2008-124-1/1

人力资源蓝皮书
中国人力资源发展报告（2017）
著（编）者：余兴安　　2017年11月出版／估价：89.00元
PSN B-2012-287-1/1

融资租赁蓝皮书
中国融资租赁业发展报告（2016~2017）
著（编）者：李光荣　王力　　2017年11月出版／估价：89.00元
PSN B-2015-443-1/1

商会蓝皮书
中国商会发展报告No.5（2017）
著（编）者：王钦敏　　2017年7月出版／估价：89.00元
PSN B-2008-125-1/1

输血服务蓝皮书
中国输血行业发展报告（2017）
著（编）者：朱永明　耿鸿武　　2016年12月出版／估价：89.00元
PSN B-2016-583-1/1

社会责任管理蓝皮书
中国上市公司社会责任能力成熟度报告（2017）No.2
著(编)者：肖红军 王晓光 李伟阳
2017年12月出版 / 估价：98.00元
PSN B-2015-507-2/2

社会责任管理蓝皮书
中国企业公众透明度报告(2017)No.3
著(编)者：黄速建 熊梦 王晓光 肖红军
2017年4月出版 / 估价：98.00元
PSN B-2015-440-1/2

食品药品蓝皮书
食品药品安全与监管政策研究报告（2016～2017）
著(编)者：唐民皓 2017年7月出版 / 估价：89.00元
PSN B-2009-129-1/1

世界茶业蓝皮书
世界茶业发展报告（2017）
著(编)者：李闽榕 冯廷栓 2017年5月出版 / 定价：118.00元
PSN B-2017-619-1/1

世界能源蓝皮书
世界能源发展报告（2017）
著(编)者：黄晓勇 2017年6月出版 / 定价：99.00元
PSN B-2013-349-1/1

水利风景区蓝皮书
中国水利风景区发展报告（2017）
著(编)者：谢婵才 兰思仁 2017年7月出版 / 估价：89.00元
PSN B-2015-480-1/1

碳市场蓝皮书
中国碳市场报告（2017）
著(编)者：定金彪 2017年11月出版 / 估价：89.00元
PSN B-2014-430-1/1

体育蓝皮书
中国体育产业发展报告（2017）
著(编)者：阮伟 钟秉枢 2017年12月出版 / 估价：89.00元
PSN B-2010-179-1/5

体育蓝皮书
中国体育产业基地发展报告（2015～2016）
著(编)者：李颖川 2017年4月出版 / 定价：89.00元
PSN B-2017-609-5/5

网络空间安全蓝皮书
中国网络空间安全发展报告（2017）
著(编)者：惠志斌 唐涛 2017年7月出版 / 估价：89.00元
PSN B-2015-466-1/1

西部金融蓝皮书
中国西部金融发展报告（2017）
著(编)者：李忠民 2017年8月出版 / 估价：85.00元
PSN B-2010-160-1/1

协会商会蓝皮书
中国行业协会商会发展报告（2017）
著(编)者：景朝阳 李勇 2017年7月出版 / 估价：99.00元
PSN B-2015-461-1/1

新能源汽车蓝皮书
中国新能源汽车产业发展报告（2017）
著(编)者：中国汽车技术研究中心
日产（中国）投资有限公司 东风汽车有限公司
2017年7月出版 / 估价：98.00元
PSN B-2013-347-1/1

新三板蓝皮书
中国新三板市场发展报告（2017）
著(编)者：王力 2017年7月出版 / 估价：89.00元
PSN B-2016-534-1/1

信托市场蓝皮书
中国信托业市场报告（2016～2017）
著(编)者：用益信托研究院
2017年1月出版 / 定价：198.00元
PSN B-2014-371-1/1

信息化蓝皮书
中国信息化形势分析与预测（2016~2017）
著(编)者：周宏仁 2017年8月出版 / 估价：98.00元
PSN B-2010-168-1/1

信用蓝皮书
中国信用发展报告（2017）
著(编)者：章政 田侃 2017年7月出版 / 估价：99.00元
PSN B-2013-328-1/1

休闲绿皮书
2017年中国休闲发展报告
著(编)者：宋瑞 2017年10月出版 / 估价：89.00元
PSN G-2010-158-1/1

休闲体育蓝皮书
中国休闲体育发展报告（2016～2017）
著(编)者：李相如 钟炳枢 2017年10月出版 / 估价：89.00元
PSN G-2016-516-1/1

养老金融蓝皮书
中国养老金融发展报告（2017）
著(编)者：董克用 姚余栋
2017年9月出版 / 定价：89.00元
PSN B-2016-584-1/1

药品流通蓝皮书
中国药品流通行业发展报告（2017）
著(编)者：佘鲁林 温再兴 2017年8月出版 / 估价：158.00元
PSN B-2014-429-1/1

医院蓝皮书
中国医院竞争力报告（2017）
著(编)者：庄一强 曾益新 2017年3月出版 / 定价：108.00元
PSN B-2016-529-1/1

瑜伽蓝皮书
中国瑜伽业发展报告（2016~2017）
著(编)者：张永建 徐华锋 朱泰余
2017年3月出版 / 定价：108.00元
PSN B-2017-675-1/1

文化传媒类

皮书系列 2017全品种

邮轮绿皮书
中国邮轮产业发展报告（2017）
著(编)者：汪泓　　2017年10月出版 / 估价：89.00元
PSN G-2014-419-1/1

智能养老蓝皮书
中国智能养老产业发展报告（2017）
著(编)者：朱勇　　2017年10月出版 / 估价：89.00元
PSN B-2015-488-1/1

债券市场蓝皮书
中国债券市场发展报告（2016~2017）
著(编)者：杨农　　2017年10月出版 / 估价：89.00元
PSN B-2016-573-1/1

中国节能汽车蓝皮书
中国节能汽车发展报告（2016~2017）
著(编)者：中国汽车工程研究院股份有限公司
2017年9月出版 / 估价：98.00元
PSN B-2016-566-1/1

中国上市公司蓝皮书
中国上市公司发展报告（2017）
著(编)者：张平　王宏淼
2017年9月出版 / 定价：98.00元
PSN B-2014-414-1/1

中国陶瓷产业蓝皮书
中国陶瓷产业发展报告（2017）
著(编)者：左和平　黄速建　　2017年10月出版 / 估价：98.00元
PSN B-2016-574-1/1

中医药蓝皮书
中国中医药知识产权发展报告No.1
著(编)者：汪红　屠志涛　　2017年4月出版 / 定价：158.00元
PSN B-2016-574-1/1

中国总部经济蓝皮书
中国总部经济发展报告（2016~2017）
著(编)者：赵弘　　2017年9月出版 / 估价：89.00元
PSN B-2005-036-1/1

中医文化蓝皮书
中国中医药文化传播发展报告（2017）
著(编)者：毛嘉陵　　2017年7月出版 / 估价：89.00元
PSN B-2015-468-1/1

装备制造业蓝皮书
中国装备制造业发展报告（2017）
著(编)者：徐东华　　2017年12月出版 / 估价：148.00元
PSN B-2015-505-1/1

资本市场蓝皮书
中国场外交易市场发展报告（2016~2017）
著(编)者：高峦　　2017年7月出版 / 估价：89.00元
PSN B-2009-153-1/1

资产管理蓝皮书
中国资产管理行业发展报告（2017）
著(编)者：智信资产管理研究院
2017年7月出版 / 定价：98.00元
PSN B-2014-407-2/2

文化传媒类

传媒竞争力蓝皮书
中国传媒国际竞争力研究报告（2017）
著(编)者：李本乾　刘强
2017年11月出版 / 估价：148.00元
PSN B-2013-356-1/1

传媒蓝皮书
中国传媒产业发展报告（2017）
著(编)者：崔保国　　2017年5月出版 / 定价：98.00元
PSN B-2005-035-1/1

传媒投资蓝皮书
中国传媒投资发展报告（2017）
著(编)者：张向东　谭云明
2017年7月出版 / 估价：128.00元
PSN B-2015-474-1/1

动漫蓝皮书
中国动漫产业发展报告（2017）
著(编)者：卢斌　郑玉明　牛兴侦
2017年9月出版 / 估价：89.00元
PSN B-2011-198-1/1

非物质文化遗产蓝皮书
中国非物质文化遗产发展报告（2017）
著(编)者：陈平　　2017年7月出版 / 估价：98.00元
PSN B-2015-469-1/1

广电蓝皮书
中国广播电影电视发展报告（2017）
著(编)者：国家新闻出版广电总局发展研究中心
2017年7月出版 / 估价：98.00元
PSN B-2006-072-1/1

广告主蓝皮书
中国广告主营销传播趋势报告No.9
著(编)者：黄升民　杜国清　邵华冬　等
2017年10月出版 / 估价：148.00元
PSN B-2005-041-1/1

国际传播蓝皮书
中国国际传播发展报告（2017）
著(编)者：胡正荣　李继东　姬德强
2017年11月出版 / 估价：89.00元
PSN B-2014-408-1/1

23

皮书系列 2017全品种 — 文化传媒类·地方发展类

国家形象蓝皮书
中国国家形象传播报告（2016）
著(编)者：张昆　2017年3月出版／定价：98.00元
PSN B-2017-605-1/1

纪录片蓝皮书
中国纪录片发展报告（2017）
著(编)者：何苏六　2017年9月出版／估价：89.00元
PSN B-2011-222-1/1

科学传播蓝皮书
中国科学传播报告（2017）
著(编)者：詹正茂　2017年7月出版／估价：89.00元
PSN B-2008-120-1/1

两岸创意经济蓝皮书
两岸创意经济研究报告（2017）
著(编)者：罗昌智　林咏能
2017年10月出版／估价：98.00元
PSN B-2014-437-1/1

媒介与女性蓝皮书
中国媒介与女性发展报告(2016~2017)
著(编)者：刘利群　2018年5月出版／估价：118.00元
PSN B-2013-345-1/1

媒体融合蓝皮书
中国媒体融合发展报告（2017）
著(编)者：梅宁华　宋建武　2017年7月出版／估价：89.00元
PSN B-2015-479-1/1

全球传媒蓝皮书
全球传媒发展报告（2016~2017）
著(编)者：胡正荣　李继东
2017年6月出版／定价：89.00元
PSN B-2012-237-1/1

少数民族非遗蓝皮书
中国少数民族非物质文化遗产发展报告（2017）
著(编)者：肖远平（彝）柴立（满）
2017年8月出版／估价：98.00元
PSN B-2015-467-1/1

视听新媒体蓝皮书
中国视听新媒体发展报告（2017）
著(编)者：国家新闻出版广电总局发展研究中心
2017年11月出版／估价：98.00元
PSN B-2011-184-1/1

文化创新蓝皮书
中国文化创新报告（2016）No.7
著(编)者：于平　傅才武　2017年4月出版／定价：89.00元
PSN B-2009-143-1/1

文化建设蓝皮书
中国文化发展报告（2017）
著(编)者：江畅　孙伟平　戴茂堂
2017年5月出版／估价：98.00元
PSN B-2014-392-1/1

文化金融蓝皮书
中国文化金融发展报告（2017）
著(编)者：杨涛　余巍　2017年5月出版／定价：98.00元
PSN B-2017-610-1/1

文化科技蓝皮书
文化科技创新发展报告（2017）
著(编)者：于平　李凤亮　2017年11月出版／估价：89.00元
PSN B-2013-342-1/1

文化蓝皮书
中国公共文化服务发展报告（2017）
著(编)者：刘新成　张永新　张旭
2017年12月出版／估价：98.00元
PSN B-2007-093-2/10

文化蓝皮书
中国公共文化投入增长测评报告（2017）
著(编)者：王亚南　2017年2月出版／定价：79.00元
PSN B-2014-435-10/10

文化蓝皮书
中国少数民族文化发展报告（2016~2017）
著(编)者：武翠英　张晓明　任乌晶
2017年9月出版／估价：89.00元
PSN B-2013-369-9/10

文化蓝皮书
中国文化产业发展报告（2016~2017）
著(编)者：张晓明　王家新　章建刚
2017年7月出版／估价：89.00元
PSN B-2002-019-1/10

文化蓝皮书
中国文化产业供需协调检测报告（2017）
著(编)者：王亚南　2017年2月出版／定价：79.00元
PSN B-2013-323-8/10

文化蓝皮书
中国文化消费需求景气评价报告（2017）
著(编)者：王亚南　2017年2月出版／定价：79.00元
PSN B-2011-236-4/10

文化品牌蓝皮书
中国文化品牌发展报告（2017）
著(编)者：欧阳友权　2017年7月出版／估价：98.00元
PSN B-2012-277-1/1

文化遗产蓝皮书
中国文化遗产事业发展报告（2017）
著(编)者：苏杨　张颖岚　王宇飞
2017年8月出版／估价：98.00元
PSN B-2008-119-1/1

文学蓝皮书
中国文情报告（2016~2017）
著(编)者：白烨　2017年5月出版／定价：69.00元
PSN B-2011-221-1/1

新媒体蓝皮书
中国新媒体发展报告No.8（2017）
著(编)者：唐绪军　2017年7月出版／定价：79.00元
PSN B-2010-169-1/1

新媒体社会责任蓝皮书
中国新媒体社会责任研究报告（2017）
著(编)者：钟瑛　2017年11月出版／估价：89.00元
PSN B-2014-423-1/1

移动互联网蓝皮书
中国移动互联网发展报告（2017）
著(编)者：余清楚　2017年6月出版 / 定价：98.00元
PSN B-2012-282-1/1

舆情蓝皮书
中国社会舆情与危机管理报告（2017）
著(编)者：谢耘耕　2017年9月出版 / 估价：128.00元
PSN B-2011-235-1/1

影视蓝皮书
中国影视产业发展报告（2017）
著(编)者：司若　2017年4月出版 / 定价：98.00元
PSN B-2016-530-1/1

地方发展类

安徽经济蓝皮书
合芜蚌国家自主创新综合示范区研究报告（2016~2017）
著(编)者：黄家海　王开玉　蔡宪
2017年7月出版 / 估价：89.00元
PSN B-2014-383-1/1

安徽蓝皮书
安徽社会发展报告（2017）
著(编)者：程桦　2017年5月出版 / 定价：89.00元
PSN B-2013-325-1/1

澳门蓝皮书
澳门经济社会发展报告（2016~2017）
著(编)者：吴志良　郝雨凡　2017年7月出版 / 定价：98.00元
PSN B-2009-138-1/1

澳门绿皮书
澳门旅游休闲发展报告（2016~2017）
著(编)者：郝雨凡　林广志　2017年5月出版 / 定价：88.00元
PSN G-2017-617-1/1

北京蓝皮书
北京公共服务发展报告（2016~2017）
著(编)者：施昌奎　2017年3月出版 / 定价：79.00元
PSN B-2008-103-7/8

北京蓝皮书
北京经济发展报告（2016~2017）
著(编)者：杨松　2017年6月出版 / 定价：89.00元
PSN B-2006-054-2/8

北京蓝皮书
北京社会发展报告（2016~2017）
著(编)者：李伟东　2017年7月出版 / 定价：79.00元
PSN B-2006-055-3/8

北京蓝皮书
北京社会治理发展报告（2016~2017）
著(编)者：殷星辰　2017年7月出版 / 定价：79.00元
PSN B-2014-391-8/8

北京蓝皮书
北京文化发展报告（2016~2017）
著(编)者：李建盛　2017年5月出版 / 定价：79.00元
PSN B-2007-082-4/8

北京律师绿皮书
北京律师发展报告No.3（2017）
著(编)者：王隽　2017年7月出版 / 定价：88.00元
PSN G-2012-301-1/1

北京旅游绿皮书
北京旅游发展报告（2017）
著(编)者：北京旅游学会　2017年7月出版 / 定价：88.00元
PSN B-2011-217-1/1

北京人才蓝皮书
北京人才发展报告（2017）
著(编)者：于淼　2017年12月出版 / 定价：128.00元
PSN B-2011-201-1/1

北京社会心态蓝皮书
北京社会心态分析报告（2016~2017）
著(编)者：北京社会心理研究所
2017年11月出版 / 估价：89.00元
PSN B-2014-422-1/1

北京社会组织管理蓝皮书
北京社会组织发展与管理（2016~2017）
著(编)者：黄江松　2017年7月出版 / 估价：88.00元
PSN B-2015-446-1/1

北京体育蓝皮书
北京体育产业发展报告（2016~2017）
著(编)者：钟秉枢　陈杰　杨铁黎
2017年9月出版 / 估价：89.00元
PSN B-2015-475-1/1

北京养老产业蓝皮书
北京养老产业发展报告（2017）
著(编)者：周明明　冯喜良　2017年11月出版 / 估价：89.00元
PSN B-2015-465-1/1

非公有制企业社会责任蓝皮书
北京非公有制企业社会责任报告（2017）
著(编)者：宗贵伦　冯培　2017年6月出版 / 定价：89.00元
PSN B-2017-613-1/1

滨海金融蓝皮书
滨海新区金融发展报告（2017）
著(编)者：王爱俭　张锐钢　2018年4月出版 / 估价：89.00元
PSN B-2014-424-1/1

皮书系列 2017全品种 — 地方发展类

城乡一体化蓝皮书
北京城乡一体化发展报告（2016~2017）
著(编)者：吴宝新 张宝秀 黄序
2017年5月出版 / 定价：85.00元
PSN B-2012-258-2/2

创意城市蓝皮书
北京文化创意产业发展报告（2017）
著(编)者：张京成 王国华　2017年10月出版 / 估价：89.00元
PSN B-2012-263-1/7

创意城市蓝皮书
天津文化创意产业发展报告（2016~2017）
著(编)者：谢思全　2017年11月出版 / 估价：89.00元
PSN B-2016-537-7/7

创意城市蓝皮书
武汉文化创意产业发展报告（2017）
著(编)者：黄永林 陈汉桥　2017年11月出版 / 估价：99.00元
PSN B-2013-354-4/7

创意上海蓝皮书
上海文化创意产业发展报告（2016~2017）
著(编)者：王慧敏 王兴全　2017年11月出版 / 估价：89.00元
PSN B-2016-562-1/1

福建妇女发展蓝皮书
福建省妇女发展报告（2017）
著(编)者：刘群英　2017年11月出版 / 估价：88.00元
PSN B-2011-220-1/1

福建自贸区蓝皮书
中国（福建）自由贸易实验区发展报告（2016~2017）
著(编)者：黄茂兴　2017年4月出版 / 定价：108.00元
PSN B-2017-532-1/1

甘肃蓝皮书
甘肃经济发展分析与预测（2017）
著(编)者：安文华 罗哲　2017年1月出版 / 定价：79.00元
PSN B-2013-312-1/6

甘肃蓝皮书
甘肃社会发展分析与预测（2017）
著(编)者：安文华 包晓霞 谢增虎
2017年1月出版 / 定价：79.00元
PSN B-2013-313-2/6

甘肃蓝皮书
甘肃文化发展分析与预测（2017）
著(编)者：王俊莲 周小华　2017年1月出版 / 定价：79.00元
PSN B-2013-314-3/6

甘肃蓝皮书
甘肃县域和农村发展报告（2017）
著(编)者：朱智文 包东红 王建兵
2017年1月出版 / 定价：79.00元
PSN B-2013-316-5/6

甘肃蓝皮书
甘肃舆情分析与预测（2017）
著(编)者：陈双梅 张谦元　2017年1月出版 / 定价：79.00元
PSN B-2013-315-4/6

甘肃蓝皮书
甘肃商贸流通发展报告（2017）
著(编)者：张应华 王福生 王晓芳
2017年1月出版 / 定价：79.00元
PSN B-2016-523-6/6

广东蓝皮书
广东全面深化改革发展报告（2017）
著(编)者：周林生 涂成林　2017年12月出版 / 估价：89.00元
PSN B-2015-504-3/3

广东蓝皮书
广东社会工作发展报告（2017）
著(编)者：罗观翠　2017年7月出版 / 估价：89.00元
PSN B-2014-402-2/3

广东外经贸蓝皮书
广东对外经济贸易发展研究报告（2016~2017）
著(编)者：陈万灵　2017年6月出版 / 估价：89.00元
PSN B-2012-286-1/1

广西北部湾经济区蓝皮书
广西北部湾经济区开放开发报告（2017）
著(编)者：广西北部湾经济区规划建设管理委员会办公室
　　　　　广西社会科学院广西北部湾发展研究院
2017年7月出版 / 估价：89.00元
PSN B-2010-181-1/1

巩义蓝皮书
巩义经济社会发展报告（2017）
著(编)者：丁同民 朱军　2017年7月出版 / 估价：58.00元
PSN B-2016-533-1/1

广州蓝皮书
2017年中国广州经济形势分析与预测
著(编)者：魏明海 谢博能 李华
2017年6月出版 / 定价：85.00元
PSN B-2011-185-9/14

广州蓝皮书
2017年中国广州社会形势分析与预测
著(编)者：张强 何镜清　2017年6月出版 / 定价：88.00元
PSN B-2008-110-5/14

广州蓝皮书
广州城市国际化发展报告（2017）
著(编)者：朱名宏　2017年8月出版 / 估价：79.00元
PSN B-2012-246-11/14

广州蓝皮书
广州创新型城市发展报告（2017）
著(编)者：尹涛　2017年6月出版 / 估价：79.00元
PSN B-2012-247-12/14

广州蓝皮书
广州经济发展报告（2017）
著(编)者：朱名宏　2017年7月出版 / 估价：79.00元
PSN B-2005-040-1/14

广州蓝皮书
广州农村发展报告（2017）
著(编)者：朱名宏　2017年8月出版 / 估价：79.00元
PSN B-2010-167-8/14

皮书系列 2017全品种 — 地方发展类

广州蓝皮书
广州汽车产业发展报告（2017）
著(编)者：杨再高 冯兴亚　2017年7月出版 / 估价：79.00元
PSN B-2006-066-3/14

广州蓝皮书
广州青年发展报告（2016~2017）
著(编)者：徐柳 张强　2017年9月出版 / 估价：79.00元
PSN B-2013-352-13/14

广州蓝皮书
广州商贸业发展报告（2017）
著(编)者：李江涛 肖振宇 荀振英
2017年7月出版 / 定价：79.00元
PSN B-2012-245-10/14

广州蓝皮书
广州社会保障发展报告（2017）
著(编)者：蔡国萱　2017年8月出版 / 定价：79.00元
PSN B-2014-425-14/14

广州蓝皮书
广州文化创意产业发展报告（2017）
著(编)者：徐咏虹　2017年7月出版 / 定价：79.00元
PSN B-2008-111-6/14

广州蓝皮书
中国广州城市建设与管理发展报告（2017）
著(编)者：董皞 陈小钢 李江涛
2017年11月出版 / 估价：85.00元
PSN B-2007-087-4/14

广州蓝皮书
中国广州科技创新发展报告（2017）
著(编)者：邹采荣 马正勇 陈爽
2017年8月出版 / 定价：85.00元
PSN B-2006-065-2/14

广州蓝皮书
中国广州文化发展报告（2017）
著(编)者：屈哨兵 陆志强
2017年6月出版 / 定价：79.00元
PSN B-2009-134-7/14

贵阳蓝皮书
贵阳城市创新发展报告No.2（白云篇）
著(编)者：连玉明　2017年5月出版 / 定价：98.00元
PSN B-2015-491-3/10

贵阳蓝皮书
贵阳城市创新发展报告No.2（观山湖篇）
著(编)者：连玉明　2017年5月出版 / 定价：98.00元
PSN B-2011-235-1/1

贵阳蓝皮书
贵阳城市创新发展报告No.2（花溪篇）
著(编)者：连玉明　2017年5月出版 / 定价：98.00元
PSN B-2015-490-2/10

贵阳蓝皮书
贵阳城市创新发展报告No.2（开阳篇）
著(编)者：连玉明　2017年5月出版 / 定价：98.00元
PSN B-2015-492-4/10

贵阳蓝皮书
贵阳城市创新发展报告No.2（南明篇）
著(编)者：连玉明　2017年5月出版 / 定价：98.00元
PSN B-2015-496-8/10

贵阳蓝皮书
贵阳城市创新发展报告No.2（清镇篇）
著(编)者：连玉明　2017年5月出版 / 定价：98.00元
PSN B-2015-489-1/10

贵阳蓝皮书
贵阳城市创新发展报告No.2（乌当篇）
著(编)者：连玉明　2017年5月出版 / 定价：98.00元
PSN B-2015-495-7/10

贵阳蓝皮书
贵阳城市创新发展报告No.2（息烽篇）
著(编)者：连玉明　2017年5月出版 / 定价：98.00元
PSN B-2015-493-5/10

贵阳蓝皮书
贵阳城市创新发展报告No.2（修文篇）
著(编)者：连玉明　2017年5月出版 / 定价：98.00元
PSN B-2015-494-6/10

贵阳蓝皮书
贵阳城市创新发展报告No.2（云岩篇）
著(编)者：连玉明　2017年5月出版 / 定价：98.00元
PSN B-2015-498-10/10

贵州房地产蓝皮书
贵州房地产发展报告No.4（2017）
著(编)者：武廷方　2017年7月出版 / 估价：89.00元
PSN B-2014-426-1/1

贵州蓝皮书
贵州册亨经济社会发展报告(2017)
著(编)者：黄德林　2017年11月出版 / 估价：89.00元
PSN B-2016-526-8/9

贵州蓝皮书
贵安新区发展报告（2016~2017）
著(编)者：马长青 吴大华　2017年11月出版 / 估价：89.00元
PSN B-2015-459-4/9

贵州蓝皮书
贵州法治发展报告（2017）
著(编)者：吴大华　2017年5月出版 / 估价：89.00元
PSN B-2012-254-2/9

贵州蓝皮书
贵州国有企业社会责任发展报告（2016~2017）
著(编)者：郭丽 周航 万强
2017年12月出版 / 估价：89.00元
PSN B-2015-511-6/9

贵州蓝皮书
贵州民航业发展报告（2017）
著(编)者：申振东 吴大华　2017年10月出版 / 估价：89.00元
PSN B-2015-471-5/9

贵州蓝皮书
贵州民营经济发展报告（2017）
著(编)者：杨静 吴大华　2017年11月出版 / 估价：89.00元
PSN B-2016-531-9/9

皮书系列重点推荐 — 地方发展类

贵州蓝皮书
贵州人才发展报告（2017）
著(编)者：于杰 吴大华 2017年11月出版 / 估价：89.00元
PSN B-2014-382-3/9

贵州蓝皮书
贵州社会发展报告（2017）
著(编)者：王兴骥 2017年3月出版 / 定价：98.00元
PSN B-2010-166-1/9

贵州蓝皮书
贵州国家级开放创新平台发展报告（2017）
著(编)者：申晓庆 吴大华 李泓
2017年7月出版 / 估价：89.00元
PSN B-2016-518-1/9

海淀蓝皮书
海淀区文化和科技融合发展报告（2017）
著(编)者：陈名杰 孟景伟 2017年11月出版 / 估价：85.00元
PSN B-2013-329-1/1

杭州都市圈蓝皮书
杭州都市圈发展报告（2017）
著(编)者：沈翔 戚建国 2017年11月出版 / 估价：128.00元
PSN B-2012-302-1/1

杭州蓝皮书
杭州妇女发展报告（2017）
著(编)者：魏颖 2017年11月出版 / 估价：89.00元
PSN B-2014-403-1/1

河北经济蓝皮书
河北省经济发展报告（2017）
著(编)者：马树强 金浩 张贵
2017年7月出版 / 估价：89.00元
PSN B-2014-380-1/1

河北蓝皮书
河北经济社会发展报告（2017）
著(编)者：郭金平 2017年1月出版 / 定价：79.00元
PSN B-2014-372-1/3

河北蓝皮书
河北法治发展报告（2017）
著(编)者：郭金平 李永君 2017年1月出版 / 定价：79.00元
PSN B-2017-622-3/3

河北蓝皮书
京津冀协同发展报告（2017）
著(编)者：陈路 2017年1月出版 / 定价：79.00元
PSN B-2017-601-2/3

河北食品药品安全蓝皮书
河北食品药品安全研究报告（2017）
著(编)者：丁锦霞 2017年11月出版 / 估价：89.00元
PSN B-2015-473-1/1

河南经济蓝皮书
2017年河南经济形势分析与预测
著(编)者：王世炎 2017年3月出版 / 定价：79.00元
PSN B-2007-086-1/1

河南蓝皮书
2017年河南社会形势分析与预测
著(编)者：牛苏林 2017年5月出版 / 定价：79.00元
PSN B-2005-043-1/9

河南蓝皮书
河南城市发展报告（2017）
著(编)者：张占仓 王建国 2017年5月出版 / 定价：79.00元
PSN B-2009-131-3/9

河南蓝皮书
河南法治发展报告（2017）
著(编)者：丁同民 张林海 2017年7月出版 / 估价：89.00元
PSN B-2014-376-6/9

河南蓝皮书
河南工业发展报告（2017）
著(编)者：张占仓 2017年5月出版 / 定价：89.00元
PSN B-2013-317-5/9

河南蓝皮书
河南金融发展报告（2017）
著(编)者：河南省社会科学院
2017年7月出版 / 估价：89.00元
PSN B-2014-390-7/9

河南蓝皮书
河南经济发展报告（2017）
著(编)者：张占仓 完世伟 2017年4月出版 / 定价：79.00元
PSN B-2010-157-4/9

河南蓝皮书
河南能源发展报告（2017）
著(编)者：魏胜民 袁凯声 2017年3月出版 / 定价：79.00元
PSN B-2017-607-9/9

河南蓝皮书
河南农业农村发展报告（2017）
著(编)者：吴海峰 2017年11月出版 / 估价：89.00元
PSN B-2015-445-8/9

河南蓝皮书
河南文化发展报告（2017）
著(编)者：卫绍生 2017年7月出版 / 定价：78.00元
PSN B-2008-106-2/9

河南商务蓝皮书
河南商务发展报告（2017）
著(编)者：焦锦淼 穆荣国 2017年5月出版 / 定价：88.00元
PSN B-2014-399-1/1

黑龙江蓝皮书
黑龙江经济发展报告（2017）
著(编)者：朱宇 2017年1月出版 / 定价：79.00元
PSN B-2011-190-2/2

黑龙江蓝皮书
黑龙江社会发展报告（2017）
著(编)者：谢宝禄 2017年1月出版 / 定价：79.00元
PSN B-2011-189-1/2

湖北文化蓝皮书
湖北文化发展报告（2017）
著(编)者：吴成国 2017年10月出版 / 估价：95.00元
PSN B-2016-567-1/1

皮书系列重点推荐 — 地方发展类

湖南城市蓝皮书
区域城市群整合
著(编)者：童中贤 韩未名
2017年12月出版 / 估价：89.00元
PSN B-2006-064-1/1

湖南蓝皮书
2017年湖南产业发展报告
著(编)者：梁志峰 2017年7月出版 / 估价：128.00元
PSN B-2011-207-2/8

湖南蓝皮书
2017年湖南电子政务发展报告
著(编)者：梁志峰 2017年7月出版 / 估价：128.00元
PSN B-2014-394-6/8

湖南蓝皮书
2017年湖南经济发展报告
著(编)者：卞鹰 2017年5月出版 / 定价：128.00元
PSN B-2011-206-1/8

湖南蓝皮书
2017年湖南两型社会与生态文明发展报告
著(编)者：卞鹰 2017年5月出版 / 定价：128.00元
PSN B-2011-208-3/8

湖南蓝皮书
2017年湖南社会发展报告
著(编)者：卞鹰 2017年5月出版 / 定价：128.00元
PSN B-2014-393-5/8

湖南蓝皮书
2017年湖南县域经济社会发展报告
著(编)者：梁志峰 2017年7月出版 / 估价：128.00元
PSN B-2014-395-7/8

湖南蓝皮书
湖南城乡一体化发展报告（2017）
著(编)者：陈文胜 王文强 陆福兴 邝奕轩
2017年8月出版 / 定价：89.00元
PSN B-2015-477-8/8

湖南县域绿皮书
湖南县域发展报告 No.3
著(编)者：袁准 周小毛 黎仁寅
2017年3月出版 / 定价：79.00元
PSN G-2012-274-1/1

沪港蓝皮书
沪港发展报告（2017）
著(编)者：尤安山 2017年9月出版 / 估价：89.00元
PSN B-2013-362-1/1

吉林蓝皮书
2017年吉林经济社会形势分析与预测
著(编)者：邵汉明 2016年12月出版 / 定价：79.00元
PSN B-2013-319-1/1

吉林省城市竞争力蓝皮书
吉林省城市竞争力报告（2016~2017）
著(编)者：崔岳春 张磊 2016年12月出版 / 定价：79.00元
PSN B-2015-513-1/1

济源蓝皮书
济源经济社会发展报告（2017）
著(编)者：喻新安 2017年7月出版 / 估价：89.00元
PSN B-2014-387-1/1

健康城市蓝皮书
北京健康城市建设研究报告（2017）
著(编)者：王鸿春 2017年8月出版 / 估价：89.00元
PSN B-2015-460-1/2

江苏法治蓝皮书
江苏法治发展报告 No.6（2017）
著(编)者：蔡道通 龚廷泰 2017年8月出版 / 估价：98.00元
PSN B-2012-290-1/1

江西蓝皮书
江西经济社会发展报告（2017）
著(编)者：张勇 姜玮 梁勇 2017年6月出版 / 估价：128.00元
PSN B-2015-484-1/2

江西蓝皮书
江西设区市发展报告（2017）
著(编)者：姜玮 梁勇 2017年10月出版 / 估价：79.00元
PSN B-2016-517-2/2

江西文化蓝皮书
江西文化产业发展报告（2017）
著(编)者：张圣才 汪春翔
2017年10月出版 / 估价：128.00元
PSN B-2015-499-1/1

经济特区蓝皮书
中国经济特区发展报告（2017）
著(编)者：陶一桃 2017年12月出版 / 估价：98.00元
PSN B-2009-139-1/1

辽宁蓝皮书
2017年辽宁经济社会形势分析与预测
著(编)者：梁启东
2017年6月出版 / 估价：89.00元
PSN B-2006-053-1/1

洛阳蓝皮书
洛阳文化发展报告（2017）
著(编)者：刘福兴 陈启明 2017年10月出版 / 估价：89.00元
PSN B-2015-476-1/1

南京蓝皮书
南京文化发展报告（2017）
著(编)者：徐宁 2017年10月出版 / 估价：89.00元
PSN B-2014-439-1/1

南宁蓝皮书
南宁法治发展报告（2017）
著(编)者：杨维超 2017年12月出版 / 估价：79.00元
PSN B-2015-509-1/3

南宁蓝皮书
南宁经济发展报告（2017）
著(编)者：胡建华 2017年9月出版 / 估价：79.00元
PSN B-2016-570-2/3

皮书系列 重点推荐 — 地方发展类

南宁蓝皮书
南宁社会发展报告（2017）
著(编)者：胡建华　2017年9月出版 / 估价：79.00元
PSN B-2016-571-3/3

内蒙古蓝皮书
内蒙古反腐倡廉建设报告 No.2
著(编)者：张志华　无极　2017年12月出版 / 估价：79.00元
PSN B-2013-365-1/1

浦东新区蓝皮书
上海浦东经济发展报告（2017）
著(编)者：沈开艳　周奇　2017年2月出版 / 定价：79.00元
PSN B-2011-225-1/1

青海蓝皮书
2017年青海经济社会形势分析与预测
著(编)者：陈玮　2016年12月出版 / 定价：79.00元
PSN B-2012-275-1/1

人口与健康蓝皮书
深圳人口与健康发展报告（2017）
著(编)者：陆杰华　罗乐宣　苏杨
2017年11月出版 / 估价：89.00元
PSN B-2011-228-1/1

山东蓝皮书
山东经济形势分析与预测（2017）
著(编)者：李广杰　2017年7月出版 / 估价：89.00元
PSN B-2014-404-1/4

山东蓝皮书
山东社会形势分析与预测（2017）
著(编)者：张华　唐洲雁　2017年7月出版 / 估价：89.00元
PSN B-2014-405-2/4

山东蓝皮书
山东文化发展报告（2017）
著(编)者：涂可国　2017年5月出版 / 定价：98.00元
PSN B-2014-406-3/4

山西蓝皮书
山西资源型经济转型发展报告（2017）
著(编)者：李志强　2017年7月出版 / 估价：89.00元
PSN B-2011-197-1/1

陕西蓝皮书
陕西经济发展报告（2017）
著(编)者：任宗哲　白宽犁　裴成荣
2017年1月出版 / 定价：69.00元
PSN B-2009-135-1/6

陕西蓝皮书
陕西社会发展报告（2017）
著(编)者：任宗哲　白宽犁　牛昉
2017年1月出版 / 定价：69.00元
PSN B-2009-136-2/6

陕西蓝皮书
陕西文化发展报告（2017）
著(编)者：任宗哲　白宽犁　王长寿
2017年1月出版 / 定价：69.00元
PSN B-2009-137-3/6

陕西蓝皮书
陕西精准脱贫研究报告（2017）
著(编)者：任宗哲　白宽犁　王建康
2017年6月出版 / 定价：69.00元
PSN B-2017-623-6/6

上海蓝皮书
上海传媒发展报告（2017）
著(编)者：强荧　焦雨虹　2017年2月出版 / 定价：79.00元
PSN B-2012-295-5/7

上海蓝皮书
上海法治发展报告（2017）
著(编)者：叶青　2017年7月出版 / 估价：89.00元
PSN B-2012-296-6/7

上海蓝皮书
上海经济发展报告（2017）
著(编)者：沈开艳　2017年2月出版 / 定价：79.00元
PSN B-2006-057-1/7

上海蓝皮书
上海社会发展报告（2017）
著(编)者：杨雄　周海旺　2017年2月出版 / 定价：79.00元
PSN B-2006-058-2/7

上海蓝皮书
上海文化发展报告（2017）
著(编)者：荣跃明　2017年2月出版 / 定价：79.00元
PSN B-2006-059-3/7

上海蓝皮书
上海文学发展报告（2017）
著(编)者：陈圣来　2017年7月出版 / 估价：89.00元
PSN B-2012-297-7/7

上海蓝皮书
上海资源环境发展报告（2017）
著(编)者：周冯琦　汤庆合
2017年2月出版 / 定价：79.00元
PSN B-2006-060-4/7

社会建设蓝皮书
2017年北京社会建设分析报告
著(编)者：宋贵伦　冯虹　2017年10月出版 / 估价：89.00元
PSN B-2010-173-1/1

深圳蓝皮书
深圳法治发展报告（2017）
著(编)者：张骁儒　2017年6月出版 / 定价：79.00元
PSN B-2015-470-6/7

深圳蓝皮书
深圳经济发展报告（2017）
著(编)者：张骁　2017年6月出版 / 定价：79.00元
PSN B-2008-112-3/7

深圳蓝皮书
深圳劳动关系发展报告（2017）
著(编)者：汤庭芬　2017年7月出版 / 估价：89.00元
PSN B-2007-097-2/7

皮书系列重点推荐

地方发展类·国际问题类

深圳蓝皮书
深圳社会治理与发展报告（2017）
著(编)者：张骁儒 邹从兵　2017年6月出版 / 定价：79.00元
PSN B-2008-113-4/7

深圳蓝皮书
深圳文化发展报告(2017)
著(编)者：张骁儒　2017年5月出版 / 定价：79.00元
PSN B-2016-555-7/7

丝绸之路蓝皮书
丝绸之路经济带发展报告（2017）
著(编)者：任宗哲 白宽犁 谷孟宾
2017年1月出版 / 定价：75.00元
PSN B-2014-410-1/1

法治蓝皮书
四川依法治省年度报告 No.3（2017）
著(编)者：李林 杨天宗 田禾
2017年3月出版 / 定价：118.00元
PSN B-2015-447-1/1

四川蓝皮书
2017年四川经济形势分析与预测
著(编)者：杨钢　2017年1月出版 / 定价：98.00元
PSN B-2007-098-2/7

四川蓝皮书
四川城镇化发展报告（2017）
著(编)者：侯水平 陈炜　2017年4月出版 / 定价：75.00元
PSN B-2015-456-7/7

四川蓝皮书
四川法治发展报告（2017）
著(编)者：郑泰安　2017年7月出版 / 估价：89.00元
PSN B-2015-441-5/7

四川蓝皮书
四川企业社会责任研究报告（2016～2017）
著(编)者：侯水平 盛毅
2017年5月出版 / 定价：79.00元
PSN B-2014-386-4/7

四川蓝皮书
四川社会发展报告（2017）
著(编)者：李羚　2017年6月出版 / 定价：79.00元
PSN B-2008-127-3/7

四川蓝皮书
四川生态建设报告（2017）
著(编)者：李晟之　2017年5月出版 / 定价：75.00元
PSN B-2015-455-6/7

四川蓝皮书
四川文化产业发展报告（2017）
著(编)者：向宝云 张立伟
2017年4月出版 / 定价：79.00元
PSN B-2006-074-1/7

体育蓝皮书
上海体育产业发展报告（2016～2017）
著(编)者：张林 黄海燕
2017年10月出版 / 估价：89.00元
PSN B-2015-454-4/4

体育蓝皮书
长三角地区体育产业发展报告（2016～2017）
著(编)者：张林　2017年7月出版 / 估价：89.00元
PSN B-2015-453-3/4

天津金融蓝皮书
天津金融发展报告（2017）
著(编)者：王爱俭 孔德昌
2018年3月出版 / 估价：98.00元
PSN B-2014-418-1/1

图们江区域合作蓝皮书
图们江区域合作发展报告（2017）
著(编)者：李铁　2017年11月出版 / 估价：98.00元
PSN B-2015-464-1/1

温州蓝皮书
2017年温州经济社会形势分析与预测
著(编)者：蒋儒林 王春光 金浩
2017年4月出版 / 定价：79.00元
PSN B-2008-105-1/1

西咸新区蓝皮书
西咸新区发展报告（2016~2017）
著(编)者：李扬 王军　2017年11月出版 / 估价：89.00元
PSN B-2016-535-1/1

扬州蓝皮书
扬州经济社会发展报告（2017）
著(编)者：丁纯　2017年12月出版 / 估价：98.00元
PSN B-2011-191-1/1

云南社会治理蓝皮书
云南社会治理年度报告（2016）
著(编)者：晏雄 韩全芳
2017年5月出版 / 定价：99.00元
PSN B-2011-191-1/1

长株潭城市群蓝皮书
长株潭城市群发展报告（2017）
著(编)者：张萍　2017年12月出版 / 估价：89.00元
PSN B-2008-109-1/1

中医文化蓝皮书
北京中医文化传播发展报告（2017）
著(编)者：毛嘉陵　2017年7月出版 / 估价：79.00元
PSN B-2015-468-1/2

珠三角流通蓝皮书
珠三角商圈发展研究报告（2017）
著(编)者：王先庆 林至颖
2017年7月出版 / 估价：98.00元
PSN B-2012-292-1/1

遵义蓝皮书
遵义发展报告（2017）
著(编)者：曾征 龚永育 雍思强
2017年12月出版 / 估价：89.00元
PSN B-2014-433-1/1

国际问题类

"一带一路"跨境通道蓝皮书
"一带一路"跨境通道建设研究报告（2017）
著(编)者：郭业洲　2017年8月出版 / 估价：89.00元
PSN B-2016-558-1/1

"一带一路"蓝皮书
"一带一路"建设发展报告（2017）
著(编)者：李永全　2017年6月出版 / 定价：89.00元
PSN B-2016-553-1/1

阿拉伯黄皮书
阿拉伯发展报告（2016~2017）
著(编)者：罗林　2018年3月出版 / 估价：89.00元
PSN Y-2014-381-1/1

巴西黄皮书
巴西发展报告（2017）
著(编)者：刘国枝　2017年5月出版 / 定价：85.00元
PSN Y-2017-614-1/1

北部湾蓝皮书
泛北部湾合作发展报告（2017）
著(编)者：吕余生　2017年12月出版 / 估价：85.00元
PSN B-2008-114-1/1

大湄公河次区域蓝皮书
大湄公河次区域合作发展报告（2017）
著(编)者：刘稚　2017年11月出版 / 估价：89.00元
PSN B-2011-196-1/1

大洋洲蓝皮书
大洋洲发展报告（2017）
著(编)者：喻常森　2017年10月出版 / 估价：89.00元
PSN B-2013-341-1/1

德国蓝皮书
德国发展报告（2017）
著(编)者：郑春荣　2017年6月出版 / 估价：89.00元
PSN B-2012-278-1/1

东北亚区域合作蓝皮书
2016年"一带一路"倡议与东北亚区域合作
著(编)者：刘亚政 金美花
2017年5月出版 / 定价：89.00元
PSN B-2017-631-1/1

东盟黄皮书
东盟发展报告（2017）
著(编)者：杨晓强 庄国土
2017年7月出版 / 估价：89.00元
PSN Y-2012-303-1/1

东南亚蓝皮书
东南亚地区发展报告（2016~2017）
著(编)者：厦门大学东南亚研究中心　王勤
2017年12月出版 / 估价：89.00元
PSN B-2012-240-1/1

俄罗斯黄皮书
俄罗斯发展报告（2017）
著(编)者：李永全　2017年6月出版 / 定价：89.00元
PSN Y-2006-061-1/1

非洲黄皮书
非洲发展报告 No.19（2016~2017）
著(编)者：张宏明　2017年7月出版 / 定价：89.00元
PSN Y-2012-239-1/1

公共外交蓝皮书
中国公共外交发展报告（2017）
著(编)者：赵启正 雷蔚真　2017年11月出版 / 估价：89.00元
PSN B-2015-457-1/1

国际安全蓝皮书
中国国际安全研究报告(2017)
著(编)者：刘慧　2017年11月出版 / 估价：98.00元
PSN B-2016-522-1/1

国际形势黄皮书
全球政治与安全报告（2017）
著(编)者：张宇燕　2017年1月出版 / 定价：89.00元
PSN Y-2001-016-1/1

韩国蓝皮书
韩国发展报告（2017）
著(编)者：牛林杰 刘宝全　2017年11月出版 / 估价：89.00元
PSN B-2010-155-1/1

加拿大蓝皮书
加拿大发展报告（2017）
著(编)者：仲伟合　2017年11月出版 / 估价：89.00元
PSN B-2014-389-1/1

拉美黄皮书
拉丁美洲和加勒比发展报告（2016~2017）
著(编)者：吴白乙 袁东振　2017年6月出版 / 定价：89.00元
PSN Y-1999-007-1/1

美国蓝皮书
美国研究报告（2017）
著(编)者：郑秉文 黄平　2017年5月出版 / 定价：89.00元
PSN B-2011-210-1/1

缅甸蓝皮书
缅甸国情报告（2017）
著(编)者：李晨阳　2017年12月出版 / 估价：86.00元
PSN B-2013-343-1/1

欧洲蓝皮书
欧洲发展报告（2016~2017）
著(编)者：黄平 周弘 程卫东　2017年6月出版 / 定价：89.00元
PSN B-1999-009-1/1

国际问题类 | 皮书系列 重点推荐

葡语国家蓝皮书
葡语国家发展报告(2017)
著(编)者：王成安 张敏 刘金兰
2017年12月出版 / 估价：89.00元
PSN B-2015-503-1/2

葡语国家蓝皮书
中国与葡语国家关系发展报告·巴西(2017)
著(编)者：张曙光　2017年8月出版 / 估价：89.00元
PSN B-2016-564-2/2

日本经济蓝皮书
日本经济与中日经贸关系研究报告(2017)
著(编)者：张季风　2017年6月出版 / 定价：89.00元
PSN B-2008-102-1/1

日本蓝皮书
日本研究报告(2017)
著(编)者：杨伯江　2017年6月出版 / 定价：89.00元
PSN B-2002-020-1/1

上海合作组织黄皮书
上海合作组织发展报告(2017)
著(编)者：李进峰
2017年6月出版 / 定价：98.00元
PSN Y-2009-130-1/1

世界创新竞争力黄皮书
世界创新竞争力发展报告(2017)
著(编)者：李闽榕 李建平 赵新力
2017年11月出版 / 估价：148.00元
PSN Y-2013-318-1/1

泰国蓝皮书
泰国研究报告(2017)
著(编)者：庄国土 张禹东
2017年11月出版 / 估价：118.00元
PSN B-2016-557-1/1

土耳其蓝皮书
土耳其发展报告(2017)
著(编)者：郭长刚 刘义
2017年11月出版 / 估价：89.00元
PSN B-2014-412-1/1

亚太蓝皮书
亚太地区发展报告(2017)
著(编)者：李向阳　2017年5月出版 / 定价：79.00元
PSN B-2001-015-1/1

印度蓝皮书
印度国情报告(2017)
著(编)者：吕昭义　2018年4月出版 / 估价：89.00元
PSN B-2012-241-1/1

印度洋地区蓝皮书
印度洋地区发展报告(2017)
著(编)者：汪戎　2017年6月出版 / 定价：98.00元
PSN B-2013-334-1/1

英国蓝皮书
英国发展报告(2016~2017)
著(编)者：王展鹏　2017年11月出版 / 估价：89.00元
PSN B-2015-486-1/1

越南蓝皮书
越南国情报告(2017)
著(编)者：谢林城
2017年12月出版 / 估价：89.00元
PSN B-2006-056-1/1

以色列蓝皮书
以色列发展报告(2017)
著(编)者：张倩红　2017年8月出版 / 估价：89.00元
PSN B-2015-483-1/1

伊朗蓝皮书
伊朗发展报告(2017)
著(编)者：冀开远　2017年10月出版 / 估价：89.00元
PSN B-2016-575-1/1

渝新欧蓝皮书
渝新欧沿线国家发展报告(2017)
著(编)者：杨柏 黄森　2017年6月出版 / 定价：88.00元
PSN B-2016-575-1/1

中东黄皮书
中东发展报告No.19(2016~2017)
著(编)者：杨光　2017年10月出版 / 估价：89.00元
PSN Y-1998-004-1/1

中亚黄皮书
中亚国家发展报告(2017)
著(编)者：孙力　2017年6月出版 / 定价：98.00元
PSN Y-2012-238-1/1

社会科学文献出版社　　皮书系列

✤ 皮书起源 ✤

"皮书"起源于十七、十八世纪的英国,主要指官方或社会组织正式发表的重要文件或报告,多以"白皮书"命名。在中国,"皮书"这一概念被社会广泛接受,并被成功运作、发展成为一种全新的出版形态,则源于中国社会科学院社会科学文献出版社。

✤ 皮书定义 ✤

皮书是对中国与世界发展状况和热点问题进行年度监测,以专业的角度、专家的视野和实证研究方法,针对某一领域或区域现状与发展态势展开分析和预测,具备原创性、实证性、专业性、连续性、前沿性、时效性等特点的公开出版物,由一系列权威研究报告组成。

✤ 皮书作者 ✤

皮书系列的作者以中国社会科学院、著名高校、地方社会科学院的研究人员为主,多为国内一流研究机构的权威专家学者,他们的看法和观点代表了学界对中国与世界的现实和未来最高水平的解读与分析。

✤ 皮书荣誉 ✤

皮书系列已成为社会科学文献出版社的著名图书品牌和中国社会科学院的知名学术品牌。2016年,皮书系列正式列入"十三五"国家重点出版规划项目;2012~2016年,重点皮书列入中国社会科学院承担的国家哲学社会科学创新工程项目;2017年,55种院外皮书使用"中国社会科学院创新工程学术出版项目"标识。

中国皮书网
www.pishu.cn

发布皮书研创资讯,传播皮书精彩内容
引领皮书出版潮流,打造皮书服务平台

栏目设置

关于皮书:何谓皮书、皮书分类、皮书大事记、皮书荣誉、
皮书出版第一人、皮书编辑部
最新资讯:通知公告、新闻动态、媒体聚焦、网站专题、视频直播、下载专区
皮书研创:皮书规范、皮书选题、皮书出版、皮书研究、研创团队
皮书评奖评价:指标体系、皮书评价、皮书评奖
互动专区:皮书说、皮书智库、皮书微博、数据库微博

所获荣誉

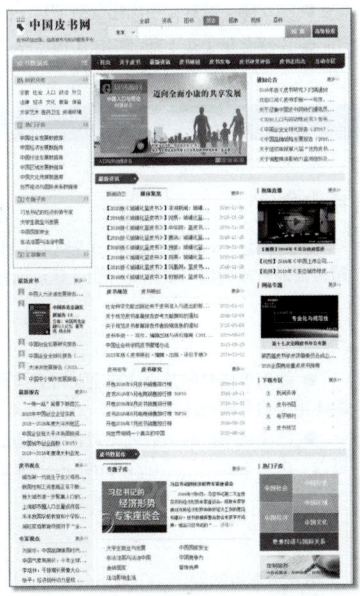

2008年、2011年,中国皮书网均在全国新闻出版业网站荣誉评选中获得"最具商业价值网站"称号;
2012年,获得"出版业网站百强"称号。

网库合一

2014年,中国皮书网与皮书数据库端口合一,实现资源共享。更多详情请登录www.pishu.cn。

权威报告·热点资讯·特色资源

皮书数据库
ANNUAL REPORT(YEARBOOK) DATABASE

当代中国与世界发展高端智库平台

所获荣誉

- 2016年，入选"国家'十三五'电子出版物出版规划骨干工程"
- 2015年，荣获"搜索中国正能量 点赞2015""创新中国科技创新奖"
- 2013年，荣获"中国出版政府奖·网络出版物奖"提名奖
- 连续多年荣获中国数字出版博览会"数字出版·优秀品牌"奖

成为会员

通过网址www.pishu.com.cn或使用手机扫描二维码进入皮书数据库网站，进行手机号验证或邮箱验证即可成为皮书数据库会员（建议通过手机号码快速验证注册）。

会员福利

- 使用手机号码首次注册会员可直接获得100元体验金，不需充值即可购买和查看数据库内容（仅限使用手机号码快速注册）。
- 已注册用户购书后可免费获赠100元皮书数据库充值卡。刮开充值卡涂层获取充值密码，登录并进入"会员中心"—"在线充值"—"充值卡充值"，充值成功后即可购买和查看数据库内容。

数据库服务热线：400-008-6695
数据库服务QQ：2475522410
数据库服务邮箱：database@ssap.cn

图书销售热线：010-59367070/7028
图书服务QQ：1265056568
图书服务邮箱：duzhe@ssap.cn

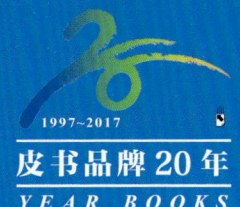

皮书品牌 20 年
YEAR BOOKS
1997~2017

更多信息请登录

皮书数据库
http：//www.pishu.com.cn

中国皮书网
http：//www.pishu.cn

皮书微博
http：//weibo.com/pishu

皮书博客
http：//blog.sina.com.cn/pishu

皮书微信"皮书说"

请到当当、亚马逊、京东或各地书店购买，也可办理邮购

咨询/邮购电话：010-59367028　59367070
邮　　箱：duzhe@ssap.cn
邮购地址：北京市西城区北三环中路甲29号院3号楼
　　　　　华龙大厦13层读者服务中心
邮　　编：100029
银行户名：社会科学文献出版社
开户银行：中国工商银行北京北太平庄支行
账　　号：0200010019200365434